A GUIDE TO

The Opinions on Comprehensively Deepening Reform of People's Courts

《最高人民法院关于全面深化人民法院改革的意见》读本

最高人民法院司法改革领导小组办公室 编写

JUDICIAL REFORM

人民法院出版社

图书在版编目（CIP）数据

《最高人民法院关于全面深化人民法院改革的意见》读本/最高人民法院司法改革领导小组办公室编写．—北京：人民法院出版社，2015.4

ISBN 978-7-5109-1196-5

Ⅰ．①最…　Ⅱ．①最…　Ⅲ．①法院—体制改革—研究—中国　Ⅳ．①D926.2

中国版本图书馆 CIP 数据核字（2015）第 057508 号

《最高人民法院关于全面深化人民法院改革的意见》读本

最高人民法院司法改革领导小组办公室　编写

责任编辑　肖瑾璟　丁丽娜
出版发行　人民法院出版社
地　　址　北京市东城区东交民巷 27 号（100745）
电　　话　（010）67550562（责任编辑）　67550558（发行部查询）
65223677（读者服务部）
客服 QQ　2092078039
网　　址　http://www.courtbook.com.cn
E - mail　courtpress@sohu.com
印　　刷　三河市国英印务有限公司
经　　销　新华书店

开　　本　787×1092 毫米　1/16
字　　数　400 千字
印　　张　27.5
版　　次　2015 年 4 月第 1 版　2015 年 4 月第 1 次印刷
书　　号　ISBN 978-7-5109-1196-5
定　　价　68.00 元

序　言

党的十八大从发展社会主义民主政治、加快建设社会主义法治国家的高度，作出了进一步深化司法体制改革的重大战略部署。党的十八届三中全会通过的《中共中央关于全面深化改革若干重大问题的决定》，确定了推进法治中国建设、深化司法体制改革的主要任务。党的十八届四中全会通过《中共中央关于全面推进依法治国若干重大问题的决定》，将建设中国特色社会主义法治体系、建设社会主义法治国家确立为全面推进依法治国的总目标，从科学立法、严格执法、公正司法、全民守法等方面提出了一系列重大改革举措。人民法院司法改革正面临前所未有的重大历史机遇。

为深入贯彻党的十八大和十八届三中、四中全会精神，进一步深化人民法院各项改革，最高人民法院经过深入调研论证，广泛征求意见，研究制定了《关于全面深化人民法院改革的意见》（以下简称《意见》），并将之作为《人民法院第四个五年改革纲要（2014－2018）》贯彻实施。

《意见》全面贯彻落实党的十八大和十八届三中、四中全会精神，深入贯彻落实习近平总书记系列重要讲话精神，紧紧围绕“努力让人民群众在每一个司法案件中感受到公平正义”的目标，牢牢坚持司法为民、公正司法工作主线，着眼于解决影响公正司法和制约司法能力的深层次问题，对人民法院深化司法体制改革作出全面部署，是当前和今后一个时期人民法院深化司法体制改革的纲领性文件。

《意见》阐述了全面深化人民法院改革的总体要求、基本原则、主要任务、工作要求四方面内容，提出了65项具体改革举措，包括建立与行政区划适当分离的司法管辖制度，建立以审判为中心的诉讼制度，优化人民法院内部职权配置，健全审判权力运行机制，构建开放、动态、透明、便民的阳光司法机制，推进法院人员的正规化、专业化、职业化建设，确保人民法院依法独立公正行使审判权等7个方面。

总体来看，《意见》具有以下几方面特点：**一是全面体现中央改革精神**。《意见》贯彻了党的十八大和十八届三中、四中全会关于深化改革的指导思想和总体要求，同时，对于党的十八届三中、四中全会确定的司法改革任务，《意见》逐项有对应、有部署、有细化。**二是始终坚持问题导向**。《意见》紧紧抓住影响司法公正、制约司法能力的突出问题，抓住立案难、诉讼难、执行难等人民群众反映强烈的突出问题，抓住制约司法事业科学发展的体制性机制性保障性问题，提出一系列互相联系、互相配套、切实可行的改革举措。**三是直接触及体制改革**。《意见》提出的许多改革举措，力度、广度和深度都前所未有，诸如省级以下地方法院人财物统管，设立最高人民法院巡回法庭、跨行政区划法院和知识产权法院，建立以审判为中心的诉讼制度，变立案审查制为立案登记制，探索审判权和执行权相分离等，都是涉及司法职权配置和法院组织体系的重大变革。**四是科学配置改革任务**。除中央确定的重大改革任务外，《意见》还根据人民法院工作实际，确定了属于法院工作机制改革层面的改革任务。通过深入推进这些改革举措，有利于进一步优化司法资源配置、完善配套机制。**五是充分体现改革传承**。《意见》坚持继承与创新相结合，充分吸收了人民法院前三个“五年改革纲要”的成功经验和优秀成果，并对前几轮改革中尚未完全解决或者有待进一步完善的问题作了新的调整和细化，对未来五年法院改革工作将起到重要推动作用。

为便于各级法院全面掌握《意见》制定的背景、意义和内容，确保各项改革沿着正确方向推进，最高人民法院司法改革领导小组办公室编写了《〈最高人民法院关于全面深化人民法院改革的意见〉读本》。该读本是对《意见》提出的65项改革举措的权威解读，系统阐述了每项改革举措的背景、目标、思路和措施，并提供可资参考的地方探索、域外参考和文件链接。全书内容丰富、资料详实、解读权威、分析透彻，对于地方各级人民法院准确把握《意见》内容，推动司法改革顺利实施，具有重要参考价值和借鉴意义。

当前，司法改革已进入深水区和攻坚期。各级法院要敢于打破各种利益藩篱，勇于向自身开刀，动自己的“奶酪”，敢啃硬骨头，甘当“燃灯者”。要全面理解和正确对待《意见》提出的各项改革举措，深刻领会各项改革的重大现实意义和深远历史意义，自觉支持改革、积极拥护改革、勇于投身改革，以对党和人民负责、对司法事业负责、对历史负责的态度，以求真务实、锐意进取、时不我待的精神，全面深化人民法院改革，努力让人民群众在每一个司法案件中感受到公平正义，为协调推进全面建成小康社会、全面深化改革、全面依法治国、全面从严治党，实现中华民族伟大复兴的中国梦作出新的更大贡献。

是为序。

最高人民法院院长 周强

二〇一五年三月二十五日

目　录

（三）优化人民法院内部职权配置

（四）健全审判权力运行机制

（五）构建开放、动态、透明、便民的阳光司法机制

（六）推进法院人员的正规化、专业化、职业化建设

（七）确保人民法院依法独立公正行使审判权

——附录：十八届三中全会后出台的部分司法改革重要文件——

一、全国人大常委会决定

二、司法解释

三、司法文件

四、地方司法文件

最高人民法院
关于全面深化人民法院改革的意见
——人民法院第四个五年改革纲要（2014-2018）

2015年2月4日　　　　法发〔2015〕3号

党的十八大从发展社会主义民主政治、加快建设社会主义法治国家的高度，作出了进一步深化司法体制改革的重要战略部署。党的十八届三中全会通过的《中共中央关于全面深化改革若干重大问题的决定》，确定了推进法治中国建设、深化司法体制改革的主要任务。党的十八届四中全会通过的《中共中央关于全面推进依法治国若干重大问题的决定》，将建设中国特色社会主义法治体系、建设社会主义法治国家作为全面推进依法治国的总目标，从科学立法、严格执法、公正司法、全民守法等方面提出了一系列重大改革举措。人民法院司法改革正面临前所未有的重大历史机遇。为贯彻党的十八大和十八届三中、四中全会精神，进一步深化人民法院各项改革，现制定《最高人民法院关于全面深化人民法院改革的意见》，并将之作为《人民法院第四个五年改革纲要（2014-2018）》贯彻实施。

一、全面深化人民法院改革的总体思路

全面深化人民法院改革的总体思路是：紧紧围绕让人民群众在每一个司法案件中感受到公平正义的目标，始终坚持司法为民、公正司法工作主线，着力解决影响司法公正、制约司法

能力的深层次问题，确保人民法院依法独立公正行使审判权，不断提高司法公信力，促进国家治理体系和治理能力现代化，到2018年初步建成具有中国特色的社会主义审判权力运行体系，使之成为中国特色社会主义法治体系的重要组成部分，为实现“两个一百年”奋斗目标、实现中华民族伟大复兴的中国梦提供强有力的司法保障。

二、全面深化人民法院改革的基本原则

全面深化人民法院改革应当遵循以下基本原则：

——坚持党的领导，确保正确政治方向。人民法院深化司法改革，应当始终坚持党的领导，充分发挥党总揽全局、协调各方的领导核心作用，真正实现党的领导、人民当家作主、依法治国的有机统一，确保司法改革始终坚持正确的政治方向。

——尊重司法规律，体现司法权力属性。人民法院深化司法改革，应当严格遵循审判权作为判断权和裁量权的权力运行规律，彰显审判权的中央事权属性，突出审判在诉讼制度中的中心地位，使改革成果能够充分体现审判权的独立性、中立性、程序性和终局性特征。

——依法推动改革，确保改革稳妥有序。人民法院深化司法改革，应当坚持以宪法法律为依据，立足中国国情，依法有序推进，实现重大改革于法有据，推动将符合司法规律和公正司法要求的改革举措及时上升为法律。

——坚持整体推进，强调重点领域突破。人民法院深化司法改革，应当着力解决影响司法公正、制约司法能力的深层次问题，破解体制性、机制性、保障性障碍，同时要分清主次、突出重点，以问题为导向，确保改革整体推进。

——加强顶层设计，鼓励地方探索实践。人民法院深化司法

法改革，应当加强顶层设计，做好重大改革项目的统筹规划，注重改革措施的系统性、整体性和协同性，同时要尊重地方首创精神，鼓励下级法院在中央统一安排部署下先行先试，及时总结试点经验，推动制度创新。

三、全面深化人民法院改革的主要任务

（一）建立与行政区划适当分离的司法管辖制度

建立中国特色社会主义审判权力运行体系，必须从维护国家法制统一、体现司法公正的要求出发，探索建立确保人民法院依法独立公正行使审判权的司法管辖制度。到 2017 年底，初步形成科学合理、衔接有序、确保公正的司法管辖制度。

1. 设立最高人民法院巡回法庭。最高人民法院设立巡回法庭，审理跨行政区划的重大民商事、行政等案件，确保国家法律统一正确实施。调整跨行政区划重大民商事、行政案件的级别管辖制度，实现与最高人民法院案件管辖范围的有序衔接。

2. 探索设立跨行政区划的法院。以科学、精简、高效和有利于实现司法公正为原则，探索设立跨行政区划法院，构建普通类型案件在行政区划法院受理、特殊类型案件在跨行政区划法院受理的诉讼格局。将铁路运输法院改造为跨行政区划法院，主要审理跨行政区划案件、重大行政案件、环境资源保护、企业破产、食品药品安全等易受地方因素影响的案件、跨行政区划人民检察院提起公诉的案件和原铁路运输法院受理的刑事、民事案件。

3. 推动设立知识产权法院。根据知识产权案件的特点和审判需要，建立和完善符合知识产权案件审判规律的专门程序、管辖制度和审理规则。

4. 改革行政案件管辖制度。通过提级管辖和指定管辖，逐

步实现易受地方因素影响的行政案件由中级以上人民法院管辖。规范行政案件申请再审的条件和程序。

5. 改革海事案件管辖制度。进一步理顺海事审判体制。科学确定海事法院管辖范围，建立更加符合海事案件审判规律的工作机制。

6. 改革环境资源案件管辖制度。推动环境资源审判机构建设。进一步完善环境资源类案件的管辖制度。

7. 健全公益诉讼管辖制度。探索建立与检察机关提起的公益诉讼相衔接的案件管辖制度。

8. 继续推动法院管理体制改革。将林业法院、农垦法院统一纳入国家司法管理体系，理顺案件管辖机制，改革部门、企业管理法院的体制。

9. 改革军事司法体制机制。完善统一领导的军事审判制度，维护国防利益，保障军人合法权益，依法打击违法犯罪。

（二）建立以审判为中心的诉讼制度

建立中国特色社会主义审判权力运行体系，必须尊重司法规律，确保庭审在保护诉权、认定证据、查明事实、公正裁判中发挥决定性作用，实现诉讼证据质证在法庭、案件事实查明在法庭、诉辩意见发表在法庭、裁判理由形成在法庭。到2016年底，推动建立以审判为中心的诉讼制度，促使侦查、审查起诉活动始终围绕审判程序进行。

10. 全面贯彻证据裁判原则。强化庭审中心意识，落实直接言词原则，严格落实证人、鉴定人出庭制度，发挥庭审对侦查、起诉程序的制约和引导作用。坚决贯彻疑罪从无原则，严格实行非法证据排除规则，进一步明确非法证据的范围和排除程序。

11. 强化人权司法保障机制。彰显现代司法文明，禁止让刑事在押被告人或上诉人穿着识别服、马甲、囚服等具有监管机构标识的服装出庭受审。强化诉讼过程中当事人和其他诉讼参与人的知情权、陈述权、辩护辩论权、申请权、申诉权的制度保障。完善律师执业权利保障机制，强化控辩对等诉讼理念，禁止对律师进行歧视性安检，为律师依法履职提供便利。依法保障律师履行辩护代理职责，落实律师在庭审中发问、质证、辩论等诉讼权利。完善对限制人身自由司法措施和侦查手段的司法监督，加强对刑讯逼供和非法取证的源头预防，健全冤假错案的有效防范、及时纠正机制。

12. 健全轻微刑事案件快速办理机制。在立法机关的授权和监督下，有序推进刑事案件速裁程序改革。

13. 完善刑事诉讼中认罪认罚从宽制度。明确被告人自愿认罪、自愿接受处罚、积极退赃退赔案件的诉讼程序、处罚标准和处理方式，构建被告人认罪案件和不认罪案件的分流机制，优化配置司法资源。

14. 完善民事诉讼证明规则。强化民事诉讼证明中当事人的主导地位，依法确定当事人证明责任。明确人民法院依职权调查收集证据的条件、范围和程序。严格落实证人、鉴定人出庭制度。发挥庭审质证、认证在认定案件事实中的核心作用。严格高度盖然性原则的适用标准，进一步明确法官行使自由裁量权的条件和范围。一切证据必须经过庭审质证后才能作为裁判的依据，当事人双方争议较大的重要证据都必须在裁判文书中阐明采纳与否的理由。

15. 建立庭审全程录音录像机制。加强科技法庭建设，推动庭审全程同步录音录像。建立庭审录音录像的管理、使用、储存制度。规范以图文、视频等方式直播庭审的范围和程序。

16. 规范处理涉案财物的司法程序。明确人民法院处理涉案财物的标准、范围和程序。进一步规范在刑事、民事和行政诉讼中查封、扣押、冻结和处理涉案财物的司法程序。推动建立涉案财物集中管理信息平台，完善涉案财物信息公开机制。

（三）优化人民法院内部职权配置

建立中国特色社会主义审判权力运行体系，必须优化人民法院内部职权配置，健全立案、审判、执行、审判监督各环节之间的相互制约和相互衔接机制，充分发挥一审、二审和再审的不同职能，确保审级独立。到2016年底，形成定位科学、职能明确、运行有效的法院职权配置模式。

17. 改革案件受理制度。变立案审查制为立案登记制，对人民法院依法应该受理的案件，做到有案必立、有诉必理，保障当事人诉权。加大立案信息的网上公开力度。推动完善诉讼收费制度。

18. 完善分案制度。在加强专业化合议庭建设基础上，实行随机分案为主、指定分案为辅的案件分配制度。建立分案情况内部公示制度。对于变更审判组织或承办法官的，应当说明理由并公示。

19. 完善审级制度。进一步改革民商事案件级别管辖制度，科学确定基层人民法院的案件管辖范围，逐步改变主要以诉讼标的额确定案件级别管辖的做法。完善提级管辖制度，明确一审案件管辖权从下级法院向上级法院转移的条件、范围和程序。推动实现一审重在解决事实认定和法律适用，二审重在解决事实和法律争议、实现二审终审，再审重在依法纠错、维护裁判权威。

20. 强化审级监督。严格规范上级法院发回重审和指令再审的条件和次数，完善发回重审和指令再审文书的公开释明机制和案件信息反馈机制。人民法院办理二审、提审、申请再审及申诉案件，应当在裁判文书中指出一审或原审存在的问题，并阐明裁判理由。人民法院办理已经立案受理的申诉案件，应当向当事人出具法定形式的结案文书；符合公开条件的，一律在中国裁判文书网公布。

21. 完善案件质量评估体系。建立科学合理的案件质量评估体系。废止违反司法规律的考评指标和措施，取消任何形式的排名排序做法。强化法定期限内立案和正常审限内结案，建立长期未结案通报机制，坚决停止人为控制收结案的错误做法。依托审判流程公开、裁判文书公开和执行信息公开三大平台，发挥案件质量评估体系对人民法院公正司法的服务、研判和导向作用。

22. 深化司法统计改革。以“大数据、大格局、大服务”理念为指导，改革司法统计管理体制，打造分类科学、信息全面的司法统计标准体系，逐步构建符合审判实际和司法规律的实证分析模型，建立全国法院裁判文书库和全国法院司法信息大数据中心。

23. 完善法律统一适用机制。完善最高人民法院的审判指导方式，加强司法解释等审判指导方式的规范性、及时性、针对性和有效性。改革和完善指导性案例的筛选、评估和发布机制。健全完善确保人民法院统一适用法律的工作机制。

24. 深化执行体制改革。推动实行审判权和执行权相分离的体制改革试点。建立失信被执行人信用监督、威慑和惩戒法律制度。加大司法拍卖方式改革力度，重点推行网络司法拍卖模式。完善财产刑执行制度，推动将财产刑执行纳入统一的刑罚执行体制。

25. 推动完善司法救助制度。明确司法救助的条件、标准和范围，规范司法救助的受理、审查和决定程序，严格资金的管理使用。推动国家司法救助立法，切实发挥司法救助在帮扶群众、化解矛盾中的积极作用。

26. 深化司法领域区际国际合作。推动完善司法协助体制，扩大区际、国际司法协助覆盖面。推动制定刑事司法协助法。

（四）健全审判权力运行机制

建立中国特色社会主义审判权力运行体系，必须严格遵循司法规律，完善以审判权为核心、以审判监督权和审判管理权为保障的审判权力运行机制，落实审判责任制，做到让审理者裁判，由裁判者负责。到2015年底，健全完善权责明晰、权责统一、监督有序、配套齐全的审判权力运行机制。

27. 健全主审法官、合议庭办案机制。选拔政治素质好、办案能力强、专业水平高、司法经验丰富的审判人员担任主审法官。独任制审判以主审法官为中心，配备必要数量的审判辅助人员。合议制审判由主审法官担任审判长。合议庭成员都是主审法官的，原则上由承办案件的主审法官担任审判长。完善院、庭长、审判委员会委员担任审判长参加合议庭审理案件的工作机制。改革完善合议庭工作机制，明确合议庭作为审判组织的职能范围，完善合议庭成员在交叉阅卷、庭审、合议等环节中的共同参与和制约监督机制。改革裁判文书签发机制。

28. 完善主审法官、合议庭办案责任制。按照权责利相统一的原则，明确主审法官、合议庭及其成员的办案责任与免责条件，实现评价机制、问责机制、惩戒机制、退出机制与保障机制的有效衔接。主审法官作为审判长参与合议时，与其他合议庭成员权力平等，但负有主持庭审活动、控制审判流程、组织案件合议、避免程序瑕疵等岗位责任。科学界定合议庭成员的责任，既要确保其独立发表意见，也要明确其个人意见、履职行为在案件处理结果中的责任。

29. 健全院、庭长审判管理机制。明确院、庭长与其职务相适应的审判管理职责。规范案件审理程序变更、审限变更的审查报批制度。健全诉讼卷宗分类归档、网上办案、审判流程管控、裁判文书上网工作的内部督导机制。

30. 健全院、庭长审判监督机制。明确院、庭长与其职务相适应的审判监督职责，健全内部制约监督机制。完善主审法官会议、专业法官会议机制。规范院、庭长对重大、疑难、复杂案件的监督机制，建立院、庭长在监督活动中形成的全部文书入卷存档制度。依托现代信息化手段，建立主审法官、合议庭行使审判权与院、庭长行使监督权的全程留痕、相互监督、相互制约机制，确保监督不缺位、监督不越位、监督必留痕、失职必担责。

31. 健全审判管理制度。发挥审判管理在提升审判质效、规范司法行为、严格诉讼程序、统一裁判尺度等方面的保障、促进和服务作用，强化审判流程节点管控，进一步改善案件质量评估工作。

32. 改革审判委员会工作机制。合理定位审判委员会职能，强化审判委员会总结审判经验、讨论决定审判工作重大事项的宏观指导职能。建立审判委员会讨论事项的先行过滤机制，规范审判委员会讨论案件的范围。除法律规定的情形和涉及国家外交、安全和社会稳定的重大复杂案件外，审判委员会主要讨论案件的法律适用问题。完善审判委员会议事规则，建立审判委员会会议材料、会议记录的签名确认制度。建立审判委员会决议事项的督办、回复和公示制度。建立审判委员会委员履职考评和内部公示机制。

33. 推动人民陪审员制度改革。落实人民陪审员“倍增计划”，拓宽人民陪审员选任渠道和范围，保障人民群众参与司法，确保基层群众所占比例不低于新增人民陪审员三分之二。进一步规范人民陪审员的选任条件，改革选任方式，完善退出机制。明确人民陪审员参审案件职权，完善随机抽取机制。改革陪审方式，逐步实行人民陪审员不再审理法律适用问题，只参与审理事实认定问题。加强人民陪审员依法履职的经费保障。建立人民陪审员动态管理机制。

34. 推动裁判文书说理改革。根据不同审级和案件类型，实现裁判文书的繁简分流。加强对当事人争议较大、法律关系复杂、社会关注度较高的一审案件，以及所有的二审案件、再审案件、审判委员会讨论决定案件裁判文书的说理性。对事实清楚、权利义务关系明确、当事人争议不大的一审民商事案件和事实清楚、证据确实充分、被告人认罪的一审轻微刑事案件，使用简化的裁判文书，通过填充要素、简化格式，提高裁判效率。重视律师辩护代理意见，对于律师依法提出的辩护代理意见未予采纳的，应当在裁判文书中说明理由。完善裁判文书说理的刚性约束机制和激励机制，建立裁判文书说理的评价体系，将裁判文书的说理水平作为法官业绩评价和晋级、选升的重要因素。

35. 完善司法廉政监督机制。改进和加强司法巡查、审务督察和廉政监察员工作。建立上级纪委和上级法院为主、下级法院协同配合的违纪案件查处机制，实现纪检监察程序与法官惩戒程序的有序衔接。建立法院内部人员过问案件的记录制度和责任追究制度。依法规范法院人员与当事人、律师、特殊关系人、中介组织的接触、交往行为。

36. 改革涉诉信访制度。完善诉访分离工作机制，明确诉访分离的标准、范围和程序。健全涉诉信访终结机制，依法规范涉诉信访秩序。建立就地接访督导机制，创新网络办理信访机制。推动建立申诉案件律师代理制度。探索建立社会第三方参与机制，增强涉诉信访矛盾多元化解合力。

（五）构建开放、动态、透明、便民的阳光司法机制

建立中国特色社会主义审判权力运行体系，必须依托现代信息技术，构建开放、动态、透明、便民的阳光司法机制，增进公众对司法的了解、信赖和监督。到 2015 年底，形成体系完备、信息齐全、使用便捷的人民法院审判流程公开、裁判文书公开和执行信息公开三大平台，建立覆盖全面、系统科学、便民利民的司法为民机制。

37. 完善庭审公开制度。建立庭审公告和旁听席位信息的公示与预约制度。对于依法应当公开审理，且受社会关注的案件，人民法院应当在已有条件范围内，优先安排与申请旁听者数量相适应的法庭开庭。有条件的审判法庭应当设立媒体旁听席，优先满足新闻媒体的旁听需要。

38. 完善审判流程公开平台。推动全国法院政务网站建设。建立全国法院统一的诉讼公告网上办理平台和诉讼公告网站。继续加强中国审判流程信息公开网网站建设，完善审判信息数据及时汇总和即时更新机制。加快建设诉讼档案电子化工程。推动实现全国法院在同一平台公开审判流程信息，方便当事人

自案件受理之日起，在线获取审判流程节点信息。

39. 完善裁判文书公开平台。加强中国裁判文书网网站建设，完善其查询检索、信息聚合功能，方便公众有效获取、查阅、复制裁判文书。严格按照“以公开为原则，不公开为例外”的要求，实现四级人民法院依法应当公开的生效裁判文书统一在中国裁判文书网公布。

40. 完善执行信息公开平台。整合各类执行信息，推动实现全国法院在同一平台统一公开执行信息，方便当事人在线了解执行工作进展。加强失信被执行人名单信息公布力度，充分发挥其信用惩戒作用，促使被执行人自动履行生效法律文书。完善被执行人信息公开系统建设，方便公众了解执行工作，主动接受社会监督。

41. 完善减刑、假释、暂予监外执行公开制度。完善减刑、假释、暂予监外执行的适用条件和案件办理程序，确保相关案件公开、公正处理。会同刑罚执行机关、检察机关推动网上协同办案平台建设，对执法办案和考核奖惩中的重要事项、重点环节，实行网上录入、信息共享、全程留痕，从制度和技术上确保监督到位。建立减刑、假释、暂予监外执行信息网，实现三类案件的立案公示、庭审公告、文书公布统一在网上公开。

42. 建立司法公开督导制度。强化公众对司法公开工作的监督，健全对违反司法公开规定行为的投诉机制和救济渠道。充分发挥司法公开三大平台的监督功能，使公众通过平台提出的意见和建议成为人民法院审判管理、审判监督和改进工作的重要参考依据。

43. 完善诉讼服务中心制度。加强诉讼服务中心规范化建设，完善诉讼服务大厅、网上诉讼服务平台、12368 司法服务热线。建立网上预约立案、送达、公告、申诉等工作机制。推动远程调解、信访等视频应用，进一步拓展司法为民的广度和深度。

44. 完善人民法庭制度。优化人民法庭的区域布局和人员比例。积极推进以中心法庭为主、社区法庭和巡回审判点为辅的法庭布局形式。根据辖区实际情况，完善人民法庭便民立案机制。优化人民法庭人员构成。有序推进人民法庭之间、人民法庭和基层人民法院其他庭室之间的人员交流。

45. 推动送达制度改革。推动建立当事人确认送达地址并承担相应法律后果的约束机制，探索推广信息化条件下的电子送达方式，提高送达效率。

46. 健全多元化纠纷解决机制。继续推进调解、仲裁、行政裁决、行政复议等纠纷解决机制与诉讼的有机衔接、相互协调，引导当事人选择适当的纠纷解决方式。推动在征地拆迁、环境保护、劳动保障、医疗卫生、交通事故、物业管理、保险纠纷等领域加强行业性、专业性纠纷解决组织建设，推动仲裁制度和行政裁决制度的完善。建立人民调解、行政调解、行业调解、商事调解、司法调解联动工作体系。推动多元化纠纷解决机制立法进程，构建系统、科学的多元化纠纷解决体系。

47. 推动实行普法责任制。强化法院普法意识，充分发挥庭审公开、文书说理、案例发布的普法功能，推动人民法院行使审判职能与履行普法责任的高度统一。

（六）推进法院人员的正规化、专业化、职业化建设

建立中国特色社会主义审判权力运行体系，必须坚持以审判为中心、以法官为重心，全面推进法院人员的正规化、专业化、职业化建设，努力提升职业素养和专业水平。到 2017 年

底，初步建立分类科学、分工明确、结构合理和符合司法职业特点的法院人员管理制度。

48. 推动法院人员分类管理制度改革。建立符合职业特点的法官单独职务序列。健全法官助理、书记员、执行员等审判辅助人员管理制度。科学确定法官与审判辅助人员的数量比例，建立审判辅助人员的正常增补机制，切实减轻法官事务性工作负担。拓宽审判辅助人员的来源渠道，探索以购买社会化服务的方式，优化审判辅助人员结构。探索推动司法警察管理体制改革。完善司法行政人员管理制度。

49. 建立法官员额制度。根据法院辖区经济社会发展状况、人口数量（含暂住人口）、案件数量、案件类型等基础数据，结合法院审级职能、法官工作量、审判辅助人员配置、办案保障条件等因素，科学确定四级法院的法官员额。根据案件数量、人员结构的变化情况，完善法官员额的动态调节机制。科学设置法官员额制改革过渡方案，综合考虑审判业绩、业务能力、理论水平和法律工作经历等因素，确保优秀法官留在审判一线。

50. 改革法官选任制度。针对不同层级的法院，设置不同的法官任职条件。在国家和省一级分别设立由法官代表和社会有关人员参与的法官遴选委员会，制定公开、公平、公正的选任程序，确保品行端正、经验丰富、专业水平较高的优秀法律人才成为法官人选，实现法官遴选机制与法定任免机制的有效衔接。健全初任法官由高级人民法院统一招录，一律在基层人民法院任职机制。配合法律职业人员统一职前培训制度改革，健全预备法官训练制度。适当提高初任法官的任职年龄。建立上级法院法官原则上从下一级法院遴选产生的工作机制。完善将优秀律师、法律学者，以及在立法、检察、执法等部门任职的专业法律人才选任为法官的制度。健全法院和法学院校、法学研究机构人员双向交流机制，实施高校和法院人员互聘计划。

51. 完善法官业绩评价体系。建立科学合理、客观公正、符合规律的法官业绩评价机制，完善评价标准，将评价结果作为法官等级晋升、择优遴选的重要依据。建立不适任法官的退出机制，完善相关配套措施。

52. 完善法官在职培训机制。严格以实际需求为导向，坚持分类、分级、全员培训，着力提升法官的庭审驾驭能力、法律适用能力和裁判文书写作能力。改进法官教育培训的计划生成、组织调训、跟踪管理和质量评估机制，健全教学师资库、案例库、精品课件库。加强法官培训机构和现场教学基地建设。建立中国法官教育培训网，依托信息化手段，大力推广网络教学，实现精品教学课件由法院人员免费在线共享。大力加强基层人民法院法官和少数民族双语法官的培训工作。

53. 完善法官工资制度。落实法官法规定，研究建立与法官单独职务序列配套的工资制度。

（七）确保人民法院依法独立公正行使审判权

建立中国特色社会主义审判权力运行体系，必须坚持在党的领导下，推动完善确保人民法院依法独立公正行使审判权的各项制度，优化司法环境，树立司法权威，强化职业保障，提高司法公信力。到2018年底，推动形成信赖司法、尊重司法、支持司法的制度环境和社会氛围。

54. 推动省级以下法院人员统一管理改革。配合中央有关部门，推动建立省级以下地方法院人员编制统一管理制度。推动建立省级以下地方法院法官统一由省级提名、管理并按法定程序任免的机制。

55. 建立防止干预司法活动的工作机制。配合中央有关部门，推动建立领导干部干预审判执行活动、插手具体案件处理的记录、通报和责任追究制度。按照案件全程留痕要求，明确审判组织的记录义务和责任，对于领导干部干预司法活动、插手具体案件的批示、函文、记录等信息，建立依法提取、介质存储、专库录入、入卷存查机制，相关信息均应当存入案件正卷，供当事人及其代理人查询。

56. 健全法官履行法定职责保护机制。合理确定法官、审判辅助人员的工作职责、工作流程和工作标准。明确不同主体、不同类型过错的甄别标准和免责事由，确保法官依法履职行为不受追究。非因法定事由，未经法定程序，不得将法官调离、辞退或者作出免职、降级等处分。完善法官申诉控告制度，建立法官合法权益因依法履职受到侵害的救济机制，健全不实举报澄清机制。在国家和省一级分别设立由法官代表和社会有关人员参与的法官惩戒委员会，制定公开、公正的法官惩戒程序，既确保法官的违纪违法行为及时得到应有惩戒，又保障其辩解、举证、申请复议和申诉的权利。

57. 完善司法权威保障机制。推动完善拒不执行判决、裁定、藐视法庭权威等犯罪行为的追诉机制。推动相关法律修改，依法惩治当庭损毁证据材料、庭审记录、法律文书和法庭设施等严重藐视法庭权威的行为，以及在法庭之外威胁、侮辱、跟踪、骚扰法院人员或其近亲属等违法犯罪行为。

58. 强化诉讼诚信保障机制。建立诉讼诚信记录和惩戒制度。依法惩治虚假诉讼、恶意诉讼、无理缠诉行为，将上述三类行为信息纳入社会征信系统。探索建立虚假诉讼、恶意诉讼受害人损害赔偿之诉。

59. 优化行政审判外部环境。健全行政机关负责人依法出庭应诉制度，引导、规范行政机关参加诉讼活动。规范司法建议的制作和发送，促进依法行政水平提升。

60. 完善法官宣誓制度。完善法官宣誓制度，经各级人大及其常委会选举或任命的法官，正式就职时应当公开向宪法宣誓。

61. 完善司法荣誉制度。明确授予法官、审判辅助人员不同类别荣誉的标准、条件和程序，提升法院人员的司法职业尊荣感和归属感。

62. 理顺法院司法行政事务管理关系。科学设置人民法院的司法行政事务管理机构，规范和统一管理职责，探索实行法院司法行政事务管理权和审判权的相对分离。改进上下级法院司法行政事务管理机制，明确上级法院司法行政事务管理部门对下级法院司法行政事务的监管职能。

63. 推动人民法院财物管理体制改革。配合中央有关部门，推动省级以下地方法院经费统一管理机制改革。完善人民法院预算保障体系、国库收付体系和财务管理体系，推动人民法院经费管理与保障的长效机制建设。严格“收支两条线”管理，地方各级人民法院收取的诉讼费、罚金、没收的财物，以及追缴的赃款赃物等，统一上缴省级国库。加强“两庭”等场所建设。建立人民法院装备标准体系。

64. 推动人民法院内设机构改革。按照科学、精简、高效的工作要求，推进扁平化管理，逐步建立以服务审判工作为重心的法院内设机构设置模式。

65. 推动人民法院信息化建设。加快"天平工程"建设，着力整合现有资源，推动以服务法院工作和公众需求的各类信息化应用。最高人民法院和高级人民法院主要业务信息化覆盖率达到100%，中级人民法院和基层人民法院分别达到95%和85%以上。

四、全面深化人民法院改革的工作要求

全面深化人民法院改革，任务艰巨、责任重大、时间紧迫。各级人民法院要认真贯彻中央决策部署，加强组织领导，完善工作机制，有重点、有步骤、有秩序地抓好落实和推动工作，确保改革措施取得实际效果，改革成果惠及全体人民。

最高人民法院司法改革领导小组是人民法院司法改革的议事、协调和指导机构，不定期召开小组会议，研究确定改革要点、审议改革方案、听取进度汇报、讨论决定重大问题。

最高人民法院建立情况通报、督导检查、评估总结制度，及时掌握改革动态，加强督促指导，纠正错误做法，总结成功经验，做到每项改革任务都有布置、有督促、有检查，确保各项任务不折不扣完成。

各高级人民法院应当成立司法改革领导小组，监督指导、统筹协调辖区内法院的司法改革工作。各级人民法院要建立健全司法改革事务报批备案和请示报告制度，及时总结改革经验、报告工作进展、反映问题困难。各高级人民法院拟就部分改革项目开展试点的，试点方案须报最高人民法院审批同意，重大改革试点方案须经最高人民法院报中央审批同意方可实施。

导言：全面深化人民法院改革的理论基点和实现路径

党的十八届三中全会通过的《中共中央关于全面深化改革若干重大问题的决定》（以下简称三中全会《决定》），确定了推进法治中国建设、深化司法体制改革的主要任务。党的十八届四中全会作出《中共中央关于全面推进依法治国若干重大问题的决定》（以下简称四中全会《决定》），提出建设中国特色社会主义法治体系、建设社会主义法治国家的总目标。这是中国共产党历史上首次提出“法治体系”概念，标志着中国特色社会主义法律体系形成后，科学立法、严格执法、公正司法、全民守法这一具有内在联系、互相影响、彼此制约的法治体系正在形成。传统意义上以法律体系为载体的静态法治正在向以法治体系为载体的动态法治转变，写在纸上的法律正在向生活中的法律转变，法律上抽象的权利正在向具体的诉权转变，司法的功能和价值再次被关注，人民法院的司法改革正面临承前启后、继往开来的重大历史机遇。

应当看到，当前中国的司法改革具有良好的先决条件。党中央高度重视法治建设，依法治国已经成为坚持和发展中国特色社会主义的本质要求和重要保证，中国特色社会主义法律体系已经形成，法治政府建设稳步推进，全社会法治观念明显增强，司法体制机制不断完善，司法改革的内在动力和外部环境正处于历史上最好的时期。

同时，我们也必须清醒地认识到，与党和国家事业发展要求相比，与人民群众期待相比，与推进国家治理体系和治理能力现代化相比，司法体制和工作机制还存在许多不相适应的地方。司法权的中央事权属性和判断权属性未能得到充分体现，司法权运行的内部监督制约机制尚未完全形成，外部环境有待优化，保障机制尚不健全，司法不规范、不严格、不透明、不文明现象仍然存在，司法不公和腐败问题的惩治预防机制尚不完善。这些问题，直接制约和妨碍党和国家事业发展，损害社会公平正义，损害人民群众合法权益，必须从体制机制上予以解决。

党的十八届三中、四中全会围绕完善司法管理体制、司法权力运行机制、司法监督制约机制、司法保障机制等事关人民司法事业长远发展的重大问题，作出了一系列重大决定，提出了一系列重大理论和实践创新。为贯彻党的十八大和十八届三中、四中全会精神，进一步深化人民法院各项改革，最高人民法院经过深入调研，并广泛征求意见，研究制定了《最高人民法院关于全面深化人民法院改革的意见》（以下简称《意见》），并将之作为《人民法院第四个五年改革纲要（2014－2018）》（以下简称《纲要》）贯彻实施。这标志着人民法院司法改革站在了新的历史起点。根据十八届三中、四中全会《决定》和《意见》的主要内容，现就人民法院全面深化司法改革的理论基点、目标蓝图和实现路径阐述如下。

一、人民法院全面深化司法改革的理论基点

人民法院的改革应当立足于回答和解决两个基本问题：其一，法院到底是干什么的？其二，法院工作追求的价值目标到底是什么？第一个问题关系到司法权的权力属性，第二个问题关系到司法权的价值归属。因此，司法性质论和司法价值论是人民法院推进改革的两个重要理论基点。

（一）关于司法性质论

司法性质论是对司法权内在特质和属性的概括和揭示，它是司法改革顶层设计的重要理论依据。本轮司法改革的一个突出特点，就是从方案设计之初即将“司法权是判断权和裁量权”“司法权是中央事权”这两个重大理论表述确定为改革的理论基点，并据此构建新一轮人民法院改革的逻辑结构。

首先，司法权既然是判断权，就必须赋予判断主体高度的独立性、中立性和专业性，这正是法院人员分类管理改革、建立法官员额制度、完善法官选任制度、加强法官训练制度、完善司法权威保障机制、健全法官履行法定职责保护机制的重要理论基础。

其次，司法权既然是判断权，就必须体现程序性、技术性等司法自身的规律性，这正是建立司法责任制、完善审判权运行机制、健全法官惩戒制度的重要理论前提。

第三，司法权既然是中央事权，实际上赋予了司法权国家属性，也就是说作为国家判断权的司法权当然应当具有终局性、确定性、稳定性和强制性等诸多属性，这正是最高人民法院设立巡回法庭、探索设立跨行政区划人民法院、推动省级以下地方法院人财物统一管理、健全司法行政事务保障机制、推进涉法涉诉信访改革的重要理论依据。

（二）关于司法价值论

司法价值论是司法能否满足社会需要及其司法对于个人、社会生存发展有何意义的理论体系，它直接决定和影响社会公众对法院工作的评价，进而成为确定法院工作方向和目标的重要理论依据。近年来，随着经济社会的全面发展，各类矛盾纠纷急剧增多，社会成员希望通过司法解决纠纷的愿望愈加强烈，有诉必理、有案必立、有理必赢成为民众近乎一致的诉求，而确保人民法院依法独立公正行使审判权的体制机制尚不完善，法院工作面临巨大压力。与此同时，“法院工作如何定位”再次引发人们的热议和思考。

一是解纷论。持解纷论者认为，人民法院工作的价值目标应当是解决纠纷，只要当事人的纠纷能够解决，人民法院工作的价值就得以实现。毋庸置疑，依法化解矛盾纠纷是人民法院的主要职能，仅从这个意义上来讲，解纷论无可挑剔。但在司法实践中，有的将解纷论推崇至人民法院工作的终极目标，导致片面追求调解率，结果使“有理人吃亏让利，违约侵权的人扬眉吐气”，颠倒了价值观、是非观和法律观，最终透支了司法公信，动摇了社会成员的法律信仰和道德底线。

二是稳定论。持稳定论者认为，人民法院工作的价值目标应当是维护社会稳定，只要当事人服判息诉，人民法院的使命就已经完成。应当承认，维护社会稳定是人民法院服务大局的基本要求，也是中国特色社会主义司法制度的本质使然。但在司法实践中，个别地方无视司法工作自身的规律，片面将维稳视为人民法院工作的核心价值，以牺牲公正、权利、程序来换取局部和一时的稳定，超出法院自身的职能来设定维稳考评指标，信奉"搞定就是稳定，摆平就是水平"，没有将维稳建立在依法维权的基础上，最终只能是扬汤止沸、功利维稳。

三是正义论。持正义论者认为，人民法院工作的价值目标应当是实现社会的公平正义，只要案件的处理符合法律的公平正义，人民法院工作的价值就得以实现。应当看到，将实现公平正义确定为人民法院工作的核心价值和终极目标，具有十分重要的理论意义和实践价值。但在当下的司法实践中，由于社会大众与法官之间对公平正义的认识还存有差异，少数法官在理解法律、认定证据、恪守程序、权衡价值方面还存在不足，导致法院自身评价和社会评价还存在不少差距。因此，本轮司法改革将"让人民群众在每一个司法案件中感受到公平正义"确定为核心价值和终极目标，并从中国特色社会主义初级阶段的国情出发，适当吸收解纷论和稳定论的合理成分，以解决影响司法公正、制约司法能力的深层次问题为切入点，以确保人民法院依法独立公正行使审判权为重心，着力建设具有中国特色的社会主义审判权力运行体系。

上述司法性质论和司法价值论是《意见》的重要理论基点。司法性质论为人民法院改革提供了强大的思想理论武器，也为新一轮改革的顶层设计提供了理论支撑和技术支持。司法价值论为人民法院改革明确了价值目标和改革导向，从立案到执行、法官到法院、放权到监督、公开到公信，《意见》在每一个改革项目的细节上都紧紧围绕如何"让人民群众在每一个司法案件中感受到公平正义"而延伸和展开。上述司法性质论和司法价值论，也是《意见》提出的65项改革举措从提出、讨论、修改到最后确定的重要理论依据。

二、人民法院全面深化司法改革的目标蓝图

如何实现“让人民群众在每一个司法案件中感受到公平正义”的改革目标，需要寻找实现这一目标的具体路径。习近平总书记曾指出：“一个国家实行什么样的司法制度，归根到底是由这个国家的国情决定的。评价一个国家的司法制度，关键看是否符合国情、能否解决本国实际问题。”《意见》明确到2018年初步建成具有中国特色的社会主义审判权力运行体系，使之成为中国特色社会主义法治体系的重要组成部分，为实现“两个一百年”奋斗目标、实现中华民族伟大复兴的中国梦提供强有力的司法保障，具有十分重要的理论和现实意义。

应当承认，建成具有中国特色社会主义审判权力运行体系的主客观条件已经初步形成。人民法院司法改革走过了十五年，先后推出三个“五年改革纲要”，在审判权运行机制方面已经积累了较为丰富的实践经验；随着法学理论研究的不断深入，对审判权运行的特点和规律已经有了较为科学的认识，建设中国特色社会主义审判权力运行体系的理论准备已经成熟；党的十八大和十八届三中、四中全会关于加快推进法治中国建设、进一步深化司法体制改革的重要战略部署，为中国特色社会主义审判权力运行体系的形成提供了重要的政治保证；全社会对依法治国和公正司法的强烈认同，为建设中国特色社会主义审判权力运行体系提供了良好的外部环境。

中国特色社会主义审判权力运行体系的基本内涵可以概括为，以党的领导、人民当家做主、依法治国有机统一的社会主义民主政治制度为基础，以国家判断权理论和公平正义的司法价值论为理论基点，以法官制度、审判权运行机制、司法保障制度为主要内容，以审判权为中心、以审判管理权和审判监督权为保障的权力运行体系的总称。中国特色社会主义审判权力运行体系将坚持自己的政治特色、专业特色、民族特色和时代特色，为国家治理体系与治理能力现代化创造和输送程序价值、秩序价值、信用价值和正义价值。

如何建成具有中国特色的社会主义审判权力运行体系，《意见》设定了具体的路线图和时间表：一是到 2015 年底，健全完善权责明晰、权责统一、监督有序、配套齐全的审判权力运行机制；形成体系完备、信息齐全、使用便捷的人民法院审判流程公开、裁判文书公开和执行信息公开三大平台，建立覆盖全面、系统科学、便民利民的司法为民机制。二是到 2016 年底，推动建立以审判为中心的诉讼制度，形成定位科学、职能明确、运行有效的法院职权配置模式。三是到 2017 年底，初步建立分类科学、分工明确、结构合理和符合司法职业特点的法院人员管理制度。四是到 2018 年底，推动形成信赖司法、尊重司法、支持司法的制度环境和社会氛围。

三、人民法院全面深化司法改革的实现路径

十八届三中、四中全会提出了一系列相互联系、相互配套、互为因果的改革任务，同时人民法院结合自身实际也提出了一系列改革任务，梳理一下主要有以下八个方面。

（一）体制性问题：凸显司法权的中央事权属性

司法体制是司法权运行的制度基础。我国现行的司法体制是中国特色社会主义制度的有机组成部分，体现了党的领导、人民当家做主和依法治国的有机统一，与我国现行的国体和政体是基本相适应的。同时我们也要承认，现行的司法体制形成于计划经济时期，法院的人财物由相对应行政区划的人事、财政部门来管理和保障，导致司法权的中央事权属性与管理保障上的地方性产生冲突，这与建立统一有序、平等竞争的市场经济秩序不相适应。党的十八届三中全会决定推动省级以下地方法院、检察院人财物统一管理，走出了司法体制改革的关键一步。党的十八届四中全会在此基础上，进一步细化了司法体制改革的具体举措。

*一是推动省级以下地方法院人财物统一管理。*这是党的十八届三中全会作出的一项重大司法改革举措。从现行法院管理体制来看，我国地方法院绝大多数都对应或依附于相应的行政区划。各级法院的编制、人

事、经费通常依赖和受制于地方。既然我国是单一制国家，司法权是中央事权，具有国家权力属性，地方法院就不是地方的法院，而是国家设在地方代表国家行使审判权的司法机关。为了最大限度避免受地方保护主义影响和干扰，所有法院人财物都应当由中央统一管理和保障。考虑到我国法官、检察官数量比较大，统一收归中央一级管理和保障，实践中难以做到。本着循序渐进的原则，改革司法管理体制的重点是推动建立省以下地方法院人财物的统一管理，要在“统”字上下功夫。

二是最高人民法院设立巡回法庭，审理跨行政区域重大行政和民商事案件。党的十八届三中全会决定实行省以下地方法院、检察院人财物统一管理之后，人们对跨省级行政区划的民商事案件和省级范围内影响较大的行政案件能否得到公正审理存有疑虑，有的建议由第三方管辖，也有人建议提级管辖。党的十八届四中全会决定设立最高人民法院巡回法庭，是对党的十八届三中全会决定地方法院人财物实行省级统管的进一步深化。最高人民法院设立巡回法庭，有利于确保法律统一适用，维护国家法制统一；有利于审判机关重心下移，就地解决纠纷，方便群众诉讼。巡回法庭是最高人民法院的派出机构和组成部分，不是一个独立的审级，也不是独立的法院，在工作方式上也不能简单等同于传统意义上的巡回审判。

三是探索设立跨行政区划的人民法院，办理跨地区案件。我国现有3500多个地方法院，绝大多数法院设置与行政区划相对应。这样的司法体制便于明确管辖、便利诉讼，也容易得到当地党政部门的大力支持。但另一方面，由于人财物受制于地方，司法权的运行易受地方因素影响和干扰。通过设立跨行政区划的法院，集中审理跨区域的民商事案件、行政案件、环境资源案件等，可以弥补省级统管未能完全解决的一些问题，从体制上排除地方因素对公正司法的干扰，确保少数涉及地方利益的案件得到公正处理，促进国家法律统一正确实施。

四是推动实行审判权和执行权相分离的体制改革试点。执行难作为社会诚信体系不健全而导致的一种司法现象，已经成为人民法院三轮司法改革尚未最终克服的顽症。如何化解执行难，学界和实务界有诸多不同的观点。执行权可以划分为执行裁决权和执行实施权。执行裁决权是一种判断权和裁量权，属于司法权的范畴；执行实施权是一种行政权，上下级之间是一种指挥和服从的关系。因此，推动将审判权和执行权相分离，建立相对独立的强制执行机构，既可以充分发挥执行实施权作为行政权的制度优势，形成上下统一领导、统一指挥的执行体制，又可以避免执行裁决权与执行实施权简单分割而影响执行效率、损害司法公信。

五是改革司法机关人财物管理体制，探索实行法院司法行政事务管理权和审判权相分离。随着以审判为中心的诉讼制度改革的不断深化，法院人员分类管理改革的进一步细化，人民法院内部的司法行政事务管理权必须与审判权相分离，真正形成以审判为中心的法院内部权力运行体制。由于过去在管理上未能严格界定司法机关内部各种权力的不同属性，导致管理与服务的界限不明、上下级之间的关系不清、法官与行政管理人员的身份混同，最终导致法官数量不少，但从事一线审判工作的人员不足，工作效率不高。探索实行司法行政事务管理权与审判权相分离，既可以充分发挥人民法院内部司法行政事务管理权的行政权属性，又可以更好地推进以审判为中心的诉讼制度改革，确保审级独立。

六是完善行政诉讼体制机制，合理调整行政诉讼案件管辖制度。行政诉讼是三大诉讼中受地方因素影响最大的诉讼。2013 年，“民告官”的行政诉讼案件立案数在近几年连续下降的情况下，又比 2012 年下降 5%，上诉率则高达 72.7%。在行政诉讼中，为了地方利益、部门利益打招呼、批条子、递材料干预司法个案的现象比较突出。因此，要配合跨行政区划法院设立、司法公开、立案制度等改革，进一步完善行政诉讼体制机制，合理调整行政诉讼案件管辖制度，防止地方保护主义和行政机关干预，从制度上解决行政诉讼立案难、审理难、执行难等突出问题。

（二）机制性问题：恪守司法权运行的内在规律

司法机制是审判权运行的重要载体，是决定和影响司法公正的重要因素。司法机制涉及立案、庭审、裁判、执行等审判权运行的各个环节，同时与法官制度、司法环境、司法保障等具体制度密切相关。《意见》紧紧围绕诉权保护、审级职能、庭审中心、司法责任等关键问题，紧紧抓住司法权运行的内在规律，进一步明确了审判权运行机制的改革思路。

一是改革法院案件受理制度，变立案审查制为立案登记制。诉权的广泛性、便捷性是现代社会司法文明的重要标志。任何权利如果不具有可诉性，就失去了具体的保护路径，就不具有现实性，其价值和意义就要大打折扣。同时，如果社会成员不能通过诉讼解决纠纷，就会选择私力救济或群体抗争的方式实现其目的，反而不利于社会稳定。四中全会《决定》提出要改革法院案件受理制度，变立案审查制为立案登记制，对人民法院依法应该受理的案件，做到有案必立、有诉必理。这就意味着人民法院在立案环节对当事人提交的诉讼材料只进行形式审查而不再进行实质审查，实现了程序与实体相分离。立案制度的这一巨大变化，一方面给人民群众通过诉讼解决纠纷提供了制度保障，另一方面又给人民法院工作带来了新的挑战。我们必须进一步健全立案公开制度，同时加大对虚假诉讼、恶意诉讼和无理缠诉行为的惩治力度，构建文明、有序、规范的立案工作机制。

二是完善审级制度，明确四级法院的职能定位。我国现行的法院体制实行四级两审终审制。各级法院均承担一审职能，中级法院以上同时承担二审职能，各级法院同时还承担再审职能，各种程序相互交错、职能相互重叠、机构攀比对应，导致地方三级法院案件性质同质化、审判方式同质化、法官素质同质化、职能作用同质化，既不利于有效分流案件，也不利于国家判断权的科学构建，上级法院的审判监督和指导职能也未能得到很好发挥。要完善审级制度，一审重在解决事实认定和法律适用问题，因为一审距离案件争议的事实更近，便于及时查明事实；二审重在解决诉辩双方对一审认定事实和适用法律的争议，实现二审终审；再审重在审查终审裁判的正当性，维护裁判的权威性、稳定性，最终实现法院裁判的终局性。合理定位四级法院在不同审级中的职能作用，对于提高诉讼效率、树立司法权威、提高司法公信具有重要意义。

三是推进以审判为中心的诉讼制度改革，全面贯彻证据裁判规则。以审判为中心是现代社会司法文明进步的重要标志。2013 年以来一些重大冤错案件的发现与纠正，引起了社会各界对疑罪从无、庭审中心和证据裁判的强烈关注。在第六次全国刑事审判工作会议上，最高人民法院提出审判案件要以庭审为中心，实现事实证据调查在法庭、定罪量刑辩论在法庭、裁判结果形成于法庭，全面落实直接言词原则，严格执行非法证据排除制度，让法庭成为确认与解决被告人罪责刑问题的最终阶段和关键环节。在民事和行政诉讼中，所有的举证、质证和认证也应当在法庭上实现和完成，所有的裁判结果都应当是法庭调查和庭审辩论后形成的、具有内在逻辑关系的必然结果。

四是完善司法解释和案例指导制度，进一步发挥最高人民法院统一法律适用标准的职能。最高人民法院的审判指导职能必将随着司法改革的深化进一步加强。最高人民法院将进一步完善司法解释制度，严格司法解释的立项、调研、审议等程序，加强司法解释的针对性、规范性、及时性和有效性，改革指导性案例的筛选、评估、论证和发布机制，建立将最高人民法院的裁判转化为指导性案例的工作机制。

五是改革审判权运行机制。长期以来，我国因法院独立审判而非法官个人独立审判的体制因素，加之“师傅带徒弟式”的法官成长规律，形成了内部层层审批、判审分离的审判权运行机制。这种运行机制的优点是监督制约环节较多、有利于发挥集体智慧、便于裁判意见的相对统一、能够充分发挥院庭长作为资深法官的传帮带作用。但其弊端也非常明显：一是违反了直接言词原则，也即亲历性原则，可能导致司法专断；二是判与审的分离，引发互相推诿、权责不清、无人负责；三是审判权的高度行政化可能降低司法腐败的成本；四是审判权运行的行政化大大降低了司法的效率。因此，审判权运行的去行政化成为学界和社会各界近乎一致的呐喊。毋庸置疑，此轮改革将落实“让审理者裁判、由裁判者负责”的司法原则，破除审判权运行的行政化作为价值取向，但同时又恪守了必要的理性和冷静。《意见》提出，一是完善主审法官、合议庭办案责任制；二是明确院、庭长与其职务相适应的审判监督和审判管理职责；三是完善审判委员会工作机制，四是建立科学合理的案件质量评估体系。

（三）独立性问题：遵循司法公正的内在逻辑

司法权既然是判断权，判断主体的独立性就是确保结果公正性的前提条件。近年来，随着全社会法治意识的增强和行政机关依法执政能力的提高，人民法院的司法环境有了较大改善。但从实践来看，一些涉及地方利益的征地拆迁、环境污染、企业破产等案件，普遍存在立案难、胜诉难和执行难，由此引发的申诉上访也占较大比例。十八届三中、四中全会《决定》都将完善确保依法独立公正行使审判权和检察权的制度作为保证公正司法的首要问题，彰显了独立性在确保司法公正中的重要地位。

一是建立领导干部干预司法活动、插手具体案件处理的记录、通报和责任追究制度。领导干部干预、插手个案处理是当前人民群众反映较为强烈的问题。要结合人民法院正在全面推进的司法责任制、司法公开、监督留痕等改革举措，建立领导干部干预和插手个案的电话记录、转递材料、口头指示等信息的提取、封存、举报和公开制度，为人民法院依法独立行使审判权营造良好的外部环境。

二是健全行政机关依法出庭应诉、支持法院受理行政案件、尊重并执行法院生效裁判的制度。行政机关对待行政诉讼的态度一直是法治建设水平的一个重要标尺。健全行政机关依法出庭应诉制度，既可以让行政机关直接面对群众、及时化解纠纷，又能够树立行政机关依法行政的形象，提高全社会的法治水平。

三是完善惩戒妨碍司法、拒不执行、藐视法庭等影响司法权威的违法犯罪行为的法律制度。公正是权威的基础，权威是公正的保障。近年来，一些当事人随意闹庭、闹访，侮辱、威胁司法工作人员等现象较为突出，严重影响了司法机关的正常秩序，极大地损害了司法权威，严重挫伤了司法人员的职业尊荣感。要完善相关法律制度，重点解决侮辱、诽谤、威胁司法工作人员以及严重扰乱法庭秩序等行为的入罪问题，加大对单位拒不执行判决裁定行为的惩治力度，树立和维护司法权威。

四是建立健全司法人员履行法定职责保护机制。司法权作为判断权，其判断结果的正确性必须建立在证据裁判的基础之上。由于法官不能拒绝裁判，因此当证据不足不能支持诉请主张时，刑事法官可以根据疑罪从无原则判定被告人无罪，民事法官可以根据证明责任负担、举证责任倒置、高度盖然性等原则作出有利或不利于原告的裁判。严格来说，上述因证据不足而又不得不作出的裁判均是建立在法律真实的基础之上，离案件的客观真实可能会有一定差距。因此，要建立健全司法人员履行法定职责保护机制，甄别各类过错的区分标准，确保法官依法履职行为不受追究，非因法定事由，非经法定程序，不得将法官调离、辞退或者作出免职、降职等处分。

（四）民主性问题：弥合司法技术性与人民性之间的距离

司法工作是一种高度专业性和技术性的工作，既需要系统全面的法律专业知识，又需要丰富的司法实践经验。同时，司法工作不能脱离人民群众，这是由我国的根本政治制度决定的，也是司法工作性质所要求的。为了实现我国司法制度的人民性，保障人民群众依法有序参与司法，实现司法专业性与司法人民性的统一，围绕如何保障人民群众参与司法提出改革举措。

一是在司法调解、司法听证、涉诉信访等司法活动中保障人民群众参与。引导人民群众有序参与司法调解、司法听证、涉诉信访等涉及基层群众利益的纠纷处理，可以起到消除对立、缓和矛盾、化解纠纷、普及法律、弘扬道德的积极作用，便于群众走进司法、参与司法、信赖司法、守护司法。

二是完善人民陪审员制度，保障公民陪审权利，提高人民陪审员制度公信度。人民陪审员制度是人民群众当家做主、依法参与国家事务管理的重要形式。人民陪审员来自基层，对风俗民情、市井生活有着更直观的感受，可以弥补专业性的不足。这次人民陪审员制度改革的最大亮点，就是逐步实行人民陪审员只参与事实审，不参与法律审，真正实现了扬长避短，抓住了陪审制度的主要矛盾，为下一步改革确定了方向。

三是健全社会矛盾纠纷预防化解机制，完善调解、仲裁、行政裁决、行政复议、诉讼等有机衔接、相互协调的多元化纠纷解决机制。司法不可能解决所有的社会矛盾。当前，我国的多元化纠纷解决机制尚未得到社会高度认同，适用空间较小，解纷队伍素质不高。根据四中全会《决定》精神，我们要大力支持和发展调解、仲裁等民间解纷力量，实现解纷主体多元化、解纷方式社会化、解纷人员职业化，为国家治理体系和治理能力现代化创造条件。

（五）公开性问题：构建更加开放透明的阳光司法机制

司法公开是实现司法公正的重要条件。近年来，人民法院以司法公开倒逼司法公正取得明显成效，特别是审判流程公开、裁判文书公开、执行信息公开三大平台建设赢得国内外高度评价。同时，我们还应当看到，有的地方仍然以物质条件所限、案件保密、家丑不可外扬等理由拒绝公开，导致司法公开效果大打折扣。三中、四中全会《决定》都强调要推进司法公开，明确提出要构建阳光司法机制，依法及时公开司法的依据、程序、流程、结果和生效法律文书，杜绝暗箱操作，为进一步拓展司法公开提出了具体指引。

一是构建开放、动态、透明、便民的阳光司法机制。党的十八届四中全会对司法公开提出了新的更高要求。一要开放，所有审判流程中依法应当公开的信息都应当向当事人公开；二要动态，当事人可以通过网上办公平台与法院进行必要的互动交流；三要透明，所有可以公开的裁判结果和执行信息都应当上网公开；四要便民，当事人和普通民众参与、旁听案件审理，获取法院的公共信息将更加方便、快捷。

二是加强法律文书释法说理制度。裁判文书释法说理是当事人服判息诉的一个重要条件，也是彰显司法文明公正的必然要求。一份说理到位的裁判文书，可以客观承载当事人双方持有的证据和理由，可以全面反映法官裁量的依据和智慧，可以在一定程度上打消当事人上诉、申诉的想法和念头。当前，要大力推行裁判文书的繁简分流，将宝贵的审判资源投向当事人争议较大、案情复杂、适用法律困难等案件的说理上来，建立裁判文书说理的刚性约束制度和与法官职级晋升、逐级遴选直接挂钩的制度，建立更加科学的裁判文书说理的评价体系。

三是构建司法与传媒的良性互动关系。人民法院要自觉接受舆论监督，尊重新闻传播规律，有条件的法庭可以设立专门的媒体记者席，为媒体进行舆论监督、传播司法信息创造条件。媒体也要尊重司法规律，特别是对未决案件的报道一定要恪守无罪推定、疑罪从无、证据裁判等原则，尊重人民法院的判决裁定，共同维护司法权威，防止舆论影响司法公正。

四是建立法院普法责任制和法官以案释法制度。全民守法是依法治国的一项基础性工作。人民法院和法官要主动承担普法责任，充分利用公开庭审、裁判文书公开、发布典型案例等方式，以案释法，教育民众，推动全民守法。

（六）终局性问题：彰显司法裁量权的国家属性

司法权既然是司法机关代表国家作出的判断权和裁量权，经过法定程序和具备法定条件后，应当具有终局性。司法裁判的终局性是社会成员享有安定性的必要条件，也是公民和法人对自己或他人行为进行合理预期的必然要求。如果人民法院的终审判决可以被轻易推翻，不仅公民正常的生产生活会受到严重影响，而且市场交易所引发的产权变动均处于待定状态，平等竞争的统一市场秩序就无法建立。《意见》以落实司法裁判的终局性为基点，就实行诉访分离、解决执行难等问题提出了改革的具体要求。

一是落实终审和诉讼终结制度。我国实行二审终审制度，但受“信访不信法、信上不信下”错误观念的影响，案件结而不终、无限申诉的现象较为突出，终审制度不能得到有效落实，损害了司法权威，影响了正常的社会秩序。当前，要以确保生效裁判的终局性、稳定性为基础，完善二审终审制度，强化再审裁判的终局性和确定性，落实涉诉信访终结机制，彰显司法裁判的国家属性。

二是保障当事人依法行使申诉权利，改革申诉制度。当事人对生效裁判、决定的申诉常常可能衍生为难以化解的涉诉信访案件，有的还会发展为极端事件。导致这种结果的原因是多方面的，但申诉人缺少必要的法律知识是引发其常年上访的重要原因。建立申诉案件的律师代理制度，可以引导当事人理性、合法、有序地表达诉求。对于因经济困难无力聘请律师的当事人，纳入法律援助方式解决。

三是制定强制执行法，保障胜诉当事人及时实现权益。当事人的胜诉权益得不到实现，判决终局性的价值也就无法体现。要抓紧推动立法部门制定强制执行法，就执行主体、执行程序、执行措施、执行裁判、执行实施等问题作出更加明确的规定，同时要加快建立失信被执行人信用监督、威慑和惩戒法律制度。

（七）廉洁性问题：恪守法官职业的内在品质

腐败是司法公正的天敌。如何在体制和机制上确保司法廉洁，一直是司法改革的关键。近年来，各级法院广泛开展法官职业道德教育，积极构建相互制约、相互监督的审判执行工作机制，人民法院党风廉政建设和反腐败斗争取得明显成效。但同时我们也清醒地认识到，审判、执行等权力集中领域的腐败案件仍易发多发，严重损害司法公信。紧紧抓住这些突出问题，指出了确保司法廉洁的具体路径。

一是建立司法机关内部人员过问案件的记录制度和责任追究制度。近年来，最高人民法院已经出台相关规定，在防止内部人员干预案件方面取得明显成效。要进一步细化和落实具体的措施，关键在“如何记录”“如何追究”上下功夫，完善相关衔接机制，建立内部人员过问案件的记录制度和责任追究制度。

二是明确法官及其辅助人员的工作职责、工作流程和工作标准，实行严格的办案质量责任制。建立严格的办案质量责任追究制度，是社会各界对司法人员提出的一致要求。要实行办案质量负责制和错案责任倒查问责制，但同时要注意三个前置条件：一要明确工作职责，法官及其辅助人员是否依法履行了应当履行的工作职责；二要明确工作流程，法官及其辅助人员是否按照诉讼程序和工作流程履行了职责；三要明确工作标准，法官行使的自由裁量权是否超越了法律限定的范围，司法辅助人员的行为是否在其合理性和正当性之列等。同时应当说明的是，严格的办案质量责任制与司法人员履行法定职责的保护机制是相互配套的两个制度，应当与法官惩戒制度改革同步推进。

三是依法规范司法人员与当事人、律师、特殊关系人、中介组织的接触、交往行为。为了防止权力寻租和利益输送，坚决惩治司法掮客行为，严禁司法人员私下接触当事人及律师；严禁向当事人或律师泄露或为其打探案情；严禁接受当事人或律师的吃请或者收受其财物；严禁为律师介绍代理和辩护业务等。

四是对因违法违纪被开除公职的司法人员、吊销执业证书的律师和公证员实行终身禁业原则。为了确保法律职业共同体的纯洁性，四中全会《决定》提出了违法违纪并被开除的司法人员和法律工作者终身禁业的原则，表明了对司法领域腐败零容忍以及坚决清除害群之马的决心。对因违法违纪被开除公职的司法人员、吊销执业证书的律师和公证员，终身禁止从事法律职业，构成犯罪的要依法追究刑事责任。

（八）主体性问题：打造法官队伍的正规化、专业化、职业化

司法权作为一种判断权，其判断主体的素质直接决定和影响着裁判结果的品质。司法裁判是根据现有证据推定已经发生的未知事实的专门活动，它对法官的逻辑推理和生活经验有着更加严格的要求，而系统严格的职业训练和一定期限的司法实践履历是法官最基本的入职条件；司法裁判是根据证据证明的事实选择法律适用的过程，它对法官的教育背景、知识体系和法律素养有着比普通公务员更高的要求；司法裁判是依

法确认和分配当事人之间权利义务的过程，也是全社会公平正义的最后一道防线，它对法官自身的独立性和职业品德有着近乎苛刻的要求，任何可能影响法官独立公正裁判的因素都应当在制度上予以消解。因此，建立科学而又严格的法官制度是新一轮人民法院改革的逻辑起点。

现行法官按照公务员管理，导致法官入职门槛较低、行政化加剧、人员结构失衡、成长空间有限。大量占据法官资格的人员并不从事审判工作，而审判一线的法官为了解决行政级别又希望到行政管理部门任职，加之法院的行政职数有限，导致法官成长进步的空间全被挤在庭长、院长一条通道上，进一步加剧了法院内部的行政化，影响了法官依法独立公正行使审判权。此外，由于没有建立科学的法院人员分类管理制度，加之法官身份和微薄的审判津贴所吸引，导致法院内部辅助人员、行政工作人员大都向法官身份聚集，形成起点较低、内部循环、对外封闭的“蜂窝状”的法官培养模式，法官逐级遴选的通道被堵死，最终使法官人数日渐庞大，而辅助人员愈加稀少，大量与行使判断权无关的辅助事务也需要法官去亲理，造成司法效率低下，最终形成案多人少与忙闲不均现象并存的结构性矛盾。此外，如何把社会上最优秀的、足以让人们信赖的法律人才吸引到法官队伍中来，除了必要的理想信念教育之外，也需要建立与法官职业相适应的法官制度。

一是建立法官员额制度。根据法院辖区经济社会发展状况、人口数量（含暂住人口）、案件数量、案件类型等基础数据，结合法院审级职能、法官工作量、审判辅助人员配置、办案保障条件等因素，科学确定四级法院的法官员额。根据案件数量、人员结构的变化情况，完善法官员额的动态调节机制。科学设置法官员额制改革过渡方案，综合考虑审判业绩、业务能力、理论水平和法律工作经历等因素，确保优秀法官留在审判一线。

二是推进法院人员分类管理改革。以法官为中心，健全法官、司法辅助人员、司法行政人员各自单独的职务序列，适当增加司法辅助人员的比例，让法官从繁琐的，与行使判断权、裁量权无关的事务中解脱出来。

三是完善法官职业准入和职前培训制度。法官作为依法行使判断权和裁量权的主体，事实上负有判断是非善恶之重任，拥有生杀予夺之大权，应当建立更加严格的职业准入制度和职前培训制度。根据我国现行法官法的规定，法官的任职条件较为宽松，也缺少严格的职前培训制度，有待进一步修改完善。

四是完善法官职业保障体系，建立法官专业职务序列及工资制度。根据我国法官法的规定，法官的工资制度和工资标准根据审判工作特点，由国家规定。法官法颁布十九年来，未能制定法官单独的工资制度，而是一直将法官按照公务员管理。根据四中全会《决定》要求，未来要推动建立法官专业职务序列及工资制度。

五是建立法官逐级遴选和初任法官由高级人民法院统一招录、基层任职的制度。法官逐级遴选制度是实现法官专业知识、司法经验和职业品德三结合的最佳途径，也与我国四级法院的功能定位相适应。坚持上级法院法官一般从下一级法院优秀法官中遴选的制度，可以为下级法院的法官预留较大的晋升空间，便于形成良性的人才成长机制。由高级人民法院统一招录初任法官，既与省以下地方法院人财物统一管理相适应，又可以实现省级范围内根据案件数量变化实行法官员额比例的合理调配。建立初任法官一律到基层法院任职的制度，可以为法官逐级遴选制度奠定基础，也符合法官培养成长的模式。

六是完善法官等级定期晋升机制。确保不担任领导职务的一线办案法官在年度考核称职的条件下可以按照法定年限晋升至较高的法官等级，这种定期晋升的可预见性和法定性可以大大排除法院内部管理的行政化，为法官依法独立公正行使审判权提供制度保障。

改革措施解读

（一）建立与行政区划适当分离的司法管辖制度

1. 设立最高人民法院巡回法庭。最高人民法院设立巡回法庭，审理跨行政区划的重大民商事、行政等案件，确保国家法律统一正确实施。调整跨行政区划重大民商事、行政案件的级别管辖制度，实现与最高人民法院案件管辖范围的有序衔接。

条·文·解·读

近年来，随着社会矛盾增多，全国法院受理案件数量不断增加，最高人民法院受理的案件数量长期高位运行。2010 年以来，最高人民法院年均受理案件均在 1 万件以上，登记来访 6 ~ 7 万件次。大量案件涌入最高人民法院，导致审判、接访压力空前增大，息诉罢访难度不断增加，不利于最高人民法院作为最高审判机关发挥监督指导全国法院工作职能。

针对上述问题，四中全会《决定》要求“最高人民法院设立巡回法庭，审理跨行政区域重大行政和民商事案件”。2014 年 12 月 2 日，中央全面深化改革领导小组第七次全体会议审议通过《最高人民法院设立巡回法庭试点方案》，同意最高人民法院设立第一、第二巡回法庭，作为改革试点。2015 年 1 月 28 日，第一巡回法庭在广东省深圳市挂牌运行，巡回区为广东、广西、海南三省区；2015 年 1 月 31 日，第二巡回法庭在辽宁省沈阳市挂牌运行，巡回区为辽宁、吉林、黑龙江三省。为了明确最高人民法院巡回法庭（以下简称巡回法庭）的案件受理范围和审判权力运行机制，最高人民法院审判委员会于2015年1月5日审议通过《最高人民法院关于巡回法庭审理案件若干问题的规定》（法释〔2015〕3号，以下简称《规定》）。

第一，关于设立巡回法庭的必要性。设立最高人民法院巡回法庭，主要基于以下几个方面的考虑：一是巡回法庭审理跨行政区划重大行政、民商事案件，有利于理顺省级统管后的司法管辖制度，保障涉及省级利益或跨省案件的司法公正，有效监督、指导、支持地方法院依法独立公正行使审判权，确保中央政令畅通，维护国家法制统一。二是方便人民群众就近诉讼，减轻当事人诉累，更加有效地维护人民群众合法权益。三是有利于纠纷就地解决，减轻首都地区涉诉信访压力，维护首都地区社会和谐稳定；四是有利于最高人民法院本部集中精力制定司法政策和司法解释，审理对统一法律适用有重大指导意义的案件，强化最高人民法院本部监督指导全国法院审判工作的职能。

第二，关于巡回法庭的职能定位。巡回法庭是最高人民法院派驻地方的常设审判机构，主要职能是审理或办理应当由最高人民法院受理的部分案件，不具有制定司法解释和管理巡回区内法院司法行政事务的职能。巡回法庭作出的判决、裁定和决定，就是最高人民法院的判决、裁定和决定，裁判文书盖最高人民法院印章。作为一个常设机构，巡回法庭的庭长、副庭长由全国人大常委会任命，办公地点相对固定，综合行政、司法调研、后勤事务、政工监察工作统一归综合办公室负责，不单设机构。

第三，关于巡回法庭的巡回区域设置。《规定》第一条即明确，最高人民法院设立巡回法庭，受理巡回区内相关案件。第一巡回法庭设在广东省深圳市，巡回区为广东、广西、海南三省区。第二巡回法庭设在辽宁省沈阳市，巡回区为辽宁、吉林、黑龙江三省。《规定》使用了“受理”巡回区内相关案件的表述，而非“管辖”相关案件。这是因为，“管辖”一词主要用来确定法院之间受理案件的分工和权限，明确由哪一层级、哪一地区的法院对进入诉讼程序的案件享有管辖权。而巡回法庭是最高人民法院的组成部分，其管辖范围应当与最高人民法院的管辖范围一致。也就是说，属于最高人民法院管辖范围的案件，巡回法庭都应当有管辖权。同理，为避免“管辖区域”和“辖区”等表述引起歧义，《规定》使用了“巡回区”这一概念，侧重从地理区域上划定巡回法庭审理或办理案件的范围。《规定》明确：“最高人民法院根据有关规定和审判工作需要，可以增设巡回法庭，并调整巡回法庭的巡回区和案件受理范围。”最高人民法院未来可以在总结试点经验基础上，根据审判工作需要，增设若干巡回法庭，并调整巡回区域和受案范围。在巡回法庭的设置上，需要综合考虑全国各类案件的数量、类型和分布情况，以及各省、自治区、直辖市的地理位置、区域面积、人口数量、经济社会发展水平和国家发展战略等综合因素。确定巡回区域时，不一定要与传统意义上的华北、东北、华东、中南、西南、西北等原大行政区相对应。

第四，关于巡回法庭的受案范围。根据《规定》，巡回法庭审理或者办理巡回区内应当由最高人民法院受理的以下案件：（1）全国范围内重大、复杂的第一审行政案件；（2）在全国有重大影响的第一审民商事案件；（3）不服高级人民法院作出的第一审行政或者民商事判决、裁定提起上诉的案件；（4）对高级人民法院作出的已经发生法律效力的行政或者民商事判决、裁定、调解书申请再审的案件；（5）刑事申诉案件；（6）依法定职权提起再审的案件；（7）不服高级人民法院作出的罚款、拘留决定申请复议的案件；（8）高级人民法院因管辖权问题报请最高人民法院裁定或者决定的案件；（9）高级人民法院报请批准延长审限的案件；（10）涉港澳台民商事案件和司法协助案件；（11）最高人民法院认为应当由巡回法庭审理或者办理的其他案件。巡回法庭还依法办理巡回区内向最高人民法院提出的来信来访事项。

综合考虑各种因素，知识产权、涉外商事、海事海商、死刑复核、国家赔偿、执行案件和最高人民检察院抗诉的案件暂由最高人民法院本部审理或者办理。

第五，关于最高人民法院本部与巡回法庭的关系。巡回法庭作为最高人民法院的组成部分，要接受最高人民法院本部的监督指导。巡回法庭受理的案件，统一纳入最高人民法院审判信息综合管理平台进行管理，立案信息、审判流程、裁判文书面向当事人和社会依法公开。最高人民法院认为巡回法庭受理的案件对统一法律适用有重大指导意义的，可以决定由本部审理。巡回法庭对于已经受理的案件，认为对统一法律适用有重大指导意义的，可以报请最高人民法院本部审理。

第六，关于巡回法庭对司法改革的示范意义。巡回法庭的设置严格依循“精简、高效、实用”等现代新型法院的规律和要求，探索实行新的审判权力运行机制和管理模式，其运行和管理体现了三中、四中全会关于深化司法改革的精神。一是体现“让审理者裁判、由裁判者负责”原则。最高人民法院选拔办案能力突出、审判经验丰富的审判人员担任巡回法庭主审法官。巡回法庭的合议庭由主审法官组成。巡回法庭庭长、副庭长都要参加合议庭直接审理案件。巡回法庭合议庭审理案件时，由承办案件的主审法官担任审判长。庭长或者副庭长参加合议庭审理案件时，自己担任审判长。巡回法庭作出的判决、裁定，合议庭成员签署后，由审判长签发。二是探索实行人员分类管理。巡回法庭为每名主审法官均配备法官助理、书记员，合理划分审判辅助人员职能，减轻主审法官事务性工作负担。三是探索内设机构改革。巡回法庭不设审判庭和固定合议庭，综合行政、司法调研和后勤事务工作统一归综合管理办公室负责，实现内设机构精简化。四是坚持完善预防腐败机制建设。巡回法庭设廉政监察员，负责巡回法庭的日常廉政监督工作。最高人民法院监察局通过受理举报投诉、查处违纪案件、开展司法巡查和审务督察等方式，对巡回法庭及其工作人员进行廉政监督。巡回法庭法官每两年轮换一次，防止在巡回区域形成利益交换关系。

第七，关于跨行政区划案件级别管辖调整。考虑到我国尚未建立“飞跃上诉”制度，在短期内设立跨行政区划高级人民法院亦有一定难度，《纲要》提出要调整跨行政区划重大民商事、行政案件的级别管辖制度，实现一些跨行政区划的重大民商事、行政案件能够由高级人民法院一审，最高人民法院二审，确保相关案件能够由最高人民法院巡回法庭审理或办理。

文·件·链·接

《最高人民法院关于巡回法庭审理案件若干问题的规定》（法释〔2015〕3号）

2. 探索设立跨行政区划的法院。以科学、精简、高效和有利于实现司法公正为原则，探索设立跨行政区划法院，构建普通类型案件在行政区划法院受理、特殊类型案件在跨行政区划法院受理的诉讼格局。将铁路运输法院改造为跨行政区划法院，主要审理跨行政区划案件、重大行政案件、环境资源保护、企业破产、食品药品安全等易受地方因素影响的案件、跨行政区划人民检察院提起公诉的案件和原铁路运输法院受理的刑事、民事案件。

条·文·解·读

我国地方各级人民法院的设置基本与行政区划对应，这样的设置模式便于明确管辖、便利诉讼、就地保障，但所受制约也很明显：近年来，一方面，因城市拆迁、农村征地、环境污染、企业破产等引发的大量行政案件和民商事案件容易受到各种地方因素干扰，难以得到公正审理。另一方面，随着跨行政区划案件的增多，案件处理结果与地方经济社会发展和社会稳定的联系越来越密切，导致法院所在地有关部门和领导越来越关注案件处理，甚至利用职权和关系插手、干预案件处理，造成相关诉讼出现“主客场”现象，不利于平等保护外地当事人合法权益，不利于促进形成公平竞争、统一有序的市场经济体系，不利于保障跨行政区划民商事案件的依法独立公正审判。

为此，三中全会《决定》提出，“探索建立与行政区划适当分离的司法管辖制度，保证国家法律统一正确实施”。四中全会《决定》提出要“探索设立跨行政区划的人民法院和人民检察院，办理跨地区案件”。从现实意义上看，探索设立跨行政区划法院，有利于排除地方保护主义对审判工作的不当干扰，保障人民法院依法独立公正行使审判权，特别是对于破解特定类型案件的立案难、审理难、胜诉难、执行难等问题具有重要意义。

第一，关于跨行政区划人民法院的界定。四中全会《决定》提到的“跨行政区划人民法院”审理特定类型的案件，但其本身并不是专门法院，也不是传统意义上在省、自治区内按地区设立或在直辖市内设立的中级人民法院。跨行政区划人民法院的辖区范围内，应当有对应的行政区划法院实行地域管辖，跨行政区划人民法院仅对辖区内特定类型的案件行使管辖权。因此，类似湖北省汉江中级人民法院、海南省第一中级人民法院这样的法院，只能说其管辖范围是跨行政区划的，但它们与跨行政区划人民法院的范畴并不完全相同。

根据人民法院组织法第十七条、第二十二条，基层人民法院仅包括：县人民法院和市人民法院；自治县人民法院；市辖区人民法院。中级人民法院仅包括：在省、自治区内按地区设立的中级人民法院；在直辖市内设立的中级人民法院；省、自治区辖市的中级人民法院；自治州中级人民法院。这就意味着，在现行法律框架下，配合省级以下地方法院统一管理，设立跨省（区、市）的人民法院或在省、自治区内设立跨行政区划人民法院尚存在制度障碍。在法律没有修改或取得法律授权之前，“设立跨行政区划人民法院”这项改革举措只能在直辖市内试点。随着人民法院组织法的修改和试点工作的深入推进，未来将按照改革要求，逐步建立跨行政区划人民法院组织体系，构建普通类型案件在行政区划法院受理、特殊类型案件在跨行政区划法院受理的诉讼格局。

第二，关于改造铁路运输法院。为充分节约司法资源，合理整合审判力量，设立跨行政区划法院的改革首先在改造铁路运输法院基础上进行。根据中央编办、最高人民法院、最高人民检察院、财政部、人力资源和社会保障部、铁道部《关于铁路法院检察院管理体制改革若干问题的意见》（铁政法〔2010〕238 号）：全国 17 个铁路运输中级法院和 58 个铁路运输法院与铁路运输企业全部分离，一次性整体纳入国家司法管理体系。现有铁路法院一次性移交给驻在地的省、自治区、直辖市党委和高级人民法院，实行属地管理。最高人民法院先后出台了《关于推进铁路法院管理体制改革工作的意见》《关于尽快完成铁路运输法院移交工作的通知》和《关于铁路运输法院案件管辖范围的若干规定》，授权各高级人民法院指定辖区内的铁路运输法院受理部分非涉铁案件。目前，铁路运输法院本身具有跨行政区划管辖案件特点，司法资源等可以再进行充分利用。依托铁路运输法院设立跨行政区划人民法院，有利于优化资源配置、降低改革成本。考虑到按照现行法律，铁路运输基层人民法院若改造为普通跨行政区划基层人民法院，审判人员只能由其所在县（区）人大及其常委会任免，不符合其审理跨行政区划案件的职能定位，因此，目前只能优先考虑将直辖市内的铁路运输中级人民法院改造为跨行政区划中级人民法院。

第三，关于跨行政区划人民法院的案件管辖范围。根据中央通过的试点方案，跨行政区划人民法院经所在地高级人民法院以司法文件形式指定管辖下列案件:（1）跨地区的行政诉讼案件；（2）跨地区的重大民商事案件；（3）跨地区的重大环境资源保护案件、重大食品药品安全案件等；（4）跨行政区划人民检察院提起公诉的案件；（5）高级人民法院指定管辖的其他特殊案件。为保持管辖范围上的连续性，跨行政区划人民法院仍管辖原铁路运输法院受理的刑事、民事案件。

跨行政区划人民检察院经所在地省（市）级人民检察院以司法文件形式指定管辖下列案件：（1）跨行政区划中级人民法院管辖的行政诉讼监督案件；（2）跨行政区划中级人民法院管辖的跨地区重大民商事监督案件；（3）上级人民检察院指定管辖的跨地区重大职务犯罪案件；（4）跨地区的重大环境资源保护和重大食品药品安全刑事案件等；（5）民航、水运所属公安机关侦查的重大刑事案件，海关所属公安机关侦查的刑事案件；（6）上级人民检察院指定管辖的其他重大案件。跨行政区划人民检察院仍管辖铁路运输案件，业务领导关系和诉讼体系保持不变。

目前，作为跨行政区划法院改革试点，上海市第三中级人民法院已于2014年12月28日挂牌成立，北京市第四中级人民法院已于2014年12月30日挂牌成立。

按照《北京市高级人民法院关于北京市第四中级人民法院履职的公告》，北京市第四中级人民法院管辖下列第一审案件：（1）以本市区（县）人民政府为被告的行政案件，但目前各区（县）人民法院受理的以区（县）人民政府名义办理不动产物权登记的案件，仍由各区（县）人民法院办理；（2）按照级别管辖标准，应由本市中级人民法院管辖的金融借款合同纠纷案件、保险纠纷案件、涉外及涉港澳台的商事案件；（3）跨地区的重大环境资源保护案件、重大食品药品安全案件；（4）北京市人民检察院第四分院提起公诉的案件；（5）北京市高级人民法院指定管辖的其它特殊案件；（6）按照《最高人民法院关于铁路运输法院案件管辖范围的若干规定》《北京市高级人民法院关于指定北京铁路运输中级法院和北京铁路运输法院受理案件范围的通知》，由北京铁路运输中级法院管辖的案件。

按照《上海市高级人民法院关于上海市第三中级人民法院履职的公告》，指定上海市第三中级人民法院目前依法管辖下列案件：（1）以市级人民政府为被告的第一审行政案件，以市级行政机关为上诉人或者被上诉人的第二审行政案件（不包括知识产权行政案件）；（2）上海市人民检察院第三分院提起公诉的案件；（3）上级法院指定管辖的其他案件。

文·件·链·接

1.《北京市高级人民法院关于北京市第四中级人民法院履职的公告》(2014 年 12 月 30 日)

2.《上海市高级人民法院关于上海市第三中级人民法院履职的公告》(2014 年 12 月 28 日)

3. 推动设立知识产权法院。根据知识产权案件的特点和审判需要，建立和完善符合知识产权案件审判规律的专门程序、管辖制度和审理规则。

条·文·解·读

知识产权司法保护在知识产权保护中具有主导作用，对国家知识产权战略发展和提升司法公信力都具有深远意义，很多国家和地区均把设立知识产权专门法院作为完善知识产权司法保护的重要改革举措。2013年，三中全会《决定》提出，要"探索建立知识产权法院"。

*第一，关于设立知识产权法院的必要性。*一是通过制度创新，进一步规范和强化知识产权司法保护，营造良好的创新环境和投资氛围，推动经济社会发展和文化繁荣；二是统一知识产权案件裁判标准，提供稳定的法律预期，优化知识产权司法资源；三是满足日益增长的知识产权司法保护需求，提高知识产权案件审判效率；四是在国际社会中树立中国知识产权司法保护的良好形象。

*第二，关于知识产权法院的设立。*在推进知识产权法院建设上，改革的路径是实行"以点带面"，而非短期大面积推广。在国内知识产权案件比较集中的大城市先行设立知识产权法院，积累经验后再逐步扩大推广。2014 年 6 月初，中央全面深化改革领导小组第三次全体会议审议通过了《关于设立知识产权法院的方案》。8 月 31 日，十二届全国人大常委会第十次会议作出了《关于在北京、上海、广州设立知识产权法院的决定》，提出在知识产权案件审理比较集中的地区先行设立知识产权法院，并对知识产权法院的设立地点、法官任免权限和案件管辖范围等问题作了初步规定。2014 年 9 月，最高人民法院召开筹建协调会，研究部署组建知识产权法院各项工作，要求按照改革的整体思路，以机构设置新、机制运行新、人员管理新的标准，打造全新模式的知识产权

法院。2014 年 11 月 6 日、12 月 16 日和 12 月 28 日，北京、广州、上海知识产权法院陆续挂牌成立。

第三，关于知识产权法院的管辖模式。作为首批成立的知识产权法院，北京、广州、上海的管辖模式各具特色。北京知识产权法院目前审理北京地区的知识产权案件，北京地区以外的案件还是由地方法院管辖审理，全国知识产权授权、确权的行政案件统一由北京知识产权法院审理；广州知识产权法院可以实行跨行政区划管辖，对广东省内的部分案件享有一审管辖权，对广东省内基层法院的部分上诉案件，享有二审管辖权；上海知识产权法院则更具特殊性，与作为跨行政区划法院的上海市第三中级人民法院、上海铁路运输中级人民法院合署办公。

第四，关于知识产权法院的管辖范围。为进一步规范知识产权案件的管辖范围，依法及时受理知识产权案件，保障当事人诉讼权利，最高人民法院于 2014 年 11 月发布《关于北京、上海、广州知识产权法院案件管辖的规定》。该规定共八条，主要涉及知识产权法院案件的管辖和审级关系，包括一审管辖、跨区域管辖、专属管辖、二审管辖、上诉管辖以及未结案处理等。具体而言，知识产权法院管辖所在市辖区内的下列第一审案件：（1）专利、植物新品种、集成电路布图设计、技术秘密、计算机软件等技术类民事和行政案件；（2）对国务院部门或者县级以上地方人民政府所作的涉及著作权、商标、不正当竞争等行政行为提起诉讼的行政案件；（3）涉及驰名商标认定的民事案件。其中，广州知识产权法院对广东省内上述第（1）项和第（3）项规定的案件实行跨区域管辖。当事人对知识产权法院所在市的基层人民法院作出的第一审著作权、商标、技术合同、不正当竞争等知识产权民事和行政判决、裁定提起的上诉案件，由知识产权法院审理。当事人对知识产权法院作出的第一审判决、裁定提起的上诉案件和依法申请上一级法院复议的案件，由知识产权法院所在地的高级人民法院知识产权审判庭审理。北京知识产权法院因位于首都，对部分第一审行政案件享有专属管辖权：（1）不服国务院部门授权确权类裁定或者决定的知识产权授权确权类行政案件；(2) 与知识产权强制许可有关的行政案件；(3) 与知识产权授权确权有关的其他行政行为引发的行政案件。

第五，关于知识产权法院的机构设置。知识产权法院作为全面深化改革的产物，在内设机构和管理模式上，最大程度体现了改革创新精神。北京知识产权法院内设4个审判庭和2两个司法辅助机构（技术调查室、法警队）以及1个综合行政机构。广州知识产权法院除内设立案庭、专利审判庭、著作权审判庭、商标及不正当竞争审判庭4个审判业务庭外，仅设立1个综合行政机构（综合办公室）和2个司法辅助机构（技术调查室和法警支队）。庭长由主审法官兼任，不设副庭长。上海知识产权法院设立4个审判业务内设机构，其余将在中央编办明确限额内再行设定。由于上海知识产权法院与上海市第三中级人民法院、上海铁路运输中级人民法院合署办公，在党组和行政管理上，设一个党组，行政、党务、执行、法警等按照“三院合一、统一管理”的模式进行设置。

第六，关于知识产权法院的法官选任。最高人民法院已经制定《知识产权法院法官选任工作指导意见（试行）》，要求知识产权法院审判员应根据人民法院组织法和法官法的规定公开选任，院长、副院长、庭长按照《党政领导干部选拔任用工作条例》有关规定选任。意见规定，知识产权法院审判员应在从事知识产权及相关审判工作的优秀审判人员中选任，也可在具备同等资格和条件的从事知识产权法律实务、法学研究和法学教学的专业人员中选任。审判人员担任知识产权法院审判员的，应符合法官法规定的资格条件，并具有四级高级法官任职资格；六年以上相关审判工作经验；普通高等院校法律专业本科或以上学历；较强的主持庭审及撰写裁判文书的能力。其他法律专业人员担任知识产权法院审判员的，任职资格和条件可由各地参照该意见设定。2014年10月25日，北京成立首个知识产权法院法官遴选委员会，首批25名法官已经公开选任并任命完毕。2014年11月19日，广州知识产权法院法官遴选委员会成立，首批主审法官也是通过公开遴选产生，主办案件平均超过600件。

第七，关于技术调查官。最高人民法院于2015年1月发布《关于知识产权法院技术调查官参与诉讼活动若干问题的暂行规定》，明确了技术调查官参与诉讼活动的范围、程序和职责。知识产权法院统一配备技术调查官，技术调查官属于司法辅助人员。知识产权法院审理有关专利、植物新品种、集成电路布图设计、技术秘密、计算机软件等专业技术性较强的民事和行政案件时，可以指派技术调查官参与诉讼活动。法官根据案件审理需要，可以书面通知技术调查室指派技术调查官参与诉讼活动。技术调查官根据法官的要求，就案件有关技术问题履行下列职责：（1）通过查阅诉讼文书和证据材料，明确技术事实的争议焦点；（2）对技术事实的调查范围、顺序、方法提出建议；（3）参与调查取证、勘验、保全，并对其方法、步骤等提出建议；（4）参与询问、听证、庭审活动；（5）提出技术审查意见，列席合议庭评议；（6）必要时，协助法官组织鉴定人、相关技术领域的专业人员提出鉴定意见、咨询意见；（7）完成法官指派的其他相关工作。技术调查官提出的技术审查意见可以作为法官认定技术事实的参考。

下一步，最高人民法院将按照《纲要》要求，完善符合知识产权案件审判规律的专门程序、管辖制度和审理规则，推动设立知识产权高级人民法院，扩大知识产权法院设置范围。

域·外·参·考

目前，美国、德国、英国、泰国、韩国、印度、土耳其、日本、新加坡、马来西亚、我国台湾地区等十余个国家和地区设立了知识产权专门法院，统一审理知识产权案件，取得了积极效果。2013年初，俄罗斯、芬兰也相继设立知识产权法院，欧盟在酝酿多年后最终决定设立欧洲专利法院。巴基斯坦也已通过立法决定设立独立的知识产权法院。

文·件·链·接

1.《全国人民代表大会常务委员会关于在北京、上海、广州设立知

识产权法院的决定》(2013 年 8 月 31 日)

2.《最高人民法院关于北京、上海、广州知识产权法院案件管辖的规定》(法释〔2014〕12 号)

3.《最高人民法院知识产权法院法官选任工作指导意见(试行)》(法〔2014〕267 号)

4.《最高人民法院关于知识产权法院技术调查官参与诉讼活动若干问题的暂行规定》(法〔2014〕360 号)

4. 改革行政案件管辖制度。通过提级管辖和指定管辖，逐步实现易受地方因素影响的行政案件由中级以上人民法院管辖。规范行政案件申请再审的条件和程序。

条·文·解·读

近年来，行政诉讼成为三大诉讼中受地方因素影响最大的诉讼，行政诉讼制度运行不畅，行政审判面临困难重重。主要体现在：一是在现行体制下，行政审判存在着比较严重的地方化和行政化问题，一些案件的公正性受到质疑，人民群众反映强烈。2013 年，"民告官" 的行政诉讼案件立案数在近几年连续下降的情况下，又比2012 年下降5%，上诉率则高达 72.7%，法院作为官民矛盾的"减压阀"、行政纠纷"润滑剂"的功能大大降低。二是一些行政机关千方百计不当被告，导致很多应当通过诉讼解决的纠纷进入信访渠道，一些地方甚至出现"信访不信法"情况。三是原本处于中立地位、化解矛盾的行政审判，往往既不能赢取群众信任，又难以被行政机关所理解，在民与官的夹缝中"左右为难"。诉讼体制性、机制性障碍已导致行政审判上诉率高、申诉率高、实体裁判率低、老百姓胜诉率低和服判息诉率低等突出问题，因此，有必要配合设立跨行政区划法院、审判流程公开、立案登记制度等改革，进一步完善行政诉讼体制机制，合理调整行政诉讼案件管辖制度，破解行政诉讼困局。

针对上述问题，三中全会《决定》提出，探索建立与行政区划适当分离的司法管辖制度。四中全会《决定》进一步提出要"完善行政诉讼体制机制，合理调整行政诉讼案件管辖制度，切实解决行政诉讼立案难、审理难、执行难等突出问题"。为贯彻落实党的十八届三中、四中全会会议精神，《纲要》针对"改革行政案件管辖制度"提出了一系列改革举措。

第一，关于提级管辖和指定管辖。一是继续深化行政案件相对集中管辖试点改革，按照《最高人民法院关于开展行政案件相对集中管辖试点工作的通知》的规定，对于省级以下两级法院的行政案件，通过相对集中管辖、异地交叉管辖等排除地方干扰，消除当事人对行政审判的疑虑，增强人民群众对行政审判的信心，增强对司法公正的信心。二是按照2014年修改后的行政诉讼法的规定，对县级以上地方人民政府作出的行政行为提起诉讼的案件，提级由中级人民法院管辖，加大人民法院对于诉权和当事人合法权益的保护力度。三是经最高人民法院批准，高级人民法院可以根据审判工作的实际情况，确定若干基层、中级人民法院跨行政区划管辖行政案件，解除受诉法院和法官的后顾之忧。同时，对于新设立的跨行政区划人民法院，可依法跨行政区划管辖一、二审行政案件。

第二，关于规范行政案件申请再审的条件和程序。申请再审，是当事人在判决、裁定、调解书生效后，在法定期限内依据法定事由向人民法院提出的对案件重新审理并作出新的裁判的请求。申请再审权是当事人享有的一项重要诉讼权利，与起诉权、上诉权类似，只要符合法定条件即应启动相应的诉讼程序。规范行政案件申请再审工作，平衡好保障当事人权利与维护生效裁判稳定性的关系，是《纲要》明确的重要任务。一是对申请再审和申诉进行区分。二者权利产生的基础不同，申请再审是基于诉权而产生的重要诉讼权利，是由行政诉讼法再审制度予以规范和保障的诉讼行为，申诉则是当事人对宪法所规定的、作为公民的基本民主权利之一的申诉权在行政诉讼中的具体行使，二者应当分别纳入再审程序和申诉途径予以处理。二是对于申请再审的事由审查，要严格依照2014年修改的行政诉讼法第九十一条之规定进行审查。对于申请再审的期限、次数，以及对裁定申请再审的范围等应当按照该法规定参照民事诉讼法及相关司法解释的规定适用。在改革推进过程中，未来还要进一步规范行政案件申请再审条件和程序。

地·方·探·索

黑龙江省高级人民法院出台规定探索推行行政案件异地管辖

黑龙江省高级人民法院结合辖区法院工作实际，研究出台《关于行政案件异地管辖若干问题的规定（试行）》，推动行政审判管辖区域与行政管理区域适当分离，促进行政案件依法公正审理。一是明确异地管辖的案件范围。除原告书面申请不需要异地管辖外，以县级人民政府为被告的案件，除依法应当由中级法院管辖的以外，由被告所在地之外的基层法院管辖；中级法院管辖的以同级人民政府为被告的案件，由被告所在地之外的中级法院管辖。二是明确指定管辖的案件范围。对下级法院管辖的案件，原告直接向上级法院起诉的，上级法院可以要求有管辖权的法院依法处理或者指定其他法院管辖；下级法院认为自己不宜审理，需要由上级法院指定管辖的案件，可以报请上级法院决定；原告认为被告所在地法院难以公正审理的，可以向受案法院申请其他法院管辖，受案法院应当及时报请上级法院决定。三是明确异地管辖的程序。对于符合异地管辖条件的，原告可以根据异地管辖分工方案直接向异地管辖法院起诉。原告向被告所在地法院起诉的，被告所在地法院应当告知原告向异地管辖法院起诉，或者在收到起诉状后及时将相关材料移送至异地管辖法院。四是明确异地管辖的便民原则。异地管辖法院要考虑当事人诉讼的便利性，尽可能通过到当地调查取证、巡回审判等方式，减轻当事人诉讼负担。五是明确异地管辖的分工。各中级法院异地管辖分工由省高院统一制定，目前已经下发；各中级法院负责制定本辖区基层法院的异地管辖分工方案。

江苏省南通市港闸区法院积极探索行政案件集中管辖效果良好

江苏省南通市港闸区法院是江苏省行政案件集中管辖首批试点法院之一。2013 年以来，该院共审结行政诉讼案件 147 件，无一发回重审和改判，多次荣获全国法院优秀庭审、优秀裁判文书和全省行政审判优秀裁判案例一等奖等荣誉称号。一是坚持敞门收案，杜绝“门难进”。

不因法外因素人为控制立案，切实保障群众诉权。2013 年行政案件收案 90 件，同比上升 350%；2014 年 1～4 月收案 93 件，同比上升 1062.5%，行政案件总体呈现出收案类型多样化、涉及领域广泛化的态势。二是保持中立，平衡双方诉讼权利义务。对诉讼能力相对较弱的原告，庭审前增设诉讼指导环节，用通俗易懂的语言释明涉案法律规定的理解和运用，引导原告正确行使诉讼权利，提升应诉水平。庭前向行政机关负责人发出应诉建议函，要求行政机关负责人出庭，庭中要求行政机关依法履行举证义务，不因行政机关失误而绿灯放行，督促行政机关依法应诉。2013 年以来，行政机关负责人出庭应诉率超过 80%。三是加大司法审查力度，依法纠正违法行政行为。注重判决方式的运用，对事实依据欠缺、执法程序违法、适用法律错误等违法行政行为坚决予以纠正，发挥司法裁判监督纠错职能。2013 年，该院共审结行政诉讼案件 72 件，其中，以判决方式结案 36 件，判决行政机关败诉 9 件，占判决结案数的 25%，高出全省法院该项指标 12 个百分点，且行政机关败诉案件中，仅 1/3 提起上诉。四是注重多方协调，追根溯源实质化解矛盾。对征地拆迁、群体性、涉访涉诉三类案件，努力寻找行政争议的纠纷根源，在裁判前引入协调和解机制。采用先行听证、法律释明、调查分析、多方沟通等协调方式，疏导排解当事人在诉前累积的对立不满情绪。依靠党委政府形成合力，推动职能部门联合源头化解矛盾。2013 年，通过多元协调，原告自愿撤诉 29 件，其中促使行政机关改变具体行政行为后原告自愿撤诉 12 件，无一引发信访投诉。

文·件·链·接

《最高人民法院关于开展行政案件相对集中管辖试点工作的通知》（法〔2013〕3 号）

5. 改革海事案件管辖制度。进一步理顺海事审判体制。科学确定海事法院管辖范围，建立更加符合海事案件审判规律的工作机制。

条·文·解·读

为适应海上运输和对外贸易发展的需要，最高人民法院、原交通部（现交通运输部）于1984年6月1日起陆续设立上海、天津、青岛、大连、广州和武汉海事法院。同年11月14日，第六届全国人大常委会第八次会议通过《关于在沿海港口城市设立海事法院的决定》，从立法上规定了海事法院的设立、监督、管辖、审判人员任免等事项。1984年11月28日，最高人民法院发布《关于设立海事法院几个问题的决定》，明确了海事法院的机构设置、受案范围以及地域管辖范围。之后，最高人民法院根据工作需要，先后于1990年批准设立海口、厦门海事法院，1992年批准设立宁波海事法院，1999年批准设立北海海事法院。从1984年至1999年，先后在沿海沿江重要港口城市设立10个海事法院、38个派出法庭，由此形成全面覆盖18000余公里海岸线、沿海沿江港口、通海可航水域和中华人民共和国管辖海域的海事审判格局。

海事法院设立后，其所在地的高级人民法院作为海事法院的上诉审法院，先后设立专门审理二审海事案件的合议庭。为了加强对全国海事审判工作的指导和监督，最高人民法院于1987年3月设立交通运输审判庭，后于2001年调整为民事审判第四庭，承办在全国有重大影响的海事一审案件、高级人民法院一审的海事上诉案件和海事再审案件，对各海事法院及其上诉审高级人民法院的审判工作进行监督和指导。我国至此形成“三级二审终审”的海事审判机构体系。

全国海事法院已于1999年纳入国家司法体制，但各海事法院均不同程度地存在管理体制不顺的问题，影响着海事审判工作的科学发展。具体体现为：一是干部管理体制不统一。广州、青岛等6家海事法院由所在省（自治区）党委、高级人民法院和海事法院按干部的级别设定管理权限共同管理有关干部；厦门、宁波海事法院由省委组织部门委托所在市党委进行管理，其中院长、副院长由省委、省高级人民法院党组管理，其他干部由所在市市委管理；上海、天津两家海事法院由直辖市党委和高级人民法院直接管理。在人员编制管理上，有的由省、直辖市的人事部门管理，有的由所在市的人事部门管理，也有的由高级人民法院人事部门管理。二是经费管理体制不统一。部分海事法院经费被置于所在市的财政体制管理下，如厦门、宁波海事法院，在跨行政区划开展的审判工作难以得到财政支持保障，影响了人民法院独立审判职能作用的发挥。为贯彻落实党的十八届三中、四中全会会议精神，《纲要》针对上述问题，提出了改革举措。

第一，关于进一步理顺海事审判体制。配合省级以下地方法院人财物统管改革，统一海事法院的干部管理、法官任免和经费保障模式。

第二，关于科学确定海事法院管辖范围。我国海事诉讼专门管辖应当朝着有利于增强国际竞争力、有利于扩大与优化海事收案规模、有利于扬长避短的方向改革和改进。首先，应当推动修改《最高人民法院关于海事法院受理案件范围的若干规定》（法释〔2001〕27 号），重新确立较大范围的海事管辖制度。其次，确立公平对待外国法院管辖条款的原则。借鉴英美法系判例，对于载明外国法院管辖的格式条款，如果该条款给我国当事人索赔增加不合理负担、费用或者设置严重障碍，而我国法院管辖更方便当事人诉讼的，我国法院可以不受该类管辖权条款约束而迳自行使管辖权。

6. 改革环境资源案件管辖制度。推动环境资源审判机构建设。进一步完善环境资源类案件的管辖制度。

条·文·解·读

人民法院作为国家的审判机关，在推进生态文明建设中具有不可替代的作用，承担着为生态文明建设提供司法保障的重要任务。目前，环境资源案件审判工作存在立案难、举证难、胜诉难等问题。一是审判资源配置不科学。根据不完全统计，2011 年至 2013 年期间，全国各级法院受理的环境资源类刑事、民事和行政案件加起来平均每年大约 3 万件，这与全国法院每年受理案件 1000 多万起相比微不足道。就 2013 年环境资源收、结案情况来看，设立环境资源专门审判机构的法院收、结案数量在全国环境资源案件收、结案总数中占有较大比重，例如福建、海南、重庆、贵州等。环境资源审判体制的不完善，导致诉讼渠道不畅，一方面“门槛高”、另一方面又在“等米下锅”。二是审判运行机制不完善。中国环境统计年报显示，2005 年至 2012 年，我国环境类问题信访量年均 77 万件，但进入司法程序的不足 1%，绝大多数环境纠纷并未进入诉讼程序，而是通过行政渠道处理。这种局面，一方面与我们缺少单独的环境资源类案件统计系统有关系，另一方面也折射出目前环境审判机制与维权现实需求之间的不相适应。民事诉讼法第五十五条解决了公益诉讼受理的“瓶颈”问题，但并未完全扭转立案难的问题。三是相关法律制度不齐备。环境资源诉讼的法律适用涉及环境保护法、侵权责任法、民事诉讼法和单行环境资源法律等，而以上法律对于部分司法实践中的突出疑难问题并未提供明确的法律依据。例如，生态环境损害是否纳入侵权责任法的保护范围尚未得到立法确认，法律制度的不完善影响了司法对环境资源公共利益的有效保护。

针对上述问题，三中全会《决定》提出，要“建设生态文明，必须建立系统完整的生态文明制度体系，实行最严格的源头保护制度、损害赔偿制度、责任追究制度，完善环境治理和生态修复制度，用制度保护生态环境。”四中全会《决定》进一步提出，“用严格的法律制度保护生态环境，加快建立有效约束开发行为和促进绿色发展、循环发展、低碳发展的生态文明法律制度，强化生产者环境保护的法律责任，大幅度提高违法成本。”为贯彻落实党的十八届三中、四中全会会议精神，《纲要》针对“改革环境资源案件管辖制度”提出了一系列改革举措。

第一，关于推动环境资源审判机构建设。推动环境资源审判庭的有序设立，全面加强环境资源审判机构建设，是推动生态文明建设、维护人民群众环境资源权益、回应社会关切的重大举措。2007 年 11 月，贵州省清镇市人民法院成立了全国第一家生态环境保护法庭。2014 年 7 月 3 日，最高人民法院环境资源审判庭正式成立。截至 2014 年 12 月 31 日，全国 20 个省（自治区、直辖市）人民法院先后设立了环境资源审判庭、合议庭、巡回法庭等环境审判专门机构 373 个。设立环境资源专门化审判机构本身就是一项重大的改革措施，是环境司法体制改革工作的一个亮点，标志着我国环境资源审判专门化跨入一个崭新的历史阶段。下一步要继续推动环境资源审判专门机构建设。一是在设立标准上，需要考虑环境资源类案件的数量，本着确有需要、因地制宜、分步实施的原则推进。同时，要具有一定的前瞻性，综合考虑党和国家重视生态文明建设的大背景、民事诉讼法和环境保护法修订后的新情况，以及人民群众环保意识增强的新趋势，做到未雨绸缪，及时调整工作部署，使人民法院的审判工作适应经济社会发展的需要。二是在设立层级上，中级人民法院应当根据环境资源审判业务量合理设立审判机构，案件数量不足的地方，可以设立环境资源合议庭。个别案件较多的基层人民法院经高级人民法院批准，也可以设立环境资源审判机构。三是在审理案件类型上，目前各地环境资源法庭实行的民事、行政“二审合一”，民事、行政、刑事“三审合一”的案件归口审理模式，从实践运行情况看，有利于统一裁判尺度、形成专业化法官队伍、克服地方保护主义以及实现环境资源案件的优质高效审理，符合环境资源审判专业化的发展方向，可以继续积极探索。未实行环境资源案件归口审理的地方，也要注重加强刑事、民事、行政审判机构之间的业务协调与沟通。

第二，关于完善环境资源类案件的管辖制度。生态环境具有整体性和区域性的内在特征，相应地也要求进行整体性的司法保护。但是，目前无论是行政执法机关，还是司法机关，基本上都是以行政区划为界行使权力，难以解决行政区之间的污染转移问题与跨行政区划的环境保护问题。三中全会《决定》明确提出，探索建立与行政区划适当分离的司法管辖制度，这与环境资源审判的特点正相契合。一是考虑水、空气等环境介质往往跨行政区划流动这一因素，积极探索与行政区划适当分离的环境资源类案件集中管辖制度。二是考虑我国地区间发展不平衡，各地司法机关承担的业务量也有较大差距，结合各地的环境资源案件量，实行对环境资源案件集中管辖，有效解决跨行政区划污染。三是考虑环境公益诉讼案件涉及社会公共利益、受害者众多的特点，第一审环境民事公益诉讼案件可以由污染环境、破坏生态行为发生地、损害结果地或者被告住所地的中级人民法院管辖。如2015年发布的《最高人民法院关于适用〈中华人民共和国民事诉讼法〉的解释》（法释〔2015〕5号）第二百八十五条规定："公益诉讼案件由侵权行为地或者被告住所地中级人民法院管辖，但法律、司法解释另有规定的除外。因污染海洋环境提起的公益诉讼，由污染发生地、损害结果地或者采取预防污染措施地海事法院管辖。对同一侵权行为分别向两个以上人民法院提起公益诉讼的，由最先立案的人民法院管辖，必要时由它们的共同上级人民法院指定管辖。"

地·方·探·索

贵州三级法院形成"145"生态保护案件集中审判格局

贵州法院划定五个生态环境司法保护板块，形成"145"生态保护案件集中审判格局。贵州省高级人民法院成立生态环境保护庭，在贵阳市、遵义市、黔南州、黔西南州中级人民法院设立生态环境保护审判庭，清镇市、仁怀市、遵义县、福泉市、普安县五个基层人民法院成立生态环境保护法庭，实施以流域、生态区域等为划分依据的地域管辖和涉生态环保的民事、行政案件集中管辖。

江苏法院全面推行资源环境案件“三合一”集中审判改革

江苏法院主要做法：一是将环境资源民事、行政、刑事类案件集中到一个审判庭审理，强调一体化司法保护；二是建立专业化审判组织，在每个中级人民法院的辖区内确定1~3个基层法院，明确相对集中的管辖权；三是在资源环境技术专家和资源环境法律专家中遴选在册审判专家，建立专家库；四是高级人民法院与省检察院、省环境保护厅联系，以法院判决污染者所支付的修复环境费用、财政拨付的专项费用以及社会捐助的费用为基础，成立环保公益基金。

域·外·参·考

域外主要国家和地区的环境纠纷司法体制

目前大部分国家和地区仍然是通过普通法院系统来处理环境纠纷的。如美国，除了佛蒙特州外，其他州都是采用基本相同的模式。即环境行政纠纷由联邦或者州环境保护行政机构内的行政法院审理，环境侵权纠纷和环境刑事案件由联邦法院和州法院审理。德国、法国等大陆法系国家的环境纠纷分别由其普通法院系统和行政法院系统审理。民事纠纷和刑事案件在普通法院审理，行政机关之间或者公民状告行政机关的案件由行政法院审理。中国的台湾地区，除了以上提到的环境纠纷行政处理体制外，其他的环境纠纷在传统的法院系统中审理，即行政纠纷由行政法院审理，民事和刑事案件由普通法院审理。

20世纪70年代后期，许多国家的环境司法出现一个新趋势，即环境司法专门化，表现为大量的专门审理环境纠纷的审判机构出现，环境案件被集中于专门的环境审判机构审理。至今，环境专门审判机构已经多达数百个。这些机构又分为：（1）独立的环境法院，如澳大利亚新南威尔士州的土地与环境法院、澳大利亚昆士兰州的环境法院，新西兰的环境法院以及美国佛蒙特环境法院；（2）在法院内部设立的环境法庭，如瑞典、芬兰、挪威、巴西、印度、泰国等在法院内设立的环境法庭；（3）在法院内设立的较为固定的环保合议庭甚至是专门的环境法官。如菲律宾最高法院2008年1月指定了117个法庭为“绿色法庭”，审理全国的环境违法和环境执行案件。入选“绿色法庭”的条件是该法院具备有能力审理环境案件且声誉良好的法官。

环境法庭的管辖权具有以下特点：（1）地域管辖范围具有综合性。环境法庭地域管辖权有如下几种情形：一是与所属法院的管辖权相对应。二是覆盖一个指定的行政区划。由于环境法庭未能普遍设立，它们通常被授予跨行政区划的管辖权，如美国佛蒙特环境法院被授权管辖全州的环境案件，澳大利亚新南威尔士州的土地与环境法院也被授权管辖全州的土地和环境案件。（2）覆盖一个特定的地理区域。管辖范围考虑了环境生态系统的特点，如瑞典的区域环境法庭是在原水法庭的基础上建立，其管辖范围也以流域为基础，之后根据人口、发展区域和城市规划等因素进行了再调整。

文·件·链·接

《最高人民法院关于审理环境民事公益诉讼案件适用法律若干问题的解释》（法释〔2015〕1号）

7. 健全公益诉讼管辖制度。探索建立与检察机关提起的公益诉讼相衔接的案件管辖制度。

条·文·解·读

民事诉讼法第五十五条规定："对污染环境、侵害众多消费者合法权益等损害社会公共利益的行为，法律规定的机关和有关组织可以向人民法院提起诉讼。"这标志着我国民事公益诉讼制度的确立。但是，民事诉讼法和相关法律并没有对检察机关作为公益诉讼的主体资格加以规定，与此对应，人民法院也缺乏涉及检察机关提起公益诉讼案件管辖的相关规定。这一状况导致实践中大量破坏社会公共利益的案件，由于公益诉讼主体的不明确及相关诉讼程序的欠缺而无法进入法院审理。

四中全会《决定》提出，"检察机关在履行职责中发现行政机关违法行使职权或者不行使职权的行为，应该督促其纠正。探索建立检察机关提起公益诉讼制度。"习近平总书记在《关于〈中共中央关于全面推进依法治国若干重大问题的决定〉的说明》（以下简称《说明》）中指出，"在现实生活中，对一些行政机关违法行使职权或者不作为造成对国家和社会公共利益侵害或者有侵害危险的案件，如国有资产保护、国有土地使用权转让、生态环境和资源保护等，由于与公民、法人和其他社会组织没有直接利害关系，使其没有也无法提起公益诉讼，导致违法行政行为缺乏有效司法监督，不利于促进依法行政、严格执法，加强对公共利益的保护。由检察机关提起公益诉讼，有利于优化司法职权配置、完善行政诉讼制度，也有利于推进法治政府建设。"

四中全会《决定》和《说明》从宏观政策层面明确了检察机关的职责范围、职能定位，提出探索建立检察机关提起公益诉讼制度，指明了公益诉讼制度改革的发展方向，为确定检察机关公益诉讼制度提供了依据。《纲要》结合立法和司法工作的实际情况，提出探索建立与检察机关提起的公益诉讼相衔接的案件管辖制度。下一步将根据检察机关公益诉讼制度改革情况，配合建立与之相衔接的案件管辖制度，这对于丰富和完善我国公益诉讼制度必将起到积极的推动作用。

8. 继续推动法院管理体制改革。将林业法院、农垦法院统一纳入国家司法管理体系，理顺案件管辖机制，改革部门、企业管理法院的体制。

条·文·解·读

除铁路运输法院外，由于历史的原因，我国还分别设立过林业法院、油田法院、农垦法院、矿区法院等法院。这些依附于特定部门或企业设置的法院，对于保护特定区域内国有资产安全，维护区域社会秩序，促进国民经济发展发挥了重要作用。但是，随着我国依法治国进程的不断加快和市场经济的深入发展，“法企不分”和“企业办司法”的状况不仅影响了司法的统一和权威，不利于保障法院依法独立公正行使审判权，也影响了企业市场化和现代企业制度的健全，改革并理顺这些法院的管理体制成为大势所趋。

早在2001年，中央就提出逐步理顺设在铁路、林区等人民法院的管理体制，合理调整机构布局，清理整顿现有人员，将人员编制纳入国家司法体系统一管理的要求。最高人民法院会同中央有关部门积极推进相关改革。2012年6月底，位于全国29个省、自治区的17个铁路运输中级法院和58个铁路运输法院全部一次性纳入国家司法体系，正式移交地方，实行属地管理。林业、农垦法院的司法管理体制改革也已经取得重大进展。

为全面妥善解决林业、农垦等法院司法管理体制改革问题，《纲要》提出“要将林业法院、农垦法院统一纳入国家司法管理体系，理顺案件管辖机制，改革部门、企业管理法院的体制”。主要内容是：改革之后，上述法院的机构编制改由地方机构编制部门统一管理；人员过渡完成后，实行公务员制度，执行公务员工资制度；干部管理和法官任免，按照“属地管理”基本原则处理；资产统一移交省级管理，实行经费的省级财政统一保障。

截至2014年底，福建省林业审判体制改革已全部完成，56个林业法庭被列为所在地人民法院的内设机构，人员全部过渡为政法专项编制身份，经费纳入所在地法院经费预算。甘肃、四川、湖南、吉林省高级人民法院结合本省林业审判工作实际，会同本省有关部门分别制定了本省的林业审判体制改革实施方案，并已经最高人民法院批复同意。甘肃保留了陇南分院及所辖迭部、舟曲、卓尼、文县林区基层法院和庆阳林区基层法院；四川将全省现有13个林业审判机构整合为10个林业审判机构，列为所在地人民法院的内设机构；湖南将全省76个林业法庭全部列为所在地人民法院的内设机构；吉林省高级人民法院拟将原有的3个分院撤销，设立长春、延边两个林业中级法院，将原有的18个林业基层法院整合为10个。

总体而言，除黑龙江外，各地林业审判机构均已纳入国家司法管理体系。黑龙江省高级人民法院目前正在会同本省有关部门制定改革的具体实施方案。农垦法院管理体制改革也已经取得重大进展，改革后农垦法院将与原所属的农垦系统全部分离，统一纳入国家司法管理体系。

文·件·链·接

1.《中共中央办公厅关于印发〈地方各级人民法院机构改革意见〉、〈地方各级人民检察院机构改革意见〉的通知》（中办发〔2001〕9号）

2.《中编办关于铁路公检法管理体制改革和核定政法机关编制的通知》（中央编办发〔2009〕15号）

3.《铁道部关于铁路运输法院检察院管理体制改革若干问题的意见》（铁政法〔2010〕238号）

4.《最高人民法院关于推进铁路法院管理体制改革工作的意见》（法发〔2011〕12号）

5.《最高人民法院关于尽快完成铁路运输法院移交工作的通知》

（法〔2012〕46号）

6.《最高人民法院关于铁路运输法院案件管辖范围的若干规定》（法释〔2012〕10号）

7.《国务院办公厅关于中央企业分离办社会职能试点工作有关问题的通知》（国办发〔2004〕22号）

8.《关于解决森林公安及林业检法编制和经费问题的通知》（国办发〔2005〕42号）

9.《中编办关于为森林公安和林业法检机构核定政法专项编制等事项的通知》（中央编办发〔2007〕19号）

10.《最高人民法院、最高人民检察院、国家林业局关于印发〈林区审判、检察体制改革的实施意见〉的通知》（高检会〔2009〕1号）

9. 改革军事司法体制机制。完善统一领导的军事审判制度，维护国防利益，保障军人合法权益，依法打击违法犯罪。

条·文·解·读

军事法院是国家设在军队中的专门审判机关。1949 年之后，我国的军事审判机构最初称为军法处，设置在师以上政治机关内。1952 年，中央军委决定将军法处与政治部分建。1954 年 1 月，中央军委为了适应我军现代化、正规化建设的需要，决定在解放军总部成立中国人民解放军军事法庭，统一管理全军的军事审判工作。同年 11 月 1 日，中央军委颁布军事法院编制表，将中国人民解放军军事法庭改为中国人民解放军军事法院。1955 年 8 月，国防部下发《关于全军各级军法处改称为军事法院的通知》，规定军事法院在组织上属军队建制，受军队党委领导，在审判工作上受最高人民法院监督，军事法院正式纳入国家审判体系。

我国军事法院的现行组织结构，是按照宪法、人民法院组织法的规定，并结合军队体制编制建立起来的。1982 年 9 月，中央军委为使军事审判机构与人民法院组织法规定的地方审级制度保持一致，规定军事法院按三级设置：第一级是中国人民解放军军事法院，为军队内部最高等级的审判机关，行使与地方高级人民法院职权相当的职权，设置刑事审判庭、民事审判庭和审判监督庭三个业务庭。第二级是军区和相当于军区的军事法院，包括大军区、海军、空军、武警部队军事法院及解放军总直属队第一和第二军事法院，是军队内部的中级审判机关，行使与地方中级人民法院职权相当的职权，除解放军总直属队第一和第二军事法院外，统一设置第一审判庭和第二审判庭。第三级是省军区或者相当于省军区的军事法院，包括省军区、基地、海军舰队和军区空军军事法院以及军区、海军、空军直属队军事法院，是军区内部的基层审判机关，没有单独设立庭室。1996 年，为了便于武警部队案件审理，在武警部队设立了两级军事法院。1997 年，随着驻香港部队的组建，同时设立驻香港部队军事法院。

根据宪法、人民法院组织法和《中国人民解放军政治工作条例》，军事法院在同级党委和政治机关的领导下，依法履行审理军内刑事案件、军队民事案件、申诉、再审案件以及法律规定的其他案件，依法维护国防利益和军队、军人、军属的合法权益，为部队官兵提供法律服务，为部队遂行多样化军事任务提供法律支持与保障等职能。

四中全会《决定》提出要“改革军事司法体制机制，完善统一领导的军事审判、检察制度，维护国防利益，保障军人合法权益，防范打击违法犯罪。”为贯彻落实党的十八届四中全会会议精神，《纲要》明确了开展“改革军事司法体制机制。完善统一领导的军事审判制度，维护国防利益，保障军人合法权益，依法打击违法犯罪”的改革举措。

改革军事司法体制机制，是贯彻党中央关于深化司法体制改革决定部署的重要举措，也是国防和军队改革的重要内容。一是完善军事法院的机构设置和管理模式。要按照中央统一部署要求，着重发挥军事法院职能作用、提升军事法院司法权威，理顺人财物管理体制。二是完善军事审判制度。建立符合军事司法和职业特点的审判模式。三是完善军事审判人员管理制度。要建立有别于普通军官的军事法官单独职务序列；完善军事法院的人员分类管理模式，减轻军事法院法官的事务性工作负担；根据军事法院的不同级别，设置军事法官的不同任职条件；健全军事法官职业保障制度，完善军事法官的选任、惩戒制度。

（二）建立以审判为中心的诉讼制度

10. 全面贯彻证据裁判原则。强化庭审中心意识，落实直接言词原则，严格落实证人、鉴定人出庭制度，发挥庭审对侦查、起诉程序的制约和引导作用。坚决贯彻疑罪从无原则，严格实行非法证据排除规则，进一步明确非法证据的范围和排除程序。

条·文·解·读

证据裁判原则是“以事实为依据，以法律为准绳”司法原则的深化。证据裁判原则既统领着整个证据规则体系，又直接指导着具体证据的收集、固定、保管、审查和运用工作。坚持证据裁判原则有利于规范执法行为，有利于维护程序公正；违背证据裁判原则，则极有可能侵犯当事人的诉讼权利，甚至直接导致冤假错案的发生。

“重证据，重调查研究，不轻信口供”是我国刑事诉讼的一贯立场。《最高人民法院、最高人民检察院、公安部、国家安全部、司法部关于办理死刑案件审查判断证据若干问题的规定》第二条规定“认定案件事实，必须以证据为根据”，第一次明文确立了证据裁判原则。刑事诉讼法对刑事诉讼证据制度作了重大完善，为证据裁判原则的贯彻落实奠定了坚实基础。2013 年 10 月，第六次全国刑事审判工作会议进一步提出：“审判案件以庭审为中心，事实证据调查在法庭，定罪量刑辩论在法庭，裁判结果形成于法庭，全面落实直接言词原则，严格执行非法证据排除制度。”

但是，证据裁判原则在落实过程中仍然存在几个突出问题：一是证人、鉴定人出庭制度仍然没有落到实处。目前证人、鉴定人出庭率非常低，法庭往往只是对庭前形成的书面证据材料进行调查，既不利于发现书面证据材料中的问题，也可能损害被告人及辩护人的质证权。二是人民法院与检察机关、公安机关的相互制约亟待强化。“分段包干式”流水作业现象客观存在，审判对侦查、起诉的制约手段有限，甚至有的时候被动接受一些非法证据或瑕疵证据。三是“无罪推定”的理念尚未完全建立，“疑罪从轻”“疑罪从挂”等做法并不少见，个别依据事实和法律应当宣告被告人无罪的案件没有依法宣告无罪。四是非法证据排除范围、认定标准、程序等问题尚存在认识分歧，需要确立可操作的排除规则，为取证活动提供具体明确的法律边界。

因此，必须采取有效措施进一步落实证据裁判原则，以有效防范错案。三中全会《决定》提出“严禁刑讯逼供、体罚虐待，严格实行非法证据排除规则”。四中全会《决定》提出：“推进以审判为中心的诉讼制度改革，确保侦查、审查起诉的案件事实证据经得起法律的检验。全面贯彻证据裁判规则，严格依法收集、固定、保存、审查、运用证据，完善证人、鉴定人出庭制度，保证庭审在查明事实、认定证据、保护诉权、公正裁判中发挥决定性作用。”为贯彻落实党的十八届三中、四中全会精神，《纲要》针对“全面贯彻证据裁判原则”提出了一系列改革举措。

第一，坚持以庭审为中心。坚持以庭审为中心的理论基础是“庭审中心主义”。庭审中心主义是相对传统的“卷宗中心主义”而言的，其本质要求是追求庭审的实质化，力戒庭审的形式化，防止庭审“走过场”。一是强化庭审中心意识。庭审不是可有可无的一种形式，而是对案件事实真相进行客观、理性探求的不可或缺的过程。卷宗只是侦查、起诉过程中对案件形成的文字和影像记录，不论卷宗多么完美，证据都必须经过法庭的调查、辩论，否则最终都无法得到裁判的确认。二是进一步落实直接言词原则。一些法院采取设置法庭专用通道，不公开个人信息、遮挡容貌、变声处理、视频作证等措施保护和方便证人、鉴定人出庭作证。下一步还需要深入研究强制证人到庭、证人保护、作证补助以及鉴定人出庭情形、作证程序、惩戒措施等系列问题，推动建立与立法相配套的工作机制。三是树立以审判为中心的地位。庭审的重点在于防止将侦查、起诉中带有明显追诉倾向的意见简单地、不加甄别地转化为人民法院对被告人的有罪判决。要通过审判阶段严格审查证据，强化刑事司法权力之间的互相制约。审判相对于侦查、起诉、刑罚执行活动的中心地位在一定程度上就是通过庭审中心主义加以实现的。没有以庭审中心主义为基础的审判活动，审判中心主义的诉讼地位不可能确立。

第二，完善非法证据排除规则。内蒙古“呼格吉勒图案”等一批错案的发生都与疑罪从无原则未能得到有效贯彻，刑讯逼供等取得的非法证据没有得以排除存在直接关系。为了维护程序正义，防止错案，要严格执行非法证据排除制度。一是在思想上牢固树立疑罪从无观念，彻底摒弃“有罪推定”“宁错勿漏”的错误执法观，对于证据合法性存在问题的，应该依法排除。二是严格证明标准。定罪证据不足的案件，依法宣告被告人无罪，不得降格作出“留有余地”的判决。定罪证据确实、充分，但影响量刑的证据存疑的，应当在量刑时作出有利于被告人的处理。死刑案件，认定对被告人适用死刑的事实证据不足的，不得判处死刑。三是完善非法证据排除规则。进一步明确非法证据排除的范围，认真落实法律法规中关于非法证据排除范围的规定；严格坚持刑事诉讼法关于非法证据排除证明标准的规定；制定明确的非法证据排除程序细则，增强制度的可操作性。四是完善错案追究制度，对于通过刑讯逼供等非法获取证据的公、检、法人员，应该依法追究相应的司法过错责任，健全符合法官职业特点的处罚方式，真正使符合权责统一的过错追究机制落到实处。

文·件·链·接

最高人民法院、最高人民检察院、公安部、国家安全部、司法部《关于办理死刑案件审查判断证据若干问题的规定》和《关于办理刑事案件排除非法证据若干问题的规定》（法发〔2010〕20号）

11. 强化人权司法保障机制。彰显现代司法文明，禁止让刑事在押被告人或上诉人穿着识别服、马甲、囚服等具有监管机构标识的服装出庭受审。强化诉讼过程中当事人和其他诉讼参与人的知情权、陈述权、辩护辩论权、申请权、申诉权的制度保障。完善律师执业权利保障机制，强化控辩对等诉讼理念，禁止对律师进行歧视性安检，为律师依法履职提供便利。依法保障律师履行辩护代理职责，落实律师在庭审中发问、质证、辩论等诉讼权利。完善对限制人身自由司法措施和侦查手段的司法监督，加强对刑讯逼供和非法取证的源头预防，健全冤假错案的有效防范、及时纠正机制。

条·文·解·读

为落实“尊重和保障人权”的宪法规定，坚持惩罚犯罪和保障人权并重，强化刑事司法对人身权利、财产权利和诉讼权利的保障机制，三中全会《决定》提出“完善人权司法保障制度”，四中全会《决定》进一步强调“加强人权司法保障”，《纲要》主要根据四中全会《决定》提出了一系列举措。

*第一，关于刑事被告人出庭受审应该穿着文明整洁的便装或正装。*刑事在押被告人或上诉人出庭受审是否穿着识别服或囚服，实践中做法不一。绝大多数被告人或上诉人出庭受审穿着识别服或囚服，但也有不少被告人或上诉人穿着便装或正装，甚至出现过同庭受审的不同被告人分别穿囚服和便装的“对比”情形。这些不同做法已经引起社会各界的广泛关注，甚至被有的媒体认为存在“区别性”待遇。自由着装受审是刑事被告人或上诉人的权利，法庭服饰从侧面反映了国家对被告人的态度和司法文明的程度。刑事在押被告人或上诉人出庭受审时穿着识别服或囚服，是从外在符号给被告人或上诉人贴上了“犯罪化标签”，是有罪推定的残余和表现，不符合世界主要国家的做法和相关国际规定

的精神，应当予以坚决摒弃。

为进一步加强刑事被告人人权保障，彰显现代司法文明，2015 年 3 月 1 日，最高人民法院、公安部联合下发《关于刑事被告人或上诉人出庭受审时着装问题的通知》，明确要求：人民法院开庭时，刑事被告人或上诉人不再穿着看守所的识别服出庭受审。通知下发后，刑事被告人或上诉人穿着正装或便装出庭受审，既不需要其主动提出申请，也不需要任何机构或个人批准。人民法院到看守所提解在押刑事被告人或上诉人的，看守所应当将穿着正装或便装的在押刑事被告人或上诉人移交人民法院。因监管需要在看守所内穿着识别服的在押刑事被告人或上诉人，出庭受审前应当在看守所内将识别服更换为正装或者便装。

第二，关于依法保障当事人及其诉讼代理人的诉讼权利。诉讼权利是公民的基本权利，律师执业权利是公民基本权利的延伸，尊重和保障律师的执业权利，就是尊重和保障当事人和公民的权利。长期以来，会见权、阅卷权、调查取证权是律师依法执业过程中的“老三难”；知情难、反馈难、及时阅卷难成为了律师执业过程中的“新三难”。下一步，人民法院将从以下几个层面推出改革举措：一是进一步深化司法公开，依托现代信息技术，全面推进审判流程公开、裁判文书公开、执行信息公开三大平台建设，让司法在阳光下运行；二是修订人民法院法庭规则，依法保护被告人接受公正审判的权利，禁止对律师进行歧视性安检，为律师依法履职提供便利；三是加强裁判文书说理，对于当事人及其诉讼代理人所提交的证据材料和提出的意见，法官应当在裁判文书中予以公开回应，说明采纳与否及其理由；四是为诉讼权利受到不当限制或者非法侵犯的当事人及其诉讼代理人提供畅通的救济通道，完善诉权救济机制。

第三，关于完善对限制人身自由司法措施和侦查手段的司法监督。我国的公、检、法三机关以分工负责、相互配合、相互制约为原则，但是，在司法实践中，三机关往往注重配合、不注重制约。推进优化刑事司法职权配置：一是从源头上完善司法监督制约机制，尤其要发挥审判程序对侦查活动的制约作用，通过落实庭审对证据的审查功能，坚持证据裁判原则。二是要通过大力推进执法、司法行为规范化建设，深化司法公开制度建设，建立预防非法取证的办案机制。三是建立程序性制裁机制，扩大程序性制裁的范围，使其涵盖刑讯逼供、非法取证等严重程序违法行为，丰富和增加程序性制裁的手段和方式。四是要通过落实疑罪从无原则，完善错案责任倒查机制和办案责任负责机制等，落实《中央政法委关于切实防止冤假错案的规定》和《最高人民法院关于建立健全防范刑事冤假错案工作机制的意见》，健全冤假错案的有效防范、及时纠正机制，从根本上、源头上、制度上堵住冤假错案产生的漏洞。

地·方·探·索

深圳法院积极贯彻无罪推定原则

2014年12月4日，深圳市中级人民法院、深圳市公安局联合下发《关于规范刑事案件被告人出庭受审着装的通知》。通知包括五个方面的内容：一是禁止刑事在押被告人或上诉人穿着识别服、马甲、囚服等具有监管机构标识的服装出庭受审；二是规定被告人或上诉人出庭受审时，可以选择穿着自己的或其家属、辩护人提供的服装，包括西服及其他便装；三是被告人或上诉人无合适出庭受审服装的，由看守所提供；四是服装应当整洁、得体，其上不得附有任何监管机构标识、文字、图案、编号或其他宣传标志、标语；五是被告人或上诉人出庭受审时，不得穿着制服等表明特定身份的服装，不得仅穿着背心、短裤等过于裸露身体、显示纹身或疤痕的服装，不得戴有色眼镜、首饰、帽子等遮挡面容的配饰。

文·件·链·接

1.《中央政法委关于切实防止冤假错案的规定》（中政委〔2013〕27号）

2.《最高人民法院关于建立健全防范刑事冤假错案工作机制的意

见》（法发〔2013〕11 号）

3.《最高人民法院、公安部关于刑事被告人或上诉人出庭受审时着装问题的通知》（法〔2015〕45 号）

12. 健全轻微刑事案件快速办理机制。在立法机关的授权和监督下，有序推进刑事案件速裁程序改革。

条·文·解·读

我国正处于经济转轨、社会转型的特殊时期，刑事犯罪呈高发态势，尤其是盗窃、危险驾驶等轻微刑事案件增长迅速。三中全会《决定》提出“废止劳动教养制度，完善对违法犯罪行为的惩治和矫正法律，健全社区矫正制度”。劳动教养制度废除后，一部分治安案件进入刑事诉讼领域，轻罪案件数量进一步增加，但刑事诉讼程序对如何完善填补纳入刑法的轻罪，尚未有相应跟进，导致案多人少矛盾突出；而现行刑事简易程序过于繁琐，司法资源浪费现象突出，不能完全适应审理需要。

2014 年 6 月 27 日，全国人大常委会表决通过《关于授权最高人民法院、最高人民检察院在部分地区开展刑事案件速裁程序试点工作的决定》，北京、天津、上海等 18 个地方正式启动试点。2014 年 8 月 22 日，最高人民法院、最高人民检察院、公安部、司法部发布《关于在部分地区开展刑事案件速裁程序试点工作的办法》，要求各地结合实际，认真开展好刑事案件速裁程序试点工作。根据全国人大的决定，刑事案件速裁程序主要适用范围是事实清楚、证据充分，被告人自愿认罪，当事人对适用法律没有争议的危险驾驶、交通肇事、盗窃、诈骗、抢夺、伤害、寻衅滋事等情节较轻，依法可能判处一年以下有期徒刑、拘役、管制的案件，或者依法单处罚金的案件。刑事案件速裁程序有利于节约司法资源，及时化解矛盾，促进和谐社会建设，意义十分重大。

试点刑事案件速裁程序的主要目的是，解决劳教制度废除后介于违法犯罪与治安案件之间的轻微刑事犯罪案件的适用程序，实现案件繁简分流，在简易程序的基础上进一步简化，在保障司法公正前提下提升诉讼效率。一是刑事案件速裁程序大大缩短轻微刑事案件的办理时间，有效防止“罪刑倒挂”现象，减轻了看守所的羁押压力。二是适用速裁程序的案件庭审程序将简化，被告人当庭认罪、同意量刑建议和适用速裁程序的，不再进行法庭调查、法庭辩论。三是为保障犯罪嫌疑人、被告人的合法权益，建立法律援助值班律师制度，为犯罪嫌疑人、被告人提供法律帮助，确保其充分了解适用速裁程序的法律后果。

在此基础上，《纲要》提出“健全轻微刑事案件快速办理机制”。下一步，需要进一步完善轻微刑事案件快速办理程序。一是加强与公安机关、检察机关等部门的沟通协调，完善集中移送、集中开庭、简化庭审等措施，形成部门联动。二是继续探索审判环节的简化。结合司法实践经验，尽快明确轻微刑事案件法律文书的形式，制定格式化裁判文书样式。三是注重技术保障。充分利用远程视频庭审或提讯、共享案件电子信息等技术手段作支撑，从整体上大幅度降低诉讼成本，提高诉讼效率。四是根据被告人认罪等情节从宽处罚，积极探索轻刑化的刑事制裁措施，健全拘役、短期有期徒刑的执行体制，扩大缓刑、假释的适用，发挥其教育矫治作用。五是推动与配合立法机关制定社区矫正法，实现轻微刑事案件快速办理机制与社区矫正的无缝链接，促使罪犯早日回归社会。

地·方·探·索

福建推进轻微刑事案件快速办理

2014年5月，福建省高级人民法院、省检察院、省公安厅和省司法厅联合制定下发《关于推进轻微刑事案件快速办理机制若干规定》（以下简称《规定》）。《规定》首先明确了适用快速办理机制案件的条件。案情简单、事实清楚、证据确实充分的刑事案件，在犯罪嫌疑人、被告人自愿认罪并对适用快速办理机制没有异议的前提下，在严格遵循法定程序的基础上，可简化工作流程、缩短办案期限。《规定》还明确了严格适用快速办理机制的程序。公安机关对符合条件的轻微刑事案件应提出适用快速办理机制的建议，在移送的卷宗材料上加盖快速办理标识，检察院提起公诉的，应在适用简易程序建议书上加盖快速办理标识，法院应快速立案、快速送达、快速排期开庭，一般应当庭宣判，依法优先适用非监禁刑。

浙江省温岭市法院探索轻微刑事案件远程视频庭审集中办理显成效

为推进轻微刑事案件快速办理工作，浙江省温岭市法院探索运用远程视频庭审集中审理简易程序公诉案件，取得良好成效。2014 年 1 至 8 月，该院共审结简易程序案件 1211 件，其中运用远程视频庭审 662 件，审限平均缩短 2.6 天，上诉案件无发回重审或改判。主要做法：一是优化诉审衔接，实现快速流转。设立轻微刑事案件绿色审理通道，由检察机关安排专人集中移送法院提起公诉，法院立案庭即日审查立案并移送刑庭。同类型案件专人审理、集中开庭，一般半个工作日安排 5 至 10 个案件庭审，一个星期安排 3 至 6 个半天集中视频开庭。二是强化远程审理，实现集中提押。该院设有远程视频审判法庭，并在辖区看守所监区内设置独立的远程视频审判室。法院派驻一名干警常驻看守所，看守所根据被告人人数调派协警协助开展庭审保障，对被告人人数在 3 人以下且均在押的轻微刑事案件均实行远程视频审理，累计节省警力 900 余人次。三是简化庭审程序，实现当庭宣判。采取多案联审模式，对同一时段开庭的数件案件被告人，实行权利义务统一告知，简化宣读起诉书、询问被告人、举证质证等庭审调查和庭审辩论环节，对无新情况的案件一律当庭宣判。该院远程审理的轻微刑事案件平均开庭时间为 15 分钟，当庭宣判率 95.6%。

山东省青岛市城阳区法院实行轻微刑事案件快速办理机制效果好

2014 年以来，青岛市城阳区法院按照“简案快办不失规范”的工作思路，加强与公安、检察、司法行政等部门的沟通协调，推进建立轻微刑事案件快速办理机制，审理轻微刑事案件 156 件，平均审理周期不超过 15 天，全部服判息诉。主要做法：一是注重制度保障，规范运作程序。该院结合实际，提请区委政法委召开有关部门参加的联席会议，制定了《轻微刑事案件快速办理机制实施细则》，规定除常见轻微刑事案件外，将辖区多发的非法制造、出售非法制造发票罪等纳入该机制。将司法行政机关委托社区调查评估提前至侦查、起诉环节，时间限缩为5日，进一步加快了案件流转。研究制定《轻微刑事案件证据规则指引》，最大限度减少补查补证。二是设立轻刑快审小组，实行类案专审。在收到检察院提起公诉的轻微刑事案件后，由专人负责统一登记，就是否符合快审条件进行审查，对符合快审条件的加盖绿色标识，对检察院建议快审的不符合条件的案件，作为一般案件处理。指派业务素质过硬的法官、法官助理组成快审小组，对符合条件的危险驾驶、交通肇事、盗窃、故意伤害等轻微刑事案件由该小组专门办理，统一了裁判标准和尺度。三是简化流程，集约司法资源。对涉同一罪名案件，采取“五集中、三单独”的审理模式，即集中送达、集中通知、集中开庭、集中宣判、集中答疑，单独质证、单独辩论、单独最后陈述，既做到了庭审快速全面，又充分保障了被告人的各项诉讼权利。

域·外·参·考

世界主要国家的“轻罪快审”程序

对被告人认罪的轻微刑事案件，世界各个国家和地区都采取简易程序，尽量简化办理程序、缩短审理期限，提高审判质效。

1. 英国。由治安法院负责审理刑罚不得超过六个月的监禁或五千英镑的罚金。具体审理程序如下：法庭传唤被告人到庭，核实身份无误后，向被告人说明指控的内容，征询被告人作何种答辩，如果作有罪答辩，法庭不再听证，可径行判决，除非任何一方提出上诉，判决可以口头方式作出。如果作无罪答辩，法庭应听证审理。对于可能判处不超过三个月监禁的罪行，被告人可以不到庭，以通信方式作认罪答辩，法庭予以缺席判决。有的治安法院适用简易程序审理的案件高达96%。

2. 美国。美国有两种简易程序，一是司法官审理轻微犯罪程序，也叫快速审判程序，即对于《美国刑法典》规定的轻罪（不超过一年监禁）、轻微案件以及此类案件的申诉案件，经被告人书面同意，由司法官或地区法院的法官进行简易审理并立即裁判的程序。二是辩诉交易程序，即起诉方与被告方在庭外进行谈判，讨价还价，如果被告方满足起诉方提出的要求，起诉方也许撤销指控，或者降格指控，或者要求从轻判处；法院对诉讼双方做成的交易，可以接受，也可以驳回。

3. 法国。法国的简易程序分两种：简易审判程序和综合性罚金诉讼程序。前者适用违警罪（不超过10000法郎罚金），包括累犯在内。选定简易程序的检察院将诉讼卷宗和起诉书移送违警罪法庭，法官不必进行审理，可以刑事命令宣布释放被告人或判处罚金。法官没有义务说明违警罪处罚的理由。如果法官认为需要进行对辩，或者认为最终可能需要处以罚金以外的其他刑罚，应当将案卷送还检察院，按照普通诉讼程序进行追诉。综合性罚金诉讼程序适用于违反公路交通规则等违警罪，只判处罚金，在缴纳罚金后免除公诉，但不适用于累犯。

4. 德国。德国有三种简易程序：一是处罚令程序，指对于轻罪案件，依检察官的书而申请，刑事法官、陪审法庭可以不经审判而以书面处罚令来确定对犯罪行为的法律处分的简易程序。适用处罚令程序，由一名法官独任审判，不需开庭。二是保安处分程序，指因被告人无责任能力或者无受审能力而不进行刑事诉讼时，检察官向法院提出申请，并由法院判处矫正及保安处分的简易程序。三是简易程序，是指对于案情简单或者证据清楚且可能判处一年以下监禁或者剥夺驾驶权的处罚，适宜立即审理的案件，经检察官的申请，刑事法官进行简单审理并立即判决的诉讼程序。在这一程序中，简化了证据的出示和质证程序，证人和鉴定人不必出庭，只向法庭提供书面文件即可。

5. 日本。日本有三种简易程序：一是简易公审程序，适用于死刑、无期或最低刑为一年以上惩役或监禁以外的案件，并且被告人在开头陈述中已就该诉因作了有罪陈述。二是简易命令（处刑命令）程序，适用于简易法院管辖的案件，可以处以五十万日元以下罚金或罚款，并且被告人对适用该程序无异议。三是交通即决裁判程序，只适用于有关交通的刑事案件，可判处五十万日元以下罚金、罚款，同时可并处缓刑、没收及其他附加处分。

文·件·链·接

1.《全国人民代表大会常务委员会关于授权最高人民法院、最高人民检察院在部分地区开展刑事案件速裁程序试点工作的决定》（2014 年 6 月 27 日）

2.《最高人民法院、最高人民检察院、公安部、司法部印发〈关于在部分地区开展刑事案件速裁程序试点工作的办法〉的通知》（法〔2014〕220 号）

13. 完善刑事诉讼中认罪认罚从宽制度。明确被告人自愿认罪、自愿接受处罚、积极退赃退赔案件的诉讼程序、处罚标准和处理方式，构建被告人认罪案件和不认罪案件的分流机制，优化配置司法资源。

条·文·解·读

宽严相济刑事政策是我国的基本刑事政策。对于被告人认罪、悔罪，从宽处罚更有利于社会和谐稳定的，依法可以从宽处理；对于被告人案发后对被害人积极进行赔偿，并认罪、悔罪的，依法可以作为酌定量刑情节予以考虑。

目前，认罪认罚从宽制度在实体方面和程序方面都存在尚需完善的地方。在实体方面，认罪认罚奖励制度存在几个具体问题：一是司法奖励规则过于弹性，自首、坦白、被告人认罪等认罪种类，以及退赃退赔等认罚种类，都是可以型的从宽处罚情节，是否从宽以及从宽的具体幅度，均由法官自由裁量，缺乏从宽幅度的层级性和阶梯性。二是认罪认罚时间对从宽幅度的影响没有明确体现。既然何时认罪对于量刑的从宽没有决定性的影响，犯罪人会产生“早认罪不如迟认罪”的心理。在程序方面，认罪认罚奖励程序存在几个具体问题：一是认罪案件办理机制的独立价值未得到充分彰显。立法阶段容易忽视如何缩短、加快办案流程等程序性问题。二是相关配套制度不完善，难以保证认罪认罚的自愿性。针对上述问题，四中全会《决定》提出“完善刑事诉讼中认罪认罚从宽制度”。《纲要》提出了相关的改革内容：

第一，完善认罪认罚的从宽奖励体系。一是对不同认罪认罚种类的从宽幅度作出不同规定。在构建量刑从宽阶梯时，需要考虑自首、坦白、被告人认罪等不同认罪种类之间的差异性。二是对同一认罪认罚种类的从宽幅度考虑不同情形。一方面，要主要参考认罪认罚的时间。行为人认罪时间越早，说明其悔罪程度越高，能够节省的司法资源也越多，给予犯罪人的刑罚奖励也就应当越多。另一方面，要考虑交代犯罪事实的性质。行为人单纯交代自己的犯罪事实，交代一般共同犯罪中其他犯罪事实，还是主动交代严重犯罪的犯罪事实，应当在量刑奖励上存在差异。

第二，完善认罪认罚案件的审理程序。形成独立的认罪案件办理机制，构建被告人认罪案件和不认罪案件的分流机制，实现刑事案件的繁简分流、难易分流，优化配置司法资源。对于简化审理的被告人认罪案件，法院在量刑时要充分考虑被告人的认罪态度，依法予以从轻处罚。

域·外·参·考

世界主要国家的认罪认罚从宽机制

在当今世界各国刑事司法中，被告人认罪认罚都是从宽处罚的情节之一。域外对于犯罪人认罪后的减轻处罚主要有以下三种立法模式：一是比例制，即对于犯罪人有自首等认罪表示的，对其不得判处高于最高刑期或者罚金最高金额的一定比例，如《俄罗斯联邦刑法典》第 62 条的规定。二是数额制，即如果犯罪人有认罪情节的，对其判处刑罚时，针对不同情节，将刑法规定的法定刑幅度减轻至一定的数额范围内，如《奥地利刑法典》第 41 条 a 项的规定。三是混合制，是指上述两种减轻处罚的立法模式统一于刑法的规则之中，如《德国刑法典》第 49 条第 1 款的规定。

美国 1974 年修订的《联邦刑事诉讼规则》明确地将辩诉交易作为一项诉讼制度确立下来。目前，联邦和各州 90% 的案件是以辩诉交易结案的。辩诉交易是指在法院开庭审理之前，作为控诉方的检察官和代表被告人的辩护律师进行协商，以检察官撤销指控、降格指控或者要求法官从轻判处刑罚为条件，来换取被告人的有罪答辩，进而双方达成均可接受的协议。也就是说，辩诉交易就是在检察官与被告人之间进行的“认罪从宽”。

“有罪答辩”是英国刑事审判的法定从宽量刑情节。“有罪答辩”从宽量刑的目的在于鼓励罪犯悔改、节约司法成本。英国量刑指导委员会针对“有罪答辩”的现行量刑指南是在2004年规定基础上的修改完善，2007年生效至今。英国量刑委员会明确规定了“有罪答辩”的从宽幅度，通过确立的三个“有罪答辩”的基本裁量标尺：在“第一合理机会”“有罪答辩”，减少基本刑罚的1/3；在审判时间确定后做出“有罪答辩”，减少基本刑罚的1/4；在法庭开庭之后作出“有罪答辩”，减少基本刑罚的1/10。因此，在英国刑事审判中，“有罪答辩”减刑的幅度最大不得超过基本刑罚的1/3，“有罪答辩”时间越晚，减刑幅度越小。

14. 完善民事诉讼证明规则。强化民事诉讼证明中当事人的主导地位，依法确定当事人证明责任。明确人民法院依职权调查收集证据的条件、范围和程序。严格落实证人、鉴定人出庭制度。发挥庭审质证、认证在认定案件事实中的核心作用。严格高度盖然性原则的适用标准，进一步明确法官行使自由裁量权的条件和范围。一切证据必须经过庭审质证后才能作为裁判的依据，当事人双方争议较大的重要证据都必须在裁判文书中阐明采纳与否的理由。

条·文·解·读

证据是人民法院认定事实并作出裁判的基础。以审判为中心，要全面贯彻证据裁判规则，这是强化司法公正的必然要求。在民事诉讼中，所有的举证、质证和认证也应当在法庭上实现和完成，所有的裁判结果都应当建立在经法庭调查、法庭辩论后认定的事实基础之上，且认证的过程与理由都应当在裁判文书中予以公开。完善民事诉讼证明规则对于查明事实，正确适用法律，妥善解决民事纠纷具有重要意义。

针对上述问题，四中全会《决定》提出，“推进以审判为中心的诉讼制度改革……全面贯彻证据裁判规则，严格依法收集、固定、保存、审查、运用证据，完善证人、鉴定人出庭制度，保证庭审在查明事实、认定证据、保护诉权、公正裁判中发挥决定性作用。”为贯彻落实党的十八届三中、四中全会会议精神，《纲要》针对“完善民事诉讼证明规则”提出了一系列改革举措。

第一，关于当事人的证明责任。一是人民法院应当依照法律规定进行当事人举证责任的分配。当事人对自己提出的诉讼请求所依据的事实或者反驳对方诉讼请求所依据的事实，应当提供证据加以证明，但法律另有规定的除外。在作出判决前，当事人未能提供证据或者证据不足以证明其事实主张的，由负有举证证明责任的当事人承担不利的后果。二是主张法律关系存在的当事人，应当对产生该法律关系的基本事实承担举证证明责任；主张法律关系变更、消灭或者权利受到妨害的当事人，应当对该法律关系变更、消灭或者权利受到妨害的基本事实承担举证证明责任；法律另有规定的除外。三是依照法律规定以及举证责任分配的一般原则无法确定证明责任时，人民法院可以根据公平原则和诚实信用原则，充分考虑当事人举证能力等因素予以明确。

第二，关于人民法院依职权调查收集证据的条件、范围和程序。一是对于当事人因客观原因不能自行收集的证据，例如由国家有关部门保存、当事人及其诉讼代理人无权查阅调取的证据，涉及国家秘密、商业秘密和个人隐私的材料等证据，人民法院应当根据当事人申请调查收集。二是对于可能损害国家利益、社会公共利益，以及可能存在恶意串通、侵害案外人利益等相关事实的证据，人民法院应当依职权调查收集。三是对于当事人申请调查收集的证据，与待证事实无关联、对证明待证事实无意义或者其他无调查收集必要的，人民法院不予准许。四是人民法院调查收集证据，应当由两人以上共同进行。调查材料要由调查人、被调查人、记录人签名、捺印或者盖章。

第三，关于证人、鉴定人出庭。证人提供证言，以出庭作证为原则。人民法院应当要求证人在进行法庭审理时出庭并接受审判人员和当事人的询问。为了确保这一制度得到严格落实，一是明确当事人关于证人出庭作证的申请，应当在举证期限届满前提出。未经人民法院通知，证人不得出庭作证，但双方当事人同意并经人民法院准许的除外。二是对于人民法院准许当事人申请证人出庭作证的，应当采用通知的方式进行传唤，同时要通知申请人预缴证人出庭作证的费用。三是对于证人确有困难不能出庭作证的，应当要求其向人民法院提出书面申请，申请书中应当载明证人不能出庭的原因，人民法院应当依法审查其申请是否符合相关法律规定。对于未经人民法院准许，当事人提交的证人书面证言、视听资料证言等，不能作为认定案件事实的依据。四是规范证人出庭之外的其他作证方式的适用条件。出庭作证是证人提供证言的主要方式，但实践中客观存在证人不便、不必或者不能出庭作证的情形，可以通过书面证言、视听传输技术或者视听资料等方式作证。为避免证人出庭制度被架空，上述其他作证方式应当依法仅限于证人因健康原因不宜出庭作证、证人路途遥远、交通不便无法满足举证时限要求、不合理加重当事人诉讼成本负担，或者证人因自然灾害等不可抗力因素不能出庭作证等情形。五是在民事诉讼中，鉴定意见是对涉及的争议事实的专门性问题进行鉴别和判断形成的意见，对于诉讼裁判的结果可能具有直接影响，当事人对鉴定意见有异议或者人民法院认为其有必要出庭，经人民法院通知鉴定人拒不出庭的，其鉴定意见不得作为认定案件事实的根据。

第四，关于庭审质证。证据应当在法庭上出示，由当事人相互质证。未经当事人质证的证据，不得作为认定案件事实的依据。一是在进行质证时，要组织当事人围绕证据来源和形式是否符合法律规定、能够反映案件的真实情况以及与待证事实之间有无关联性进行质证，并针对证据有无证明力和证明力大小进行说明和辩论。能够反映案件真实情况、与待证事实相关联、来源和形式符合法律规定的证据，可以作为认定案件事实的根据。二是对于人民法院依当事人申请调查收集的证据，也应当交由提出申请的当事人与对方当事人、第三人进行质证。人民法院依职权调查收集的证据，由审判人员对调查收集证据的情况进行说明后，听取当事人的意见。三是对于涉及国家秘密、商业秘密、个人隐私或者法律规定应当保密的证据，不进行公开质证。

第五，关于严格高度盖然性原则的适用标准。人民法院应当依照法律规定，明确相关案件适用的证明标准。一是对负有举证证明责任的当事人提供的证据，人民法院经审查并结合相关事实，确信待证事实的存在具有高度可能性的，应当认定该事实存在。二是对一方当事人为反驳负有举证证明责任的当事人所主张事实而提供的证据，人民法院经审查并结合相关事实，认为待证事实真伪不明的，应当认定该事实不存在。法律对于待证事实所应达到的证明标准另有规定的，从其规定。三是当事人对欺诈、胁迫、恶意串通事实的证明，以及对口头遗嘱或者赠与事实的证明，人民法院确信该待证事实存在的可能性能够排除合理怀疑的，应当认定该事实存在。

第六，关于裁判文书对重要证据是否采纳的说理。一是审判人员应当依照法定程序，全面、客观地审核证据，依据法律的规定，遵循法官职业道德，运用逻辑推理和日常生活经验，对证据有无证据能力和证明力大小独立进行判断，并公开判断的理由和结果。二是对于当事人违反法律、行政法规禁止性规定，或者采取违背公序良俗、严重侵害他人合法权益的方法收集的证据，无正当理由未出庭的证人提供的书面证言，人民法院应当在裁判文书中阐明不予采纳的理由。

文·件·链·接

1.《最高人民法院关于民事诉讼证据的若干规定》（法释〔2001〕33号）

2.《最高人民法院关于适用〈中华人民共和国民事诉讼法〉的解释》（法释〔2015〕5号）

15. 建立庭审全程录音录像机制。加强科技法庭建设，推动庭审全程同步录音录像。建立庭审录音录像的管理、使用、储存制度。规范以图文、视频等方式直播庭审的范围和程序。

条·文·解·读

三中全会《决定》提出，推进审判公开、检务公开，录制并保留全程庭审资料。2013年11月28日最高人民法院发布的《关于推进司法公开三大平台建设的若干意见》，在《关于司法公开六项规定》和《关于庭审活动录音录像的若干规定》的基础上，提出“要加强科技法庭建设，对庭审活动全程进行同步录音录像，并以数据形式集中存储、定期备份、长期保存。当事人申请查阅庭审音像记录的，人民法院可以提供查阅场所。”四中全会《决定》从司法公开的机制建设入手提出，构建开放、动态、透明、便民的阳光司法机制……杜绝暗箱操作。《纲要》从贯彻落实三中、四中全会精神出发，提出“建立庭审全程录音录像机制。加强科技法庭建设，推动庭审全程同步录音录像。建立庭审录音录像的管理、使用、储存制度。规范以图文、视频等方式直播庭审的范围和程序。”

第一，关于科技法庭建设。科技法庭，又称数字化法庭，是指配备完善的技术设施，打破时间和空间因素对庭审活动的限制，适应现代司法需要的法庭。科技法庭借助成熟的计算机网络技术、音视频编解码技术、图形图像处理技术和通信与自动化技术，对法庭审判过程的所有电子笔录、音频、视频、电子证物等信息进行数字化编码处理，并通过多种视频应用形式（视频直播、点播、下载、光盘刻录等）展现。此外，科技法庭还可以解决传统法庭庭审中举证、记录、翻译、旁听等方面存在的问题与障碍，为审判监督、审判委员会讨论、庭审录音录像、直播录播等应用提供全面、详实的信息。人民法院应当结合本地实际，加强科技法庭建设，突出科技法庭在规范庭审活动、提高审判效率和深化司法公开等方面的功能。截至 2014 年底，全国法院建成科技法庭 17740 个。

第二，关于建立庭审录音录像的管理、使用、储存制度。一是完善庭审录音录像的程序。庭审录音录像应当由书记员或者其他工作人员自案件开庭时开始录制，并告知诉讼参与人，至闭庭时结束。除休庭和不宜录音录像的调解活动外，录音录像不得间断。书记员应当将庭审录音录像的起始、结束时间及有无间断等情况记入法庭笔录。当事人和其他诉讼参与人对法庭笔录有异议并申请补正的，书记员应当播放录音录像进行核对、补正。如果不予补正，应当将申请记录在案。二是做好音频视频资料的保存。人民法院应当使用专门设备存储庭审录音录像，并将其作为案件材料以光盘等方式存入案件卷宗；具备当事人、辩护人、代理人等在人民法院查阅条件的，应当将其存入案件卷宗的正卷。未经人民法院许可，任何人不得复制、拍录、传播庭审录音录像。庭审录音录像的保存期限与案件卷宗的保存期限相同。三是强化庭审录音录像的保障。人民法院应当采取叠加同步录制时间或者其他措施保证庭审录音录像的真实性、完整性。对于毁损庭审录音录像或者篡改其内容的，追究行为人相应的行政或者法律责任。因设备、技术等原因导致庭审录音录像内容不完整或者不存在的，负责录制的人员应当作出书面说明，经审判长或者庭长审核签字后附卷；内容不完整的庭审录音录像仍应存储并入卷。

第三，关于规范以图文、视频等方式直播庭审的范围和程序。人民法院可以选择公众关注度较高、社会影响较大、具有法制宣传教育意义的公开审理的案件进行庭审直播、录播。对于下列案件，不得进行庭审直播、录播：一是涉及国家秘密、商业秘密、个人隐私、未成年人犯罪等依法不公开审理的案件；二是检察机关明确提出不进行庭审直播、录播并有正当理由的刑事案件；三是当事人明确提出不进行庭审直播、录播并有正当理由的民事、行政案件；四是其他不宜庭审直播、录播的案件。人民法院认为案件需要进行庭审直播、录播的，由有关审判庭按照规定的程序申报，并填写庭审直播、录播申报表，提交案件重要的诉讼文书。最高人民法院的直播、录播申报程序和申报表由最高人民法院制定，地方各级人民法院的直播、录播申报程序和申报表由各高级人民法院制定。庭审直播、录播实行"一案一审核"制度。人民法院进行网络庭审直播、录播的，由审判庭向本院有关部门提出申请。有关部门审核后，报主管副院长批准。必要时，报上级人民法院审核。人民法院通过中央电视台进行庭审直播、录播的，应当经最高人民法院审核。通过省级电视台进行庭审直播、录播的，应当经高级人民法院审核。下一步对于通过微博等新媒体进行庭审直播的范围和程序还将进一步予以规范。

地·方·探·索

宁波市鄞州区人民法院的科技法庭建设

为规范庭审行为，让人民群众了解庭审过程，顺利实现庭审录音录像，浙江省宁波市鄞州区人民法院大力建设"数字法庭"，打破庭审时空界限。建成了19个集计算机网络、视频技术、多媒体图像、自动控制、数据库"五位一体"的标准化数字法庭，实现案件庭审全程同步录音录像并刻盘保存。此外，设立庭审同步视频直播室，方便媒体报道和公众旁听。

江苏法院的庭审"三同步"

2010年4月，江苏省高级人民法院专门下发《关于开展庭审录像工作的通知》，随后又下发《在全省法院推行庭审同步录音录像、同步记录、同步显示庭审记录工作的通知》，要求凡是已具备庭审录音录像条件的法庭，都要在各方当事人和审判人员席安装显示器，同步显示庭审记录，确保当事人实时核阅庭审记录。2010年12月底，全省法院按照江苏省高级人民法院的部署，全面完成了科技审判法庭实现同步录音录像、同步记录、同步显示庭审记录工作的技术改造工作，并于2011

年年初全面推开“三同步”工作。截至目前，全省2279个科技审判法庭全部实现了庭审“三同步”。庭审直播是江苏法院全面全程推进司法公开的又一重要抓手。2014年，江苏法院共通过互联网直播庭审3000多场次。

域·外·参·考

部分国家法院的庭审录音录像

对是否允许庭审录音录像，各国的规定和观念都有较大差别。在一些国家，例如奥地利、保加利亚、英格兰和威尔士、爱尔兰和土耳其，禁止个人或媒体进行庭审录音录像。比利时、葡萄牙、匈牙利和挪威也禁止对庭审录音录像，但同时规定了例外情况，如在涉及重大公共利益的个案中，经法官批准，可以对庭审录音录像。

在荷兰、罗马尼亚和西班牙等国，则是针对不同庭审阶段或不同案件类型，对庭审录音录像作出了不同的限制性规定。荷兰允许对庭审过程中的宣读起诉书、总结陈词以及宣判部分进行录音录像，其他部分的录音录像，须经法官批准；罗马尼亚允许在法庭外进行录音录像，原则上在案件开始审理的最初几分钟也是允许录音录像的；庭审电视录像在西班牙已经普及25年了，但对个别案件，法院院长有权决定仅对其庭审的前10~15分钟进行录像。各国对未成年人、性犯罪受害人以及受保护的证人出庭陈述环节均禁止录音录像。

文·件·链·接

1.《最高人民法院关于庭审活动录音录像的若干规定》（法发〔2010〕33号）

2.《最高人民法院关于推进司法公开三大平台建设的若干意见》（法发〔2013〕13号）

16. 规范处理涉案财物的司法程序。明确人民法院处理涉案财物的标准、范围和程序。进一步规范在刑事、民事和行政诉讼中查封、扣押、冻结和处理涉案财物的司法程序。推动建立涉案财物集中管理信息平台，完善涉案财物信息公开机制。

条·文·解·读

进一步规范查封、扣押、冻结、处理涉案财物司法程序是党的十八届三中全会、四中全会部署的重点任务，也是完善人权司法保障制度的重要举措。虽然我国刑法、刑事诉讼法对涉案财物处置都有规定，也出台了不少司法解释和规范性文件，但目前涉案财物处置工作随意性大，保管不规范、移送不顺畅、信息不透明、处置不及时、救济不到位等问题非常突出，严重损害当事人合法权益，严重影响司法公信力，社会反映强烈。

2014 年 9 月 1 日，最高人民法院出台《关于刑事裁判涉财产部分执行的若干规定》，对没收财产、追缴、变价措施、执行异议等刑事涉案财物执行进行了规定。2015 年，中央办公厅、国务院办公厅发布《关于进一步规范刑事诉讼涉案财物处置工作的意见》，明确提出以下改革要求：

一是进一步规范涉案财物查封、扣押、冻结程序：严禁在立案之前查封、扣押、冻结财物；不得查封、扣押、冻结与案件无关的财物；经查明确实与案件无关的，应当在三日内予以解除、退还；查封、扣押、冻结涉案财物，应当为犯罪嫌疑人、被告人及其所扶养的亲属保留必需的生活费用和物品，减少对涉案单位正常办公、生产、经营等活动的影响。

二是建立办案部门与保管部门、办案人员与保管人员相互制约制度，规定政法机关指定本机关的一个部门或者专职人员统一保管涉案财物，严禁由办案部门、办案人员自行保管。规范涉案财物保管制度，规定对查封、扣押、冻结的财物，均应当制作详细清单；对扣押款项应当逐案设立明细账，在扣押后立即存入扣押机关唯一合规账户；对赃物特别是贵重物品实行分类保管，做到一案一账、一物一卡、账实相符。

三是探索建立跨部门的地方涉案财物集中管理信息平台，规定公安机关、人民检察院和人民法院查封、扣押、冻结、处理涉案财物，应当依照相关规定将财物清单及时录入信息平台，实现信息共享，确保涉案财物管理规范、移送顺畅、处置及时。

四是完善涉案财物审前返还程序，规定对权属明确的被害人合法财产，凡返还不损害其他被害人或者利害关系人的利益、不影响诉讼正常进行的，都应当及时返还。

五是完善涉案财物先行处置程序，做到公开、公平。对易损毁、灭失、变质等不宜长期保存的物品，易贬值的汽车、船艇等物品，或者市场价格波动大的债券、股票、基金份额等财产，有效期即将届满的汇票、本票、支票等，规定经权利人同意或者申请，经批准后可以依法出售、变现或者先行变卖、拍卖，所得款项统一存入各单位唯一合规账户。

六是政法机关建立有效的权利救济机制，对当事人、利害关系人提出异议、复议、申诉、投诉或者举报的，应当依法及时受理并反馈处理结果。

七是人民法院、人民检察院、公安机关、国家安全机关应当对涉案财物处置工作进行相互监督，人民检察院应当加强法律监督，上级政法机关发现下级政法机关涉案财物处置工作确有错误的，应当依照法定程序要求限期纠正。

八是健全责任追究机制，规定违法违规查封、扣押、冻结和处置涉案财物的，应当依法依纪给予处分；构成犯罪的，应当依法追究刑事责任；导致国家赔偿的，应当依法向有关责任人员追偿。

《纲要》针对“规范处理涉案财物的司法程序”，也提出一系列改革举措。

第一，关于明确人民法院处理涉案财物的范围、标准和程序。一是明确涉案财物的认定标准，正确认定被害人的合法财产并予以发还，清晰界定犯罪工具特别是供犯罪所用工具的范围，科学认定违法所得的收益，合理划定追缴、责令退赔、没收等的具体范围。二是注重涉案财物处理中第三人财产利益的保护，明确赃款赃物能否适用善意取得制度、厘清供犯罪所用的“本人”财物范围。三是加强涉案财物处理中相关民事权利的保护，完善利害关系人财产利益的救济制度。构建赃款赃物的有效发还机制。明确刑事涉案财物处理与已生效民事判决之间的关系。四是健全涉案财物处理的程序保障，增设庭审中的涉案财物处理程序，对一些涉案财物处理较为庞杂的案件，可以探索设置相对独立的财产处理程序，充分发挥庭审中心主义的作用。

第二，关于进一步规范在刑事诉讼中查封、扣押、冻结和处理涉案财物的司法程序。一是加强法院在审前阶段的作用，通过提前介入加强沟通，采取录音录像依次编号等方式，保证裁判处理的涉案财物与采取强制措施的涉案财物一致。二是加大涉案财物的查处力度，建立健全网络查封、冻结涉案资金机制。对涉案财物进行查封、扣押、冻结，或者通过鉴定、评估确定查封、扣押、冻结涉案财物的价值，采取拍卖、变卖、抵债等方式对涉案财物进行处置。三是完善涉案财物的管理制度，妥善做好涉案财物的清点、移送和保管工作，涉案款物要全面移送，涉案资金的查询、冻结、续冻等管理工作要紧密衔接。四是建立赃款以外财物的变价制度，坚持尽快变价、及时变价、因地制宜的原则，避免价值贬损。五是完善及时发还被害人的制度，对于部分事实清楚、被害人明确且对款物权属不存在争议的应当及时发还，被害人众多时按比例补偿并根据实际情况预留适当份额。

第三，关于进一步规范在民事、行政诉讼中查封、扣押、冻结和处理涉案财物的司法程序。一是着力加强诉前保全的甄别、释明。人民法院立案部门应当对申请保全人与被申请人之间的纠纷是否属于人民法院主管和本院管辖依法进行审查，并就不受理的原因和诉前保全可能的风险进行法律释明、风险告知。二是审慎采取证据保全中的查封、扣押、冻结等措施。当事人或者利害关系人申请采取查封、扣押等证据保全措施，或者证据保全可能对证据持有人造成财产损失的，人民法院应当责令申请人提供相应的担保。担保财产价值由人民法院根据保全措施对证据持有人的影响、证据保全标的物的价值、当事人或者利害关系人争议的诉讼标的额等因素综合确定。三是及时解除查封、扣押、冻结财产等保全措施。对于保全错误、申请人撤回保全申请、财产保全中被保全人提供等值担保等情形，作出保全裁定的人民法院应当作出解除保全裁定。四是正确处理控制性执行措施与处分性执行措施的关系。对被执行人财产，不经查封、扣押、冻结不得处分。对于银行存款等各类可以直接扣划的财产，人民法院的扣划裁定同时具有冻结的法律效力。

第四，关于推动建立跨部门的涉案财物集中管理信息平台，完善涉案财物信息公开机制。一是建立公安机关、人民检察院、人民法院涉案财物网上信息平台，充分利用信息化手段对涉案财物处理工作实行流程化管理，坚持以案核物，规范涉案财物的执法扣押、管理存放、处置流程、跟踪监督。建立网上信息共享平台，通过数据接口导入法院案件统计管理系统，实现资源共享。二是在具备条件的地方设立或者指定专门保管场所、账户，并指定一个部门对各办案部门经手的全部涉案财物或者涉案款项和价值较大、管理难度较高的部分涉案财物实行集中统一管理，通过集中保管、单据移送、专业维护、信息化管理，在保证涉案财物保管安全的同时，提高流转效率、降低司法成本。

地·方·探·索

河南规范刑事案件涉案财物处理

2014年3月，河南省高级人民法院出台《关于办理刑事案件追缴犯罪所得没收犯罪工具若干问题的规定》（以下简称《规定》），全面规范刑事案件涉案财物处理工作，强化对公民财产权的司法保障。《规定》对犯罪所得范围的界定、涉案财物的查封、扣押流程、涉案财物价值的认定、涉案财物的流转、财物属性的审查及最终处理等作出了详细规定。《规定》要求，对查封、扣押、冻结的涉案财物要进行法庭调查，充分听取诉讼各方的意见，查明是否为犯罪所得或者依法应当追缴的其他财物，不属于被告人犯罪所得和其他应追缴的财物的，不得判决没收，防止侵害被告人的合法财产。《规定》还要求对犯罪所侵害的被害人合法财产，要及时返还被害人；涉及多名被害人，权属不明的财物，要按比例返还被害人，使被害人遭受的损失及时得到弥补；无人认领的，应当公告通知，公告3个月仍无人认领的，应当上缴国库。

文·件·链·接

1.《最高人民法院关于财产刑执行问题的若干规定》（法释〔2010〕4号）

2.《最高人民法院关于人民法院民事执行中查封、扣押、冻结财产的规定》（法释〔2004〕15号）

3.《最高人民法院关于执行权合理配置和科学运行的若干意见》（法发〔2011〕15号）

4.《最高人民法院关于进一步加强和规范执行工作的若干意见》（法发〔2009〕43号）

5.《最高人民法院关于刑事裁判涉财产部分执行的若干规定》（法释〔2014〕13号）

6.《中共中央办公厅、国务院办公厅关于进一步规范刑事诉讼涉案财物处置工作的意见》（中办发〔2015〕7号）

（三）优化人民法院内部职权配置

17. 改革案件受理制度。变立案审查制为立案登记制，对人民法院依法应该受理的案件，做到有案必立、有诉必理，保障当事人诉权。加大立案信息的网上公开力度。推动完善诉讼收费制度。

条·文·解·读

诉权的广泛性、便捷性是现代社会司法文明的重要标志。任何权利如果不具有可诉性，就失去了具体的保护路径，就不具有现实性，其价值和意义就要大打折扣。诉权行使的第一步，就是立案。立案工作对保护当事人诉权至关重要。

虽然近年来人民法院采取各种便民利民措施方便群众立案，但“立案难”仍然是人民群众反映较为突出的问题。有的法院对征地拆迁、企业改制等矛盾比较突出、涉及面广、敏感性强的群体性纠纷，怕惹麻烦而不愿受理；有的法院对“民告官”的行政案件不敢立案；有的法官怕麻烦或者故意刁难当事人，应当立案而不立案，甚至以立案为权力寻租的筹码。“立案难”给人民群众到法院提起诉讼带来困难，对当事人合法行使诉权造成障碍；同时，司法的最后一道防线的作用不能有效发挥，将本应通过司法程序解决的案件拦截在司法程序之外，反而引发信访，激化社会矛盾，对社会稳定造成一定影响，留下难以预料的隐患。

造成“立案难”的原因是多方面的，但现行案件受理在制度方面存在的弊端也不容忽视。我国法律对立案审查规定较为模糊，如我国民事诉讼法规定只要有明确的被告，有具体的诉讼请求和事实、理由等即可以立案，但是法院在审查中，对于具体事实、理由在理解上存在模糊性，有时会以事实理由不充分为由不予立案。此时，立案审查就变成实质审查，即在立案阶段已经对案件的实体问题作出了预判。然而，立案阶段又缺乏相应的听证程序设置，在对案件具体事实和理由缺乏调查和证明的前提下就作出不予受理的裁定，不能充分保障当事人诉权。

针对上述问题，四中全会《决定》明确提出："改革法院案件受理制度，变立案审查制为立案登记制，对人民法院依法应该受理的案件，做到有案必立、有诉必理，保障当事人诉权。"《纲要》贯彻四中全会《决定》的改革举措，就"改革案件受理制度"作出更为细化的规定。

第一，关于变立案审查制为立案登记制。变立案审查制为立案登记制是此次司法体制改革的一项重大制度变革，对此可以从以下几个方面理解：

一是将立案程序仅仅作为形式审查的立案登记程序。对人民法院依法应当受理的案件，当事人起诉只要符合法律规定的受理条件，人民法院只要形式审查就应立案登记，不得对符合条件的诉求拒绝立案、推诿立案、拖延立案。各高级人民法院应当立即清理和废止辖区内不符合法律规定和司法解释要求的"土政策"，不得以支持地方经济发展、保护部门利益、社会热点关注等为借口对符合法定条件的起诉不予登记立案。2014 年修改的行政诉讼法对登记立案程序作出了详细规定。该法第五十一条第一款规定："人民法院在接到起诉状时对符合本法规定的起诉条件的，应当登记立案。"同条第二款规定："对当场不能判定是否符合本法规定的起诉条件的，应当接收起诉状，出具注明收到日期的书面凭证，并在七日内决定是否立案。不符合起诉条件的，作出不予立案的裁定。裁定书应当载明不予立案的理由。原告对裁定不服的，可以提起上诉。"《最高人民法院关于适用〈中华人民共和国民事诉讼法〉的解释》第二百零八条提出："人民法院接到当事人提交的民事起诉状时，对符合民事诉讼法第一百一十九条的规定，且不属于第一百二十四条规定情形的，应当登记立案；对当场不能判定是否符合起诉条件的，应当接收起诉材料，并出具注明收到日期的书面凭证。需要补充必要相关材料的，人民法院应当及时告知当事人。在补齐相关材料后，应当在七日内决定是否立案。立案后发现不符合起诉条件或者属于民事诉讼法第一百二十四条规定情形的，裁定驳回起诉。”

二是准确告知立案材料要求。向当事人提供诉状样本，耐心回答当事人的询问，全面准确告知立案材料有关要求。当事人立案材料不全或诉状内容、形式不符合规定的，一次讲清如何补齐或更正，避免当事人多次往返、反复修改。行政诉讼法第五十一条第三款规定，“起诉状内容欠缺或者有其他错误的，应当给予指导和释明，并一次性告知当事人需要补正的内容。不得未经指导和释明即以起诉不符合条件为由不接收起诉状。”

三是方便群众诉讼立案。建立预约立案制度，因地制宜推行远程立案、网上立案，为行动不便的特殊人群提供上门立案服务。基层人民法院要根据辖区实际情况，科学构建人民法庭直接立案工作机制，加强对人民法庭立案工作的指导和管理。经济发达、交通便利地区的人民法庭，可以通过基层人民法院统一立案的方式，加强案件流程管理。山区、牧区、林区、边远地区等交通不便地区的人民法庭，要加强和完善人民法庭直接立案工作机制，并通过远程立案等技术手段，着力解决当事人立案难问题。对人民法院依法应当受理的案件，要做到有案必立、有诉必理。

四是建立对于法院无正当理由不予立案裁定的司法救济程序。行政诉讼法第五十一条第四款规定：“对于不接收起诉状、接收起诉状后不出具书面凭证，以及不一次性告知当事人需要补正的起诉状内容的，当事人可以向上级人民法院投诉，上级人民法院应当责令改正，并对直接负责的主管人员和其他直接责任人员依法给予处分。”第五十二条规定：“人民法院既不立案，又不作出不予立案裁定的，当事人可以向上一级人民法院起诉。上一级人民法院认为符合起诉条件的，应当立案、审理，也可以指定其他下级人民法院立案、审理。”最高人民法院已经对立案登记制改革开始进行深入调研，将在认真调研、开展试点、总结经验、全面评估的基础上推进改革实施。需要说明的是，变立案审查制为立案登记制，并不意味着公民、法人和其他组织到法院要求起诉的任何案件法院都应当受理，还要看根据法律规定是否属于法院受理的案件范围。

立案登记制改革是一项重大系统工程，对人民法院立案、审判、执行、信访、队伍建设等各方面将产生全面、深刻、深远的影响，人民法院受理案件的数量可能会出现大幅上升甚至成倍增长，无疑会对法院工作带来巨大挑战。人民法院必须全面评估、稳妥推进改革。同时必须推行立案登记制改革的配套措施。比如健全案件繁简分流机制，出台各类案件的繁简分流办法，将案件分类、分级甄别，提高各类案件的审判质效，优化审判资源配置；充分发挥简易程序、小额诉讼程序、督促程序、刑事和解程序、轻微刑事案件快速审理机制等制度优势，在保证审判质量的前提下，努力降低当事人诉讼成本，减轻当事人诉累；注重多元化纠纷解决机制对案件的分流作用，将多元化纠纷解决机制与立案登记制改革相结合，加强诉前调解和诉调对接工作，利用社会资源多元化解纠纷，减轻人民法院审判工作压力。

第二，关于加大立案信息的网上公开力度。立案信息的不公开、不透明，也是人民群众感到立案难的重要原因之一。目前中国审判流程信息公开网已经开通，从立案环节开始，当事人及其诉讼代理人就能查询相关立案信息，大大增加了立案工作透明度，增进了人民群众对立案工作的理解。下一步要充分利用信息化加大立案信息网上公开力度，推进网上诉讼服务平台建设，促进立案信息公开与司法便民有机结合。

第三，关于推动完善诉讼收费制度。诉讼费有三大功能：一是案件调节功能，调节诉讼门槛；二是对加害方、违约方行为进行惩戒；三是对有限司法资源的补充。人民法院在国家治理体系中发挥着重要作用的同时，诉讼费用起到了不可或缺的杠杆作用。《诉讼费用交纳办法》实施以来，各级人民法院能够严格按照规定，在诉讼活动中严格计收诉讼费用，对符合诉讼费用减免缓条件的当事人及时给予司法救助，在诉讼费用的管理上实现收支“两条线”，所收取的诉讼费用全部通过专户上缴国库。但随着经济社会和立法的发展，目前也存在一些需要完善改进的地方，比如民事诉讼法规定了小额速裁等新增加的程序，需要补充制定相应诉讼收费标准；对于一些项目需要修改相应标准或取消；对于申请再审案件应当建立收费制度等等。通过强化诉讼费来引导当事人选择非诉纠纷解决机制，促使一些无理的人慎用司法资源，保护有理无钱的困难群众打得起官司。根据诉讼费用最终由败诉方承担的原则，充分发挥诉讼费用惩罚违法者、调节案件数量的功能。从诉讼费用设置目的出发，公平合理设定诉讼费用交纳标准，保障人民群众及时实现诉讼利益，也能保证人民法院审判服务的质量和水平。最高人民法院将加大调研力度，认真研究《诉讼费用交纳办法》在实践中存在的问题，积极向国务院提出修改建议。同时要完善交纳诉讼费用的便民措施，根据实际情况，设立自动取款机、POS 机等设施，方便当事人交费、退费。当事人到基层人民法院办理诉讼费用的结算和退费确有困难的，有条件的人民法庭可以代为办理。

地·方·探·索

广东横琴新区法院的立案登记制改革

广东省珠海市横琴新区法院为了破解“立案难”，在全国率先试行立案登记制。该院取消立案庭，用“诉讼服务中心”取而代之。诉讼服务中心有条铁律：不得拒收诉状。如果确实碰到不符合法定立案条件的，也必须转交法官裁决，不能立案的也得给出裁决依据和处理建议。横琴新区法院还有一个创新举措就是采取清单式收案。如民事案件立案条件清单的项目包括起诉状、授权委托、证据、送达地址、起诉案由、管辖依据等六项常规内容。当事人进法院只要对照清单打钩，看是否备齐诉讼材料即可，立案程序快捷简便，极大地方便了当事人。

域·外·参·考

两大法系的立案制度

大陆法系国家一般在对起诉状审查后，如果法院认为存在缺陷，经补正仍然不符合要求的，法院可能会驳回起诉状，但与我国在立案审查阶段的不予受理完全不同。如《法国民事诉讼法典》第122条规定了诉讼不受理的相关情形，如无资格、无利害关系、已经失效、逾越期限、属于既决事项等，均应不予受理。但是，法国的这种不予受理是在案件已经进入诉讼后作出的，相当于我国的驳回起诉，不存在立案审查。

在英美法系国家，一旦原告将起诉状送交法院，就启动了诉讼程序。对于诉的利益的审查不放在起诉阶段，而将其放在受理诉状后或者审前程序阶段。此时，法院如认为不具备诉的利益，法院会判决驳回起诉。在这个审查过程中，因有相对完善的审前程序，通过当事人双方的参与，可以剔除一部分滥用诉讼权利和其他不适法的诉讼。

两大法系的起诉受理制度，都遵循当事人处分主义原则，都以保障当事人接受裁判的基本权益作为其制度设计的目标，并在诉权的行使与司法功能的平衡和协调上体现出了公正与效率的司法基本价值。

文·件·链·接

1.《最高人民法院关于进一步做好司法便民利民工作的意见》（法〔2014〕293号）

2.《最高人民法院关于推进司法公开三大平台建设的若干意见》（法发〔2013〕13号）

3.《最高人民法院关于深入整治“六难三案”问题加强司法为民公正司法的通知》（法〔2014〕140号）

4.《最高人民法院审判流程公开暂行办法》（法办发〔2014〕10号）

18. 完善分案制度。在加强专业化合议庭建设基础上，实行随机分案为主、指定分案为辅的案件分配制度。建立分案情况内部公示制度。对于变更审判组织或承办法官的，应当说明理由并公示。

条·文·解·读

分案制度是审判管理的重要内容，对确保司法公正与高效具有重要作用。如果分案不科学，将给人民法院工作带来负面影响。首先，分案关乎司法资源的优化配置。当前法院案多人少现象较为严重，如何深挖内部潜力，充分利用每个人专长，实现司法资源优化配置，避免案件分配不合理、人员忙闲不均，是需要人民法院研究的重要问题。其次，分案关乎司法效率。三大诉讼法均规定，审限从立案时开始计算，分案时间应计入案件的审理期限，冗长的分案程序会影响司法效率的提高和案件的审理质量。再次，分案关乎司法廉洁和司法公信力。如果对分案环节管理松散，缺乏制度监督制约，可能会在分案阶段产生司法腐败漏洞，成为“关系案、人情案、金钱案”的导入口，严重影响司法公信力。分案制度长期以来都往往被人看作是“小问题”，但恰恰是这些小问题处理不好，在实践中造成一系列问题，引发群众对司法公正和司法公信力的怀疑。

改革分案制度要从制度化、信息化、规范化三个方面入手。一是要高度重视分案工作制度化建设。建立科学合理的分案制度和具体的流程操作规则，用制度约束以往分案的随意性和人为性，规范分案流程，提高工作效率。二是要高度重视分案工作信息化建设。通过信息技术手段保障分案公正高效科学运行。依靠信息技术从分案环节加强监督，规范管理，防止暗箱操作。三是要高度重视分案工作规范化建设。人民法院需要加强对分案工作的规范化管理，将分案环节的各项制度落到实处。

针对目前分案制度存在的问题，按照制度化、信息化、规范化的分案制度改革思路，《纲要》设专条对分案制度改革提出一系列举措。

第一，关于加强专业化合议庭建设。随着经济社会发展，案件矛盾呈现类型化发展的特点。专业化合议庭的建立符合案件审理专业化的要求，可以有效减少案件在分案阶段的滞留，还有助于大幅提高审判效力、促进法律适用统一。目前许多地区在建设金融、破产、家事、环保等专业合议庭方面已取得显著效果。

第二，关于实行随机分案为主、指定分案为辅的案件分配制度。为了最大限度确保分案的客观公正、高效透明，减少人为干预，案件分配应以随机分案为主。目前许多地区依靠计算机技术推行随机分案，下一步改革要以“天平工程”建设为契机，进一步加大信息化支持力度，开发适合法院自身需要的科学合理的分案软件。同时在分案中还需要考虑承办法官专长、个人案件办理数量、法官回避情况、发回重审案件再上诉的分配、敏感案件交办等各种问题。另外，全部依托计算机分案也不现实，因此，《纲要》提出将指定分案作为辅助措施。对于指定分案的，需要加强制度化建设，明确指定分案的情形和程序，做到指定分案有依据可循。

第三，关于建立分案情况内部公示制度。加强内部公开也是当前司法公开建设的重要组成部分。建立分案情况内部公示制度，可以有效防止分案工作中的权力滥用，加强内部监督制约，有效预防腐败。首先，应当将法院案件分配的原则、程序、随机分配和指定分配分别适用情形等制度进行公示。其次，要对分案情况在法院内部进行公示。必要时还需将指定分案所依据的案件情况、人员情况等材料进行公示，以最大限度地减少人为干预调配案件出现的问题。由于目前除法定回避等情形外，还没有赋予当事人选择或更换承办法官的权利，因此分案情况暂时还在内部公开为宜。最后，对于变更审判组织或承办法官的，应当说明理由并公示。这种变更既要在法院内部说明，也应向当事人说明情况。必要时要公开变更依据等材料。

地·方·探·索

上海市第一中级人民法院试行电脑轮转分案

2013年5月3日，由上海市第一中级人民法院自主研发的电脑轮转分案系统启用，在该院商事案件分案领域试运行，电脑代替人工“派发”案件，这一分案模式既考量分案是否契合各合议庭的专业分工，又能排除人为因素造成的干扰。该院立案庭、审判管理办公室协同办公室、监察室，以“科学、有序、可控”为目标，认真调研并设计研发了这套电脑轮转分案系统。其运行模式兼顾审判专业化和案件消化能力等需求，首先根据各审判业务庭早先确定的专项合议庭将专业类案件先行分派，随后再对非专项案件在各合议庭之间进行轮转随机分配。在分配标准上亦以更精准合理的“双参数”为分案标准，即同一阶段内各合议庭的收案数和存案数均作为案件流向的依据，以有效避免合议庭之间可能出现的“忙闲不均”。而对于重大疑难、新类型等需配强审判力量审理的特殊案件，则必须由庭长将指定理由输入系统才可遵循指定分配方式交特定合议庭审理，确保在程序设置上严格赋权、有据可查、有序可控。新的分案系统带来的另一个“利好”是缩短分案环节耗时，加快案件流转到法官手中的速度。该系统将在试运行后作进一步调整完善，并逐步覆盖全部案件。

文·件·链·接

《最高人民法院关于新时期进一步加强人民法院审判管理工作的若干意见》(法发〔2014〕8号)

19. 完善审级制度。进一步改革民商事案件级别管辖制度，科学确定基层人民法院的案件管辖范围，逐步改变主要以诉讼标的额确定案件级别管辖的做法。完善提级管辖制度，明确一审案件管辖权从下级法院向上级法院转移的条件、范围和程序。推动实现一审重在解决事实认定和法律适用，二审重在解决事实和法律争议、实现二审终审，再审重在依法纠错、维护裁判权威。

条·文·解·读

我国现行的法院体制实行四级两审终审制。由于现行诉讼制度上没有区分事实审与法律审，各级法院均贯彻全面审理原则，既审查证据、事实问题，也审查法律问题。各级法院都承担一审、再审职能，中级以法院上同时承担二审职能，导致审理模式同质化，四级法院职能定位不清。许多案件纠缠于事实问题，反复再审、“终审不终”，有的进入信访渠道，在一些地方形成“信访不信法”的局面。程序设置的不合理导致最高人民法院和高级人民法院不得不保留较大数量的法官应对繁重的审理任务，无法履行其审判监督、统一法律适用、指导下级法院审判工作的职能。合理定位四级法院在不同审级中的职能作用，对于提高诉讼效率、树立司法权威、提高司法公信具有重要意义。

针对上述问题，四中全会《决定》提出：“完善审级制度，一审重在解决事实认定和法律适用，二审重在解决事实法律争议、实现二审终审，再审重在解决依法纠错、维护裁判权威。”为贯彻落实党的十八届四中全会会议精神，《纲要》针对“完善审级制度”提出了一系列改革举措。

第一，关于完善四级法院职能定位。一是在依法保障当事人诉讼权利、方便人民群众诉讼的基础上，逐步改变主要以诉讼标的额确定案件级别管辖的做法，适度扩大基层人民法院案件管辖范围。二是中级人民法院着重发挥两审终审作用，把好案件质量关。严格依照民事诉讼法、刑事诉讼法关于二审开庭审理案件范围的规定，进一步强化庭审功能，提高二审裁判的透明度，确保案件得到公正的处理。严格依照民事诉讼法、刑事诉讼法等关于限制发回重审条件和次数的规定，解决案件久拖不决的问题，提高办案质量，提升司法公信力。三是高级人民法院着重审理好辖区内具有重大影响的案件和再审案件，处理好涉诉信访案件，加强总结审判经验，统一省级行政区划内法律适用标准。严格依照民事诉讼法、刑事诉讼法关于申请检察建议或者抗诉的规定，进一步加大审判监督指导工作力度，解决重复申请、多头审查以及终审不终等问题，维护国家法制的尊严和权威。四是最高人民法院应当审理具有全国性影响的案件和死刑复核案件，发布司法解释与审判指导文件，确定指导性案例，保证国家法律统一正确实施，推动司法政策的形成。

第二，关于完善提级管辖制度。上下级人民法院在审判业务上仍然存在一定行政化倾向，一些本可以依照诉讼法处理的问题，却通过案件请示、提前介入等行政化手段来解决。针对上述问题，最高人民法院曾制定《关于规范上下级人民法院审判业务关系的若干意见》，明确了特定类型案件管辖权的转移程序。但相关规定仍然比较原则，一审案件管辖权从下级法院向上级法院转移的条件、范围、程序，上级法院主动提级审理案件的条件、范围、程序等问题仍有必要进一步予以明确。最高人民法院设立巡回法庭并探索建立跨行政区划法院，如何通过提级审理程序，确保跨省区重大民事、行政案件裁判公正，充分发挥确保法律统一适用的功能也需要进一步研究。因此，有必要进一步完善案件提级审理制度，充分发挥上级人民法院统一法律适用的职能，为建立科学合理的法院组织体系打下坚实的制度基础。

文·件·链·接

1.《最高人民法院关于调整高级人民法院和中级人民法院管辖第一

审民商事案件标准的通知》(法发〔2008〕10号)

2.《最高人民法院关于规范上下级人民法院审判业务关系的若干意见》(法发〔2010〕61号)

20. 强化审级监督。严格规范上级法院发回重审和指令再审的条件和次数，完善发回重审和指令再审文书的公开释明机制和案件信息反馈机制。人民法院办理二审、提审、申请再审及申诉案件，应当在裁判文书中指出一审或原审存在的问题，并阐明裁判理由。人民法院办理已经立案受理的申诉案件，应当向当事人出具法定形式的结案文书；符合公开条件的，一律在中国裁判文书网公布。

条·文·解·读

近年来，对民事申请再审案件启动再审的方式中，指令再审的比例逐年升高，从2007年的20%左右上升到2013年的60%左右，而指令再审案件审理后改判的比例却从33%下降到23%。再审发回重审的比例也逐年升高，从5%上升到15%以上，有的法院再审发回重审的比例甚至超过50%，而过半发回重审案件裁判结果与原先相同或基本相同。因此出现了一些负面评论：当事人认为上下级法院互相推诿、裁判矛盾；下级法院认为上级法院指令再审、发回重审标准不一、质量不高；上级法院认为下级法院有错不纠。这些负面评论，以及个别案件多次发回、反复再审的情况，对司法公信和权威形成了一些负面影响。为解决司法实践中存在的指令再审和发回重审随意性较大的问题，《纲要》将“严格规范上级法院发回重审和指令再审的条件”作为一项重点改革举措。2015年3月5日，最高人民法院发布了《关于民事审判监督程序严格依法适用指令再审和发回重审若干问题的规定》（法释〔2015〕7号，以下简称《指令再审和发回重审规定》），作为改革的一项阶段性成果。

第一，关于《指令再审和发回重审规定》的总体思路。《指令再审和发回重审规定》的一个基本指导思想，就是尽量减少再审纠错功能发挥的制约因素，保障再审纠错及时、有效、正确。具体体现在三个方面：一是坚持启动再审以提审为原则。根据近几年的统计，全国各级法院提审案件再审纠错率（改判、发回、调解比例之和）一般都高出指令再审案件10个百分点，表明提审比指令再审更有利于再审纠错。因此，为提高再审纠错的有效性，《指令再审和发回重审规定》坚持以提审为原则。二是依法从严限定发回重审的适用。再审案件发回重审，全部审理周期少则几年、多则十几年，使法律秩序长期处于不稳定的状态；不当发回重审的案件，增加了当事人的诉讼成本、浪费了司法资源；发回重审后又维持原结果，程序无效“空转”，不仅无助于息诉止争，而且会激化矛盾，增加当事人的不满情绪。《指令再审和发回重审规定》贯彻民事诉讼法修订的相关精神，限制发回重审的随意性，确保纠错的及时性。三是尽量实现纠纷一次性解决。再审程序是特殊的补救程序，其主要职能是依法纠错，故审判监督类案件的审查和审理一般集中于当事人申请所指向的原审差错。但另一方面，再审是最后的审判程序，需要对诉争的矛盾纠纷作最终、实质性的解决，才更可能实现“再审不再”，避免无限再审，因此《指令再审和发回重审规定》坚持再审案件的审理应覆盖当事人在再审期间的全部争议，对被申请人提出的有关诉求也一并审理和裁判，以免“按下葫芦浮起瓢”。

第二，关于指令再审和提审标准的统一。对当事人的再审申请，无论是以指令再审方式还是以提审方式裁定再审，标准应该是相同的，也即当事人的申请必须符合民事诉讼法第二百条或第二百零一条规定的情形。但实践中仍普遍感觉提审与指令再审的标准似乎不尽相同，指令再审标准相对较宽、提审标准相对较严。就启动再审的标准而言，民事诉讼法的规定是明确的，相关司法解释又进一步细化，显然问题不在标准，而在于对标准的掌握存在差异。客观地说，法院的一些工作机制容易形成驳回申请容易、再审难，指令再审容易、提审难的局面。还有，原有信访化解机制也是造成民事审判监督案件裁判“变形”的一个重要因素，为了化解信访压力，一些不具备再审事由的案件可能会启动再审，或者再审案件可能会因此不当裁判。为了减轻信访压力，有的法院更愿意对有信访因素的案件选择指令再审、发回重审。针对司法实践中的这些问题，《指令再审和发回重审规定》强调启动再审应回归法定标准，不得因指令再审和信访等因素而降低相关标准。

第三，关于明确提审与指令再审的界限。《最高人民法院关于适用〈中华人民共和国民事诉讼法〉审判监督程序若干问题的解释》（法释〔2008〕14号，以下简称《审判监督解释》）就明确了再审以提审为原则，其中第二十七条规定“上一级人民法院经审查认为申请再审事由成立的，一般由本院提审”。但实践中，指令再审比例仍超过60%，为启动再审的首选方式。提审原则落实得不好，其中一个重要原因，就是没有在指令再审和提审两种方式间划出清楚的区分线，《审判监督解释》在确定提审原则后，只模糊规定“最高人民法院、高级人民法院也可以指定与原审人民法院同级的其他人民法院再审，或者指令原审人民法院再审”。界限的模糊，导致指令再审的随意。《指令再审和发回重审规定》的一大特点，就是划清了提审和指令再审的区分线。由四部分的规定，构成一条清晰的区分标准。

首先，法院依职权裁定再审的案件一律提审。上级法院依据民事诉讼法第一百九十八条第二款裁定再审，需确认原生效裁判确有错误，既已审查确定错误的存在，提审可以更加及时、准确地纠错，并可避免不必要的重复劳动和可能的矛盾裁判，故《指令再审和发回重审规定》要求依职权再审案件应当提审，没有任何例外规定。

其次，因当事人申请裁定再审案件，以提审为原则。最高人民法院、高级人民法院在四种情形下可以指令再审：一是依据民事诉讼法第二百条第（四）项、第（五）项或第（九）项裁定再审的；二是发生法律效力的判决、裁定、调解书是由第一审法院作出的；三是当事人一方人数众多或者当事人双方为公民的；四是经审判委员会讨论决定的其他情形。前三种情形界定清晰且范围较小，第四种情形则作了极为严格的程序性限制，即需要经本院审委会讨论，没有被滥用的空间。

再次，因抗诉裁定再审的案件，由接受抗诉的法院再审。检察院的抗诉是向同级法院提出的，而抗诉的对象是下级法院的生效裁判，由接受抗诉的法院再审，也体现了提审原则。因民事诉讼法第二百一十一条规定，有民事诉讼法第二百条第（一）项至第（五）项规定情形之一的可以指令再审，《指令再审和发回重审规定》对此也予以明确。

最后，对可能影响再审纠错效果的情形，进一步排除指令再审的适用。《指令再审和发回重审规定》第二条在坚持提审原则的基础上，对指令再审开了范围较小、界定清晰的“口子”，第三条则对开的小“口子”进一步收紧。对原判决、裁定系经原审人民法院再审审理后作出的，或是系经原审人民法院审判委员会讨论作出的，以及原审审判人员在审理该案件时有贪污受贿，徇私舞弊，枉法裁判行为的等六种情形，《指令再审和发回重审规定》排除了指令再审的适用。

可以说，《指令再审和发回重审规定》贯彻提审原则较为彻底，对指令再审例外情形的规定范围小、界定清晰，不至于被滥用，可以发挥避免指令再审随意性的作用。

第四，关于限制随意发回重审。法定发回重审的事由，既包括认定基本事实不清，也包括程序严重违法，《指令再审和发回重审规定》也从这两个方面分别依法作了较为严格的限定。

根据统计，民事再审发回重审的案件中，以事实方面的原因发回重审的占71%，以程序方面的原因发回重审的占17%，其他原因占12%。相比较而言，司法实践中以基本事实认定不清发回重审的问题更为突出。为减少发回重审的随意性，就有必要对事实方面的原因进行严格限定。为此，《指令再审和发回重审规定》第四条明确，“原判决认定基本事实不清的”，以“通过庭审认定事实后依法作出判决”为原则，以发回重审为例外，同时规定，对“认定事实错误的”不得发回重审。民事诉讼是通过证据规则对证据审核认定后，再根据采信的证据认定事实的，因此民事诉讼中对事实的认定只有三种情况：认定正确、认定错误、未作认定。而未作认定又分为两种情形：一是经过审理但因遗漏或认为没有必要而未作认定；二是未经审理，因而也没有认定。对经过审理而未作认定的情形，因相关证据已经过举证质证，各方当事人的意见已充分陈述，相关诉讼权利已充分行使，故没有发回重审的必要。只有对基本事实未经过庭审审理，相关证据没有组织过举证质证，才需要听取当事人的意见，才有可能需要发回重审。因此，《指令再审和发回重审规定》只将“未对基本事实进行过审理”，作为“认定基本事实不清”为由发回重审的例外情形。

对“严重违反法定程序”的界定主要有两个方面：一是对程序的限定，明确只有一审程序严重违法，才是发回重审的理由。一审程序合法，二审程序存在严重违反法定程序情形的，因再审以二审程序审理，可以弥补原二审程序中的程序问题，因而不得发回重审。二是对具体情形的限定，考虑到民事诉讼法第二百条第（七）至（十）项，就是对严重违反法定程序的细化，《指令再审和发回重审规定》结合民事诉讼法第一百七十条第一款第（四）项及第二百条第（七）至（十）项的规定，将可以发回重审的程序性事由限定为原判决遗漏必须参加诉讼的当事人等五种具体情形。

关于再审发回重审问题，还需要特别注意，民事诉讼法第一百七十条第二款规定：“原审人民法院对发回重审的案件作出判决后，当事人提起上诉的，第二审人民法院不得再次发回重审。”依据民事诉讼法第二百零七条，原生效裁判是由第二审法院作出的，或是上级法院提审的，再审案件按照第二审程序审理，所以民事诉讼法第一百七十条第二款的规定也完全适用于再审程序。原审程序中已经发回重审过的案件，再审中发现该案仍具有必须发回重审的法定情形的，不得再发回原第一审人民法院重审。因民事诉讼法的规定较为清晰，《指令再审和发回重审规定》未就此再作专门规定。

第五，关于指令再审、发回重审裁定应阐明具体理由。《指令再审和发回重审规定》要求指令再审、发回重审的裁定要阐明具体理由，主要是针对实践中不规范司法行为作出的规定。有的法院指令再审、发回重审时习惯附内部函进一步说明。附内部函的做法，容易将法定裁判文书虚化、简单化，不符合司法公开的要求，也不符合各级法院依法独立行使审判权的要求。因内部函的意见不需要承担责任，还容易诱发指令再审、发回重审的随意性。故《指令再审和发回重审规定》要求全面公开裁定的理由，并达到减少指令再审、发回重审随意性的效果。

第六，关于再审应覆盖当事人再审期间的全部争议。《审判监督解释》曾规定："人民法院应当在具体的再审请求范围内或在抗诉支持当事人请求的范围内审理再审案件。"按照这一规定，因当事人申请裁定再审的案件，审理范围限于申请人的再审请求；因抗诉再审的案件，审理范围限于检察机关支持申请人的部分请求。《指令再审和发回重审规定》对此作了调整，抗诉案件不再限于检察机关支持的范围，而且还要求对对方当事人提出的再审请求也一并审理和裁判。

《指令再审和发回重审规定》这一调整，实质是强调再审应覆盖当事人在再审期间的全部争议。做这样的调整，主要是基于三点考虑：一是原有规定效果不理想。抗诉案件中，当事人可能有多个请求和理由，检察机关抗诉时可能会支持了不成立的理由和请求，而对可以成立的请求和理由没有支持。适用原来的规定，可能会有错不纠、程序空转。而因当事人申请启动的再审案件中，被申请人因担心再审打破原判决各判项出入形成的利益平衡，也在再审中要求对其他判项作相应改判，如只对申请人的请求进行审判，则被申请人会因利益平衡状态被打破而对再审案件申请再审，导致"反复再审""多次再审"的出现。二是努力实现"案结事了"。前面已经提到，再审程序是特殊的补救程序，也是最后的审判程序，只有对当事人在再审期间存在的全部争议进行审理和裁判，对诉争的矛盾纠纷作最终、实质性的解决，才更可能实现"再审不再"。当然，当事人在再审期间的全部争议，不应超出原审争议的范围。三是进一步理顺再审审查和再审审理之间的关系。再审审查与再审审理两个阶段的功能有着较大区别，理念也应该有所不同。再审审查阶段的任务是，审查确定当事人的申请事由是否符合法律规定，这一阶段应严格依法限制审查的范围，符合法定事由的才裁定再审，以维护生效裁判的稳定性。再审审理阶段的任务是，对当事人的再审请求（就是对原判提出的具体的改判请求）依法裁判，这一阶段关注对象是再审请求是否有事实和法律依据，应全面覆盖当事人的争议，确保再审裁判认定事实清楚、适用法律正确、程序合法，避免再审程序空转或不必要的反复。因此，再审审理阶段应先让当事人明确具体的改判请求（即《指令再审和发回重审规定》中所称的再审请求）以及支持其改判请求的事实和法律依据，再进一步审理确定其依据是否充分，其改判请求是否应该获得支持，而不应该继续围绕申请再审事由是否成立做判断，并根据事由是否成立自行决定如何处理原判。同时，对对方当事人的改判请求应一并审理，避免只审理一方请求而改判后，对方当事人因利益平衡被打破而申请再审或申请抗诉，导致再次启动再审，损害司法权威。

第七，关于发回重审后当事人原诉讼请求和主张不得随意变更。民事诉讼法第十三条第一款规定，“民事诉讼应当遵循诚实信用原则”。根据诚实信用原则，当事人在原诉讼程序中的相关讼主张、质证及辩论意见，仍对其有约束力。再审案件撤销原判、发回重审后，当事人变更其原先主张需要有充分的理由和证据，理由不成立或证据不充分的，人民法院不予支持。从这个角度看，再审发回重审案件并非是“另起炉灶重开张”，而应该是原有诉讼程序的继续。

基于这种理解，再考虑到司法实践中再审发回重审案件一般历时较长，为避免问题复杂化、及时解决相关纠纷，《指令再审和发回重审规定》明确再审发回重审案件原则上仍应当围绕当事人原诉讼请求进行审理。当事人申请变更、增加诉讼请求和提出反诉的，《最高人民法院关于适用〈中华人民共和国民事诉讼法〉的解释》第二百五十二条明确规定，只有在四种特殊情况下才予准许，即原审未合法传唤而缺席判决，影响当事人行使诉讼权利；追加新的诉讼当事人；诉讼标的物灭失或发生变化致原诉讼请求无法实现；当事人申请增加的诉讼请求和提出的反诉，无法通过另诉解决的其他情形。《指令再审和发回重审规定》对此作了指引。

第八，关于严肃审判纪律。民事诉讼法对审查启动再审标准、裁定再审方式、再审发回重审标准等都有原则性规定，相关司法解释又作了进一步明确，虽有少许模糊地带，但根据立法意图和基本原则足以厘清，严格执行而非刻意寻求法律漏洞相关问题完全可以避免或减少。如审查启动再审方式，民事诉讼法的精神是以提审为原则，《审判监督解释》第二十七条更是明确“上一级人民法院经审查认为申请再审事由成立的，一般由本院提审”。但实践中指令再审成为首选方式，显与法律和司法解释的要求相悖。再如，对发回重审，再审与二审适用的规定相同，2007 年之前再审发回重审比例也一直低于二审，而如今二审发回重审比例逐年走低，再审发回重审比例却节节攀升远超二审，显见主因不是法律规定的模糊和再审的特殊性，而是法律和司法解释未得到严格执行。因此，解决民事案件指令再审和发回重审工作中的相关问题，除了需要制定有关标准外，还需要强调审判纪律，确保法律和司法解释的规定得到严格执行。为此，《指令再审和发回重审规定》第九条明确了审判纪律及责任。

文·件·链·接

《最高人民法院关于民事审判监督程序严格依法适用指令再审和发回重审若干问题的规定》（法释〔2015〕7 号）

21. 完善案件质量评估体系。建立科学合理的案件质量评估体系。废止违反司法规律的考评指标和措施，取消任何形式的排名排序做法。强化法定期限内立案和正常审限内结案，建立长期未结案通报机制，坚决停止人为控制收结案的错误做法。依托审判流程公开、裁判文书公开和执行信息公开三大平台，发挥案件质量评估体系对人民法院公正司法的服务、研判和导向作用。

条·文·解·读

自 2008 年试行开展案件质量评估工作以来，人民法院开展的案件质量评估工作和审判绩效考评工作在整体评判与分析全国法院案件质量、正确把握审判形势、总结审判经验、增强审判能力等方面发挥了积极作用。但毋庸讳言，司法实践中由于案件质量评估指标设置不科学、考评导向不合理、考核程序僵化，出现了许多违背司法规律的考评、评估问题：有的法院认为评估万能，将案件质量评估当成审判绩效考评，考核排名"唯数据论"，忽视审判管理所追求的"司法公正、司法效率、司法效果"三者之间的平衡，致使有的地方、部门盲目攀比乃至恶性竞争，为了在考核排名中位次占先或不落人后，不惜进行"技术处理"，弄虚作假、掺杂水分，使得结案率、执结率、调撤率等指标无限"虚高"，而上诉率、发改率等指标不断人为走低，造成数据不实、指标"失真"，违背了司法规律甚至常识；有的法院没有理解评估指标体系的整体性、体系性以及指标之间的相互制约性，只抓单项或某几项指标，不顾全面性和体系性，片面追求几个指标，甚至用几个指标对法官层层加码考核，导致负面效应；有的地方为了降低上诉、发改率，把本年度的上诉案件、发改案件放到下年度去上报和统计，甚至通过向二审法院进行个案请示汇报，变二审为一审，让法定的"二审终审制"虚设，损害当事人诉讼权利；有的地方违规"扣除"案件审限，以"缩短"案件审理天数，让审效虚高；有的对疑难复杂案件，动员原告撤诉后再行起诉，不但提高了撤诉率、结案率，缩短了审限，还虚增了结案数；有的地方出于提高"审结率"的需要，每临年底甚至11月底即不予立案，或者拒收当事人符合立案条件的立案申请，或者限定延期立案，使本应今年立的案打上了来年的案号。

前述种种现象，一方面违背司法规律，影响司法公正，损害当事人权益，透支司法公信；另一方面人为加重了一线法官、基层法官的负担。产生这些现象的主要原因：一是内部考评排位机制不科学。上级考核下级、指标排名等领导与被领导关系和行政化管理模式，不符合上下级法院"指导、监督"的审级关系，有违司法规律，忽视了司法实践的多样性、差异性。二是案件质量评估指标设置不科学。比如发改率，它并非能由一审法官决定和控制，案件是否发回重审或改判应由二审法院依法判定；比如上诉率，上诉更是当事人的诉讼权利和寻求司法救济的必要渠道，一审法官无法进行控制。

为了更好地贯彻党的十八大和十八届三中、四中全会精神，根据人民法院审判工作面临的新形势新情况以及全国各级法院的要求，更好地尊重司法工作规律，尊重法官主体地位，进一步调动广大法官办案积极性，最高人民法院已决定取消对全国各高级人民法院考核排名。《纲要》针对"完善案件质量评估体系"进一步提出了一系列改革举措。

*第一，关于建立科学合理的案件质量评估体系。*审判形势是在不断发展的，评估体系必须与时俱进不断完善，这是保证评估工作科学性的力量源泉。一是废止违反司法规律的考评指标和措施，取消任何形式的排名排序做法；二是除依照法律规定保留审限内结案率等若干必要的约束性指标外，其他设定的评估指标一律作为统计分析的参考性指标，作为分析审判运行态势的数据参考；三是坚决杜绝以保证结案率为由，年底不受理案件的做法；四是各高级人民法院要按照最高人民法院的要求，取消本地区不合理的考核指标。去除大部分评估指标的刚性约束力，可以最大限度地还原司法权的判断权属性，让法院和法官集中精力

审判案件；将大部分评估指标只作为参考性指标，不再以排名高低反映法院工作好坏，让法院和法官立足于审级立场认真办案，无需在办案时提前考虑二审结果或某些人为设置的指标是否完成。

第二，关于发挥案件质量评估的导向作用。司法“政绩观”在很大程度上决定了对评估工作的科学认识，直接关系到如何正确运用案件质量评估体系、如何正确看待指标数据、如何正确对待评估结果等问题。一是应积极引导地方各级法院不唯指标论审判质效，避免孤立、割裂、盲目地“追求”几个指标的排名而导致法院管理和决策上的片面性，坚决杜绝为追求数据指标形式上的优化，好大喜功、急功近利而采取一些不当行为，产生“唯数据论”“形而上”等负面倾向，进而引发违背审判规律甚至弄虚作假等错误做法，真正发挥案件质量评估体系对人民法院公正司法的服务和研判作用。二是引导各级法院将案件质量评估与案件评查、绩效考评科学结合起来，除了司法决策、司法管理外，更要激发法官事业心和责任心，激发法官的积极性和主动性，发挥警示违规、失范行为的作用，真正将案件质量评估作为提高法官素质和司法能力的服务工具。

第三，关于科学利用案件质量评估加强审判管理。取消考核排名不等于放松审判管理，而是让审判管理更加高效精准。正如《纲要》提出的，要“强化法定期限内立案和正常审限内结案，建立长期未结案通报机制，坚决停止人为控制收结案的错误做法”。强化法定期限内立案和正常审限内结案，对加强当事人权益保护、彰显司法文明具有重要意义，应作为约束性指标予以保留，并加以明确和细化。依照法律规定保留审限内结案率等指标，建立长期未结案件通报机制，促使法官在法定正常审限内结案，有利于当事人合法权益及时有效地受到保护，有利于实现司法公正和提升司法效率。

地·方·探·索

江苏省徐州市中级人民法院取消考评后审判质效不降反升

2013年初，徐州两级法院面临的最为突出的群众投诉就是立案难、执行难、强迫调解等问题，然而司法统计的各项审判指标数据与人民群众对司法的感受之间存在重大差异。当时全省各法院的结收案比、执结率、执行标的到位率等指标都逼近甚至超过100%，各法院的调解撤诉率也持续攀高，有的基层法院高达90%以上，但人民群众对人民法院工作的评价并未因指标数据的攀高而发生明显变化。

此后，徐州市中级人民法院改革审判质效考评机制，着力改变考核驱动型的审判管理模式，并于2014年4月份明确提出了暂停针对两级法院以及一线法官不符合审判规律的审判质效考评的工作要求。具体做法：一是加强审判流程管理，推进审判管理信息化建设，充分利用信息化手段实现对流程节点的有效管控，提高审判效率。二是加强对案件的质量评查，进一步完善评查标准和错案责任追究标准，加大对发改案件、重点涉诉信访案件、长期未结案件等案件的评查力度，以案件评查倒逼质量提升。三是研究建立科学合理的办案工作量及权重评价体系，对法官业绩作出准确评价。四是强化审判质效指标对于分析研判审判运行态势的“参谋助手”作用，促进审判管理规范、协调、有序运行，促进审判资源合理配置，促进审判执行中的实际问题有效解决。

半年后，徐州市中级人民法院对全市两级法院部分干警就取消考评进行了访谈，绝大多数院庭长和一线法官对暂停原先的体系复杂、指标繁多、忽视审判规律的审判质效考评是支持的。一些院庭长认为暂停考评后审判质效实际情况并未滑坡，而是有所好转：一方面，没有审判质效指标考评的情况下，广大法官并没有消极办案、拖延办案，客观上每个案件都有法定审理期限，突破这个期限必须要有法定理由，法官也不可能为大多数案件找到延长、中止审限的理由，法定审限是对法官最有力、最合法的办案期限约束；另一方面，尽管没有调解率指标考核，但广大法官对于能调解结案的案件自然会做调解工作，并不需要对法官硬性规定调解率指标迫使完成指标。也有少数院庭长认为暂停考评后对法官的管理失去了抓手，主要表现在评先评优方面没有标准。对此，徐州市中级人民法院正在研究重点通过办案工作量、有无错案、有无超审限等方面综合评价法官业绩的机制。

文·件·链·接

《最高人民法院关于开展案件质量评估工作的指导意见》（法〔2011〕55号）

22. 深化司法统计改革。以“大数据、大格局、大服务”理念为指导，改革司法统计管理体制，打造分类科学、信息全面的司法统计标准体系，逐步构建符合审判实际和司法规律的实证分析模型，建立全国法院裁判文书库和全国法院司法信息大数据中心。

条·文·解·读

司法统计是通过采集、分析、应用司法信息，为人民法院决策、管理、预测、评价等活动提供信息支持的服务型工作。近年来，司法统计改革虽取得一定成效，但随着审判执行工作的新发展，司法统计工作尚未完全适应信息化时代的新要求，不能完全满足人民法院科学管理、科学决策的信息需要。为全面、客观、及时、准确反映审判执行工作情况，充分发挥司法统计信息咨询、决策辅助和管理监督的职能作用，最高人民法院提出要树立“大数据、大格局、大服务”统计理念，推进法院信息一体化建设。基于此，《纲要》针对“深化司法统计改革”提出一系列改革举措：

第一，关于改革司法统计管理体制。一是发挥研究室综合审判业务优势对司法统计职能发挥的支撑作用。二是强化研究室等职能部门对司法信息数据的源头管理、应用管理，强调信息技术部门对司法信息数据的渠道管理、技术管理，并实现二者的有机衔接。三是加强上下级法院司法统计人员岗位交流，实现各级法院统计人员对统计业务的相互了解。四是强化研究室与审管办、信息中心等相关部门的协同作业，促进司法行为与司法信息的高度一致、信息需求与信息技术的深度融合。五是加强专业化在岗培训，定期组织统计人员接受统计专业、实证研究方面的技能培训，定期选派司法统计人员到审判业务部门学习交流。

第二，关于打造科学的司法统计标准体系。一是分类科学，通过对案件类型、案号和案件信息项等进行标准化处理和体系化构建，建立司法信息标准体系。二是信息全面，通过提炼案件程序运行、实体争议、法律适用、效果评价等方面的基础要素信息，精确细分要素信息具体内容，确保司法统计信息充分反映审判执行的各个环节，以此作为人民法院信息化建设业务规范标准的主体。三是制定科学的司法统计规则。统一明确人民法院统计案件的范围、收结标准、数据计量、统计管理等事项。

第三，关于逐步构建科学的实证分析模型。一是建立司法信息数据协同分析机制。强化各级法院、各职能部门对司法信息数据的实证分析，实现司法统计职能重心从传统的收集、管理数据向分析、应用数据转移，进而依托信息化技术逐步推进司法领域的大数据应用。二是加强数据分析模型研究。充分发挥司法统计专业优势，通过研究建立若干适合司法工作实际的数据分析模型，提升司法工作形势分析、趋势预测能力和准确性。三是强化数据实证分析。通过强化信息数据实证分析，提高司法统计应用效益，逐步推进大数据应用，提升司法统计服务公正司法、经济社会发展、法治中国建设的水平。

第四，关于建立全国法院司法信息大数据中心。最高人民法院已经提出，要以大数据、大格局、大服务理念为指导，加快建设全国法院统一的信息交换与资源共享平台，加快案件信息数据库建设，加强司法信息资源开发利用，有效解决信息资源总量不足、应用程度及综合管理效能较低的问题。一是在高级人民法院层面建设完善本地数据中心，规范信息采集，保证信息质量，确保审判信息资源的准确、完整和及时更新。二是在最高人民法院层面，建设全国法院审判信息交换中心，采用集中与分布相结合的策略，加强全国法院信息资源整合，逐步建设形成国家司法审判信息资源库。三是通过软硬件资源和数据资源的整合，提高数据平台的应用支持、数据存储和交互能力。实现集中的司法信息数据自动生成、挖掘分析和应用管理功能；实现从裁判文书中智能提取司法信息功能；实现对司法统计历史数据的挖掘分析功能；实现各类案件收案来源、结案方式等基本要素信息的采集功能。

文·件·链·接

《最高人民法院关于进一步加强司法统计工作的意见》（法发〔2009〕55号）

23. 完善法律统一适用机制。完善最高人民法院的审判指导方式，加强司法解释等审判指导方式的规范性、及时性、针对性和有效性。改革和完善指导性案例的筛选、评估和发布机制。健全完善确保人民法院统一适用法律的工作机制。

条·文·解·读

法官裁判是将法律规范适用于具体案件事实的过程。由于案件事实、法官思维、地理区域、社会环境等因素差异以及法官自由裁量权的行使，导致对同类案件处理会有所不同，这也是客观存在的事实。但是对于类似案件法律适用标准不一、裁判结果差异较大，也会影响到司法的统一性和公信力。四中全会《决定》提出："必须维护国家法制统一、尊严、权威"，"加强和规范司法解释和案例指导，统一法律适用标准"。《纲要》对《决定》的要求进一步落实和细化，提出完善法律统一适用机制的改革任务和实现路径。

统一法律适用，加强对全国法院审判工作的监督指导，是最高人民法院的重要职能。最高人民法院的审判指导方式包括制定司法政策和司法解释、发布指导性案例和典型案例、建立健全发回重审和改判分析通报制度、加强审判监督指导、召开业务会议等多种方式。从统一法律适用的角度，主要有以下几个方面需要加强和改进：

第一，关于及时制定司法政策。最高人民法院通过制定指导意见等规范性文件，对审判工作提供政策和方向指导，提出把握适用法律的原则要求，完善有关司法政策，能够有力促进相关审判工作的正常开展。比如，2014 年最高人民法院出台《关于人民法院为企业兼并重组提供司法保障的指导意见》《关于全面加强环境资源审判工作为推进生态文明建设提供有力司法保障的意见》《关于依法平等保护非公有制经济促进非公有制经济健康发展的意见》等。这类司法文件虽然不是司法解释，但也是指导审判工作的重要规范性文件，对推进全国法院相关审判工作具有重要作用。今后最高人民法院还要根据审判工作需要和人民群众关切期待，加强司法政策制定工作，依法为审判工作提供政策依循，为经济社会发展提供司法保障。

第二，关于完善司法解释制度。司法解释制度是中国特色社会主义司法制度的重要组成部分，制定司法解释是法律赋予最高人民法院的一项重要司法职权，也是监督、指导全国法院正确适用法律的重要方式。司法解释对于推动我国司法事业发展发挥着重要作用。新中国成立以来，最高人民法院发布司法解释数千件，为人民法院准确适用法律、统一裁判标准、提高裁判水平提供坚实保障。完善司法解释制度也成为人民法院深化司法改革的重要内容。“二五改革纲要”提出：“改革和完善最高人民法院制定司法解释的程序，进一步提高司法解释的质量。最高人民法院对司法解释的立项、起草、审查、协调、公布、备案等事项实行统一组织、统一协调，并定期对司法解释进行清理、修改、废止和编纂。规范最高人民法院将司法解释报送全国人民代表大会常务委员会备案的制度。”“三五改革纲要”：提出“完善最高人民法院就司法解释工作与相关部门的协调制度和人大备案制度，保证司法解释的统一和权威。”在此之后，最高人民法院先后出台《关于司法解释工作的规定》《司法解释工作绩效考评暂行办法》《关于司法解释审核工作实施细则》《关于地方人民法院、人民检察院不得制定司法解释性质文件的通知》《关于进一步加强和规范司法解释工作通知》和《关于严格执行司法解释工作规范切实加强司法解释工作的通知》等规范性文件。最高人民法院于2010年底成立司法解释协调和案例指导处，承担司法解释立项、审核、考评等工作职责，开展了司法解释集中清理工作，完成对近4000件司法解释和司法解释性质文件的甄别和梳理，及时明确了已有司法解释的时效性，解决了司法解释之间的矛盾冲突问题。司法解释管理工作步入制度化、规范化发展轨道，司法解释的时效性、权威性、系统性得到整体强化。但是从目前司法解释制定相关工作来看，也存在不少需要解决的问题：比如司法解释和立法解释之间界限模糊；司法解释启动机制和程序还不够规范；有的司法解释内容过于抽象，条文化倾向明显，过于追求体系化和全面性，缺乏针对性；有的司法解释个别条款还存在不够明确，自身还需要进一步解释的问题，等等。

对此，《纲要》明确提出要加强司法解释的规范性、及时性、针对性和有效性。从司法解释的立项、调研、论证、起草、征求意见、修改、讨论决定等环节做起，严格控制数量，切实提高质量。一是要加强司法解释的规范性。要严格依照宪法和法律规定，遵循立法原意，正确解释法律，尽可能明确司法解释与立法解释的界限。切实解决审判工作中属于普遍的法律适用疑难问题和人民法院在审判过程中遇到的实际问题。审判工作实际需要且有司法解释权限的，制定司法解释；审判工作实际需要但没有司法解释权限的，不得制定司法解释，可以建议全国人大常委会作出立法解释。司法解释征求意见要充分、深入、广泛，要为被征求意见单位留出足够的时间。要做到及时与全国人大常委会法工委沟通，对司法解释稿征求意见后又作出重大修改的内容，应再次征求全国人大常委会法工委的意见。要加强司法解释法核和文核工作，司法解释经审判委员会讨论通过后，应当对司法解释是否符合法律规定和立法本意以及用语是否规范等进行核查。要逐步统一司法解释用语技术规范，统一司法解释发布标准。二是要加强司法解释的及时性。要能够及时回应审判实践中亟需司法解释解决的适用法律问题，及时回应社会关注和群众关心的热点难点法律问题。要在改进和完善司法解释工作中保障人民群众对司法解释的参与权、知情权。三是要加强司法解释的针对性。坚持司法解释具体化原则，提高司法解释针对性。司法解释要能够切实解决审判工作中具体适用法律疑难问题和实际问题，避免过于追求体系化、条文化。四是要加强司法解释的有效性。加强司法解释内部监督，推动司法解释清理工作制度化、常态化，维护司法解释协调统一。开展司法解释实施效果评估工作，认真听取有关方面意见，找出司法解释的问题、不足，及时改进司法解释工作。要定期对司法解释进行跟踪检查，确保司法解释的各项规定落实到位，维护司法解释权威。

第三，关于完善案例指导制度。案例指导制度是最高人民法院为总结审判经验、加强监督指导、统一法律适用、提高审判质量而建立的一项具有中国特色的司法制度。这项制度旨在通过统一发布对全国法院审判、执行工作具有普遍指导意义的典型案例，规范法官自由裁量权，着力解决类似案件或者案情基本相同的案件处理结果不相同的问题，是确保法律适用统一的重要改革举措。“二五改革纲要”曾提出：“建立和完善案例指导制度，重视指导性案例在统一法律适用标准、指导下级法院审判工作、丰富和发展法学理论等方面的作用。最高人民法院制定关于案例指导制度的规范性文件，规定指导性案例的编选标准、编选程序、发布方式、指导规则等。”2010 年 11 月 26 日，最高人民法院发布《关于案例指导工作的规定》，标志着中国特色的人民法院案例指导制度得以确立。我国的案例指导制度主要特点是统一规范编选标准，突出案例指导价值；确定和发布主体统一，发布渠道多样；遴选机制既严谨又开放，充分体现公开民主；效力上与英美法判例不同，类似案件应当参照，裁判文书不得直接援引。截至 2014 年 12 月底，已经发布 9 批 44 个指导性案例。这些指导性案例在统一法律适用、加强审判指导、提升司法公信方面发挥了重要作用。比如孙银山诉南京欧尚超市有限公司江宁店买卖合同纠纷案，明确消费者“知假买假”的仍然有权主张 10 倍惩罚性赔偿，强化对消费者权益的法律保护。朱红蔚申请无罪逮捕赔偿案，是首例最高人民法院赔偿委员会审理，决定由赔偿义务机关支付精神损害抚慰金的案件，被视为国家赔偿案件精神损害抚慰金支付标准的风向标。目前案例指导制度建立时间很短，实践积累经验也不足，改革和完善的空间很大。比如案例来源的渠道尚不顺畅，推荐案例数量较少；案例筛选标准不好把握，案例推荐和编选水平有待提高；案例价值评估机制不健全，案例编选程序不够规范；发布形式繁多，指导性案例、典型案例、宣传性案例并存，社会公众难以明确各自来源和效力，容易造成困扰。因此，《纲要》提出要改革和完善指导性案例的筛选、评估和发布机制。一是完善指导性案例筛选机制。高度重视从维护国家安全和社会稳定、促进经济社会发展、维护市场秩序、服务保障民生等方面加强指导性案例编选工作，按照指导审判、宣传法治、促进和谐、引领进步的原则，及时编选发布裁判公正、效果良好、具有普遍指导价值的案例。加强案例指导工作信息化建设，努力建成全国法院案例信息汇集中心，更好地发挥指导性案例的作用。二是完善指导性案例评估机制。成立案例指导工作专家委员会，发挥其重要作用，对重要争议案例及时征求专家意见，确保指导性案例的质量。三是完善指导性案例发布机制。规范各个层级、各种类型案例的编写体例、程序和发布主体，明确不同案例的效力和功能，方便广大法官和人民群众根据需要了解、掌握和运用司法案例。

第四，关于健全确保法律统一适用工作机制。最高人民法院为确保法律统一适用，除了司法政策、司法解释、案例指导等工作外，还要建立健全其他确保法律统一适用工作机制。例如继续推动量刑规范化改革，促进量刑公平公开公正；将自由裁量权行使纳入案件质量评查范围；强化裁判文书说理规范，公开援引和适用法律条文，充分阐明法律适用理由；完善发回重审和改判案件分析制度；加强专业审判领域调研、指导和培训，等等。

文·件·链·接

1.《最高人民法院关于司法解释工作的规定》（法发〔2007〕12号）

2.《最高人民法院关于案例指导工作的规定》（法发〔2010〕51号）

3.《最高人民法院关于司法解释审核工作实施细则》（法办发〔2011〕7号）

4.《最高人民法院、最高人民检察院关于地方人民法院、人民检察院不得制定司法解释性质文件的通知》（法发〔2012〕2号）

5.《最高人民法院关于在审判执行工作中切实规范自由裁量权行使保障法律统一适用的指导意见》（法发〔2012〕7号）

6.《最高人民法院关于进一步加强和规范司法解释工作的通知》（法发〔2012〕37号）

24. 深化执行体制改革。推动实行审判权和执行权相分离的体制改革试点。建立失信被执行人信用监督、威慑和惩戒法律制度。加大司法拍卖方式改革力度，重点推行网络司法拍卖模式。完善财产刑执行制度，推动将财产刑执行纳入统一的刑罚执行体制。

条·文·解·读

执行工作是人民法院工作的重要组成部分，是维护社会公平正义最后一道防线的最后环节，责任重大，任务艰巨。从人民法院第一个五年改革纲要颁布以来，最高人民法院一直非常重视执行体制改革工作，取得了一定成效。特别是党的十八大以来，人民法院通过组织开展专项集中执行活动、建立失信被执行人名单制度、着力推行“阳光执行”等措施，大力提升执行工作质量和效率，为最大限度实现当事人合法权益、维护社会公平正义、促进社会和谐稳定作出了积极贡献。

但是，“执行难”这一问题仍然存在。从外部环境看，社会诚信缺失、法治水平不高的大环境没有根本改观，被执行人自动履行率依然偏低；一些单位对执行联动机制建设认识不足，与法院进行信息共享、联动协作的态度不积极、行动不到位；规避执行现象依然严重，花样不断翻新，手段日益隐蔽；执行法律制度滞后、措施缺乏、程序不规范等问题仍未从根本上得到解决。从法院内部看，执行乱问题在一些法院还不同程度存在，一些法院不善于用足、用活执行措施，不愿、不敢采取强制手段，执行方式单一、强制措施乏力的现象仍然存在。四中全会《决定》指出：“切实解决执行难，制定强制执行法，规范查封、扣押、冻结、处理涉案财物的司法程序。”《纲要》也对四中全会《决定》中提出的执行体制改革要求进行了细化，主要包括以下几方面：

第一，关于推行审执分离体制改革试点。四中全会《决定》指出：“完善司法体制，推动实行审判权和执行权相分离的体制改革试点”，这是一项涉及司法职权配置的重大改革措施。执行权可以划分为执行裁决权和执行实施权。执行裁决权是一种判断权和裁量权，属于司法权的范畴；执行实施权是一种行政权，上下级之间是一种指挥和服从的关系。因此，将审判权和执行权相分离，建立相对独立的强制执行机构，既可以充分发挥执行实施权作为行政权的制度优势，形成上下统一领导、统一指挥的执行体制，也可以避免执行裁决权与执行实施权简单分割而影响执行效率、损害司法公信。

从2000年开始，在法院内部实行裁执分离的改革已有整整十五年，实践证明这一工作机制运转顺畅并积累了丰富的经验。目前的工作重点主要是在法院内部继续深化执行裁判权和执行实施权的分离，可以考虑将执行实体裁决事项交给相关的业务庭办理，或者探索设立执行裁判庭专司执行裁决，执行局只负责执行实施。执行局要进一步强化系统意识，依托已经建成的执行指挥系统，加强对执行工作的统一管理、统一协调、统一指挥，进一步解决执行难问题。至于审判权与执行权的外部分离问题，人民法院应当从是否有利于维护当事人胜诉权益、是否有利于提高执行效率、是否有利于减轻当事人负担等多角度、多层面进行积极的调研论证，并实事求是地提出改革意见和建议，推动这项改革稳妥有序进行。

第二，关于加强执行指挥中心建设。执行指挥中心建设是一项系统工程，涉及部门多，涵盖执行工作的各个方面。目前，最高人民法院和高级人民法院已经成立执行指挥中心。执行指挥中心可将执行案件程序阶段化、时限化，并让当事人通过互联网查看执行案件进展情况，不仅加强了对执行案件的监督，也有利于当事人了解执行案件进展情况，有利于当事人与人民法院之间形成良性互动，通过信息化、公开化促进执行规范化。

第三，关于加速推进信用惩戒机制建设。一是进一步扩大联合信用惩戒的部门和范围。最高人民法院将在第一批与中央文明办等8家单位建立信用惩戒合作机制的基础上，加强沟通协调，与更多部门签署合作备忘录，同时推动有关部门支持各自系统与各级法院形成类似合作关系。不断创新信用惩戒途径，逐步将信用惩戒延伸到更多领域、拓展至更大范围，使信用惩戒震慑效果不断扩大。二是注重对失信被执行人信用惩戒落实情况的跟踪分析。及时收集、汇总对失信被执行人信用惩戒情况，扩大失信被执行人名单制度的影响。三是扩大失信被执行人信息传播范围。除通过网络、电视、广播、报纸等媒体公布失信被执行人信息外，还要通过多种渠道、各种形式的宣传，对失信被执行人形成“天罗地网”式的信用惩戒威慑。加强与人事、工会等部门的沟通合作，取消失信被执行人获得有关荣誉、受到相关表彰的资格。联合有关部门在高消费、贷款、出境等方面，进一步加大对失信被执行人的惩戒力度。四是多措并举制裁失信被执行人。对情节严重的失信被执行人，会同有关部门加大惩治力度，依法适用拒不执行判决、裁定罪和非法处置查封、扣押、冻结财产罪等追究刑事责任，充分发挥刑罚对失信被执行人的制裁和警示作用。

第四，关于加大司法拍卖方式改革力度。互联网的飞速发展，使人们越来越习惯于通过网络渠道进行市场交易，伴随着执行信息化进程的不断推进特别是执行指挥系统的建成运行，网络拍卖的优势将更加凸显。推动网络拍卖模式，有助于实现案件管理系统和拍卖交易平台的对接，提高执行效率；有助于杜绝幕后串通行为，减少司法腐败；有助于降低拍卖成本，满足当事人最大限度实现胜诉权益的需求。下一步改革要继续重点推行司法网络拍卖模式，完善相关制度规则。

第五，关于完善刑罚执行体制。目前，我国财产刑执行存在法律规定不够明确、执行主体不统一、执行程序不完善等问题。四中全会《决定》提出，要进一步统一刑罚执行体制。下一步改革要配合统一的刑罚执行体制改革，继续探索完善财产刑执行制度，依法适用好财产刑。

地·方·探·索

广东省深圳市法院执行权运行机制改革成效显著

广东省深圳市两级法院为解决“执行难”问题，提出以“分权、集约、阳光”三位一体为核心理念的执行权运行机制。改革后，全市法院执行到位率从2010年的52.88%提升至2013年的58.53%，近90%的案件在六个月法定期限内结案，结案率从2010年的91.84%提升至2013年的93.09%。其主要做法：一是权力分离行使，确保执行公正。2011年3月，深圳市中级人民法院启动执行权分权改革，执行局分设执行裁决处、执行实施处和执行监督处三个部门，构建三权分离运行的组织架构，按权力性质分工但不分段，案件运行流程做到有机衔接。二是事务集约办理，提升执行质效。建立鹰眼查控网，通过与公安、国土、工商、银行、证券等协助执行单位之间建立“点对点”网络连接，以标准化的数据形式搜索、储存、检索、传输、反馈查控信息，对被执行人及其财产进行调查和控制。建立极光集约系统，通过网络连接办案法官、执行外勤、当事人、代理人的信息终端，将全市七家法院的执行实施任务汇集到系统内，以“虚端”网络办理与“实端”人工办理两种模式实现司法事务集约办理。三是权力阳光运行，强化监督制约。完善执行监督专管模式，将执行异议、复议、申诉、信访、督办、指导等具有监督功能的职权集中交由执行监督处独立行使，按规定程序对执行全过程进行监督管理。建设执行公开网，2012年9月，深圳市罗湖区人民法院率先开通具有实时播报功能的执行公开网，将执行全过程置于人民群众的监督视野之内，促进提升了司法公信，减少了执行申诉信访。

重庆市高级人民法院加强执行联动助推社会诚信体系建设

近年来，重庆市高级人民法院积极开展执行联动机制建设，优化执行环境，提高执行效率，助推社会诚信体系建设，取得良好效果。一是建立“点对点”财产查控体系。在与工行、农行、建行等19家商业银行建立“点对点”银行账户网络批量集约查询机制基础上，重庆市高级人民法院与重庆农村商业银行等银行达成协议，通过网络向银行下达冻结和扣划资金指令。与市公安局开通专线，直接访问数据库查询被执行人的户籍信息和车辆信息。二是形成“水陆空”立体化限制高消费格局。依托重庆市高级人民法院执行指挥中心与市公安边防总队、长航公安局重庆分局、铁路公安建立“水陆空”立体威慑联动机制，限制被执行人高消费活动。三是对接征信系统实施联合信用惩戒。与人民银行重庆营业管理部建立联合信用惩戒机制，将全市法院被执行人信息导入人民银行征信系统，充分发挥不良信用记录对失信被执行人融资以及申领信用卡等活动的限制作用，督促被执行人履行债务。参与工商部门主导的“重庆市企业信用数据库”建设，将失信被执行人信息作为评定诚信企业的重要依据。

北京法院全面推行司法网络拍卖工作

积极探索网络拍卖工作模式。2013 年 10 月，北京市第一中级人民法院、朝阳区人民法院、海淀区人民法院、大兴区人民法院 4 个法院率先开展“交易所”模式的司法网络拍卖试点工作，即将涉民事执行资产统一在北京产权交易所开发的“诉讼资产网络交易平台”进行网上拍卖。全市其他法院逐步试行“纯粹网拍”模式的司法网络拍卖工作，即由各法院自行在淘宝网进行拍卖，取得了初步成效。通过加强与相关部门和网站的沟通协调，开通四个渠道方便社会公众了解北京法院的拍卖信息。四个渠道分别是“人民法院诉讼资产网”、淘宝网的拍卖频道、北京产权交易所的诉讼资产网络交易平台、新浪司法拍卖频道。针对拍卖评估中容易出现的评估价值不准确、收费不规范等问题，建立了鉴拍委托管理系统，对评估案件委托流程进行监控，切实规范司法拍卖前评估工作。制定北京法院评估指导手册，规范法院评估流程，出台《关于司法评估机构入围及考核管理的实施办法》，明确评估机构入围资质，加大对各类评估机构的考核淘汰力度。

域·外·参·考

主要国家和地区司法执行权配置模式

一、法院内设执行机构模式

域外大多数国家和地区（特别是大陆法系国家）把执行机构设在法院，由法院行使执行权，具体的执行体制有四种：一是由法官负责执行事务；二是由法院执行官（不具有法官身份）负责执行事务；三是由执行法官和执行官按各自分工共同负责执行事务；四是由专设的执行法院负责执行事务。法院内设执行机构模式的主要考虑：一是从执行权属性来看，执行裁决权与审判权紧密相关，执行权必须以裁判权为依托，认为执行机构与审判机构截然分开不利于民事裁判的执行；二是大多数国家和地区，法院独立性强，能有效对抗地方和部门干预，且法院对拒不执行裁判的行为有权采取强制措施甚至直接追究刑事责任，因此法院负责执行工作有利于克服地方和部门保护主义的干扰；三是大部分国家和地区在执行程序中赋予了执行法官或执行法院必要的裁决权，对执行中出现的需要裁决的问题，能及时审查处理、纠正偏差，无需提起新的诉讼解决，有利于降低执行成本，提高执行效率。

（一）法官执行

这种体制下，法院内设专门的执行机构负责执行工作，法官行使执行权，对执行事务承担责任，作为法院执行机构成员的执行员，是法院的公务员，但不具有法官身份，无权独立办理执行事务，其执行事务必须受法官和书记官的指挥、监督。法官的职责除监督或实施执行行为以外，还对执行中的部分实体问题和程序问题有裁决权。意大利、西班牙、我国台湾地区、澳门地区等国家和地区的执行体制属于这种类型。

1. 意大利。根据《意大利民诉法典》的规定，各级法院均有执行法官，隶属于法院的司法办公室。执行法官的职责：一是决定并负责执行中的审理工作，包括查封及其解除裁定、执行异议审查、债权人权利和执行依据合法性的审查等工作；二是进行执行实施行为，包括拍卖、委托变卖或监督相关工作等。执行法官处理执行事务，一般实行独任制，但在进行执行异议审查时，采取合议制。

2. 西班牙。根据《西班牙民诉法法典》有关执行程序的规定，西班牙法院的生效判决由一审法院或法庭执行；其他可执行的法律文书由被执行人住所地、债务履行地、不动产所在地法院负责执行；法官认为有管辖权的其他法律文书，应批准执行，发出执行令，交法院执行官具体执行。执行官要求被执行人履行法律文书而遭拒绝的，可扣押债务人的财产；拍卖活动由书记官主持；法官对执行官和书记官执行事务的行为有监督权。

3. 台湾地区。根据台湾地区“强制执行法”，台湾地区法院裁判的执行机关是地方法院及其分院，具体由民事执行处办理；民事执行处设法官、书记官及执行员，办理执行事务；执行事务由法官负责，书记员和执行员在法官监督下具体办理执行事务。

4. 澳门地区。澳门地区法院内设办事处，办事处官员根据法官的命令负责法院判决的执行事项。执行过程的进行、停止及续行都由法官控制。《澳门民诉法》认为执行是诉的一种，称为执行之诉，与宣告之诉相区别。

（二）法院执行官执行

这种体制下，法院内设负责法律文书送达和执行事务的执行官办公室，由执行官负责裁判的执行。适用这种体制的国家主要是澳大利亚。澳大利亚是联邦制国家，法院系统分联邦法院和州法院两个层面。从联邦法院系统看，以具有代表性的“联邦法院”中级法院为例，院内设有由司法常务官领导下的执行官，其下还有副执行官，负责所有司法程序中的法律文书的送达和执行事务。执行官可以授权其他人代其从事职责范围内的工作。从州法院系统看，以南澳州为例，州法院设执行官办公室，作为全州法院的执行机构，在不同的地区设办事处，执行官办公室是法院行政管理机构中的独立部门。

（三）法院内“二元制”执行

这种类型中，执行权力分由法官或执行法院与执行官独立行使，但法官实际上对执行工作有最终支配权。主要特点：一是执行机关包括执行法院和法院执行官，有的还包括审理法院（如德国）。执行官是法院的专职执行人员，但不一定属于执行法院，执行法院一般是依法实施法定职责范围内执行行为的法院，或者是对执行官执行行为进行监督和裁决的法院；二是执行员作为相对独立的执行机关，可依法采取属于其职责范围内的执行措施（如动产查封拍卖等），但是涉及命令、许可和裁判事项，以及部分重大执行事项（如涉及不动产查封拍卖等），则需由执行法院或法官进行。其代表有德国、法国、日本和我国香港地区。

1. 德国。德国执行机关有三种：法院执行官、执行法院、一审诉讼法院。根据《德国民诉法》规定，法院执行官负责可以直接采取强制手段措施的强制执行，例如动产查封拍卖、收缴纸面票据等；执行法院只能是执行措施行为地的基层法院，一方面要对当事人针对执行官的执行措施提出的异议作出裁决，另一方面作为执行机关，可在职责范围内采取执行措施，包括对不动产的强制执行、办理参与分配等；一审诉讼法院主要负责对债务人的作为、容忍或不作为的执行措施，还包括对被执行人进行罚款和拘留等。

2. 日本。日本执行机关分为执行法院和执行官。根据《日本民诉法》，执行官属于区裁判所（日本基层法院），负责动产及其交付相关的执行；执行法院即实施民事执行行为的区裁判所（执行官所在法院）或受诉裁判所（审理法院）负责对不动产、债权、作为和不作为等的执行，但受诉裁判所只负责行为（作为和不作为）的执行。法院执行官作为独立的执行机关进行执行工作时，执行法院要进行监督和协助。

3. 法国。法国的执行机关包括法院执行官与执行法官。法院执行官是法院助理人员，具体负责执行法院判决，有责任指挥执行行动，符合法律规定时有资格请求执行法官或检察院批准或命令采取必要措施。而执行法官是专门处理执行过程中发生纠纷案件的法官，负责管辖涉及执行名义及执行程序的纠纷、作出保全处分等许可决定等。

4. 专门的执行法院执行

目前只有冰岛实行这种体制。执行由专设的名为“执行法院”中的法官负责，适当时也由“拍卖法院”的法官负责，大多数辖区内，执行法院的法官既为拍卖法院的法官，也作为该辖区其他法院的法官。对该执行法院的行为可以根据一个特别简易的程序上诉。

二、法院外设非专门机构执行模式

这种模式的主要特点：一是执行事务一般由设在法院外的、隶属于检警合一系统的政府强势执法部门的官员负责，除了执行裁判和送达文书外，这些官员还负责法院的护卫、陪审员传唤等为法院审判服务的事务，甚至还负责监所管理、地方治安事务等，因此称为非专门执行机构。二是适用这类模式的主要是司法独立传统很浓厚的英美法系国家和地区，而且这些非专设机构在所有国家机构中非常强势，如美国联邦法院判决由“联邦执法官”执行，实际上是司法警察；执行工作由联邦司法部内设的联邦执法官署负责，由总检察长（司法部长）领导，执法官总监由总统任命。三是法院在执行过程中发挥着重要的监督作用。一般情况下：债权人申请执行首先要向受诉法院的书记官取得执行令，然后持执行令要求司法行政官执行；执行官在执行令状到期时，要向法院报告执行令状实施情况，执行完毕后要向法院报告；执行官执行时如果侵害了案外人的权利，案外人可以把执行人列为第三人向法院起诉。这种模式的代表主要有俄罗斯、美国、英国、加拿大等。

1. 美国。在美国，执行联邦法院判决由联邦司法行政官或称“联邦执法官”进行，执行州法院判决由州司法行政官进行。如前所述，美国联邦法院判决由联邦司法部内设执法官署负责执行（美国联邦司法部由总检察长领导，管理的执法机构包括联邦调查局、联邦监狱局、美国法警署等40多个部门），每个联邦司法区设一名执法官，由总统根据参议院意见任命，任期四年。

2. 英国。英国的执法官是在法院外设的郡的官员，执行前需取得法官发布的各种令状，执行官以执行令状为依据进行执行，并就令状的执行情况向法官报告。执行官虽负责令状的执行，但具体执行事务是由其授权的执行员负责，执行员履行职务向执行官负责。

3. 俄罗斯。俄罗斯法院判决由俄罗斯联邦司法警察负责强制执行。

三、法院外设专门机构执行模式

关于设立独立执行机构的问题。1966 年日本在制定执行官法时有这项动议，1931 年德国也曾提出相关草案，1969 年英国在全面修改强制执行法时也提出类似方案，但均没有实现。据目前了解，只有瑞典和瑞士等小国采取这种模式。其主要特点是：执行事务由独立于法院的执行机构负责，但执行机构人员必须有法律学位，并有一定的法院工作经验；值得注意的是，虽然执行机构独立于法院，但是法院可通过不同的方式对执行机构的决定和行为进行监督。在瑞典，当事人对执行局的决定可向法院提出上诉；在瑞士，当事人不服执行机构处分命令的，可以向专门监督机构和联邦法院抗告和上诉。

文·件·链·接

1.《最高人民法院关于人民法院执行公开的若干规定》（法发〔2006〕35 号）

2.《全国法院执行案件信息管理系统运行管理办法（试行）》（法发〔2006〕32 号）

3.《最高人民法院、中国人民银行关于在全国清理执行积案期间人民法院查询法人被执行人人民币银行结算账户开户银行名称的通知》（法发〔2009〕5 号）

4.《最高人民法院关于进一步加强和规范执行工作的若干意见》（法发〔2009〕43 号）

5.《最高人民法院关于财产刑执行问题的若干规定》（法释〔2010〕4 号）

6.《最高人民法院印发〈关于建立和完善执行联动机制若干问题

的意见〉的通知》（法发〔2010〕15号）

7.《最高人民法院关于执行权合理配置和科学运行的若干意见》（法发〔2011〕15号）

8.《最高人民法院关于人民法院委托评估、拍卖工作的若干规定》（法释〔2011〕21号）

9.《最高人民法院关于公布失信被执行人名单信息的若干规定》（法释〔2013〕17号）

10.《最高人民法院关于网络查询、冻结被执行人存款的规定》（法释〔2013〕20号）

11.《最高人民法院关于人民法院执行流程公开的若干意见》（法发〔2014〕18号）

25. 推动完善司法救助制度。明确司法救助的条件、标准和范围，规范司法救助的受理、审查和决定程序，严格资金的管理使用。推动国家司法救助立法，切实发挥司法救助在帮扶群众、化解矛盾中的积极作用。

条·文·解·读

人民法院历来重视司法救助，2008 年到 2012 年，全国法院一共为确有困难的当事人减免诉讼费 7.69 亿元，比前一个五年上升 11.2%。司法救助案件类型涵盖道路交通事故赔偿、劳动争议、人身损害赔偿、离婚、赡养、抚育费、财产权属等传统的民事案件。排名前三位医疗、交通、工伤事故赔偿案件共 199429 件，减免诉讼费 5770.67 万元，同比分别上升 65.31% 和 10.22%；涉及劳动报酬案件 111164 件，减免诉讼费 994.62 万元，同比分别上升 49.21% 和下降 1.15%；抚育、扶养、赡养案件 32258 件，减免诉讼费 1806.25 万元，同比分别下降 44.05% 和 41.48%。刑事被害人救助成为司法救助制度的新亮点。2009 年 3 月，最高人民法院会同有关部门发布《关于开展刑事被害人救助工作的若干意见》，将司法救助的对象扩大至刑事被害人，使司法救助的范围出现了实质性突破，体现了人民法院统筹兼顾被告人人权保障和被害人权益保障，对于落实宽严相济刑事政策，确保案结事了，促进社会和谐稳定具有重大意义。司法救助制度使许多处于弱势群体地位的当事人的权益得到了保护，充分体现了司法为民的理念，取得了良好的社会效果。

2014 年 6 月 3 日，中共中央政法委员会、财政部、最高人民法院、最高人民检察院、公安部、司法部出台《关于建立完善国家司法救助制度的意见（试行）》，对国家司法救助的对象、国家司法救助的方式和标准、国家司法救助程序、国家司法救助资金的筹集和管理等都进行了规定。但是，司法救助制度还存在着一些缺陷，在实际操作中也存在不少问题。一是司法救助的标准需要进一步明确。哪些是经济确有困难的当事人等判断标准仍需明确，救助金额还应该根据案件类型确定不同的标准。二是司法救助的程序不一致。法院内部进行司法救助的程序不一致，不同省份的不同法院、同一省份的不同法院，甚至同一法院内部的不同案件，对于救助程序如何启动等都没有统一的程序。三是司法救助的适用不规范。在具体的司法实践中，除了由于有些法院经费得不到保障的原因之外，还因人情关系等导致司法救助走形变样，出现了救助不当的现象。四是司法救助的立法不完善。司法救助缺乏统一完整的立法。现在有关司法救助的规定，分别体现在刑事、民事的法律文件中，尚未形成统一的司法救助法。

针对上述问题，四中全会《决定》提出："完善法律援助制度，扩大援助范围，健全司法救助体系，保证人民群众在遇到法律问题或者权利受到侵害时获得及时有效法律帮助。"《纲要》提出了"推动完善司法救助制度"。

第一，关于细化司法救助的标准。司法救助的范围不仅包括诉讼费用的减、缓、免，还应该包括立案、涉诉信访中的司法救助，刑事诉讼中的司法救助，民事、行政诉讼和国家赔偿中的司法救助，执行中的司法救助等。司法救助的对象应该进一步明确，需要细化救助对象的确定条件。救助金额还应该根据案件类型确定不同的标准。

第二，关于规范司法救助的程序。司法救助的告知、申请、审批、发放程序都应该进一步规范，并考虑到各种类型案件的特点。例如，刑事被害人救助程序的启动宜采取办案机关依职权提起为主、当事人申请为辅的模式。

第三，关于规范司法救助资金的使用。司法救助资金应该统一掌握审批尺度，及时发放。救助资金的使用应该突出救助的重点，确保有限的救助资金用于最需要救助的群体。同时，也要排除人情因素等，保证救助资金的公正发放。

第四，关于完善司法救助的立法。针对目前司法救助的零散立法，推动国家司法救助立法，扩大救助资金的来源，将司法救助与法律援助、社会救助衔接起来，以法律规范让符合条件的当事人获得救助，彰显司法公平正义。

地·方·探·索

陕西省高级人民法院颁布《国家司法救助制度实施细则（试行）》

为了做好诉讼过程中对困难群众的救助工作，规范法院系统实施司法救助制度的工作流程，保障当事人的合法权益，维护社会和谐稳定。陕西省高级人民法院根据《陕西省国家司法救助制度实施办法（试行）》，并结合全省法院工作实际，在调查研究的基础上，反复征求意见，制定了《陕西省高级人民法院国家司法救助制度实施细则（试行）》（以下简称《实施细则》），于2014年7月1日起正式实施。

《实施细则》中规定的国家司法救助，是指陕西省高级人民法院在审理、执行案件、处理涉诉信访案件过程中，对合法权益受到侵害但无法获得有效赔偿，符合救助条件的当事人，给予一定数额的经济救助。《实施细则》明确了省法院施行国家司法救助工作的原则、机构、对象、救助标准、救助申报、审批、发放程序，是法院做好诉讼过程中对困难群众救助工作的规范性文件，为全省法院系统公正、规范、有效的开展司法救助工作提供了执行依据。

广东省高级人民法院采取有效措施着力推进司法救助工作

2010年，广东省高级人民法院专门成立司法救助工作领导小组，统筹管理刑事被害人救助、执行救助、信访救助工作，指导、督促和协调全省法院司法救助工作。截至2013年底，广东法院共发放司法救助金10392.85万元，受惠家庭5016户，其中，广东省高级人民法院办理司法救助案184件，无一出现重复信访，息诉罢访率达100%；救助困难当事人家庭146户，发放救助款716万元；涉诉信访量持续下降。一是加强制度建设，确保专款专用。2010年以来，广东省高级人民法院按照有关文件精神，结合工作实际，出台相关实施细则和工作规程，明确救助范围、救助对象和救助标准，细化救助资金的设立、申请、审批、发放、监管等各方面制度，确保司法救助专项资金合法、合理使用。二是建设网上平台，提高救助效率。由于司法救助工作审批链条长、涉及环节多、操作效率低，导致司法救助金落实到位少则三个月，长达半年甚至更久，许多被救助人生活困难得不到及时解决，有的外地当事人因时间过长失去联系无法发放救助款。对此，广东省高级人民法院于2013年开始着手建设司法救助网上审批与管理平台，实现司法救助工作的受理、编号、登记、审批、资金发放登记等各环节均在该平台完成，大大缩短申请流转审批时间，并留下详尽记录以备查询、统计，确保每一个环节都公开、透明，确保每一项工作都规范、高效。三是坚持及时救助，彰显人文关怀。明确规定法官在办案过程中，一旦发现当事人符合救助条件，应立即告知当事人有权申请司法救助以及需要提供的相关法律文书、身份证明、生活困难证明等材料，使真正需要救助的对象不被遗漏，切实帮助被害人及其家属解决生活困难，尽快实现服判息诉。针对少数交通不便、行动不便的偏远地区的特殊救助对象，主动送救助款上门，切实践行司法为民宗旨。

文·件·链·接

1.《最高人民法院关于对经济确有困难的当事人予以司法救助的规定》（法发〔2005〕6号）

2.《中央政法委员会、最高人民法院、最高人民检察院、公安部、民政部、司法部、财政部、人力资源和社会保障部关于开展刑事被害人救助工作的若干意见》（法发〔2009〕10号）

3.《中共中央政法委员会、财政部、最高人民法院、最高人民检察院、公安部、司法部关于建立完善国家司法救助制度的意见（试行）》（中政委〔2014〕3号）

26. 深化司法领域区际国际合作。推动完善司法协助体制，扩大区际、国际司法协助覆盖面。推动制定刑事司法协助法。

条·文·解·读

自1987年我国和法国签署新中国历史上第一个双边民商事司法协助协定以来，我国法院的国际司法协助工作经历了从无到有、从少到多、从简单到复杂的历程。目前，与我国法院开展国际司法协助的国家越来越多，我国办理司法协助事务的法院也越来越多。人民法院国际司法协助工作的领域越来越宽，国际司法协助工作的规范性逐步加强，较好地满足了中外法院审理各类涉外案件的需要。与此同时，为顺应国家形势发展的需要，尚有必要继续深化司法领域的区际和国际合作。

第一，关于继续完善司法协助体制。随着经济连续数年的高速发展，我国对外经贸和投资活动显著增加，与外国人员往来日益密切，跨国犯罪案件和其他各类法律纠纷量不断攀升，随之加强国际合作共同打击跨国犯罪的需求日益增多，依法保障我国企业、公民在海外合法权益的任务愈加繁重。国内国际环境的深刻变化对人民法院的国际司法协助工作提出了更高要求和挑战。与此同时，国际司法协助工作中的一些问题也凸显出来，如对国际司法协助工作审判业务性质的认识不够，地方各级法院负责该项工作的人员轮岗过快，地方法院对国际司法协助请求的实质审查能力还有进一步提升空间等。为解决这些问题，迫切需要进一步完善各级人民法院国际司法协助工作的体制，进一步完善相关的工作制度和业务规范，加强人民法院国际司法协助专办员队伍建设，提升相关部门国际司法协助统一管理、统一协调的能力，以满足新形势下中外法院和中外当事人对人民法院国际司法协助工作的需要。

第二，关于进一步扩大国际司法协助覆盖面。经过改革开放三十多年的努力，我国基本确立了双边条约、多边条约和国内立法有机结合，既适合我国国情和实际需要、又符合国际法和普遍实践的司法协助法律体系，国际司法合作网络不断扩大。截至2014年底，我国已与60多个国家缔结了120余项司法协助类条约，覆盖了司法文书送达、调查取证、引渡、被判刑罪犯移管、犯罪所得没收和分享等各个领域。根据缔结条约程序法的规定和国内缔约实践，由外交部牵头，最高人民法院与最高人民检察院、公安部、司法部等共同参加谈判并签署司法协助条约、协定。到目前为止，最高人民法院全程参与了所有国际司法协助类双边条约和国际公约的谈判，从审判业务角度对条约、协定文本进行研究和审查，确保缔结的各项司法协助条约、协定，既符合国内法规定和国内司法实践，又兼顾中外双方的利益。实践中，各级人民法院依据相关国际司法协助条约、国际公约及国内法的规定，审查、办理了大量的国际司法协助请求，有效维护了国家司法主权和利益，彰显依法治国的良好形象，同时也促进了我国与有关国家的司法互信和合作关系。但与司法协助领域较发达国家相比，我国的司法协助缔约工作还有很大的上升空间，主要体现在：缔约国家的数量还不够多；已缔约国家中既有条约覆盖的司法协助具体领域有待进一步扩大；与一些大国在某些领域的缔约还存在障碍。下一步，最高人民法院将继续支持和配合外交部的缔约工作，扩大缔约国家的范围，拓展国际司法协助的领域，扩大国际司法协助覆盖面，满足国内审判工作和追赃、追逃、反腐败斗争等领域国际合作的需要。

第三，关于推动制定刑事司法协助法。我国已经与40多个国家签署了含有刑事司法协助内容的双边司法协助条约，并加入了《联合国反腐败公约》《联合国打击跨国有组织犯罪公约》等20余个含有刑事司法协助内容的国际公约。但有关国际刑事司法协助的国内立法相对滞后，除了刑事诉讼法第十七条的原则性规定外，国内法欠缺国际刑事司法协助具体事项的操作程序。由于国际刑事司法协助与国内刑事诉讼不同，有些国际刑事司法协助事项尚无法照搬刑事诉讼法的相关规定。因此，有必要制定国际刑事司法协助法并推动该法的立法进程。

第四，关于深化和加强区际司法协助。目前人民法院已全面建立了涉港澳台司法协助制度，进一步完善了相关工作机制，在服务国家港澳台工作大局，保障涉港澳台案件当事人合法权益，服务两岸四地法院互涉案件审判取得了积极的成效。今后涉港澳台司法协助工作进一步拓展和深化的方向主要包括：一是拓展内地与港澳司法协助范围。在民事司法协助领域，与香港地区应当早日商签关于民商事案件判决认可和执行的一揽子安排或先达成框架性安排并尽快将婚姻家庭等已有初步共识的案件纳入框架；早日启动民商事案件相互协助调查取证安排的商签工作。在刑事司法协助领域，与香港尽早签署已磋商多年的共有刑事司法管辖权安排和移交逃犯安排，并分别商签刑事司法协助安排。二是深化涉台司法互助内容。（1）推动建立两岸法院司法互助直接对口协助与业务交流常态化机制，并可考虑由台湾地区任何一级法院与大陆高级人民法院或中、基层人民法院间直接相互请求来开展文书送达司法互助。（2）推动台湾地区全面认可与执行大陆人民法院民商事裁判。推动台湾地区尽快修改“两岸人民关系条例”有关规定以明确相关问题，推动台湾地区有关主管机构对此予以高度关注并力争通过有关判例明确大陆人民法院民事裁判的既判力等问题。（3）推动两岸协商解决刑事裁判认可与执行。两岸在司法互助协议框架下积极推动并配合开展罪犯移管、罪赃移交及受害人财产发还工作，同时探索解决两岸刑事裁判认可和执行问题。（4）考虑适时商签司法互助补充协议。两岸司法互助协议本身规定较为原则，有必要适时商签补充协议或者单项实施协议。

地·方·探·索

福建法院加强两岸司法互助工作成效显著

自2009年6月25日两岸司法互助协议生效实施以来，福建法院立足自身优势，积极探索创新两岸司法互助工作，取得显著成效。截至2014年5月31日，全省法院共办理涉台送达文书、调查取证、罪赃移交和裁判认可司法互助案件13920件，占同期全国法院办理案件数

37.2%。一是司法互助工作规范有序。福建高院成立涉台湾地区事务办公室，统一管理协调全省法院两岸司法协作互助工作，制定《福建法院办理海峡两岸送达文书和调查取证司法互助案件的规定》，各级法院开通两岸互助案件联络窗口，加强案件审判流程管理，建立专项数据采集库，健全涉台司法互助工作月报表、定期通报和督查整改等制度，经常开展涉台工作调查研究，举办涉台司法互助培训会，提升工作质效。二是双向互助局面基本形成。2009 年至 2014 年 5 月，福建法院请求台湾地区法院送达文书、调查取证 6881 件，占全国法院同期案件数 53.48%。2010 年至 2013 年，福建法院请求台湾地区法院送达司法文书和调查取证案件数年均增长 34.4 倍。三是两岸法院协助范围覆盖广。台湾地区高等法院及 4 个分院，台北、高雄等行政法院和 20 余家地方法院均向福建省高级人民法院提出过送达文书或调查取证请求，福建九地市法院均曾为台湾地区有关法院提供相关协助。四是司法互助业务内容丰富。司法互助涉及取得证言及陈述，提供书证、物证及视听资料，确定关系人所在或其身份、前科，进行勘验、检查、鉴定和查询等证据形式和取证方式，同时在罪赃移交、裁判认可等方面取得实质性进展。

文·件·链·接

1. 《最高人民法院关于内地与香港特别行政区法院相互认可和执行当事人协议管辖的民商事案件判决的安排》（法释〔2008〕9 号）

2. 《最高人民法院关于内地与澳门特别行政区相互认可和执行仲裁裁决的安排》（法释〔2007〕17 号）

3. 《最高人民法院关于涉港澳民商事案件司法文书送达问题若干规定》（法释〔2009〕2 号）

4. 《人民法院办理涉港澳司法协助案件文书样式（试行）》（法办发〔2012〕10 号）

5. 《最高人民法院关于香港仲裁裁决在内地执行的有关问题的通知》（法〔2009〕415 号）

6.《最高人民法院关于涉台民事诉讼文书送达的若干规定》(法释〔2008〕4号)

7.《最高人民法院关于人民法院认可台湾地区有关法院民事判决的补充规定》(法释〔2009〕4号)

8.《最高人民法院关于人民法院办理海峡两岸送达文书和调查取证司法互助案件的规定》(法释〔2011〕15号)

（四）健全审判权力运行机制

27. 健全主审法官、合议庭办案机制。选拔政治素质好、办案能力强、专业水平高、司法经验丰富的审判人员担任主审法官。独任制审判以主审法官为中心，配备必要数量的审判辅助人员。合议制审判由主审法官担任审判长。合议庭成员都是主审法官的，原则上由承办案件的主审法官担任审判长。完善院、庭长、审判委员会委员担任审判长参加合议庭审理案件的工作机制。改革完善合议庭工作机制，明确合议庭作为审判组织的职能范围，完善合议庭成员在交叉阅卷、庭审、合议等环节中的共同参与和制约监督机制。改革裁判文书签发机制。

条·文·解·读

司法权不同于行政权。行政权是管理权，上下级之间是领导与被领导的服从关系，讲究上令下从、令行禁止；司法权是对案件事实和法律的判断权、裁决权，强调亲历性。作为裁判者，只有审查了当事人双方提交的证据，听取了双方的辩论，全面了解了案情，才能就是非对错下结论。让审理者裁判，由裁判者负责，是司法规律的客观要求，是避免司法行政化的必然要求。

近年来，人民法院在审判权运行机制改革方面曾采取过一些措施，但由于受到法治观念、外部体制、法官素质以及对司法规律的认识和接受程度等因素的制约而未能达到预期的理想效果。当前法院内部的审判权力运行机制在一些方面与相关诉讼法的规定不尽一致，增加了一些行政化的运转环节，审判实践中的层层审批制，导致“审者不判，判者不审”，裁判错误的责任不清，审判效率不高。去除司法的行政化色彩和倾向，已成为审判权运行机制改革亟待解决的问题。

三中全会《决定》提出，“完善主审法官、合议庭办案责任制，让审理者裁判，由裁判者负责。”《纲要》把完善主审法官、合议庭办案责任制作为突破口，推动建立权责明晰、权责一致、监督有序、配套齐全的审判权力运行机制。而落实主审法官、合议庭办案责任制，前提是建立健全主审法官、合议庭办案机制，让审判组织真正成为审判权主体，才能使其真正成为审判权责任主体，才能使办案责任得到真正落实。最高人民法院于2013年10月15日下发《关于审判权运行机制改革的试点方案》（法〔2013〕227号），确定了上海市第二中级人民法院等作为审判权运行机制改革的试点单位。目前，试点地区已经试行主审法官、合议庭办案机制，在现有法官中选出政治素质好、办案能力强、专业水平高、司法经验丰富的优秀法官作为主审法官，配备法官助理等审判辅助人员，组成审判团队，主审法官独任审理案件的裁判文书不再由院、庭长审核，审判质量效率得到很大提高。

在认真总结试点工作经验基础上，《纲要》对“健全主审法官、合议庭办案机制”提出以下改革措施：

*第一，关于完善主审法官选拔方式。*关于主审法官的含义，目前认识还不够统一，存在独任法官、承办法官和审判长等不同理解。有的法院认为“主审法官”就是合议庭的审判长，但在权力配置上又将办案责任全部赋予审判长，违背了合议庭内部的平权原则。针对目前法院人员素质参差不齐、法官员额制改革尚未到位的情况，《纲要》提出选拔政治素质好、办案能力强、专业水平高、司法经验丰富的审判人员担任主审法官。选任主审法官应当通过政治思想素质、法学理论基础和法律知识、审判工作实绩、审判工作资历、驾驭庭审能力、裁判文书写作能力和职业道德水准等多个方面综合判断。

*第二，关于主审法官在审判组织中的定位。*独任制审判以主审法官为中心，配置一至二名审判辅助人员，由主审法官一人审理适用独任审判程序的案件。合议制审判可以探索由主审法官担任审判长。合议庭成员都是主审法官的，由承办案件的主审法官担任审判长。根据《最高人

民法院关于巡回法庭审理案件若干问题的规定》，最高人民法院巡回法庭即实行上述审判模式，即选拔办案能力突出、审判经验丰富的审判人员担任巡回法庭主审法官，巡回法庭的合议庭由主审法官组成。这就意味着，巡回法庭不设置固定的合议庭，不设固定的审判长职位，法官人人平等，皆可担任审判长。每名主审法官都配备相对固定的法官助理和书记员，法官本人集中精力行使判断权和裁决权。巡回法庭作出的判决、裁定，合议庭成员依次签署后，由审判长签发。庭长、副庭长原则上不再签发未参审案件的裁判文书。这种人力资源配置模式和审判权力运行机制，是法院未来改革的方向。

第三，关于完善院、庭长、审委会委员办案机制。明确院、庭长、审委会委员参加合议庭担任审判长审理案件，符合人民法院组织法关于人民法院设置院、庭长并以之作为审判人员来看待的规定，既有利于将院、庭长这些优质审判资源配置到审判一线，也有利于减少审判权运行的层级，淡化法官之间的层级关系。院、庭长、审委会委员参加合议庭担任审判长审理案件应当注意以下几点：一是院、庭长、审委会委员可以编入合议庭担任审判长。按照人民法院组织法第九条第四款，“……院长或者庭长参加审判案件的时候，自己担任审判长”。二是通过一定的繁简分流方式，使院、庭长、审委会委员参与重大、疑难、复杂案件的审理。三是杜绝“参而不审”，院、庭长、审委会委员参加合议庭应当切实履行审判长职责。四是应当把院、庭长、审委会委员每年办理一定数量的案件作为一项硬性要求。

第四，关于改革完善合议庭工作机制。核心在于明确合议庭成员的审判职责，确保审判权在审判组织内部运转形成共同参与、制约监督的机制。主审法官作为合议庭审判长，负有以下职责：（1）担任案件承办人；（2）组织合议庭成员和有关人员做好庭审准备及相关工作；（3）主持庭审活动；（4）主持合议庭对案件进行评议，作出裁判；（5）对重大疑难案件和合议庭意见有重大分歧的案件，依照规定程序报请院长提交审判委员会讨论决定；（6）依照规定权限签署诉讼文书；（7）依法完成其他审判工作，如决定民事、行政案件当事人对书记员、鉴定人员、勘验人员或翻译人员的回避等。合议庭成员法官负有以下职责：(1）作为合议庭成员参与案件审理；(2）开庭前或评议前阅读案件材料；(3）参加庭审，按照庭审分工履行职责；(4）参加合议，对案件证据采信、事实认定与法律适用提出合议意见等。

地·方·探·索

天津市第一中级人民法院制定合议庭交叉阅卷工作规则

天津市第一中级人民法院出台《合议庭交叉阅卷的工作规则》。主要内容有：一是明确交叉阅卷适用范围。需要组成合议庭审理、审查的所有案件，不区分案件标的大小、当事人多寡、案件类型新旧等因素，均纳入交叉阅卷范围。二是明确交叉阅卷的内容、时间和方式。需要开庭审理的案件，承办法官应首先完成全面阅卷，并向合议庭其他成员提交阅卷笔录，其他成员审阅承办法官阅卷笔录、起诉状、上诉状、答辩状、原审判决等材料，阅卷工作应在开庭审理前完成；不需要开庭审理的案件，合议庭所有成员均应在评议案件前全面阅卷。三是规范交叉阅卷笔录制作。承办法官的阅卷笔录应包括阅卷时间、影响案件正常审理的程序性问题及处理情况、审理方案或庭审提纲、争议焦点和待查事实以及案件中存在的其他疑难问题；审判长的阅卷笔录应包括案件争议焦点、待查事实情况；合议庭其他成员的阅卷笔录应包括案件待查事实情况。阅卷笔录经个人签字后存入副卷备查。四是明确交叉阅卷监督方式。庭审前或评议前，由庭长督促检查合议庭阅卷工作情况；案件审结后，将合议庭阅卷情况纳入案件质量评查范围，评查结果记入法官绩效考评档案，并与评优评先、晋职晋级挂钩。合议庭交叉阅卷情况将作为明确案件质量责任的重要依据，实行交叉阅卷的案件，合议庭成员不得以不了解案情，或者被承办法官误导为由，请求减轻或者免除案件质量责任。

江苏全省法院加大院、庭长办案力度

江苏省高级人民法院2013年5月出台《关于全省法院院长、庭长办案的意见》，要求全省三级法院具有审判职务的898名院领导、2756名庭领导积极出庭审案。2014年1月至10月，全省法院院、庭长担任审判长或承办人审理各类案件近33.7万件，占全省法院受理案件数的28.5%，审结26.8万余件，占全省法院审结案件数的31%。

文·件·链·接

《最高人民法院关于审判权运行机制改革试点方案》（法〔2013〕227号）

28. 完善主审法官、合议庭办案责任制。按照权责利相统一的原则，明确主审法官、合议庭及其成员的办案责任与免责条件，实现评价机制、问责机制、惩戒机制、退出机制与保障机制的有效衔接。主审法官作为审判长参与合议时，与其他合议庭成员权力平等，但负有主持庭审活动、控制审判流程、组织案件合议、避免程序瑕疵等岗位责任。科学界定合议庭成员的责任，既要确保其独立发表意见，也要明确其个人意见、履职行为在案件处理结果中的责任。

条·文·解·读

建立符合司法规律的审判权力运行机制，破除审判权力运行机制的行政化问题，保障法定审判组织依法独立公正行使审判权，是此轮司法改革的重点之一。但目前在一些法院，“审者不判、判者不审”的问题依然存在，“有权无责”“权责不明”问题比较突出。

从机制运行来看，一些法官不愿意承担责任，动辄把案件请示领导或交给审委会；承办法官、合议庭其他成员、庭长、院长都对案件发表意见，看似人人都负责，实际上一旦发生错案，难以追责。权责不明也大大提高了权力滥用的风险，容易发生腐败问题。从制度规范角度来看，关于法官的办案责任，在部分法律与很多规范性文件中均有规定，但内容分散、缺乏体系。总体来说，目前对法官办案责任的规定，具有“二元”标准，一方面要求法官作为案件的裁判者，承担错案责任；另一方面要求法官作为公务员，承担公务员惩戒后果。在“二元”标准之下，办案责任的认定程序等也不明确，评价问责机制也不符合法官的职业特点。因此必须在“还权”的同时“定责”，做到“权责明晰”，建立“审者判，判者审，谁办案谁负责”的符合司法规律的审判权力运行机制。三中、四中全会《决定》都对完善主审法官、合议庭办案责任制，实现让审理者裁判、由裁判者负责提出了明确要求。《纲要》明确指出办案责任的主体，并就建立符合审判工作特性的主审法官、合议庭办案责任制提出改革措施。

第一，关于主审法官、合议庭办案责任制。首先，应当权责对应，根据主审法官、合议庭及其成员的审判职责，合理界定各主体的办案责任。《纲要》要求明确审判组织与审判组织成员的职能范围，主审法官、合议庭及其成员的办案责任也应予以分类对应设置。其次，要明确办案责任的免责条件。主审法官、合议庭及其成员的办案责任，应限于故意与过失，法律适用认识偏差、自由裁量权之内的认识差异不受追究。最后，办案责任应以体系性机制予以落实。《纲要》提出要实现评价机制、问责机制、惩戒机制、退出机制与保障机制的有效衔接。其中，评价机制是指对主审法官、合议庭及其成员的审判活动的评价机制，依照法官法规定，各级人民法院法官考评委员会负责指导法官的考核、评议工作，并将考评结果纳入法官考评档案，作为确定法官任职、确定年度考核等级、评先评优、晋级、晋职的重要依据。评价方式上可以尝试多元化，如引入第三方评价等。问责机制与惩戒机制，是指法官惩戒委员会或法院人事管理和监察部门，根据《中华人民共和国法官职业道德基本准则》《人民法院工作人员处分条例》等，对法官违反职业道德基本准则的行为、应当承担纪律责任的违法审判行为，予以追究、惩戒。退出机制是指对于已经担任主审法官后，发现不适合继续担任该职务的主审法官予以免职。保障机制是指建立与法官权责相适应的法官保障机制，旨在切实保障和全面落实法官的职业权力、职业身份、职业收入等，保护法官的人身安全及其他合法权益。

第二，明确合议庭组成人员的责任。尽管合议庭是作为一个审判组织对案件作出裁判，但合议庭组成人员在个案审判中承担的具体职责有所不同。《纲要》提出要科学界定合议庭成员的责任，既要确保其独立发表意见，也要明确其个人意见、履职行为在案件处理结果中的责任。主审法官作为审判长参与合议时，与其他合议庭成员权力平等，但对审判活动统筹安排，如负有主持庭审活动、控制审判流程、组织案件合议、避免程序瑕疵等岗位责任；合议庭成员应当积极参与合议，独立发表意见。就个案责任来说，合议庭组成人员可以参照以下规则确定责任：程序质量责任，由承办法官承担责任；在庭审过程中出现的程序质量责任，由审判长承担责任；实体质量责任，由持差错结论的合议庭成员承担责任；合议庭执行审判委员会决定导致差错的，合议庭持差错结论的合议庭成员仍应承担责任；合议庭执行审判委员会决定导致差错的，审判委员会持差错结论的审判委员会委员应当承担责任；由合议庭或者审判委员会讨论决定的案件出现差错的，如系因承办人、相关人员漏报、瞒报或歪曲汇报案件主要事实或重要证据，导致合议庭、审判委员会作出错误决定的，由承办人、相关人员承担相应责任。当然具体审判实践情况也比较复杂，问责情形和办法仍然有待进一步研究。需要注意的是，明晰责任是为了更好地服务和保障审判工作，要防止把不应问责的事由强加于人，导致法官不敢办案、不愿办案。

地·方·探·索

辽宁省葫芦岛市中级人民法院完善审判权力运行机制

辽宁省葫芦岛市中级人民法院将原有的13个业务庭重新划分为立案、审理、执行、评查四大类25个合议庭，取消业务庭管理层级，审判组织实现了从金字塔形向扁平化的转变，真正做到了还权于合议庭，从组织结构上切断了业务庭行政权对合议庭审判权的渗透、介入、干预。建立权责明晰、权责一致的合议庭办案责任制。审理合议庭采用1+3+1组成模式，确立“办案、调研、对下指导+自我管理”工作模式，明确合议庭成员在各环节的共同参与和相互制约监督机制。合议庭的裁判文书由案件承办法官、合议庭其他法官、审判长依次联名签署，共同对案件质量负责。

文·件·链·接

《最高人民法院关于审判权运行机制改革试点方案》（法〔2013〕227号）

29. 健全院、庭长审判管理机制。明确院、庭长与其职务相适应的审判管理职责。规范案件审理程序变更、审限变更的审查报批制度。健全诉讼卷宗分类归档、网上办案、审判流程管控、裁判文书上网工作的内部督导机制。

条·文·解·读

一直以来，院、庭长在审判活动中的角色与作用，是最富有争议的问题之一。院、庭长角色与作用问题的复杂性首先源于制度上的不完善。人民法院组织法虽然规定了院、庭长的设置，但未明确院、庭长的具体职责。在参与审判活动方面，诉讼法与部分司法解释虽然规定了院、庭长享有少数程序性权力，但院、庭长在审判活动中的作用与定位仍然缺乏正式的制度安排。

按照中央对司法权力运行机制改革的要求，人民法院必须明确院、庭长与其职务相适应的职责，努力构建权责明晰、权责统一、管理有序的审判权运行机制。《纲要》就健全院、庭长审判管理机制提出以下具体要求：

第一，关于明确院、庭长与其职务相适应的审判管理职责。要明确哪些事项属于审判权运行的范围，院、庭长不应干预，这也是落实主审法官、合议庭办案责任制改革的要求；要明确哪些属于应当由院、庭长行使的审判管理权，使院、庭长切实负起与其职务相适应的审判管理职责。一是依照法律规定的权限和程序对案件审理中各类程序性问题作出决定，主要集中于回避制度、审判公开、强制措施、审理期限、文书上网、司法救助等方面。二是从宏观上指导全面的或专项的审判工作，对分管部门审判工作或某一专项审判工作进行统筹协调、进度安排、任务分配、人力配置、沟通联络等。三是根据审判管理信息，负责组织研究制定与公共管理性质领域协调、沟通的司法政策。应当结合司法实际制定工作方针、工作策略、工作重点、工作原则及一个时期司法工作的方向，司法政策应当与法院级别、辖区相适应。四是根据审判执行工作态势，采取优化内部流转程序的措施。随着法院内部分工日趋细化，立、审、执、监均相互分离并相对独立，必须规范院、庭长对法院内部工作流转与衔接的管理职能，才能解决衔接不畅或效率低下的问题。如立审执衔接问题、统一对外委托评估、鉴定、拍卖的流转问题等。

此外，在落实过程中应当注意以下问题：第一，院、庭长审批权仅限于不涉及案件实体裁判的、可规范化处理的程序性问题；第二，个案审判活动中，可能影响案件实体裁判的程序性决定应当由合议庭或独任法官决定，如延长举证期限、调查取证等；第三，院、庭长的审批事项应当按照法律规定梳理后进行罗列式规定，除法律规定的审批事项外，院、庭长可以授权副院长、副庭长协助办理审批事项。

第二，关于规范案件审理程序变更、审限变更的审查报批制度。案件从简易程序转为普通程序，审限的扣除、延长等程序性事项，诉讼法规定比较原则。实践中，一些地方变更审理程序、延长、扣除审限等程序也比较随意。最高人民法院曾出台《最高人民法院关于严格执行案件审理期限制度的若干规定》（法释〔2000〕29号）等文件，但仍需进一步规范内部审查报批的工作制度机制，维护程序严肃性。

第三，关于健全诉讼卷宗分类归档、网上办案、审判流程管控、裁判文书上网工作的内部督导机制。诉讼卷宗分类归档、网上办案、审判流程管控、裁判文书上网工作不涉及具体适用法律工作，属于审判工作中的行政性事务。对这类工作，院、庭长应当加强内部督查指导，定期开展检查，及时发现问题并督促改进和完善。

地·方·探·索

成都市中级人民法院明晰院、庭长审判管理职责边界

四川省成都市中级人民法院在改革中重点明晰院、庭长审判管理职责的边界，规范院、庭长履行审判管理职责的方式。院、庭长从“点、

线、面”三个维度履行对审判活动的管理职责：“点”上，通过召集审判指导会议（审委会专业会议、审判长联席会、法官专业会议）的组织化行权模式，履行对重大、疑难、复杂案件的指导、监督职责，严格禁止以行使行政管理的方式对审判活动进行管理。“线”上，依法履行对案件法定程序性事项的审批职责和推进审判流程的顺畅运行。“面”上，针对案件审判中出现的问题，不断总结审判经验，统一裁判尺度，履行对审判整体工作的综合指导和监督职责。通过构建“以合理界定、科学配置审判组织的审判职责和审判机构的审判管理职责为核心，以法官业绩记录评价体系、诉讼服务中心、审判公开为配套，以信息化技术为全面支撑的审判权运行机制”，形成具有“成都特色”的科学、合理、切实可行的审判权运行宏观体系，提升审判效率，维护当事人诉讼权利。

文·件·链·接

1.《最高人民法院关于审判权运行机制改革试点方案》（法〔2013〕227号）

2.《最高人民法院关于新时期进一步加强人民法院审判管理工作的若干意见》（法发〔2014〕8号）

3.《最高人民法院关于严格执行案件审理期限制度的若干规定》（法释〔2000〕29号）

30. 健全院、庭长审判监督机制。明确院、庭长与其职务相适应的审判监督职责，健全内部制约监督机制。完善主审法官会议、专业法官会议机制。规范院、庭长对重大、疑难、复杂案件的监督机制，建立院、庭长在监督活动中形成的全部文书入卷存档制度。依托现代信息化手段，建立主审法官、合议庭行使审判权与院、庭长行使监督权的全程留痕、相互监督、相互制约机制，确保监督不缺位、监督不越位、监督必留痕、失职必担责。

条·文·解·读

院长作为人民法院的负责人，庭长作为人民法院内设机构的负责人，当然负有保证自己所管理的组织正常运转的职责，势必需要对组织内部进行统筹管理，督促组织内部成员按照规范完成相应履职行为。换言之，除了院长具有法律规定的个案审判监督权以外，院、庭长作为法院的组织管理者应当确保法院的中心工作即审判工作的正常开展，承担与其职务相适应的审判监督职责。《纲要》就健全院、庭长审判监督机制提出以下具体要求：

第一，关于明确院、庭长与其职务相适应的审判监督职责。院长、庭长负有主持审判委员会、专业法官会议、审判长联席会议处理相关事项的职责。从审判组织独立行使审判职权的规律出发，院、庭长直接对案件审理的指导、监督，原则上应体现在其担任审判长审理案件，以及对本合议庭案件审理的指导、监督上。同时，如果独任法官或者其他合议庭在案件审理过程中遇到疑难复杂问题的，应主动提请院、庭长提交主审法官会议或者审判长联席会议进行讨论，院、庭长也可以将重大、复杂案件提请主审法官会议或者审判长联席会议讨论，从而将原来院、庭长个人对案件的审批权，转换为一种可以选择通过主审法官会议或者审判长联席会议的集体模式行权。当然，院、庭长对于这些问题能否提交专业法官会议或者审判长联席会议讨论仍然有决定权。审判监督职责要通过“正面清单”和“负面清单”进一步明确，健全审判监督机制总目标是要实现监督不缺位、监督不越位、监督必留痕、失职必担责。

第二，关于完善主审法官会议、专业法官会议机制。院、庭长通过主持审判业务会议，对重大、疑难、复杂案件进行讨论。目前一些地区试行审判长联席会议。将来可以探索建立主审法官会议和专业法官会议机制。主审法官会议由主审法官参加，专业法官会议由专门审理某一类型案件的法官参加，研究重大、疑难、复杂案件，评析典型案例，讨论案件法律适用等问题。主审法官会议、专业法官会议讨论意见和结果供合议庭和承办法官参考，不具有当然的约束力，但必须入卷备查。

第三，关于规范院、庭长对重大、疑难、复杂案件的监督机制，建立院、庭长在监督活动中形成的全部文书入卷存档制度。重大、疑难、复杂案件往往是院、庭长审判监督的重点，因此《纲要》特别强调要规范院、庭长对重大、疑难、复杂案件的监督机制。对于重大、疑难、复杂案件的审判监督更要规范化，院、庭长在监督活动中形成的全部文书都要入卷存档。

第四，关于依托现代信息化手段，建立主审法官、合议庭行使审判权与院、庭长行使监督权的全程留痕、相互监督、相互制约机制。依托现代信息化手段，加强内部监督制约，是信息时代确保司法公正的重要手段。《纲要》强调要建立主审法官、合议庭行使审判权与院、庭长行使监督权的全程留痕、相互监督、相互制约机制，院、庭长对个案的批示、指示、发表的意见、电话记录等都要记录在案。审判管理平台上设定相应的节点记录，做到主审法官、合议庭的每一步审判流程的步骤、院、庭长每一个监督事项都能在平台上留下痕迹，便于查找，形成相互监督和相互制约的机制。监督全程留痕必须依托审判管理的信息化建设，在审判管理平台上实现各类管理信息的留存和全覆盖，才能不留机制空白和监督死角。

地·方·探·索

浙江省温州市中级人民法院以科技手段强化审判权监督

为充分运用现代科技手段强化审判权监督，浙江省温州市中级人民法院搭建“制度+科技”廉政风险防控平台，打造了“事前预警、事中监控、事后查究”的信息化监督防线。一是注重风险节点设置。将廉政风险提示节点分成“审判、执行和综合”三个方面六大类，从案件立案、移交、排期、审判、执行和综合业务等环节提取45个廉政风险提示点，确保管理全方位、控制全过程。其中，高风险节点16个、低风险节点24个，综合节点5个。二是完善平台功能效用。强化平台数据自动采集、风险归纳整合、逐级预警提示、个案追踪审查功能，实现廉政风险防控平台与审判执行系统、人事系统、款物管理系统、车辆管理系统的实时对接，按单位、部门、个人三个层次逐级显示、逐一汇总风险节点，并自动分析汇总触发廉政风险案件的具体节点情况，便于院庭领导和纪检部门及时通过平台进行跟踪审查。同时从45个节点中提取9个时效性节点，在时间点上自动给法官发送备忘提醒短信和违纪违法投诉提示信息，既发挥平台的法官办案助手功能，又达到“早预警、早预防、早纠正”的效果。三是强化平台防控运用。将高风险节点提示和低风险节点提示的案件分别作为年度案件评查的必查和抽查对象。对出现高风险节点提示案件，先由部门廉政监察员进行程序审查，再组织全市两级法院纪检干部对个案进行交叉检查，打破地域人情壁垒。发现问题的，要求经办人限期向纪检监察部门作出解释。

文·件·链·接

1.《最高人民法院关于审判权运行机制改革试点方案》（法〔2013〕227号）

2.《最高人民法院关于新时期进一步加强人民法院审判管理工作的若干意见》（法发〔2014〕8号）

31. 健全审判管理制度。发挥审判管理在提升审判质效、规范司法行为、严格诉讼程序、统一裁判尺度等方面的保障、促进和服务作用，强化审判流程节点管控，进一步改善案件质量评估工作。

条·文·解·读

近些年，人民法院审判管理工作适应审判执行工作需要，不断深化改革，从分散走向集中，从无序走向规范，从自发走向自觉，成为人民法院新兴的工作领域。经过近几年的快速发展，审判管理的理念得到普遍认同，专门审判管理机构基本建成，职能逐步落实，制度渐成体系，成效初步显现，科学、完备、有效的审判管理体系正在逐步构建。然而作为新兴工作领域，审判管理发展的时间还很短，任务新、机构新、人员新，各地发展不平衡，尚不能完全适应审判执行工作的需要，整体上仍处于“大发展”时期，需要在不断巩固改革成果的基础上，继续全面向前推进。

为此，最高人民法院下发《最高人民法院关于新时期进一步加强人民法院审判管理工作的若干意见》（法发〔2014〕8号），规范新时期审判管理工作。《纲要》就健全审判管理制度进一步提出具体要求和举措。

第一，关于发挥审判管理制度优势。人民法院应当结合审判工作实际，依托案件信息管理、案件质量评估、案件质量评查、审判流程管理、审判运行态势分析、审判绩效考核、审判委员会事务管理等七项审判管理基本职能，结合审判实际，发挥审判管理在提升审判质效、规范司法行为、严格诉讼程序、统一裁判尺度等方面的保障、促进和服务作用。

第二，关于强化审判流程节点管控。一是完善审判流程管理工作机制。各级人民法院要建立和完善统一收案、统一立案、统一结案以及电脑随机分案、审限管理等在内的审判流程管理工作机制。通过不断完善审判流程管理，发现和解决审判工作中的实际问题。二是从建设和完善案件信息管理系统入手，加强审判流程节点管控。将案件信息管理系统作为审判管理整体工作格局中的基础，切实促进审判管理理念与信息技术的有机融合，避免出现“有系统、无管理”的现象。三是将卷宗移送、评估拍卖、鉴定审计、公告送达、专家证人等诉讼服务的管理，纳入审判管理工作格局之中，实现有效、系统、科学的管理。各项诉讼服务工作是审判流程管理的重要工作节点，事关审判执行工作的质量与效率，也是审判管理服务审判执行工作的重要载体。

第三，关于改善案件质量评估。一是引导各级法院科学认识案件质量评估工作，取消对高级法院的考核排名，各高级法院取消本地区不合理的考核排名做法，坚决不能将客观整体的质量评估当成考核法官的工具。二是不断完善案件质量评估制度体系。研究制定评估数据核查办法、评估报告发布办法等其他相关操作性、细则性文件，逐步形成完备的案件质量评估制度体系。三是每年发布案件质量评估指标值合理区间。制定评估指标编制办法，每年发布案件质量评估指标值合理区间，明确规定指标满意区间、指标警示区间以及指数区间等内容，引导各级法院形成科学的评估理念，合理运用评估指标，从而杜绝一些地方追求的唯指标论等不良现象。

地·方·探·索

重庆市高级人民法院完善审判流程管理办法

重庆市高级人民法院修订完善《全市法院审判流程管理办法（试行)》，进一步规范审判权运行，推进审判机制创新。一是对接司法公开三大平台建设。要求及时、准确录入当事人、审判组织、结案等信息，独任法官、合议庭应在裁判文书生效后五日内制作并上传裁判文书网络公布版。对全市法院审判流程信息公开、裁判文书校核、裁判文书上网公布等重要节点进行督促、检查、通报，并做好互联网舆情应对和舆论引导工作。二是配合审判权运行机制改革。独任审判的案件由承办法官制作并签发裁判文书；合议庭审理案件按照评议形成的一致意见或多数意见制作裁判文书，由审判长签发；审委会讨论决定的案件按照决议意见作出裁判文书，并由参加、列席该审委会的分管院领导、其他审委会委员或者庭领导签发。全市法院可结合实际情况，规定院长、副院长、审委会委员、庭长、副庭长直接参加合议庭审理案件数量，发挥他们在知识、经验等方面的优势。三是改进审判长联席会制度。各审判部门成立由庭长、副庭长、审判长等组成的审判长联席会，负责研究审判中遇到的疑难、复杂问题，并提出咨询意见，供审判组织参考。独任法官、合议庭在审理重大敏感案件和涉及法律统一适用的案件时，由庭长决定将相关案件报请审判长联席会研究处理。独任法官、合议庭意见与审判长联席会咨询意见有重大分歧的，可报请专业法官会议或提交审委会讨论决定。四是创设专业法官会议制度。设立刑事、民事、行政等专业法官会议，由分管院领导、相关领域的审委会委员、庭长、副庭长、审判长等组成。专业法官会议为审判业务条线提供审判指导、定案咨询和审委会拟议议题的预先审查，负责研究涉及裁判尺度统一的法律适用问题，形成审判条线指导性意见。专业法官会议接受业务庭请求，研究重大疑难复杂问题，发现、推介参考性案例和典型案例。五是建立审委会议题过滤分流机制。对拟提交审委会讨论决定的案件，由专业法官会议、审委会专职委员等预先审查，提出参考性意见，报请院长决定。通过审委会讨论案件过滤分流机制，限缩审委会讨论案件范围，充分发挥审委会统一法律适用和监督指导审判的作用。

甘肃省高级人民法院依托审判信息中心强化审判管理

甘肃省高级人民法院在新近投入使用的省高院办公楼中建设了高度现代化、信息化的审判管理信息中心，审判信息中心隶属高院审管办，是高院审管部门新的工作平台。审判信息中心作为全省法院案件的信息汇集中心、案件调度管理中心、案件质效评估中心、省法院案件流程管理中心和大要案庭审观摩中心，是全省法院案件信息的神经中枢，实现了审判数据采集自动化，提升了审判管理集约化、精细化水平，为全面掌握本院及辖区法院的案件审判信息，推进司法公开，服务司法决策提供了重要支撑。甘肃省高级人民法院审管办将审判管理理念和信息技术相结合，积极依托审判信息中心，落实审管职能，强化审判管理，取得了积极成效。一是在流程管理方面。运用数字法院系统，对案件审理流程和重要节点进行动态监控，提高了审限内结案率，强化了均衡结案度。二是在案件信息管理方面。采取二级集中、多点集控的方式实现对全省法院审判数据的集中和汇总，通过法院数据质量检查系统实时监控全省法院案件数据情况，对出现的问题及时通报，督促纠正。三是案件质量管理方面。运用审判质效评估系统对全省法院审判质效进行分析、评估，并结合干警档案系统，通过对干警各项考核指标的综合考评，建立了覆盖审判全过程、多方位的绩效考评机制。四是审判公开方面。实现了三级法院、四级法庭的数字化法庭庭审的直播功能，实时监控、观摩全省法院正在开庭的案件。

文·件·链·接

1.《最高人民法院关于新时期进一步加强人民法院审判管理工作的若干意见》（法发〔2014〕8号）

2.《最高人民法院关于加强人民法院审判管理工作的若干意见》（法发〔2011〕2号）

32. 改革审判委员会工作机制。合理定位审判委员会职能，强化审判委员会总结审判经验、讨论决定审判工作重大事项的宏观指导职能。建立审判委员会讨论事项的先行过滤机制，规范审判委员会讨论案件的范围。除法律规定的情形和涉及国家外交、安全和社会稳定的重大复杂案件外，审判委员会主要讨论案件的法律适用问题。完善审判委员会议事规则，建立审判委员会会议材料、会议记录的签名确认制度。建立审判委员会决议事项的督办、回复和公示制度。建立审判委员会委员履职考评和内部公示机制。

条·文·解·读

审判委员会作为人民法院的最高审判组织，主要任务是总结审判经验，审理重大、复杂、疑难案件，讨论其他有关审判工作的重大问题，监督管理指导审判工作。这是人民法院组织法确定的制度架构和职能定位。审判委员会制度自建立以来，在诸多方面发挥了重要作用。近年来，最高人民法院始终关注推进审委会制度改革，在一五、二五、三五改革纲要中多次作出部署并提出明确工作要求。2007 年和 2010 年，最高人民法院还先后发布过两份《关于改革和完善人民法院审判委员会制度的实施意见》，对进一步改革和完善审委会制度作出具体、细化的制度安排。但从全国范围看，各级人民法院对于审委会制度改革的思想认识还不到位，目标方向不够明确，配套保障还不健全，离人民群众不断增长变化的司法需求尚存较大差距，审委会制度在不断发展中还存在着一些问题，如审理案件的“亲历性”不够，大部分精力放在了集中讨论案件，而总结审判经验、发挥监督指导功能作用不到位，议事的质量和效率不高，缺乏审委会委员履职的监督和保障机制，等等。上述问题也引起了社会各界的关注，尤其是学术界对人民法院的审委会制度不断提出批评。部分学者甚至主张从根本上取消审委会制度，指责审委会

“判而不审”，与审判公开原则相悖，有违司法过程的亲历性。

三中全会《决定》明确提出，要“改革审判委员会制度，完善主审法官、合议庭办案责任制，让审理者裁判、由裁判者负责”。《纲要》就“改革审判委员会工作机制”提出一系列改革要求和举措。

第一，关于合理定位审判委员会职能。从全国范围看，大多数法院的审判委员会主要精力集中在讨论具体案件上，总结审判经验和实施审判管理的职能未得到应有重视和充分发挥。在一些地方法院审判委员会讨论案件的比例达到议题总数的90%以上，严重影响和制约了审判委员会其他职能作用的全面发挥，一定程度上还与合议庭办案职能产生重合，影响到法官依法办案原则的贯彻落实。按照《纲要》，人民法院要合理定位审判委员会职能，强化审判委员会总结审判经验、讨论决定审判工作重大事项的宏观指导职能，改变法官办案依赖心理，切实推进司法责任制。

第二，关于规范审判委员会讨论案件的范围。目前，很多地方法院反映审委会讨论的案件太多，工作负荷过大。根据法律规定，审委会讨论重大、疑难、复杂案件，但所谓重大、疑难、复杂都是相对而言的。有的地方出于种种考虑，将大量案件提交审委会讨论，影响了司法效率，也影响了审判责任制的落实。因此，应当建立审委会讨论案件的过滤机制。提交审判委员会讨论决定的案件，院长可以指定二至三名审判委员会委员或者其他资深法官先行审查是否属于审判委员会讨论决定案件的范围，并提出意见，报请院长决定。规定由合议庭集体决定是否提交审委会讨论。这就防止了因庭长、审判长个人不同意合议庭的多数意见而通过审委会对已经形成的合议庭多数意见施加影响的不当做法。同时，严格限缩审判委员会讨论案件的内容。除法律规定的情形和涉及国家外交、安全和社会稳定的重大复杂案件外，审判委员会主要讨论案件的法律适用问题。

各级人民法院尤其是省级以下人民法院的审判委员会工作部门，应当从各自工作实际出发，积极建立审委会议题的过滤工作机制，借助审委会议事规则的完善，严格议题上会的标准和程序，大力压缩审委会讨论的案件范围，规范议事流程，使得人民法院审判委员会真正能够聚焦审判执行工作中的重大问题，将中央宏观政策与人民法院党组作出的重大决议，转化为人民法院具体审判工作，并将任务细化、分解到具体审判业务部门予以落实。

第三，关于完善审判委员会议事规则。一是审判委员会委员讨论案件应当充分发表意见，表决时应当按照资历由低到高的顺序进行，主持人最后发表意见和表决。审判委员会委员可以在讨论后一定时间内就自己已经发表的表决意见补充书面理由。二是建立审判委员会会议材料、会议记录的签名确认制度，所有参加讨论和表决的委员应当在审判委员会会议记录上署名。审判委员会作出决定的理由应当反映在以合议庭名义制作的裁判文书中。三是探索在出席人员、汇报方式、发言顺序、主持规则、表决方式、会议总结、会议记录等各个环节体现民主集中制，努力提高议事的质量和效率。四是借助信息化手段，将议题提交、审议过程、会议纪要、会议记录、督办落实等各环节纳入信息系统，并与网上办案、网上办公系统对接，确保院长提请上会的议题能及时提交审判委员会讨论，委员能够及时、全面地掌握案件材料并充分发表意见。最高人民法院目前已建成审委会信息化工作系统，并将其与每位法官的网上办案系统对接，提交审委会讨论的案件，系统会自动抓取案件信息，委员可提前审阅原审判决、证据材料、审查报告、评议笔录等案件材料，在一定程度上有效克服了案件承办人汇报时间短、汇报难以全面等工作短板，有利于提升议事的质量和效率。

第四，关于建立审判委员会决议事项的督办、回复和公示制度。审判委员会作出的决议事项，由审判委员会办公室进行督办。各有关责任部门应及时落实和回复。所有督办和回复工作通过法院内网公示。目前，最高人民法院审判委员会讨论重要司法解释和规范性文件的情况已通过政务网站、官方微博、微信向社会公开。

第五，关于建立审判委员会委员履职考评和内部公示机制。现有的法律法规对人民法院审判委员会委员的职责构成鲜有涉及，对审委会委员的履职缺乏有效的监督和考评机制。大多数审委会委员并非专职，有繁杂的审判及行政事务性工作，客观上影响了审委会委员职责的有效行使。按照《纲要》要求，今后要明确审委会委员职责，对委员出席率、发表意见情况、主持或参加案件庭审以及违反职责的行为建立个人履职档案，并在法院内部以适当方式予以公示，对履职的合法性、积极性和公正性进行评价、监督和问责，并将委员履职评价与领导干部业绩考核挂钩。在下步改革中，可以探索审委会委员提交书面意见工作机制，即审委会委员除在会议上发表意见外，还需在会前或会后提交书面意见，并附书面理由，以切实提升议事的质量和效率，切实提升委员履职的责任意识。

第六，关于完善审判委员会组织构成。人民法院应当按照专业化和高效审判的要求，进一步优化审判委员会结构。一是健全审判委员会机构设置，进一步明确专业委员会的性质、职责和功能定位，尤其要明确专委会与全体会的职责分工，原则上案件一般应交由专业委员会讨论决定。二是探索建立科学合理的委员选任机制和任期制，大胆吸收资深法官、某审判领域的业务专家进入审委会，以增强审委会的专业性和权威性。

文·件·链·接

1.《最高人民法院关于改革和完善人民法院审判委员会制度的实施意见》（法发〔2010〕3号）

2.《最高人民法院关于审判权运行机制改革试点方案》　（法〔2013〕227号）

33. 推动人民陪审员制度改革。落实人民陪审员“倍增计划”，拓宽人民陪审员选任渠道和范围，保障人民群众参与司法，确保基层群众所占比例不低于新增人民陪审员三分之二。进一步规范人民陪审员的选任条件，改革选任方式，完善退出机制。明确人民陪审员参审案件职权，完善随机抽取机制。改革陪审方式，逐步实行人民陪审员不再审理法律适用问题，只参与审理事实认定问题。加强人民陪审员依法履职的经费保障。建立人民陪审员动态管理机制。

条·文·解·读

人民陪审员制度是中国特色社会主义司法制度的重要组成部分。长期以来，人民陪审员制度在发挥司法民主、增强司法公开、强化司法监督、促进司法公正等方面发挥了重要作用。但是，在司法实践中，人民陪审员制度也存在着需要改进和完善的地方。一是人民陪审员的广泛性和代表性不足；二是陪审案件范围不明确；三是随机抽选流于形式，人民陪审员职权与职责不相匹配；四是人民陪审员退出和责任追究机制缺乏；五是与人民陪审员制度相适应的履职保障机制不完善。这些问题的存在，制约人民陪审员制度功能的充分发挥，需要进一步改革和完善。

三中全会《决定》提出，要广泛实行人民陪审员制度，拓宽人民群众有序参与司法渠道。这为人民陪审员制度改革指明了方向。四中全会《决定》进一步提出，要保障人民群众参与司法，完善人民陪审员制度，保障公民陪审权利，扩大参审范围，完善随机抽选方式，提高人民陪审制度公信度；逐步实行人民陪审员不再审理法律适用问题，只参与审理事实认定问题。这不仅指出了人民陪审员制度改革的重要任务，而且提出了人民陪审员制度改革的基本内容，是新时期指导人民陪审员制度改革的重要指南。根据党的十八大、十八届三中、四中全会精神，《纲要》对进一步推进人民陪审员制度改革作出了具体部署，提出了一系列改革措施。

第一，关于拓宽人民陪审员选任渠道和范围。目前我国人民陪审员的选任，主要是由公民所在单位、户籍所在地或者经常居住地的基层组织在征得本人同意后，以书面形式向当地基层人民法院推荐，或者是由公民本人向户籍所在地或者经常居住地的基层人民法院提出书面申请，基层人民法院依照规定进行审查后，由法院院长报请同级人大常委会任命。按照这一规定，是否担任人民陪审员完全取决于公民的意愿。从实践情况来看，选任渠道过于单一，选任范围过窄，许多符合条件的公民缺少参与陪审案件的积极性，不愿意担任人民陪审员，导致有些地方人民陪审员队伍存在着精英化现象，这在一定程度上影响了人民陪审员选任的广泛代表性。

域外国家在陪/参审员选任渠道和范围方面有较为成功的经验。如韩国地方政府每年从其管辖区域内居住的符合条件的公民户籍登记资料中，抽选出一定数量的公民，将其姓名、出生年月日、住所、性别等信息资料提交给法院，法院随机抽选出一定数量的陪审员预定候选人，制成当年度陪审员预定候选人名册。当案件需要国民参与审判时，法院从陪审员预定候选人名册中随机选取陪审员。我国台湾地区的做法也基本相同。有的国家规定从选民名单或者持有车辆驾驶证人员名单中选任陪/参审员。这些有益经验值得我们借鉴和吸收。

在人民陪审员制度改革中，应当落实人民陪审员“倍增计划”，拓宽人民陪审员选任渠道和范围。增加选任的广泛性和随机性，建立和完善人民陪审员随机抽选机制，提高选任工作透明度和公信度。开展改革试点，基层和中级人民法院每五年从符合条件的当地选民（或者当地常住居民）名单中随机抽选当地法院法官员额数五倍以上的人员作为人民陪审员候选人，制作人民陪审员候选人名册，建立人民陪审员候选人信息库。基层和中级人民法院会同同级司法行政机关对人民陪审员候选人进行资格审查，征求候选人意见，从审核过的名单中随机抽选不低于当地法院法官员额数三至五倍的人员作为人民陪审员，建立人民陪审员名册，提请同级人大常委会任命。在选任人民陪审员时充分兼顾社会各阶层人员在人民陪审员队伍中的结构比例，注意吸收社会不同行业、不同职业、不同年龄、不同民族、不同性别的人员，确保基层群众所占比例不低于新增人民陪审员的三分之二，以体现人民陪审员来源的广泛性和代表性，保障人民群众参与司法。

第二，关于规范人民陪审员的选任条件和方式。根据现行法律规定，我国公民担任人民陪审员的主要条件是，“年满二十三周岁”和“具有大学专科以上文化程度”。人民陪审员制度应当充分发挥人民陪审员熟悉社情民意的优势，因此人民陪审员需要适当提高年龄下限，要求具备一定的社会阅历和生活经验。另外，据初步统计，目前我国大学专科以上学历的人数占全国总人口的7%左右，而且这些人员主要集中在我国城市地区。在广大农村地区和交通不便的偏远地区，大学专科以上文化程度的公民人数较少，不能完全满足人民陪审员选任工作的基本要求。特别是西部少数民族地区，大学专科以上文化程度的公民更少，更加难以达到规定的人民陪审员学历条件要求。同时，在农村地区和贫困偏远地区一些年龄较大、在当地群众中享有较高威望的同志，非常适合担任人民陪审员，应当放宽对于他们学历限制。

在改革人民陪审员选任条件时，可以考虑适当提高年龄要求，同时降低人民陪审员文化程度的限制，可规定拥护中华人民共和国宪法、品行良好、公道正派、身体健康、具有选举权和被选举权的年满二十八周岁的公民，原则上都具备担任人民陪审员的资格。担任人民陪审员一般应当具有高中以上文化学历，但是农村地区和贫困偏远地区公道正派、德高望重者不受此限。完善选任方式，重点在于落实随机抽选原则。按照有关规定，当案件需要人民陪审员参与审理时，法院应在开庭前采取电脑生成等方式，从人民陪审员名册中随机抽取确定参审的人民陪审员。

第三，关于完善人民陪审员退出和惩戒机制。我国有关法律对人民陪审员退出进行了初步规定，但有些规定并不完全符合人民陪审员制度的要求。如人民陪审员申请辞去陪审职务的，经查证属实，法院应当提请同级人大常委会免除其陪审职务。从陪审的性质来看，陪审既是公民权利，也是义务。应当坚持权利义务相统一原则，被选任为人民陪审员的，没有正当理由不得拒绝履行陪审职责。陪审员无正当理由不履行陪审职责的，应当采取相应的惩戒措施，这也是许多国家和地区的通行做法。要完善人民陪审员退出和惩戒机制：一是建立人民陪审员宣誓制度，制定人民陪审员权利义务清单；二是建立人民陪审员职责豁免机制，因年龄、职业、生活、疾病等因素导致履行人民陪审员职责存在明显困难的，可以免除其陪审义务；三是明确人民陪审员退出情形；四是在不违反法律的前提下，对于人民陪审员无正当理由不履行职责的给予惩戒措施。

第四，关于扩大人民陪审员参审范围。扩大参审范围，重点是将适合人民陪审员审理的案件原则上让人民陪审员参与审理，比如刑事重罪案件选择人民陪审有利于充分听取民意，增加裁判的社会认同度，这也是世界多数国家（地区）国民参与审判的主要案件类型。但是，扩大参审范围并非要求所有案件均由人民陪审员参加审理，因为陪审制度需要较高的司法成本，而且有些案件不适合陪审。要合理界定并适当扩大人民陪审员参审案件范围，明确涉及群体利益、社会公共利益的，人民群众广泛关注或者其他社会影响较大的第一审刑事、民事、行政案件，以及可能判处十年以上有期徒刑、无期徒刑的第一审刑事案件，原则上实行陪审制。第一审刑事案件被告人、民事案件当事人、行政案件原告申请由人民陪审员参加合议庭审判的，可以实行陪审制审理。适用简易程序审理的案件以及法律规定只能由法官组成合议庭审理的案件，不实行人民陪审制审理。

第五，关于完善人民陪审员参审机制。针对当前人民陪审员“陪而不审、审而不议”等突出问题，要通过改革合理确定每个人民陪审员每年参与审理案件的数量比例，防止出现“驻庭陪审、编外法官”等现象，保障人民陪审员参审权利和效果。探索重大案件由三名以上人民陪审员参加合议庭机制。健全人民陪审员提前阅卷机制，人民法院应当在开庭前安排人民陪审员阅卷，为人民陪审员查阅案卷、参加审判活动提供便利。保障人民陪审员在庭审过程中依法行使权利，经审判长同意，人民陪审员有权参与案件共同调查、在庭审中直接发问、开展调解工作等。完善人民陪审员参加合议庭评议程序，人民陪审员的意见应当写入合议笔录，规范人民陪审员及合议庭其他成员发表意见顺序和表决程序，保障人民陪审员评议时充分发表意见，严格落实人民陪审员合议庭笔录和裁判文书签名确认制度。

第六，关于明确人民陪审员参审案件职权。我国法律规定，人民陪审员在法院执行职务，是他所参加的合议庭的组成人员，同审判员具有同等的权利和义务。人民陪审员除不能担任审判长主持庭审活动和撰写法律文书外，他在审理案件时，同合议庭的法官一起，共同评议案件、共同讨论和决定案件的事实问题和法律问题。司法实践中，经常会发生人民陪审员“陪而不审、审而不议、议而不决”等现象。这种现象出现的原因是多方面的，其中一个重要原因是，从普通民众中选举出来的人民陪审员通常不具有法律专业知识，他们无法对案件事实的法律适用问题作出准确判断，不能在案件裁判结论方面发表个人意见和建议。因此，尽管法律赋予人民陪审员对法律适用问题独立地发表意见的权力，但是，受制于法律专业知识的局限，他们大多不会、不愿、也不敢发表对案件处理的观点和见解，通常只能附和法官的裁判意见。从表面上看，案件裁判结论反映的是包括人民陪审员在内的全体合议庭成员的意见，实际上是法官个人的意见。这样，与其让法官个人对案件法律适用的意见代表合议庭全体成员的意见，不如把法律适用问题的决定权完全交给法官，让法官对法律适用问题负责。

其实，人民陪审员的优势在于，他们来自普通民众，具有丰富的社会阅历，了解社情民意，对风俗民情和市井社会有更为直观的感受，他们具备识别和判断案件证据材料、认定案件事实的能力。由人民陪审员认定案件事实，能够将普通民众的朴素观念带入案件审理中，弥补法官专业知识的不足，使案件裁判更好地反映社会大众的日常情感。与法官相比，人民陪审员并不具有法律适用方面的优势，他们有时甚至会作出错误的裁判结论。所以，让人民陪审员只参与审理事实认定，不再审理法律适用问题，更加符合人民陪审员的实际情况和案件审判规律，能够提升法院裁判的正当性，增强司法的社会公信力。因此，《纲要》根据四中全会《决定》规定，逐步实行人民陪审员不再审理法律适用问题，只参与审理事实认定问题。

如何实行人民陪审员不再审理法律适用问题，只参与审理事实认定问题，理论和实践中仍存在争议。可以通过改革试点，在实践中不断积累经验，再逐步推开。目前改革的初步考虑有以下几点：（1）人民陪审员在案件评议过程中独立就案件事实认定问题发表意见，不再对法律适用问题发表意见。考虑到按照目前的法律和诉讼制度，案件的事实问题和法律问题难以完全分开、界限较为模糊。因此，可以由审判长确定案件事实争议焦点，引导人民陪审员围绕案件事实认定问题发表意见，并对与事实认定有关的证据资格、证据证明力、诉讼程序等问题及注意事项进行必要的说明，但不得妨碍人民陪审员对案件事实的独立判断。（2）考虑到我国人民陪审员制度接近于参审制，不同于英美法国家的陪审团制度，因此人民陪审员和法官共同对案件事实认定负责，如果意见分歧，应当按多数人意见对案件事实作出认定，但是少数人意见应当写入笔录。（3）如果法官与人民陪审员多数意见存在重大分歧，法官认为人民陪审员多数意见对事实的认定违反了证据法律规则，可能导致适用法律错误或者造成错案的，可以提交院长决定是否提交审判委员会讨论。

第七，关于完善人民陪审员履职保障机制和管理机制。当前人民陪审员履职保障存在的困难主要为：一是经费保障一些地方落实不到位；二是人民陪审员大多有本职工作，人民陪审员所在单位认为人民陪审员履行陪审职责耽误本职工作而采取减少薪酬待遇等不利措施；三是人民陪审员的人身安全保护亟待加强，打击、报复人民陪审员的现象屡有发生。改革要明确人民陪审员制度实施所需经费列入人民法院业务费预算予以保障。人民陪审员所在单位不得因人民陪审员履行陪审职责而对其实施解雇以及减少工资或薪酬待遇等不利措施。加强对人民陪审员个人信息和人身安全保护。要进一步加强和改进对人民陪审员的培训和管理。

为了保障人民陪审员制度的顺利运行，维护人民陪审员制度的公正性和权威性，有必要对危害人民陪审制度的行为进行处罚，建立相应的惩罚规则。我国法律和有关司法解释已经有对危害人民陪审员制度处罚措施的规定，如人民陪审员违反与审判工作有关的法律及相关规定，徇私舞弊，造成错误裁判或者其他严重后果，构成犯罪的，依法追究刑事责任。但是现行的处罚措施尚不够全面具体，不能有效防止危害人民陪审员制度行为的发生，需要进一步健全和完善。危害人民陪审员制度的行为主体既可以是现任或者曾任人民陪审员以及人民陪审员候选人，也可以是当事人或者其他社会公众，还可以是负责人民陪审事务工作的司法人员。对危害人民陪审员制度的处罚措施应当涵盖各种危害人民陪审员制度的行为。

域·外·参·考

域外主要国家和地区的陪/参审制度

一、陪/参审员的选任

（一）日本

第一，通知当地选举委员会。法院在每年9月1日前，将下一年度所需要的陪审员候选人的人数，按比例分配给所辖区域内的市町村等基层行政单位，并通知市町村的选举委员会。

第二，制作陪审员候选人预定名册。市町村选举委员会接到法院通知后，在选举人名册中，以抽签方式选定法院通知的陪审员候选人人数，并按选举人名册中记载的姓名、住所及出生年月日，制作陪审员候选人预定名册。市町村选举委员会应在每年10月15日之前，将陪审员候选人预定名册送交当地法院。

第三，制作陪审员候选人正式名册。法院收到选举委员会送交的陪审员候选人预定名册后，以此为基础，制作陪审员候选人正式名册。

第四，通知陪审员候选人。法院在制作陪审员候选人正式名册后，应当及时通知名册中的陪审员候选人。

（二）韩国

第一，制作陪审员预定候选人名册。地方行政安全部（相当于我国的公安部门）长官按照法院的要求，每年从在其管辖区域内居住、年满二十岁的公民户籍簿中，抽选出一定数量的公民，并在三十日内将其姓名、出生年月日、住所、性别等信息，以电子档案的形式提交给法院，法院从中随机抽选出一定数量的陪审员预定候选人，制成当年度陪审员预定候选人名册。

第二，选定候选陪审员。当具体案件需要国民参与审判时，法院从陪审员预定候选人名册中随机选取一定数量的候选陪审员。陪审员候选人被抽选出来后，除了有法定的失格事由、除外事由、除斥事由、免除事由外，法院应当通知各候选陪审员在指定的期日到法院接受选任。

第三，选任陪审员和预备陪审员。陪审员的选任程序由法官以不公开方式进行。法官以抽签的方式随机从通知出席的候选陪审员中，选出一定数量的候选陪审员。检察官和辩护人应当参加选任程序，被告人经法院同意也可到庭参加选任。法官可以对这些候选陪审员进行询问，以确认其是否存在失格事由、除外事由、除斥事由或免除事由，以及这些候选陪审员是否存在不公正审理的可能性；检察官、被告人和辩护人也可以要求法官对候选陪审员进行询问，或者经法官同意直接询问。对于可能判处被告人死刑、无期徒刑的案件，由九名陪审员参审；其他案件由七名陪审员参审；但被告人或辩护人承认公诉事实主要内容的案件，可由五名陪审员参审。检察官和辩护人询问候选陪审员后，可以在不需要说明任何理由的情况下，要求候选陪审员回避（即无因回避）。适用九名陪审员的案件最多可申请五人无因回避，适用七名陪审员的案件最多可申请四人无因回避，适用五名陪审员的案件最多可申请三人无因回避。对于检察官和辩护人提出的无理由回避申请，法院不得拒绝。

（三）中国台湾地区

第一，制作备选参审员初选名册。法院在每年9月1日前，将所估算的次年度所需备选参审员人数，通知辖区内的政府部门。政府部门在每年10月1日前，从辖区内具有参审员资格的人员中，以随机抽选方式选出法院所需人数的备选参审员，制作备选参审员初选名册，送交法院。

第二，制作备选参审员复选名册。法院成立备选参审员审核小组，院长为小组召集人。小组由下列委员组成：法官一人，检察官一人，政府民政局局长或其指派的人，律师代表一人，其他社会公正人士一人。备选参审员审核小组对备选参审员初选名册中的候选人资格进行审查，并制作备选参审员复选名册，同时书面通知复选名册中的各位备选参审员。

第三，选出候选参审员。在案件开庭审理程序开始前，法院从备选参审员复选名册中，随机抽选出该案所需人数的候选参审员，并且对其进行必要的调查。

第四，通知候选参审员到庭选任。法院在参审员选任期日三十前，以书面形式通知候选参审员在选任期日到庭。在书面通知中，应附有人民参审制度概要说明书、候选参审员调查表。候选参审员如实填写调查表，并在选任期日十日前送交法院。法院收到调查表后，应当进行必要的调查；如发现候选参审员不具备参审资格，或者具有除名情形，应当将其除名。

第五，通知检察官和辩护人参加选任。法院应当在参审员选任期日二日前，将应当到庭参加选任的参审员名册送交检察官和辩护人。法院认为有必要时，也可以要求被告人在参审员选任日期到场。参审员选任程序应在检察官和辩护人在场的情况下，以不公开的方式进行。

第六，询问候选参审员。在参审员选任程序中，法院可以对到庭的候选参审员进行个别询问。检察官或者辩护人可以申请法官询问候选参审员，也可以直接询问候选参审员。如果发现候选参审员不具备参审资格，或者具有应当除名的情形，法院应当作出不选任的裁定。当事人和辩护人在询问候选参审员后，可以在不说明理由的情况下，交互（先检察官、后当事人）申请法院要求候选参审员回避；双方最多可以申请三名候选参审员无因回避。法院对当事人提出的无因回避，应当作出不选任的裁定。

第七，抽选参审员和备位参审员。法院应当从剩余的合格候选参审员中，以抽签的方式抽选出五名参审员。法院认为有必要时，再以抽签方式抽选二至四名备位参审员，并编定其递补序号。

二、陪/参审案件的范围

（一）英国

英国现在实行陪审团审理的案件已经很少，通常为重大的刑事案件。英国陪审团审理民事案件的范围仅限于欺诈、损害名誉、恶意追诉、诬告和非法监禁等少数案件。在英格兰和威尔士地区的民事案件中，仅有不到1%的案件实行陪审团审理，其中大多数为名誉侵权案件。因为这些案件事实容易由普通公民作出判断。合同、票据、医疗、建筑、保险等案件通常由法官裁判。

（二）美国

目前美国实行陪审团审理的刑事案件不多，多数刑事案件通过辩诉交易的方式解决。美国陪审团已经很少审理民事案件。据美国州法院管理中心统计，在美国州法院，陪审团审理的民事案件大约占所有审结民事案件的1%。

（三）日本

日本陪审制只适用于刑事案件，不适用于民事和行政案件。刑事案件中，被告人可能判处死刑或无期徒刑、拘役的重罪，以及因故意犯罪行为导致受害人死亡的犯罪案件，才适用陪审制审理，其他刑事案件一般不适用陪审制。陪审制的合议庭由法官三人、陪审员六人组成，简单案件由法官一人、陪审员四人组成。

（四）韩国

在韩国，陪审制只适用于刑事案件，不适用于民事案件和行政案件。但是，并非所有的刑事案件都能够适用陪审制审理，只有法律规定的重大刑事案件才能适用陪审制。韩国对重大刑事案件的界定，采取二元式方法进行规定，即一部分重大刑事案件由法律明确列举，这主要包括：法律明确规定的杀人、产生死亡结果的结果加重犯、抢劫、强奸、收贿罪等犯罪罪名，以及属于前项犯罪的未遂犯、教唆犯、帮助犯、预备犯、阴谋犯，还有与前述犯罪案件相关联需要合并审理的案件；另一部分的重大刑事案件授权大法院以规范性文件的形式，在法定合议案件中根据具体情况选择适用的案件类型。韩国2012年7月修订后的法律，将适用陪审制审判的案件范围扩大到所有需要三名法官组成合议庭进行审判的案件，即对被告人至少需要宣告一年以上有期徒刑的案件。但仍然保留被告人申请以及法院拒绝适用的权力。

（五）中国台湾地区

台湾地区参审制审理的案件，通常为重大的、争议较大，且易于为普通民众判断的刑事案件，民事案件和行政案件不实行参审制审理。下列一审公诉案件，应当实行参审制审判：一是被告人最轻刑罚为七年以上有期徒刑的；二是除前项情形外，故意犯罪而致人死亡的。值得提出的是，台湾地区在适用参审制审理案件范围方面并未赋予被告人的选择权，案件审理是否采取参审制的方式，并不取决于被告人的态度，而是由法院依职权强制适用。有下列情形之一的，可以不实行参审制：一是有充分事实足以认定实行参审制难以实现公正审判的，或者对参审员、备位参审员本人或其配偶、八代以内的血亲、五代以内的姻亲或家属的生命、身体、自由、名誉、财产造成危害的；二是案件情节复杂或者需要专业知识，不经过长久时间显然难以完成审判任务的；三是被告人对被诉事实承认有罪，可以不实行参审制审理的；四是有其他事实足以认定实行参审制显然不适当的。

三、对妨害陪/参审制度的罚则

（一）日本

1. 请托陪审员罪。对陪审员或者候补陪审员就其职务上的有关事项进行请托的，处二年以下有期徒刑或者二十万日元以下的罚金。

2. 胁迫陪审员罪。以会面、交付书面材料、打电话等方式，对参与案件审理的陪审员或其亲属进行胁迫的，处二年以下有期徒刑或者二十万日元以下的罚金。

3. 陪审员泄密罪。陪审员或者候补陪审员泄露案件评议秘密或者其他职务上所知悉的秘密的，处六个月以下有期徒刑或者五十万日元以下的罚金。

4. 泄露陪审员姓名罪。检察官或者辩护人以及被告人无正当理由，泄露陪审员候选人的姓名及有关个人信息的，处1年以下有期徒刑或者五十万日元以下的罚金。

5. 陪审员候选人虚假陈述罪。陪审员候选人在选任和案件审理过程中进行虚假陈述，或者无正当理由拒绝陈述的，处五十万日元以下的罚金。

6. 对陪审员候选人不到庭等的处罚。陪审员候选人经传唤，无正当理由拒不到庭的，或者无正当理由不宣誓的，处十万日元以下的罚金。

（二）韩国

1. 向陪审员或候选陪审员实施职务上的请托行为，处二年以下有期徒刑或者五百万韩元以下的罚金。

2. 对陪审员以及候选陪审员或其亲属，以电话、书信、见面或者其他方式进行威胁，处二年以下有期徒刑或者五百万韩元以下的罚金。

3. 陪审员或者预备陪审员泄露陪审职务秘密，处以六个月有期徒刑或者三十万韩元以下的罚金。曾经担任陪审职务的人泄露陪审秘密的，给予同样的处罚。

4. 陪审员或者候选陪审员收受或者预期获得他人财产或者其他经

济利益，处三年以下有期徒刑或者一千万韩元以下的罚金。

5. 陪审员或者候选陪审员无正当理由没有在法院指定的期日出庭的，或者陪审员无正当理由拒绝宣誓的，或者候选陪审员在选任程序中进行虚伪陈述的，处最高二百万韩元的罚金。

（三）中国台湾地区

1. 参审员、备位参审员收受贿赂或其他不正当利益，承诺不行使其职务（如无正当理由故意缺席审判），或者从事一定的行为（如故意发表被告人无罪的意见）的，处五年以下有期徒刑，并处以一百万新台币以下罚金。

2. 向参审员和备位参审员贿赂或给予其他不正当利益，约定其不履行职务或从事一定行为的，处以五年以下有期徒刑，并处以一百万新台币以下罚金。

3. 意图报复参审员、备位参审员履行职务，对其本人或其配偶、八代以内血亲和五代以内姻亲或家属实施犯罪的，依照行为人所犯罪行，加重二分之一进行处罚。

4. 有下列情形之一的，处一年以下有期徒刑、拘役或者处十万元新台币以下的罚金：一是现任或曾任参审员泄露因执行职务知悉的秘密、涉及个人隐私的事项以及其他依法应当保密的事项；二是现任或曾任候选参审员泄露因他人接受询问而知悉的秘密、涉及个人隐私的事项以及其他依法应当保密的事项。

5. 有下列情形之一的，处一年以下有期徒刑、拘役或者处十万元新台币以下的罚金：一是备选参审员审核小组委员及其他参与人员泄露因执行职务而知悉的个人资料；二是揭露参审员或候选参审员的姓名、出生年月日、国民身份证统一编号、证照号码、特征、指纹、婚姻、家庭、教育、职业、病历、医疗、基因、性生活、健康检查、犯罪前科、联系方式、财务情况、社会活动及其他可以直接或间接方式识别该个人的资料，或者向现任或曾任参审员或候选参审员打探依法应当保密的事项。

6. 候选参审员有下列情形之一的，处以三万元新台币以下罚款：一是明知是不真实的事项而填写到候选参审员调查表上，并提交给法院；二是经合法通知，没有正当理由而在参审员选任期日不到场；三是在参审员选任期日作虚伪陈述或没有正当理由拒绝陈述。

7. 参审员、备位参审员拒绝宣誓的，处以三万元以下新台币罚款。

8. 有下列情形之一的，处以三万元以下新台币罚款：一是参审员在审判期日或者终局评议时不到场；二是参审员在终局评议时拒绝陈述，或者以其他方式拒绝履行职务；三是备位参审员在审判期日不到场。

9. 参审员和备位参审员违反审判长作出的维持审判秩序的命令，妨碍开庭审判程序、终局评议的顺利进行的，处以三万元新台币以下罚款。

文·件·链·接

1.《最高人民法院、司法部关于人民陪审员选任、培训、考核工作的实施意见》(法发〔2004〕22号)

2.《最高人民法院关于人民陪审员管理办法（试行)》 (法发〔2005〕1号)

3.《财政部、最高人民法院关于人民陪审员经费管理有关问题的通知》(财行〔2005〕72号)

4.《最高人民法院政治部关于人民陪审员选任工作若干问题的答复》(法政〔2005〕63号)

5.《最高人民法院关于人民陪审员参加审判活动若干问题的规定》(法释〔2010〕2号)

6.《最高人民法院政治部关于人民陪审员工作若干问题的答复》(法政〔2010〕11号)

7.《最高人民法院关于海事法院人民陪审员选任工作的意见（试行)》(法〔2011〕267号)

34. 推动裁判文书说理改革。根据不同审级和案件类型，实现裁判文书的繁简分流。加强对当事人争议较大、法律关系复杂、社会关注度较高的一审案件，以及所有的二审案件、再审案件、审判委员会讨论决定案件裁判文书的说理性。对事实清楚、权利义务关系明确、当事人争议不大的一审民商事案件和事实清楚、证据确实充分、被告人认罪的一审轻微刑事案件，使用简化的裁判文书，通过填充要素、简化格式，提高裁判效率。重视律师辩护代理意见，对于律师依法提出的辩护代理意见未予采纳的，应当在裁判文书中说明理由。完善裁判文书说理的刚性约束机制和激励机制，建立裁判文书说理的评价体系，将裁判文书的说理水平作为法官业绩评价和晋级、选升的重要因素。

条·文·解·读

近年来，我国裁判文书说理的整体水平已经大大提高，优秀裁判文书不断涌现。但裁判文书说理不充分、不规范的现象仍然普遍存在，主要问题有：一是说理机制尚不健全；二是说理能力亟待提高；三是说理范围有待明确；四是事实认定说理需要增强；五是法律适用说理仍需加强；六是说理的类型化分析有待提高。针对上述问题，三中全会《决定》明确要求“增强法律文书说理性”，四中全会《决定》再次要求“加强法律文书释法说理”，《纲要》对“推进裁判文书说理改革”提出了具体要求。

第一，关于建立裁判文书繁简分流机制。目前，人民法院面临的案多人少矛盾尤为突出，要求所有法官对所有裁判文书都进行说理既不现实也无必要。裁判文书说理应该根据诉讼程序、案件类型等繁简分流，该简则简，该繁则繁。对于适用普通程序的案件，裁判文书一般都要说理，尤其是对社会影响大，对同类案件具有指导意义的案件等要充分说理。对于简单案件，裁判文书说理可以简单化或者不具体展开，民事小额诉讼案件、刑事轻罪速裁程序案件、简单的行政案件可以探索采取要素式、表格式、令状式裁判文书，并通过裁判文书改革推动审判方式改革。如《最高人民法院关于适用〈中华人民共和国民事诉讼法〉的解释》第二百七十条就规定："适用简易程序审理的案件，有下列情形之一的，人民法院在制作判决书、裁定书、调解书时，对认定事实或者裁判理由部分可以适当简化：（一）当事人达成调解协议并需要制作民事调解书的；（二）一方当事人明确表示承认对方全部或者部分诉讼请求的；（三）涉及商业秘密、个人隐私的案件，当事人一方要求简化裁判文书中的相关内容，人民法院认为理由正当的；（四）当事人双方同意简化的。"第二百八十二条明确："小额诉讼案件的裁判文书可以简化，主要记载当事人基本信息、诉讼请求、裁判主文等内容。"

第二，关于完善裁判文书说理的保障机制。一是深化司法的实质公开。在继续推行裁判文书上网等司法形式公开的同时，应该深化司法的实质公开，尽量将审理报告中详细论述的内容体现到裁判文书中，改变目前审理报告详细而裁判文书简单这种对内对外"两张皮"的现状，真正让裁判文书能够反映裁判过程和裁量因素。二是加强裁判文书说理的培训，既要培养说理意识，促使法官敢于将真实的裁判思维表达出来，又要提高说理能力，促使法官熟悉裁判文书说理的技术性要求。三是完善裁判文书说理的刚性约束机制和激励机制。裁判文书说理是法官的义务，说理水平直接反映出法官的法律能力。将裁判文书说理水平作为法官考评、晋级、选升的重要因素，有利于促使法官积极提升说理能力、提高裁判文书制作水平。

地·方·探·索

广东深圳法院探索裁判文书简化改革

深圳市中级人民法院于2012年5月7日，向社会公开发布《深圳市中级人民法院关于一审民事裁判文书简化改革的若干规定》（以下简称《规定》），正式启动裁判文书简化改革。改革的对象主要是一审法院适用简易程序审理的案情简单、事实争议不大的民商事案件，根据不同类型分别适用令状式、要素式、表格式裁判文书，并分别明确了适用的条件和范围。

一是简易（令状式）裁判文书。此种文书只包含诉讼参与人称谓和法院裁判主文，不记载当事人诉辩主张和裁判理由。简易（令状式）裁判文书相当于传统裁判文书的判决主文，设计此种文书目的主要在于配合小额速裁案件的审理，让老百姓及时拿到裁判文书，让案件审理真正能够快起来。适用令状式简易裁判文书，要求法官当庭认定案件事实、当庭陈述判决理由、当庭宣判、当庭出具裁判文书。

为规范简易（令状式）裁判文书的使用，深圳市中级人民法院还对其适用条件作出了严格规定：诉讼标的额人民币 20 万以下；事实没有争议或争议不大；适用简易程序（包含小额速裁程序）；当庭宣判；庭审过程全程录音或者录像。适用范围主要有小额速裁案件、对事实没有争议的案件以及对事实没有争议或者争议不大的信用卡透支纠纷、按揭欠款纠纷、欠缴物业管理费纠纷、欠缴房屋租金纠纷、工伤保险待遇纠纷等七类特殊案件。

二是要素式裁判文书。对于某些能够概括出固定要素的案件，在撰写裁判文书时不再按照传统的裁判文书格式分开陈述原告诉称、被告辩称、本院查明和本院认为部分，而是围绕着具体的案件要素，陈述原、被告意见及证据和法院认定的理由及依据，此类裁判文书被称为要素式裁判文书。使用要素式裁判文书的案件，要求当事人首先填写相关要素，法院围绕双方填写的要素开庭审理，重点调查双方争议的要素，在撰写裁判文书时对于双方一致认可的要素简单写明双方一致认可的内容，对于双方争议的要素，要写明双方的诉辩意见及证据和法院认定的事实、理由和依据。这种文书的特点是简单、明了、易懂，而且采用“夹叙夹议”的写作模式，相对于传统裁判文书“先叙述，后议论”的写作模式是一种变革。

三是表格式裁判文书。即用表格列举的方法陈述当事人诉辩主张、法院查明的事实、裁判理由和裁判主文的简易法律文书及以附表列举金钱给付项目的裁判文书。此类裁判文书与要素式裁判文书大同小异，只是所适用案件的要素更适宜用表格的方式列明。

深圳法院推行裁判文书改革不仅限于文书本身，同时也是庭审方式和裁判方式的改革。要素式裁判文书一定要与要素表和要素式庭审结合起来才能实现文书制作上的简便。令状式文书也要与“门诊式庭审”结合起来才更能实现高效率。要素式庭审是指按要素进行调查和辩论的庭审方式。与传统庭审相比，要素式庭审不再按照法庭调查与法庭辩论阶段进行划分，而是按照案件相关要素确定审理顺序。双方当事人均已提交要素表的，庭审时不再要求双方当事人陈述诉辩意见，但原告需明确诉讼请求，被告亦需针对诉讼请求作出承认与否认的表态。被告若否认原告诉讼请求的，即开始按照相关要素的顺序对案件进行审理。“门诊式庭审”是指开庭时不再宣布法庭纪律和核对当事人，而对一定数量案件当事人集中进行诉讼风险和诉讼权利义务告知后，依次审理并当庭宣判的小额速裁案件开庭审理方式。核对当事人工作以及询问当事人是否申请法官回避工作由法官助理承担，庭前完成。开庭类似于医生看病，一个庭接一个庭，中间不休息。庭审不严格区分法庭调查和法庭辩论，可以边审理边做调解工作。要素式庭审与“门诊式庭审”区别于传统的庭审方式，在快速查明案件事实、提高庭审效率方面作了很好的探索。

文·件·链·接

《最高人民法院关于进一步提高裁判文书质量的通知》（法〔2009〕177号）

35. 完善司法廉政监督机制。改进和加强司法巡查、审务督察和廉政监察员工作。建立上级纪委和上级法院为主、下级法院协同配合的违纪案件查处机制，实现纪检监察程序与法官惩戒程序的有序衔接。建立法院内部人员过问案件的记录制度和责任追究制度。依法规范法院人员与当事人、律师、特殊关系人、中介组织的接触、交往行为。

条·文·解·读

司法廉洁是确保司法公正的前提条件。当前，一些司法人员作风不正、办案不廉，办金钱案、关系案、人情案。这些现象的存在，在一定程度上影响了人民群众对司法的信赖。为此，有必要通过不断加强司法廉政监督，完善司法廉政监督机制，进一步保障司法公正，促进司法廉洁。

三中全会《决定》指出，要健全惩治和预防腐败体系，建设廉洁政治，努力实现干部清正、政府清廉、政治清明。四中全会《决定》从保证公正司法、提高司法公信力的高度，明确提出要“加强对司法活动的监督，努力让人民群众在每一个司法案件中感受到公平正义”，“对司法领域的腐败零容忍，坚决清除害群之马。”为全面贯彻十八届三中、四中全会精神，《纲要》从人民法院队伍建设的实际情况出发，具体部署了完善司法廉政监督机制的改革任务。

第一，关于改进和加强司法巡查、审务督察和廉政监察员工作。司法巡查是上级人民法院对下级人民法院领导班子建设、司法业务建设、司法队伍建设情况进行巡回检查的内部监督制度。司法巡查的主要任务：一是对下一级人民法院领导班子及其成员贯彻党的路线方针政策、执行民主集中制和党风廉政建设责任制、坚持勤政廉政等情况进行监督检查；二是对下一级人民法院在执法办案工作中执行国家法律、化解社会矛盾、服务社会经济发展、落实利民便民措施、创新审判管理机制等情况进行监督检查；三是对下一级人民法院加强思想政治建设、组织开展业务培训、构建惩治和预防腐败体系、纠正损害群众利益和伤害群众感情的不正之风、完善司法保障机制、加强基层基础建设等情况进行监督检查。司法巡查主要采取听取工作汇报、列席相关会议、调阅复制有关文件资料、组织民主测评和问卷调查、与相关人员个别谈话、走访有关单位和基层法院、召开各类人员座谈会、对被巡查人民法院及其辖区人民法院进行暗访检查等方式进行监督检查。实践证明，建立司法巡查制度有利于保证审判、执行权公正、高效运行，有利于加强人民法院思想建设、能力建设、廉政建设、作风建设。随着司法改革的全面推进，有必要进一步改进和加强司法巡查制度，更加注重对司法巡查结果的运用，将司法巡查结果及整改情况作为对被巡查人民法院及其领导成员进行考核评价、表彰奖励、职级晋升、职务任免的重要依据。同时确保司法巡查工作不干预被巡查人民法院的正常工作，不过问被巡查法院正在办理的案件，不直接查办违纪违法案件。

审务督察是各级法院对本院各部门及其工作人员，上级法院对下级法院及其工作人员履行职责、行使职权、遵章守纪、改进作风等情况开展实地检查，并对正在发生的违法违规行为进行现场查纠的内部监督方式。审务督察的工作职责是通过开展日常督察和专项督察工作，推动法院的纪律作风建设，纠正人民群众反映强烈的不正之风；通过开展审务评议工作，听取国家机关、社会团体、企业事业单位和人民群众对人民法院工作的意见和反映。审务督察采取明察与暗访相结合、实地检查、现场查纠等方式进行。它将事后监督逐步前移为事前、事中监督，督促有关单位对存在的问题及时进行整改，从而能够更加及时有效地从源头上防止影响公正、廉洁、文明执法的问题发生。在人民法院司法改革过程中，应当进一步规范审务督察的职能，明确审务督察的对象，完善审务督察的内容，健全审务督察的程序，充分发挥审务督察在促进法院司法廉政监督方面的重要作用。

廉政监察员制度是新形势下法院加强对审判执行人员日常监督和廉

政教育的常态化工作机制。廉政监察员一般应由具有同级正职或副职非领导职务的资深法官担任，也可由所在部门副职领导兼任。廉政监察员接受所在部门和本院监察部门的双重领导。除了廉政教育、检查监督、提醒诫勉、指导咨询等日常工作之外，廉政监察员认为发现的问题涉嫌严重违纪，应当向所在部门主要负责人和本院监察部门报告。廉政监察员可以协助或者参与对违纪案件的初核、调查、审理工作。廉政监察员制度能够针对法院违纪违法多发的重点部门、重点岗位，强化对审判权、执行权的行使进行有效监督，有助于推动人民法院反腐倡廉工作向纵深发展。为了保证廉政监察员正确履行职责，充分发挥廉政监察员的作用，有必要进一步完善廉政监察员的工作权限、监督方式、责任和义务、奖惩等具体措施。

司法巡查、审务督察与廉政监察员制度，构成了人民法院内部严密的司法廉政监督体系。它们都是人民法院的内部监督制度，都有侧重的监督对象、监督内容和各自不同的监督方式和手段，它们之间既有区别，同时也存在职能互补关系。司法巡查、审务督察与廉政监察员制度能够使宏观层面的监督与微观层面的监督有机结合起来，事后监督与事前、事中监督有机结合起来，定期监督与不定期监督有机结合起来，相互交织形成了较为严密的监督网络。

第二，关于完善违纪案件查处机制。为了规范人民法院工作人员行为，促进人民法院工作人员依法履行职责，确保公正、高效、廉洁司法，应当建立健全科学合理的违纪案件查处机制。三中全会《决定》明确提出，改革党的纪律检查体制，推动党的纪律检查工作双重领导体制具体化、程序化、制度化，强化上级纪委对下级纪委的领导；查办腐败案件以上级纪委领导为主，线索处置和案件查办在向同级常委报告的同时必须向上级纪委报告。这为健全和完善人民法院纪检监察制度和违纪案件查处机制提供了政治保障。

人民法院工作人员因违反法律、法规或者有关规定，应当按照规定承担纪律责任。按照规定，人民法院工作人员违纪行为包括：违反政治纪律的行为、违反办案纪律的行为、违反廉政纪律的行为、违反组织人事纪律的行为、违反财经纪律的行为、失职行为、违反管理秩序和社会道德的行为。对于所有上述违纪行为，都应当对行为人给予相应的处分。

根据2013年修订的《人民法院监察工作条例》（法发〔2013〕3号）的规定，人民法院基本确立了纪律检查工作双重领导体制：最高人民法院监察部门在最高人民法院院长的领导下主管全国法院的监察工作；地方各级人民法院监察部门或者监察员在本院院长和上级法院监察部门的领导下开展工作，监察业务以上级法院监察部门领导为主。最高人民法院监察部门对本院各部门及其法官和其他工作人员，以及高级人民法院及其院长、副院长、副院级领导干部、监察局局长实施监察；高级人民法院监察局和中级人民法院监察处对本院各部门及其法官和其他工作人员，以及下一级人民法院及其院长、副院长、副院级领导干部、监察部门主要负责人或者专职监察员实施监察；基层人民法院监察科或者专职、兼职监察员对本院各部门及其法官和其他工作人员实施监察。上级人民法院监察部门可以办理下一级人民法院监察部门管辖范围内的监察事项；必要时可以办理所辖各级人民法院监察部门管辖范围内的监察事项。随着人民法院司法改革的不断深入，法院人财物省级统管体制的逐步推进，人民法院违纪案件查处机制需要进一步健全和完善，形成上级纪委和上级法院为主、下级法院协同配合的违纪案件查处机制。

这里需要指出的是，此次司法改革的一项重要举措，是在最高人民法院和省级高级人民法院设立由法官代表和社会有关人员参与的法官惩戒委员会，负责对法官违纪违法行为进行惩戒。法官惩戒委员会设立后，如何正确处理其与现行的法院纪检监察部门的关系，实现纪检监察程序与法官惩戒程序的有序衔接，将是人民法院司法改革面临的现实课题。目前，这一问题正在积极探索研究之中。未来，法官违纪违法行为可考虑由法院监察部门按照《人民法院监察工作条例》负责受理、调查、审理，并提请法官惩戒委员会审议决定；不具有审判职务的审判辅助人员、司法行政人员的纪律处分，由法院监察部门按照《人民法院监察工作条例》《人民法院工作人员处分条例》等规定的程序进行处理；具有党员身份的法官违反党的纪律，需要给予党纪处分的，由党的纪律检查部门处理；法官同时违反党纪政纪，法官惩戒委员会在作出惩戒决议后，可以建议党的纪律检查部门给予党纪处分。

第三，关于建立法院内部人员过问案件的记录制度和责任追究制度。近年来，随着人民群众司法需求的不断增长，人民法院受理的案件越来越多，案值越来越大，人民法院的司法环境也日趋复杂。一些案件当事人及其代理人为了在诉讼活动中得到法院领导干部和办案法官的关照，往往会通过各种社会关系去结识法院领导干部和办案法官；一些与法院领导干部和办案法官具有领导、同事、同学、亲属、朋友等密切关系的人员则在案件当事人与法院领导干部和办案法官之间牵线搭桥、请托说情，导致法院的正常办案工作遭遇到严重的干扰。为解决人情关系干扰办案工作的问题，形成良好的司法生态，有必要进一步加强对法院内部人员的自我约束，建立法院内部人员过问案件的记录制度和责任追究制度，从源头上构筑防止法院内部人情干扰的“隔离墙”。

为此，四中全会《决定》明确提出，“明确司法机关内部各层级权限，健全内部监督制约机制。司法机关内部人员不得违反规定干预其他人员正在办理的案件，建立司法机关内部人员过问案件的记录和责任追究制度。”法院内部工作人员包括正在法院工作或者曾经在法院工作的审判人员、审判辅助人员、司法行政人员以及临时聘用人员。按照法院内部人员过问案件的记录制度和责任追究制度的要求，法院工作人员不得私下接触本人审理案件的案件当事人及其亲属、代理人、辩护人或者其他关系人；如果因不明情况或者其他原因接触上述人员并可能引起社会公众及案件当事人合理怀疑的，应当自行申请回避。法院工作人员及退休人员不得违反规定为案件当事人及其亲属、代理人、辩护人或者其他关系人转递涉案材料；不得违反规定打听正在办理的案件情况；不得以任何理由为案件当事人说情、打招呼。法院工作人员及退休人员在职责范围之外收到案件当事人及其亲属、代理人、辩护人或者其他关系人转交、邮寄的涉案材料，应当送交本院立案信访部门处理，不得直接转交案件承办法院、案件承办部门及相关审判组织或者审判人员，也不得在涉案材料上签批任何意见。

建立法院领导干部和上级法院工作人员过问案件的“全程留痕”制度。法院领导干部非因履行职责，不得向审判组织和审判人员过问正在办理的案件；不得向审判组织和审判人员批转涉案材料。上级人民法院工作人员非因履行职责，不得向下级人民法院过问正在办理的案件；不得向下级人民法院批转涉案材料。法院领导干部和上级人民法院工作人员因履行职责需要对正在办理的案件提出指导性意见时，应当以书面形式提出，或者由案件承办人记录在案。案件承办人应当将人民法院领导干部和上级人民法院工作人员提出指导性意见的批示、函文、记录等文字材料存入案件卷宗备查，并在审判组织评议和讨论案件时作出说明。建立法院内部人员过问案件的责任追究制度。法院内部人员违反规定过问案件的，应当给予诫勉谈话、通报批评或者组织处理；构成违纪的，应当按照相关规定给予纪律处分；涉嫌犯罪的，应当移送司法机关依法处理。

总之，建立法院内部人员过问案件的记录制度和责任追究制度，有利于加强对法院内部人员自我约束和自我保护，帮助法院内部人员抵御请托说情之风，促进公正廉洁司法。

第四，关于依法规范法院人员与当事人、律师、特殊关系人、中介组织的接触、交往行为。四中全会《决定》明确提出，要“依法规范司法人员与当事人、律师、特殊关系人、中介组织的接触、交往行为。严禁司法人员私下接触当事人及律师、泄露或者为其打探案情、接受吃请或者收受其财物、为律师介绍代理和辩护业务等违法违纪行为，坚决惩治司法掮客行为，防止利益输送”。由于工作和业务原因，法官人员与当事人、律师、特殊关系人、中介组织的接触和交往十分密切，如果他们在接触和交往过程中，发生不正当的经济利益关系和其他关系，会直接影响司法公正，让社会公众失去对司法的信心。因此，有必要对法院人员与当事人、律师、特殊关系人、中介组织的接触和交往行为进行严格规范。

依法规范法院人员与当事人、律师、特殊关系人、中介组织的接触、交往行为，是加强司法廉政监督机制的重要内容，对于树立司法权威，保证司法公正，建立司法公信具有重要意义。这里的法院人员是指在法院工作的所有人员，包括审判人员、审判辅助人员、司法行政人员、具有事业编制的工作人员以及法院临时聘用的工作人员。特殊关系人是指与法院人员有近亲属以及其他共同利益关系的人和关系密切的人。中介组织是指依法通过专业知识和技术服务，向委托人提供公证性、代理性、信息技术服务性等中介服务的组织。公证性中介机构具体包括提供土地、房产、物品、无形资产等价格评估和企业资信评估服务，以及提供仲裁、检验、鉴定、认证、公证服务等机构；代理性中介机构具体包括提供律师、会计、收养服务，以及提供专利、商标、企业注册、税务、报关、签证代理服务等机构；信息技术服务性中介机构具体包括提供咨询、招标、拍卖、职业介绍、婚姻介绍、广告设计服务等机构。

法官应当严格依法办案，不受当事人及其委托的律师、特殊关系人、中介组织，利用各种关系、以不正当方式对案件审判进行的干涉或者施加的影响。法官不得私自单方面会见当事人及其委托的律师、特殊关系人；当事人、律师、特殊关系人、中介组织代表不得违反规定单方面会见法官。法官应当严格执行回避制度，如果与当事人、律师、特殊关系人有亲朋、同学、师生、曾经同事等关系，可能影响案件公正处理的，应当自行申请回避。当事人、律师、特殊关系人、中介组织代表不得以各种非法手段打听案情。法院人员不得为当事人推荐、介绍律师作为其代理人、辩护人，或者暗示当事人更换承办律师，或者为律师介绍代理、辩护等法律服务业务，并且不得违反规定向当事人及其委托的律师提供咨询意见或者法律意见。法院人员不得向当事人、律师、特殊关系人、中介组织索取或者收取礼品、金钱、有价证券和其他财物或者其他利益等；不得接受当事人、律师、特殊关系人、中介组织的宴请或者进行各种娱乐、旅游活动；不得向当事人、律师、中介组织借用交通工具、通讯工具或者其他物品。法院人员应当在工作中尊重当事人和律师的权利，认真听取意见建议。人民法院、司法行政部门、行业协会和其他有关单位，对于法官、当事人、律师、特殊关系人、中介组织违反规定的，应当视其情节，按照有关法律、法规或者规定给予处理；构成犯罪的，依法追究刑事责任。

地·方·探·索

浙江省高级人民法院出台《浙江法官业外行为指引》

为引导规范法官八小时以外行为，促进廉洁司法，维护司法形象，近期，浙江省高级人民法院出台了《浙江法官业外行为指引》（以下简称《指引》），并下发全省法官人手一册。

《指引》分为前言、行为准则和具体行为指引三部分。具体行为指引包括十个方面二十个具体情景，主要有与案件当事人、代理人及其他相关人员关系，与法官同事的关系，与律师的关系，家庭关系及其他人际关系，投资理财、借贷等经济活动，休闲娱乐活动，维护个人权利和牵涉诉讼，微博、微信、网络发帖，授课、写作等学术活动，保守审判秘密等。《指引》通过温馨、人性化的语言和生动的漫画插图，提示法官在这些实际场景中应当如何妥为处理。

《指引》指出，法官要在事业和家庭之间寻求最佳平衡点，既不能因为家庭耽误工作，也不能因为只顾工作而忽略家庭。法官因购物、停车、相邻关系等原因与他人发生纠纷和摩擦时，要秉持正直低调、真诚谦恭、与人为善的态度消除摩擦。在解决纠纷过程中，不宜有意披露法官身份以谋求照顾或以势压人。

对于法官的投资理财活动，《指引》指出，法官可以进行正当的投资理财活动，但要三思而后行，稳健实施，防范风险，可以在证券二级市场上购买上市公司股票，并自由交易，但谨记上班时间不得炒股，也不可利用办案中知悉或掌握的上市公司内幕信息买卖股票谋取利益。

在休闲娱乐活动上，《指引》提倡并鼓励法官培养健康的生活情趣，参加歌咏、登山、旅游、摄影等活动。法官自费接待、宴请亲朋好友要量入为出，不宜铺张浪费，尽量避免到高消费场所而引起公众猜疑。可以光顾酒吧、卡拉 OK 等正当营业的娱乐场所，但自费娱乐也要与消费能力和水平相适应。逢年过节偶尔与亲朋好友在家中自娱自乐地打牌、打麻将，不能带有赌博性质，更不能出入以赌博为业的营业场所。

《指引》指出，在维护个人权利时，法官作为当事人提起诉讼需仔细思量，慎重决定。法官在刷微博、写微信、发网贴时，要注意自己的身份和工作性质，不得披露办案秘密和当事人隐私等信息。

《指引》还指出，法官业外行为丰富多彩，包罗万象，《指引》不可能一一罗列，也不能给出唯一正确的标准答案，而主要是引起法官对业外行为的重视和思考。法官在面对不同的处境及情况时，还需要举一反三，因应事情的不同情况审慎采取最为适当的对策和行为。

文·件·链·接

1.《最高人民法院关于在审判工作中防止法院内部人员干扰办案的若干规定》(法发〔2011〕6号)

2.《最高人民法院关于人民法院审务督察工作暂行规定》(法〔2011〕346号)

3.《最高人民法院关于在人民法院审判执行部门设立廉政监察员的实施办法（试行)》(法发〔2009〕8号)

4.《人民法院工作人员处分条例》(法发〔2009〕61号)

5.《最高人民法院、司法部关于规范法官和律师相互关系维护司法公正的若干规定》(法发〔2004〕9号)

6.《人民法院监察工作条例》(法发〔2013〕3号)

36. 改革涉诉信访制度。完善诉访分离工作机制，明确诉访分离的标准、范围和程序。健全涉诉信访终结机制，依法规范涉诉信访秩序。建立就地接访督导机制，创新网络办理信访机制。推动建立申诉案件律师代理制度。探索建立社会第三方参与机制，增强涉诉信访矛盾多元化解合力。

条·文·解·读

涉诉信访是司法机关联系人民群众的重要桥梁、倾听当事人呼声的重要窗口、提升司法公信力的重要途径。近年来，人民法院按照中央的要求和部署，在涉诉信访制度改革方面做了大量卓有成效的工作，切实维护了人民群众的合法权益，有效促进了社会和谐稳定，妥善化解了社会矛盾纠纷，取得了显著成绩。但是，应当看到，人民法院涉诉信访工作还面临着巨大挑战：涉诉信访形势依然严峻，重复上访、缠访闹访、择机上访、群体性上访问题比较突出，信访前清后积现象没有得到有效遏制；有的地方为了息事宁人，“花钱买平安”，突破政策法律底线，严重损害司法权威和法律尊严；涉诉信访工作机制有待进一步完善，立案难、纠错难、终结难等问题没有得到根本解决，“程序空转”、重分流轻化解、移交不畅等问题仍在一定范围内存在；涉诉信访秩序没有得到依法维护，违法上访行为普遍存在，严重影响人民群众依法有序表达诉求。在这种情况下，人民法院涉诉信访制度改革需要全面深入地推进。

习近平总书记指出，信访是反映社情民意的晴雨表。推进涉诉信访改革，对于巩固党的执政地位、维护人民群众合法权益、推进国家治理体系和治理能力现代化具有重要意义。党的十八大提出要完善信访制度，畅通和规范群众诉求表达、利益协调、权益保障渠道。这对涉诉信访制度改革提出了更高要求。三中全会《决定》从创新社会治理体制的高度，提出了改革信访工作制度的重要任务，明确指出要把涉法涉诉信访纳入法治轨道解决，建立涉法涉诉信访依法终结制度。这为人民法院涉诉信访制度改革指明了方向。四中全会《决定》再次强调要把信访纳入法治化轨道，保障合理合法诉求依照法律规定和程序就能得到合理合法的结果；实行诉访分离，保障当事人依法行使申诉权利。这对人民法院涉诉信访制度改革提出了更加明确的具体要求。人民法院应当从维护法律尊严、维护群众权益、维护社会公平正义的高度，积极稳妥地推进人民法院涉诉信访制度改革。《纲要》根据中央关于涉诉信访制度改革精神，结合人民法院工作实际，就人民法院涉诉信访制度改革进行了全面部署，提出了一系列改革措施。

第一，关于完善诉访分离工作机制，明确诉访分离的标准、范围和程序。涉诉信访制度改革的基本方向是实现涉诉信访法治化，“诉访分离”是实现涉诉信访法治化的基础。“诉”是指符合法律规定的条件，可以按照诉讼程序解决的诉求，一般包括起诉、上诉、申请再审、申诉等。“访”是指信访人诉讼权利已经丧失或者充分行使完毕，仍通过来信来访等形式向人民法院表达意愿，反映与诉讼有关但不能通过诉讼程序解决的问题和事项，或者违反诉讼程序越级向人民法院反映诉求。

诉访分离的基本内涵包括两个方面：一是外部分离。将诉从国家信访体系中剥离出来，让诉独立于普通信访。所有涉及民事、行政、刑事等诉讼权利司法救济的事项，都由司法机关依法统一进行处理，国家信访部门不再受理涉诉事项。诉讼与信访外部分离，要求国家信访部门与司法机关准确划分信访与诉的界限，对当事人信访事项进行认真甄别，根据信访事项的性质和具体内容，分别将其导入普通信访渠道或者司法救济程序进行处理。二是内部分离。将诉讼程序内解决的问题与诉讼程序外解决的事项区分开来，把应当通过诉讼程序解决的事项纳入到诉讼程序中来，严格按照法定程序对涉诉信访问题作出裁判；而将已经穷尽法律程序、涉诉信访人反映的问题已经依法得到公正处理的信访事项排除在诉讼程序之外。

实现诉访分离，要把握“三性”：一是法定性。我国三大诉讼法明确规定了当事人享有的诉权，包括起诉、上诉、申诉、申请再审等权利，“诉”必须具备法律规定的条件。如，案件经过最高人民法院再审审查、再审审理或复核已有明确结论，当事人已经穷尽诉讼权利的，再行反映诉求，应当作为“访”来对待。二是程序性。诉访分离要求人民法院在诉讼程序中，对当事人的诉权进行确认和保护。如，案件正在一审、二审程序中，当事人越级反映诉求经分流回到属地的，不能作为“访”来对待，而应当作为“诉”，依法按照诉讼程序在法定时限内公正办结。三是相对性。对于涉诉信访而言，“诉”与“访”的界定并不是绝对的，一般来讲，人民法院依当事人申请对于“诉”依法进行审理或者审查甄别，已经作出明确结论的，应认定为“访”。但是，“访”还有可能转变成“诉”，如经人民法院依职权启动再审或者检察机关抗诉再审的，就应当认定为“诉”。

第二，关于健全涉诉信访终结机制。各级人民法院应当严格按照《人民法院涉诉信访依法终结工作办法》（法〔2014〕359号），通过准确把握终结工作的基本原则，引导群众依法维权，切实解决群众反映的涉诉信访问题，防止无限申诉，努力实现涉诉信访形势根本好转。

1. 依法终结的范围。符合下列条件的涉诉信访，仍然反复申诉、缠访闹访的，可依法终结：（1）认定事实清楚、适用法律正确、程序合法、裁判公正的下列案件，可以纳入涉诉信访终结范围：①经上一级人民法院再审维持或者申诉审查驳回申诉，或者经最高人民法院作出生效法律结论的刑事案件。②经人民法院再审或者再审审查作出生效法律结论或者超过再审申请期限，当事人明确表示不向人民检察院申请法律监督；或者经市级以上人民检察院作出不支持法律监督决定的，或者支持法律监督决定后，人民法院又经再审或再审审查作出生效法律结论的民事、行政案件。国家赔偿案件、执行案件的终结范围，另行规定。（2）裁判有错误或者瑕疵的，已经依法纠正或者采取补正、补救等措施；审判活动中存在违纪违法问题的，已经依纪依法作出相应处理。

(3) 符合司法救助规定，已经给予必要的救助帮扶。(4) 对涉诉信访人进行了耐心细致的释法明理、教育疏导。

2. 依法终结的流程。对拟报终结处理的，高级人民法院应当依照终结范围和条件，逐项实质审查，形成书面报告。最高人民法院作出生效法律结论的涉诉信访，高级人民法院在作出终结决定时，不再进行法律问题审查。人民法院可以邀请人大代表、政协委员和有关单位、社团组织、街道、社区、村民委员会人员、代表等参加涉诉信访终结工作的公开听证、公开询问、公开答复，引导社会第三方介入，提供法律服务，增强以终结促进息诉息访的社会效果。高级人民法院决定终结的，应当经本院审判委员会或者涉诉信访领导小组研究，并填写《涉诉信访终结备案申请表》，报请最高人民法院备案审查。最高人民法院对符合终结条件和备案要求的，予以备案。不符合条件的，及时通知报备法院予以补正或者退回。不予终结备案的，高级人民法院不得终结。决定终结的，应当制作《涉诉信访终结告知书》，并送达涉诉信访人。涉诉信访终结后，人民法院应当及时将终结审查报告、终结告知书、裁判文书以及司法救助和困难帮扶、执法过错评估、违纪违法责任查究等相关材料装订成册，移送信访工作联席会议或政法领导机关。终结移交工作一般由高、中级人民法院承担，基层人民法院协助。

3. 依法终结的效果。对已经终结的涉诉信访，除有法律规定的情形外，不再启动复查程序；上级人民法院不再交办和通报；对终结后涉诉信访人仍到人民法院缠访闹访，扰乱司法秩序的，依法及时处理，并应当报告同级党委政法委。

第三，关于依法规范涉诉信访秩序。近年来，个别上访公民在上访过程中实施违法行为，严重扰乱信访秩序，有的侮辱、诽谤、诬陷、殴打司法工作人员，有的聚众哄闹滋事、串联、操纵他人违法信访，有的长期滞留申诉信访场所，有的自杀、自残，造成不良社会影响。这些违法行为严重损害了司法权威，破坏了法治环境，影响了社会和谐稳定，也不利于当事人合法权益的维护。不能为了息事宁人，突破法律底线，牺牲大部分群众利益。为此，必须在依法解决信访诉求的同时，依法制裁扰乱申诉信访秩序的违法行为，坚决扭转“为达目的不惜以身试法”“大闹大解决”等不良心理预期，让违法上访者得到制裁，让法律得到尊重，让司法权威得到树立。

第四，关于建立就地接访督导机制，创新网络办理信访机制。长期以来，走访是涉诉信访的主要方式，上访群众往往千里迢迢、反反复复到北京或者省会城市进行信访，形成规模庞大的涉诉信访群体，既耗费大量时间、精力、财力，又给正常社会秩序造成巨大压力。同时，上访公民在疲于奔波过程中，逐渐削弱了对法律和司法的信任。因此，在大数据、云计算时代，传统信访模式已经不能适应社会发展的要求，人民法院要根据中央关于健全及时就地解决群众合理诉求机制的要求，不断创新涉诉信访工作新途径，建立就地接访督导机制，创新网络办理信访机制。

建立就地接访督导机制，要着力推动重心下移。最高人民法院、高级人民法院设立巡回督导合议庭，负责巡回接待涉诉信访、审查化解重点信访案件、督促终结案件移交、督办重大信访事项等工作。充分发挥巡回督导合议庭作用，加强对重点案件、交办案件的跟踪督办；积极协调地方党委、政府落实教育帮扶和矛盾化解责任，促进涉诉信访问题的妥善解决。对于诉讼程序已经终结，当事人滞留在京缠访、闹访的，巡回督导合议庭应当指导下级法院做好释法明理工作，同时协调地方党委、政府落实教育帮扶和矛盾化解责任。对于重大群体访、严重结伙访、违法极端访等，巡回督导合议庭应当督促指导相关法院限期解决并倒查原因，追究责任。

创新网络办理信访机制，方便人民群众表达诉求。将全国法院涉诉信访信息库建设纳入“天平工程”，实现涉诉信访信息共享，提高涉诉信访工作效率和管理水平。推进网上受理、网下办理、网上反馈的信访事项办理程序，增强透明度和公开性，把办理工作置于群众监督之下。开展远程网络视频接访，完善相关制度，规范接待程序，及时告知处理结果。法院要与同级党委、人大、政府信访、检察院等部门建立信息平台，实现涉诉信访信息共享。按照“属地管理、分级负责”工作要求，加强涉诉信访网上舆论引导工作机制和队伍建设，及时妥善处置网络舆情。

第五，关于推动建立申诉案件律师代理制度。逐步实行律师代理申诉制度是中央推动涉诉信访法治化的重大决策。四中全会《决定》明确提出，对不服司法机关生效裁判、决定的申诉，逐步实行律师代理制度；对聘不起律师的申诉人，纳入法律援助范围。建立申诉案件的律师代理制度对于切实保护当事人的合法权益，维护法院生效裁判的稳定性具有重要意义。

在涉诉信访过程中，有许多当事人没有接受过法律专门知识的学习和教育，对法律知识的认识和理解不够全面、准确。在这种情况下，法官很难与信访当事人就信访事项进行有效的沟通和交流，不管法官如何向信访者解释信访案件的有关法律问题，信访当事人往往都难以接受和理解，这在很大程度上影响了涉诉信访矛盾纠纷的化解。如果由律师代理当事人的申诉，由于律师扮演着维护当事人利益的角色，是当事人合法权益的代表者，律师和当事人在法律问题上的交流会相对容易和便利一些。因此，有必要对当事人提出申诉的案件采取由懂法律知识的职业律师代理的制度，如此能够有效减少和防止当事人因缺乏法律知识进行无谓的信访、缠访和闹访。

充分尊重律师代理申诉案件的权利。律师是法律职业共同体的重要组成部分，人民法院在审理案件过程中，要充分听取律师的代理意见，申诉理由成立的，及时启动再审程序，依法救济当事人的合法权益，让当事人直接真切感受到律师代理制度的优越性。申诉理由不成立的，要加强交流沟通，发挥好律师做当事人息诉服判工作的作用。在实行律师代理申诉中，严禁法院工作人员私下与律师接触，泄露或者为律师打探案情，接受金钱或者财物等违法违纪行为，坚决惩治司法掮客行为，防止个别法官与申诉律师形成利益共同体，从而损害当事人的合法权益。

第六，关于探索建立社会第三方参与机制，增强涉诉信访矛盾多元化解合力。四中《决定》关于“健全依法维权和化解纠纷机制”和“建设完备的法律服务体系”的要求，为实行社会第三方参与机制提供了方向指引和制度保障。法院原有的自我封闭的矛盾纠纷化解机制，已经越来越不能适应经济社会发展的要求。因此，有必要在涉诉信访矛盾处理过程中，积极探索建立社会第三方参与机制，通过社会第三方介入，帮助释明法律、化解矛盾，并发挥监督作用，形成涉诉信访矛盾多元化解合力，促进涉诉信访当事人合理诉求的及时办理。

一是重点开展律师为主体的社会第三方参与工作。随着依法治国方略的全面推进，律师在社会生活中的作用会越来越大。我们应当改变对律师作用的片面观念，充分利用这支力量，采取自愿报名和择优选用的方式，引进律师作为第三方参与化解涉诉信访矛盾，充分发挥其精通法律、熟悉司法实践、受当事人信赖等优势，缓解信访公民的对立情绪，减轻信访压力。这里需要指出的是，律师为主体的社会第三方，还包括从事社会调解、法律服务、法律研究、法律教学的人员、社区志愿者以及心理咨询师等群体。

二是做好社会第三方参与和法院工作的无缝对接。社会第三方参与能否被群众接受，关键在于是否能够有效地化解涉诉信访矛盾纠纷。法院可以与司法行政机关、律师协会等部门建立联席会议制度，统筹开展社会第三方参与工作，研究解决难点问题。经过社会第三方参与化解，当事人决定息诉息访的，法院应当及时备案。发现法院生效裁判确有错误，需要启动司法程序的，应当依法审查。符合再审条件的，应当及时启动审判监督程序，并反馈结果。

三是协调建立社会第三方参与的激励机制。法院要紧紧依靠地方党委和政府，积极协调社会各方，加强与有关部门协调配合，在人员、经费、场地、设施、安全等方面提供必要支持。建立考评奖惩机制，对作出贡献的，建议有关方面给予表彰和奖励。加强宣传力度，扩大影响面，引导更多信访公民主动寻求社会第三方化解。第三方参与人员违反法律规定、职业道德，造成严重后果的，建议有关部门依法予以处理。法院可以会同司法行政部门等有关单位先行试点，取得经验后，逐步推进。

地·方·探·索

云南省高级人民法院畅通信访渠道，破解涉诉信访难题

云南省是中央政法委确定的全国首批四个涉法涉诉信访改革试点省份之一。自2013年全面启动涉诉信访制度改革以来，云南省高级人民法院精心组织，周密安排，有序推进，取得了较好的成效。一是打造接访新平台，创新接访新形式；二是实行涉诉信访与普通信访分离；三是实行司法程序事项与信访事项分离；四是加强协调沟通，建立衔接配合新机制。2013年，全省法院一、二审生效裁判当事人服判息诉率达98.38%，信访总量同比下降1.42%，进京访案件同比下降68%。2014年上半年，全省法院一、二审生效裁判当事人服判息诉率达86.59%，信访总量同比下降1.43%，进京访案件同比下降17.78%。

重庆市高级人民法院建成涉诉信访信息化综合平台

近年来，重庆高级人民法院要求全市法院将信息化建设纳入“一把手”工程，遵循“三级法院一个版本、信息同步扫描录入、数据动态研判应用”的信息化建设模式，建成了纵向贯通、横向集成、共享共用、安全可靠的信访信息化综合平台。一是坚持集中统一研发。加强信息化工作整体规划，三级法院所有信访软件系统按同一标准进行开发，共用一个信访管理平台，减少各自研发、重复投入等不必要浪费。建立法院之间的信息化沟通“桥梁”，打破信访孤岛格局，逐步形成数据云中心。二是建立“两大平台、一个中心”。建成内网信访办理工作平台，实现来信来访登记办理、三级法院交办反馈、数据统计分析的有机统一。建成互联网信访平台，在确保安全可靠的前提下，实现内外网数据交换。开发信访数据中心，确保信访数据“落地生根”，实现对信访工作所有节点的在线监督和实时控制。2014年第一季度，重庆法院通过内网信访系统共办理信访3429件，通过三级业务系统交办进京重复访、上级机关转办信件118件，收到网上信访390件。三是完善远程视频接访系统。整合信访接待室、法官接待室等现有功能设施，从机制、技术、资金等方面满足软硬件配套设施建设需求。规范远程视频接访办理流程，信访群众可以到一审法院进行远程视频接访申请，也可以通过网上申诉信访平台、来信、来访到接访法院申请，由接访法院统一排期后反馈对端法院。视频接访后，接访法官上传视频、笔录等资料，填写接谈情况、处理意见，对端法院按照处理意见办结后反馈接访法院。四是实现数据深度运用共享。实现信访系统与审判管理系统的无缝链接，信访系统可自动提取审判管理系统中的涉诉案件信息和卷宗材料，并自动向审判管理系统发出信访预警提示，从而提高办案法官信访风险意识。落实来信来访办理同步录入、扫描、上传工作，建立上访老户、清积、终结报备信访案件档案三个数据库，最大限度实现资源共享。对互联网信访平台业务办理和内网信访办理平台应用情况实行月通报和季度通报，并记入中、基层法院年度工作评估体系。

文·件·链·接

1.《中共中央办公厅、国务院办公厅关于依法处理涉法涉诉信访问题的意见》（中办发〔2013〕26号）

2.《中央政法委员会关于健全涉法涉诉信访依法终结制度的意见》（中政委〔2014〕28号）

3.《最高人民法院关于进一步推进涉诉信访工作机制改革的若干意见》（法发〔2014〕3号）

4.《人民法院涉诉信访依法终结工作办法》（法〔2014〕359号）

（五）构建开放、动态、透明、便民的阳光司法机制

37. 完善庭审公开制度。建立庭审公告和旁听席位信息的公示与预约制度。对于依法应当公开审理，且受社会关注的案件，人民法院应当在已有条件范围内，优先安排与申请旁听者数量相适应的法庭开庭。有条件的审判法庭应当设立媒体旁听席，优先满足新闻媒体的旁听需要。

条·文·解·读

庭审公开是审判公开的重要环节。2013 年 8 月 22 日，薄熙来受贿、贪污、滥用职权一案在山东省济南市中级人民法院开庭审理，数天审理全程全面公开，包括开庭公告、社会各界参加旁听、庭审的微博直播以及每次休庭后新闻发言人向媒体进行案情通报等，特别是济南中院通过官方微博向社会公众全面公开庭审的过程和细节，不仅国内媒体和公众好评连连，许多境外媒体也作出较为公允的报道和评价。一起原本高度敏感的案件，在高度公开的审判之下，变得是非分明，水落石出。这起案件的公开审理被媒体誉为中国法治进程的一个重要里程碑。此后，刘志军案、王书金案、刘汉、刘维案以及刘铁男案等一批社会广泛关注的案件相继公开审理，充分满足公众关切，收到了良好的社会效果。三中全会《决定》提出要推进审判公开，四中全会《决定》进一步指出，要“构建开放、动态、透明、便民的阳光司法机制，推进审判公开、检务公开、警务公开、狱务公开，依法及时公开执法司法依据、程序、流程、结果和生效法律文书，杜绝暗箱操作”。为贯彻落实中央有关改革精神，《纲要》针对“完善庭审公开制度”提出了一系列改革举措。

第一，关于建立庭审公告和旁听席位信息的公示与预约制度。庭审

公开的直接表现就是公众和媒体记者可以旁听庭审活动。一是建立庭审公告制度。对于依法公开审理的案件，人民法院应当按照诉讼法的规定，在开庭三日以前通过门户网站、电子显示屏以及公告栏等载体公布案由、当事人姓名或名称、开庭时间和地点等信息，方便公众选择旁听。二是建立旁听席位信息的公示与预约制度。一方面要采取适当方式向社会公众公开旁听席位数，确保社会公众和媒体的知情权；另一方面要建立旁听预约机制并告知社会公众申请预约旁听的权利。对于社会关注度高的案件，有条件的人民法院应当选择与申请旁听者数量相适应的法庭开庭；确因旁听席位数量所限不能满足需要时，人民法院可以依照申请的先后顺序或者通过抽签摇号等方式核发旁听证，但应当优先为当事人的近亲属、与案件有利害关系的人、媒体记者适量分配旁听证。

第二，关于有条件的审判法庭应当设立媒体旁听席，优先满足新闻媒体的旁听需要。媒体旁听既能及时有效地传递庭审信息，满足社会公众的司法信息需求，又能方便社会公众监督司法，确保法院依法独立公正行使审判权，树立司法公信和权威。因此，硬件设施条件具备的法院应当在法庭内专设媒体旁听席，优先满足新闻媒体的旁听需要。

地·方·探·索

江苏南京市中级人民法院积极推进庭审公开

2013年以来，南京市中级人民法院在全市开展邀请十万群众进法院活动，全年有近十五万群众走进法院旁听庭审。与此同时，他们收获了群众对司法公正的认同，全市法院的案件审判质量明显提升。推进审判公开没有“休止符”。南京市中级人民法院开展网络邀请群众旁听庭审活动，网络邀请的案件不得少于公开开庭案件的50%。为了吸引群众走进法庭，他们改进“营销”手段，采取“最密切联系原则”，一方面在网络邀请内容上，对案情、争议焦点等进行概括推介，让群众根据兴趣自由选择；另一方面，因地制宜对旁听群众进行专业化分类。2014年，全市共发出网络邀请群众旁听庭审案件两万余件，有近三十万人通过网络走进法院旁听了庭审。

文·件·链·接

1.《最高人民法院关于司法公开的六项规定》（法发〔2009〕58号）

2.《最高人民法院关于推进司法公开三大平台建设的若干意见》（法发〔2013〕13号）

38. 完善审判流程公开平台。推动全国法院政务网站建设。建立全国法院统一的诉讼公告网上办理平台和诉讼公告网站。继续加强中国审判流程信息公开网网站建设，完善审判信息数据及时汇总和即时更新机制。加快建设诉讼档案电子化工程。推动实现全国法院在同一平台公开审判流程信息，方便当事人自案件受理之日起，在线获取审判流程节点信息。

条·文·解·读

审判流程信息是人民法院在立案、庭审、听证、合议、宣判等诉讼过程中产生的各类静态和动态信息。建设审判流程公开平台，既方便社会公众或当事人查询，又可以为司法统计和审判管理部门分析数据、研判态势、完善指标提供科学参考。三中全会《决定》提出“推进审判公开”；四中全会《决定》进一步要求构建开放、动态、透明、便民的阳光司法机制，推进审判公开。为贯彻落实中央有关精神，《纲要》针对“完善审判流程公开平台”提出了一系列改革举措。

第一，关于推动全国法院政务网站建设。电子政务门户网站建设，是国家机关在数字化、网络化环境下，依托互联网进行日常办公、信息收集、资讯发布、公共管理和公共服务的工作模式。人民法院是国家机关的重要组成部分，肩负着审理案件、适用法律、执行裁判的特殊职能，因此，人民法院政务网站除了应当具备一般政务网站的功能外，还应当在栏目、功能和效用上体现司法特点、尊重司法规律。目前，包括最高人民法院在内的绝大多数法院已建立自己的政务网站。各级人民法院应当逐步实现“一院一网站”，并做到资讯完备、及时更新、链接有效、互联互通。已经建立政务网站的人民法院，应当通过优化栏目设置、及时更新信息、完善检索方法、丰富服务职能等方式，充分发挥法院政务网站在深化司法公开、提供司法服务、密切联系群众方面的功能。

第二，关于建立全国法院统一的诉讼公告网上办理平台和诉讼公告网站。诉讼公告是指人民法院在案件审理程序中依法送达开庭传票、诉状副本、裁判文书等诉讼文书的公告。利用信息科技，依托互联网平台，建成一个高效、规范、准确、便捷的全国法院统一的网上公告业务办理平台和对外服务平台，改变传统的诉讼公告发布方式：一是有利于当事人行使诉讼权利。当事人通过验证登录后，能看到本人公告信息的内容和各阶段状态，能够及时、便利、快捷地查询公告信息，有效行使诉讼权利；由于网络发布公告成本远低于传统发布方式，有助于减轻当事人经济负担。二是有利于人民法院规范管理。网络发布公告摆脱了传统发布方式对版面的限制，能实现公告文书内容的全面、明确和规范，便于人民法院审判管理。三是有利于法官提高办案效率。法官通过统一的公告网上办理平台，实现诉讼公告网上申请、审核、办理，提高工作效率。目前，中国法院网设立的法院公告网已同步登载诉讼公告，是国内最大的法院公告发布数据平台，已列入国家图书馆 CIP 数据库。根据工作安排，最高人民法院正在着手建立全国法院统一的诉讼公告网上办理平台和诉讼公告网站。

第三，关于继续加强中国审判流程信息公开网网站建设。2014 年 8 月 1 日，最高人民法院发布《最高人民法院审判流程公开暂行办法》，率先推动审判流程公开工作，要求最高人民法院的审判流程公开工作，以最高人民法院审判流程信息公开网为基础平台和主要公开渠道，辅以手机短信、电话语音系统、电子公告屏和触摸屏、手机 WAP、APP、微信等其他平台或渠道，将案件流程进展情况及有关材料向案件当事人及诉讼代理人公开，将与法院审判执行工作有关的公共信息向社会公众公开，并规定了公开的渠道与内容、公开的流程、职责分工、责任与考评等。2014 年 11 月 13 日，中国审判流程信息公开网开通。截至目前，已有 20 个省（区、市）已建立全省统一平台，并在该网完成链接。中国审判流程信息公开网开通后，除了公开常规审判流程信息外，还增加了对于各类案件实体材料的公开以及电子送达服务，确保能公开的信息一律向案件当事人及诉讼代理人公开。既为人民群众提供全方位、多元化的司法服务，方便群众诉讼，又能最大程度地压缩信息寻租空间，提升司法公信力。下一步，人民法院将继续加强中国审判流程信息公开网网站建设，完善审判信息数据及时汇总和即时更新机制；推动实现全国法院在同一平台公开审判流程信息，方便当事人自案件受理之日起，在线获取审判流程节点信息。

第四，关于加快建设诉讼档案电子化工程。诉讼档案电子化，是改变传统的“看房守库式”档案管理办法，将纸质卷宗档案统一转换为电子数据，实现诉讼档案集中存放、定期备份、长期储存。人民法院应当积极推进诉讼档案电子化工程，及时将诉讼材料转化为电子卷宗，开通电子卷宗查阅系统，设置电子卷宗查阅室，制定案件当事人和诉讼代理人查阅电子诉讼档案规定、电子诉讼档案查档流程等规范性文件，并为当事人及诉讼代理人查阅、打印电子卷宗提供服务。人民法院的诉讼档案电子化工作应当注重完整性、安全性和便利性。一是完整性。在每起案件中，原始诉讼材料、当事人提交的视听资料和案件庭审视频、音频记录都应当科学分类、集中保管，做到“一案一档”。二是安全性。人民法院应当完善电子诉讼档案的转化流程、传送机制和备份方式，强化保管和备份责任，采取定期备份等必要措施，避免电子档案灭失。三是便利性。人民法院应当完善电子诉讼档案的内部流转机制、资源共享机制和外部查阅机制，确保上下级法院和本院各部门之间查询、调阅电子档案的便利性，并为当事人提供及时、便捷的电子档案查询服务。

地·方·探·索

浙江法院的审判流程公开平台

2014 年 7 月，浙江省高级人民法院集成大数据，融入云技术，开通了浙江法院公开网，配合后台完善的审判信息系统、数字法庭管理系统、数据中心等基础平台，形成覆盖全省法院的网上司法社区，将全省法院应公开的司法事项“一网打尽”。

审判流程公开平台下设“开庭公告”“送达公告”“诉讼案件信息查询”“互联网办案平台”等十个子栏目，使审判环节全流程透明化，当事人及其代理人可即时查询审判流程节点信息。借助互联网和云技术搭建的互联网办案平台，为事实清楚、争议不大的案件以及一方当事人在国外的涉侨纠纷提供了快捷的审理方式，当事人、诉讼代理人通过手机、电脑等终端即可远程参与诉讼。

浙江法院公开网还集成了微博、微信、语音等各种司法公开渠道，服务功能更加突出。12368司法服务热线可以提供诉讼咨询、案件查询、联系法官等服务，12368短信平台会自动向当事人发送立案、移送分案等审判流程的办案进展信息。同时，为方便当事人交纳诉讼费，浙江省高级人民法院还在支付宝开通了在线支付功能，当事人只需扫一扫诉讼费预交通知书上的二维码就可交纳诉讼费。

文·件·链·接

1.《最高人民法院关于推进司法公开三大平台建设的若干意见》（法发〔2013〕13号）

2.《最高人民法院审判流程公开暂行办法》（法办发〔2014〕10号）

39. 完善裁判文书公开平台。加强中国裁判文书网网站建设，完善其查询检索、信息聚合功能，方便公众有效获取、查阅、复制裁判文书。严格按照“以公开为原则，不公开为例外”的要求，实现四级人民法院依法应当公开的生效裁判文书统一在中国裁判文书网公布。

条·文·解·读

在互联网公布人民法院的生效裁判文书，是传统司法公开工作的一次巨大革命。自2013年开通中国裁判文书网以来，截至2014年年底，全国法院共上传裁判文书约542万份，其中最高人民法院上传6742份。一方面，通过公开裁判文书，接受公众监督，形成倒逼机制，加强裁判说理，提升法官司法技能和业务素养；另一方面，通过文书检索，统一法律适用，实现同案同判，确保法制统一。三中全会《决定》要求增强法律文书说理性；四中全会《决定》进一步要求加强法律文书释法说理，建立生效法律文书统一上网和公开查询制度。为贯彻落实中央有关改革精神，《纲要》针对“完善裁判文书公开平台”提出了一系列改革举措。

第一，关于加强中国裁判文书网网站建设。中国裁判文书网是全国统一的裁判文书互联网公布平台，依法公布全国各级人民法院的各类生效裁判文书。2011年12月30日，最高人民法院召开司法公开工作领导小组第一次全体会议，决定整合现有优势资源，建立全国统一的裁判文书网，以发挥裁判文书上网公布的数据库功能和整体效益，从而解决此前文书上网平台混乱、资源分散、重复开发，无法实现便捷搜索、汇总数据的状况和困难。2013年6月28日，最高人民法院在政务网设立中国裁判文书网专栏，首批50份生效裁判文书通过该栏目在互联网发布。2013年11月21日，中国裁判文书网正式开通。自2014年1月1日起，全国各省、自治区、直辖市高级人民法院，新疆维吾尔自治区高级人民法院生产建设兵团分院等31个人民法院的裁判文书在该网站平台统一公布。全国各中级人民法院和基层人民法院的裁判文书也陆续在该网站平台公布。中国裁判文书网在全面公布各级人民法院裁判文书的同时，还提供操作便捷的查阅、检索、链接系统，方便社会公众按照当事人的姓名或者名称、案由、案号、案件类型以及关键词对互联网公布的裁判文书进行查阅、检索，同时链接具有关联关系的裁判文书。中国裁判文书网将成为上网文书种类齐全、分类清晰、检索科学、统计便捷、数据自动分析、更新及时的裁判文书上网平台。

需要注意的是，最高人民法院设立中国裁判文书网的目的是提供专门平台，统一公布各级人民法院生效裁判文书，全面实现裁判文书上网的综合价值与功能。最高人民法院是平台的建立者和提供者，各级人民法院均是平台的使用者。也就是说，生效裁判文书的公布主体是制作生效裁判文书的各级人民法院，适用“谁的文书谁上网，谁上网谁负责”原则。

第二，关于裁判文书的检索、查阅。随着中国裁判文书网的逐步运行，尤其是全国各地各级法院的裁判文书都通过端口统一上传到中国裁判文书网后，数据信息量将变得巨大，提供便捷的查询检索方式就成为满足社会公众和当事人搜索所需裁判文书的必然要求，否则，中国裁判文书网的功效必将大打折扣。中国裁判文书网应当设置强大的搜索引擎，方便公众对上网公布的裁判文书进行检索和查阅。

搜索引擎应该具有简洁性、便利性，尽可能多地设置案件类型、文书种类、法院名称、当事人姓名或者名称、案由、案号、案件类型、审理法院、结案日期等多个要素的搜索选项，要确保当事人能够根据姓名或名称、案号等关键词进行多次精确搜索，也要尽量确保社会公众通过法院名称、内容包含等关键词进行模糊搜索。人民法院还应该统一发布裁判文书的文本格式、命名方式、技术处理规范等。文本格式要保证发布的判决书格式规范、字体和字号统一；命名方式要包含裁判文书的核心要素，例如以“当事人+案由+文书种类”方式命名的“王某某犯抢劫罪二审刑事裁定书”；技术处理规范要注重对不予公开的信息的保护，以及对裁判文书进行补正的规范。各高级人民法院在向中国裁判文书网上传裁判文书时，技术处理人员应当按照文本格式和命名方式上传，并按照技术处理规范进行补正。

除网络查阅外，根据《最高人民法院关于适用〈中华人民共和国民事诉讼法〉的解释》第二百五十四条、第二百五十五条，“公民、法人或者其他组织申请查阅发生法律效力的判决书、裁定书的，应当向作出该生效裁判的人民法院提出。申请应当以书面形式提出，并提供具体的案号或者当事人姓名、名称。”“对于查阅判决书、裁定书的申请，人民法院根据下列情形分别处理：（一）判决书、裁定书已经通过信息网络向社会公开的，应当引导申请人自行查阅；（二）判决书、裁定书未通过信息网络向社会公开，且申请符合要求的，应当及时提供便捷的查阅服务；（三）判决书、裁定书尚未发生法律效力，或者已失去法律效力的，不提供查阅并告知申请人；（四）发生法律效力的判决书、裁定书不是本院作出的，应当告知申请人向作出生效裁判的人民法院申请查阅；（五）申请查阅的内容涉及国家秘密、商业秘密、个人隐私的，不予准许并告知申请人。”

第三，关于裁判文书公开的原则。人民法院在互联网公布裁判文书，应当遵循依法、及时、规范、真实的原则。

一是依法原则。人民法院在互联网公布裁判文书应当严格按照法定的范围和程序进行，不能随意改变和创新。严格把握裁判文书的上网范围，除涉及国家秘密、个人隐私、未成年人违法犯罪以及以调解方式结案的案件外，其他裁判文书原则上都应当上网公布。在互联网公布的裁判文书，非因特殊原因，不得撤回；确因法定理由或其他特殊原因需要撤回的，应当由高级人民法院以上负责互联网公布裁判文书的专门机构审查决定，并在中国裁判文书网办理撤回及登记备案手续。

二是及时原则。人民法院在互联网公布裁判文书应当严格遵守法定的时间要求，不得拖延公布。承办法官或者人民法院指定的专门人员应当在裁判文书生效后七日内按照《最高人民法院关于人民法院在互联网公布裁判文书的规定》第六条、第七条的要求完成技术处理，并提交本院负责互联网公布裁判文书的专门机构在中国裁判文书网公布。人民法院对送达当事人的裁判文书进行补正的，补正裁定应当及时在互联网予以公布。

三是规范原则。人民法院在互联网公布裁判文书应当严格按照法定的形式要求和严格的审批程序进行。一方面，裁判文书原则上应当保留当事人的姓名或者名称等真实信息。应当进行技术处理的当事人和其他诉讼参与人的姓名，通过替代的方式进行匿名化处理。涉及当事人的家庭住址、通讯方式、身份证号码、银行账号、健康状况的个人隐私、商业秘密等相关信息，应当进行删除处理。另一方面，独任法官或者合议庭认为裁判文书具有《最高人民法院关于人民法院在互联网公布裁判文书的规定》第四条第四项规定的不宜在互联网公布情形的，应当提出书面意见及理由，由部门负责人审查后报主管副院长审定。

四是真实原则。为了充分展示司法过程和结果、全面接受社会监督，人民法院在互联网公布的裁判文书必须是真实的。除依法进行必要的技术处理以外，其应当与送达当事人的裁判文书一致，不能出现“阴阳”文书或者“化妆”文书。如果因网络传输故障导致上网公布的裁判文书与送达当事人的文书内容不一致的，人民法院应当通过技术手段予以更新；确因特殊原因需要撤回的，应当依照规定办理撤回及登记备案手续，避免撤换的随意性。

域·外·参·考

美国法院上网裁判文书的检索和查询

美国联邦法院的官方网站设定裁判文书公开专栏，公开项目包括：庭审安排、庭审记录、判决摘要、判决意见（含异议意见、协同意见）、法庭指令与公报。所有案件的判决书、诉状、答辩状、律师意见、“法庭之友”意见书、相关下级法院判决全部可以通过案号、案名、当事人名称进行查询。其他联邦下级法院的网站也参照最高法院网站，公开所有裁判文书和相关诉讼材料。

美国许多州法院的官方网站也设置了裁判文书查询板块，以美国加利福尼亚州法院网为例，全州裁判文书都可在“判决文书”一栏查询。检索方式包括四种，分别是案件编号、当事人姓名或组织名、律师姓名、案件名，通过检索可以查阅到加州初审法院、上诉法院和最高法院的全部审判信息，包括判决书、审判流程、争议焦点、判决日期和相关判例等。加州立法还明确要求法院应当充分利用现代科学技术，将上网的一审文书、二审文书、诉状、上诉状和其他程序性指令以便利、适当的方式建立关联，方便检索、对比和分析。

文·件·链·接

《最高人民法院关于人民法院在互联网公布裁判文书的规定》（法释〔2013〕26号）

40. 完善执行信息公开平台。整合各类执行信息，推动实现全国法院在同一平台统一公开执行信息，方便当事人在线了解执行工作进展。加强失信被执行人名单信息公布力度，充分发挥其信用惩戒作用，促使被执行人自动履行生效法律文书。完善被执行人信息公开系统建设，方便公众了解执行工作，主动接受社会监督。

条·文·解·读

执行公开是人民法院司法公开的重要组成部分，也是争取各方理解与支持执行工作的重要手段。近年来，各级人民法院依照《最高人民法院关于人民法院执行公开的若干规定》《最高人民法院关于推进司法公开三大平台建设的若干意见》和《最高人民法院关于人民法院执行流程公开的若干意见》（以下简称《执行流程公开若干意见》），推进执行公开，加强执行信息公开平台建设，积极与社会征信体系对接，主动接受社会监督，着力破解执行难。最高人民法院陆续建立全国法院失信被执行人名单信息公布与查询平台、被执行人信息查询平台，并开通了中国执行信息公开网。

第一，关于推动实现全国法院在同一平台统一公开执行信息。整合各类执行信息，推动实现全国法院在同一平台统一公开执行信息，方便当事人查询了解执行案件进展情况，让公众和当事人及时了解人民法院为实现当事人胜诉权益所采取的执行措施，能有效争取群众对执行工作的理解，提高执行质效。根据《执行流程公开若干意见》的规定，地方各级人民法院应当在本院政务网站建立查询执行流程信息的功能模块。各级人民法院网上办案系统生成的执行流程数据和执行过程中生成的其他流程信息，应当存储在网上办案系统数据库中，作为执行信息公开的基础数据。当事人凭证件号和密码可从执行信息公开平台获取执行立案、执行人员、执行程序变更、执行措施、执行财产处置、执行裁决、执行结案、执行款项分配、暂缓执行、中止执行、终结执行等信息。社会公众可以从执行信息公开网上方便地查询到执行案件立案标准、启动程序、执行收费标准和根据、执行费缓减免的条件和程序、执行风险提示、悬赏公告、拍卖公告等。

第二，关于加强失信被执行人名单信息公布力度。各级人民法院应当充分发挥执行信息公开平台对失信被执行人的信用惩戒功能，向公众公开被执行人失信信息，并方便公众根据被执行人的姓名或名称、身份证号或组织机构代码进行查询。通过完善失信被执行人名单信息公布与查询机制，降低失信者信誉和社会评价，可以积极地引导人们诚实守信，推动社会信用和诚信道德体系建设。一是对外公布被执行人失信信息，这是国家社会信用体系建设的重要组成部分。一方面要求各级人民法院应当将失信被执行人名单信息录入最高人民法院失信被执行人名单库，通过该名单库统一向社会公布；另一方面由各级人民法院根据各地实际实行公布制度，既可通过报纸、广播、电视、网络、公告等形式予以公布，又可通过新闻发布会等形式对本院实施的失信被执行人名单制度情况向社会公布。二是向有关单位通报失信被执行人名单。为调动社会力量协助执行工作，经法定审批程序，执行过程中可以将相关信息通报给人民银行、工商部门等有关单位，供受通报单位依照法律、法规和有关规定，对失信被执行人施以信用惩戒，加大对不履行义务的被执行人的威慑力度。三是失信被执行人名单被公布后又履行义务完毕的，可以向法院申请将其从相关公开曝光的名单中删除。公布被执行人失信信息，致使被执行人迫于各方面压力，为恢复其在经济交往中的名声，确保企业经营不受影响，主动向执行法院履行生效法律文书确定的义务，以达到促进执行的目的，进一步发挥执行信息公开平台的信用惩戒功能。

第三，关于完善被执行人信息公开系统建设。一是规范录入被执行人信息。一方面人民法院应将被执行人相关信息及时、全面、准确地录入信息公开系统，方便当事人查询有关信息；另一方面公开被执行人信息不能侵犯其个人隐私权，但对于失信被执行人应将失信情况公之于众。二是健全完善信息公开系统。以各级人民法院政务网站为基础平台和主要公开渠道，以手机短信、电话语音系统、电子公告屏和触摸屏、手机应用客户端、法院微博、法院微信公众号等其他平台或渠道为辅助公开渠道，将被执行人信息与执行服务信息、执行公告信息等公共信息向社会公众公开。

地·方·探·索

深圳市罗湖区人民法院的执行公开网建设

深圳市罗湖区人民法院推出具有实时播报功能的执行公开网，一年来，通过网站实时播报所有执行案件的每一个节点、步骤和执行措施，实现案件执行全程公开。除为防止被执行人转移财产等个别案件外，罗湖区人民法院将所有执行案件的财产查询、控制、处分、程序流转等基本情况都在网上即时公开，方便当事人了解案件执行情况和具体的财产查控、处分信息。截至2013年10月30日，罗湖区人民法院执行公开网累计播报案件5543宗，公布6000多名被执行人的基本信息、47700多个财产查控节点的信息，上传了供当事人查询的财产查控结果23850份次，公告送达各种执行法律文书483件次，发送执行工作短信通知1514次，网站访问量达到了133823次，独立访客19417人次。执行公开网运行以来，罗湖区人民法院对所有案件执行通知书的制作与送达、财产查控等程序性事务和简易案件的快速执行集中办理。该院与深圳市内20余家律师事务所、13家金融企业签订了网络送达协议，部分执行文书实现了网上送达，文书送达效率明显提高。

宁夏法院公布失信被执行人名单

宁夏回族自治区高级人民法院按照《最高人民法院关于公布失信被执行人名单信息的若干规定》，适时将失信被执行人名单信息录入最高人民法院失信被执行人名单库。同时，全区各级法院将一批久执未决的“骨头案”失信被执行人在区内外媒体上予以曝光，并在被执行人居住社区的显著位置张贴其未履行生效判决的公告，并向公安、国土、房管、工商、税务等部门和金融机构进行通报，使失信被执行人在贷款融资、工商注册、减免税、购置土地和房产等方面受到限制，压缩其经营发展空间，对其进行信用惩戒，敦促其履行法律义务。一批被曝光的失信被执行人，天天跑法院，积极联系执行法官，主动提供执行线索，一批久拖未结的“骨头案”正在陆续执结。

文·件·链·接

1.《最高人民法院关于人民法院执行公开的若干规定》（法发〔2006〕35号）

2.《最高人民法院关于推进司法公开三大平台建设的若干意见》（法发〔2013〕13号）

3.《最高人民法院关于人民法院执行流程公开的若干意见》（法发〔2014〕18号）

41．完善减刑、假释、暂予监外执行公开制度。完善减刑、假释、暂予监外执行的适用条件和案件办理程序，确保相关案件公开、公正处理。会同刑罚执行机关、检察机关推动网上协同办案平台建设，对执法办案和考核奖惩中的重要事项、重点环节，实行网上录入、信息共享、全程留痕，从制度和技术上确保监督到位。建立减刑、假释、暂予监外执行信息网，实现三类案件的立案公示、庭审公告、文书公布统一在网上公开。

条·文·解·读

近年来，减刑、假释案件审理过程不公开导致一些减刑、假释案件存在弄虚作假、暗箱操作等问题。最高人民法院1997年曾颁布过《最高人民法院关于办理减刑、假释案件具体应用法律若干问题的规定》，2012年1月17日又出台了《最高人民法院关于办理减刑、假释案件具体应用法律若干问题的规定》。

三中全会《决定》提出“严格规范减刑、假释、保外就医程序，强化监督制度。”2014年4月23日，最高人民法院发布《最高人民法院关于减刑、假释案件审理程序的规定》，从审理程序上对减刑、假释案件进行了统一和规范。《纲要》对完善减刑、假释、暂予监外执行公开制度提出新的具体要求。

*第一，关于完善减刑、假释案件办理程序。*加强庭审公开，提高减刑、假释案件审理的透明度。明确被报请减刑、假释罪犯系职务犯罪罪犯等六类减刑、假释案件应当开庭审理。明确审理组织、参加人员等内容，拓宽社会公众参与减刑、假释案件审理的渠道。法院开庭审理减刑、假释案件，应当通知人民检察院、执行机关及被报请减刑、假释的罪犯参加庭审；可以通知证明罪犯确有悔改表现或者立功、重大立功表现的证人，公示期间提出不同意见的人，以及鉴定人、翻译人员等其他

人员参加庭审。

第二，关于推进网上办案平台建设。各级法院逐步建立网上办案平台，有条件的法院先进行平台建设试点。建立信息共享办案平台，使法院、检察院和监狱之间能够同步掌握罪犯信息和案件办理信息，避免信息重复录入，实现资源共享和跟踪了解。

第三，关于建立减刑、假释、暂予监外执行信息网。最高人民法院建立减刑、假释、暂予监外执行案件信息平台，实现全国减刑、假释、暂予监外执行案件信息联网。一是健全审前公示制度，接受社会监督。法院审理减刑、假释案件，应当在立案后五日内将执行机关报请减刑、假释的建议书等材料依法向社会公示。公示应当写明公示期限和提出意见的方式。二是减刑、假释案件的开庭公告应当通过互联网依法向社会公布。法院应当在开庭三日前将开庭的时间、地点通知人民检察院、执行机关、被报请减刑、假释罪犯和有必要参加庭审的其他人员，并于开庭三日前进行公告。三是减刑、假释裁定书应当通过互联网依法向社会公布。减刑、假释裁定书应当写明罪犯原判和历次减刑情况，确有悔改表现或者立功、重大立功表现的事实和理由，以及减刑、假释的法律依据。裁定调整减刑幅度或者不予减刑、假释的，应当在裁定书中说明理由。

地·方·探·索

广东出台细则规范减刑、假释案件审理

2014年5月，广东省高级人民法院、省人民检察院、省公安厅、省司法厅联合颁布《关于审理减刑假释案件实施细则》（以下简称《细则》）。《细则》共九十条，细化、完善了《最高人民法院关于减刑、假释案件审理程序的规定》内容，明确规定了案件从刑罚执行机关提请，检察机关提出检察意见，人民法院审理作出裁定，到裁定后人民检察院审查监督，每一环节应当如何操作。包括刑罚执行机关应当在提请减刑、假释建议前在服刑场所公示，人民法院在立案后五日内上网公示，裁判结果上网公示、生效裁定书全部上网等一系列公开程序。并特别规定了对公示期间收到异议的案件应当开庭审理，允许公示异议人、被害人或其近亲属参加案件庭审，以增加案件的对抗性，让公正以看得见的方式实现。《细则》要求法院对减刑、假释案件要从形式审查回归到实质审理。规定法院审理减刑、假释案件，应依法组成合议庭对罪犯悔改表现、犯罪事实、原判刑罚、犯罪主观恶性、社会危害后果、财产刑和附带民事裁判履行以及罪犯退赃、退赔等情况进行全面审查，非经法定程序，不得裁定减刑、假释。《细则》还规定对未成年罪犯，老、病、残罪犯和犯罪情节轻微的轻刑罪犯，依法规定在减刑、假释条件上予以适度从宽。对危害国家安全、故意危害公共安全、严重暴力犯罪、涉众型经济犯罪，恐怖组织犯罪、邪教组织犯罪等犯罪情节恶劣的重刑罪犯以及累犯、毒品再犯等八类主观恶性大的罪犯，则从严掌握减刑、假释条件。

海南法院开通减刑、假释案件公示平台

2014 年 5 月，海南省高级人民法院在全国范围内率先开通海南法院减刑、假释信息平台，让减刑、假释案件的审理更好地接受社会各界的监督。为了严格执行《最高人民法院关于减刑、假释案件审理程序的规定》，海南省高级人民法院下发了《关于审理减刑、假释案件进一步面向社会公示的通知》（以下简称《通知》）对审理减刑、假释案件接受监督的范围、内容、公示方式、程序都进行明确。《通知》要求，法院受理的减刑、假释案件在立案、裁定前公示及减刑、假释生效裁判文书一律在天涯法律网公示。从 2014 年 5 月 14 日开始，公众只要登录海南省高级人民法院官方网站天涯法律网，在页面上方新闻频道选项内就可以看到“减刑假释”这一子选项，点击进入后是一个全新搭建的海南省法院减刑、假释信息平台。该页面上登有《最高人民法院关于减刑、假释案件审理程序的规定》中关于通过互联网向公众公开的相关条款，办理假释、减刑的流程等；减刑、假释案件立案、裁定前公示的信息；以及 2013 年以来海南高、中两级法院的裁决书。公众也可以按需查询检索公布的名单。

文·件·链·接

1.《最高人民法院关于办理减刑、假释案件具体应用法律若干问题的规定》(法释〔2012〕2号)

2.《中共中央政法委员会关于严格规范减刑、假释、暂予监外执行切实防止司法腐败的指导意见》(中政委〔2014〕5号)

3.《最高人民法院关于减刑、假释案件审理程序的规定》(法释〔2014〕5号)

42. 建立司法公开督导制度。强化公众对司法公开工作的监督，健全对违反司法公开规定行为的投诉机制和救济渠道。充分发挥司法公开三大平台的监督功能，使公众通过平台提出的意见和建议成为人民法院审判管理、审判监督和改进工作的重要参考依据。

条·文·解·读

司法权威和司法公信力应建立在公众广泛参与和全面监督基础之上。司法越透明，公众就越信赖，司法就越具有权威和公信力。建立司法公开督导制度，畅通民意沟通表达机制，健全对违反司法公开规定行为的投诉机制和投诉渠道，是推进司法公开工作的重要举措，是树立司法权威、提升司法公信力的重要保障，也是司法改革努力的方向。《纲要》针对“建立司法公开督导制度”提出了一系列改革举措。

第一，关于强化公众对司法公开工作的监督。通过司法公开三大平台，充分向社会公开案件信息包括审判流程信息、裁判文书信息以及案件执行信息，为强化公众监督司法公开工作奠定基础。将司法全过程一览无余地展示在公众面前，实现司法透明，挤压司法权寻租空间，消除当事人疑虑，避免公众的误解。完善新媒体时代的舆情应对机制，及时有效真实回应公众监督。随着网络技术的飞速发展和新兴媒体的广泛运用，特别是微信等自媒体的爆发式增长，信息传播方式和媒体传播格局发生了深刻变革，新媒体以强大的传播功能、巨大的动员能力、广泛的社会影响，成为社会舆论的“集散场、发酵池和放大器”。司法活动也全面进入新媒体时代，网络舆论对法院工作和法官言行进行着高密度、高强度、高持续度的无缝隙监督。一个普通案件经过网络发酵，就可能演变为震动社会各界的热点事件。因此，人民法院与时俱进，建立引导、应对舆情的有效路径和策略，畅通民众表达渠道，完善监督反馈机制，已成为新媒体时代司法公开面临的新课题。

第二，关于健全对违反司法公开规定行为的投诉机制和救济渠道。各级人民法院要建立互动反馈平台，畅通民意沟通表达渠道，保障社会公众和当事人对人民法院司法工作的知情权、表达权、参与权和监督权，以此为基础健全对违反司法公开规定行为的投诉机制和救济渠道。通过建立互动反馈机制，及时回复各类投诉、意见和建议，依法提供必要的救济渠道，引导社会舆论。根据投诉或建议的内容，进行妥善处理。针对社会公众和当事人的不同意见，合法、及时、准确地予以回复，提供救济渠道。

第三，关于充分发挥司法公开三大平台的监督功能。各级人民法院应当建立通过司法公开三大平台，及时收集了解、汇总分析、处理反馈公众和当事人对审判执行公开和法院其他工作的意见和建议的工作机制。一是建立意见收集机制。人民法院应当安排专门机构和人员负责定期收集社会公众和当事人的意见。二是建立汇总分析机制。人民法院应当定期针对收集的当事人意见和社会公众意见进行汇总分析，按照科学合理的标准进行分类，以便形成报告，适时反馈，为领导决策、审判管理、改进工作和个案处理作参考。三是建立意见转化机制。关于合理意见的转化，经对各类意见进行分析归纳和研究后，认为合理的意见，应依法适当完成转化。涉及制定本院规范性司法文件的，要予以充分吸纳和借鉴；涉及本院审判管理的，要提出明确的规范和要求；涉及个案处理的，依照程序提示承办人或者合议庭及时予以纠正并做好释明息诉工作；涉及某类案件法律适用问题的，可以层报上级人民法院，为司法解释出台积累经验。对于不合理的意见，也应及时处理，积极回应，通过适当的方式做好解释说明工作。对于社会公众和当事人的负面言论，做好正面引导工作。四是建立意见反馈机制。关于反馈内容：包括将意见吸纳进入规范性文件或者审判管理规定，及时纠正立案审判执行中的偏差或错误，公布对司法腐败问题的调查结果，等等；对不合理意见不予采纳并做好解释说明工作，对负面舆论的正面引导等。关于反馈方式：对于当事人意见的反馈，可以通过互动反馈平台、纸质文书或者手机短信等进行；对于社会公众意见的反馈，可以通过互动反馈平台、法院官方微博等进行。应注意不宜公开信息的保密，及反馈方式的合法性、及时性和有效性。

地·方·探·索

河北法院建立司法公开第三方评估机制

为深入推进司法公开、促进司法公正，河北省高级人民法院于2014年出台了《河北法院阳光司法指数评估暂行办法》（以下简称《暂行办法》），引入了独立第三方，组织对全省189家法院2014年度司法公开情况进行评估。一是评估体系的构建原则。坚持全面客观评价的原则，把审判执行工作的各个环节和机制保障等全面纳入评估范围；在指标设定上坚持科学合理的原则，综合确定各项指数的权重和分值；在评估方法上坚持简便易行的原则，尽量减少评估工作量。二是评估主体和评估方法。《暂行办法》规定，采取内部组和外部组评估相结合的评估形式，按照内部组、外部组评估得分各占50%的权重比例，计算出每个法院司法公开指数评估最终得分。三是评估体系主要内容。指数体系设立了立案公开等7项一级指数和公开开庭率等27项二级指数，涵盖了审判执行工作应当公开的各个环节和司法公开的保障机制等方面。四是评估结果利用。为起到鼓励先进、激励后进、全面推进司法公开的效果，《暂行办法》规定评估结果将进行全省排名，并向社会公开。对评估中发现的问题，要向参评对象发送点评意见，督促整改。根据评估结果，全省法院平均得分80.43分。张家口市中级人民法院以93.55分位列全省第一。

文·件·链·接

《最高人民法院关于推进司法公开三大平台建设的若干意见》（法发〔2013〕13号）

43. 完善诉讼服务中心制度。加强诉讼服务中心规范化建设，完善诉讼服务大厅、网上诉讼服务平台、12368 司法服务热线。建立网上预约立案、送达、公告、申诉等工作机制。推动远程调解、信访等视频应用，进一步拓展司法为民的广度和深度。

条·文·解·读

近些年，人民法院积极践行司法为民宗旨，在探索司法便民、利民新渠道方面，取得了较大成效。诉讼服务中心建设就是解决立案难，方便群众诉讼的一项重要举措。最高人民法院高度重视诉讼服务中心建设，出台了《最高人民法院关于全面推进人民法院诉讼服务中心建设的指导意见》（法发〔2014〕23 号）、《最高人民法院关于进一步做好司法便民利民工作的意见》（法〔2014〕293 号）等文件，为推进诉讼服务中心建设提供具体指导。各地法院陆续成立诉讼服务中心，整合立案、信访、业务庭相关对外业务，利用信息化建设，创建了诉讼服务大厅、网上诉讼服务平台、12368 司法服务热线三大诉讼服务平台，方便了当事人，满足了人民群众多元的司法需求。

《纲要》就人民法院继续完善诉讼服务中心制度提出原则性要求和改革举措。

第一，关于加强诉讼服务中心规范化建设。一是规范诉讼服务制度。三大诉讼服务平台均应当明确各项服务项目的办理时间、期限和要求，并严格落实，确保诉讼服务规范化。二是规范岗位责任制度。对三大诉讼服务平台的各个岗位实行定岗、定人、定责，做到职能清晰、任务明确、权责一致。接待来访、接听来电的首位工作人员是首问责任人，应认真负责地做好来访接待、电话接听与登记工作。对职责范围内的事项，及时办理；对职责范围外的事项，及时移交有关部门和人员，并将移交、转办情况及时回复来访、来电人员。三是规范办事公开制度。各项诉讼服务工作的流程和结果应当留有记录并方便群众了解查询，自觉接受群众监督。四是建立庭长值班制度。审判业务部门轮流安排负责同志在诉讼服务中心值班，指导处理疑难事项，协调各部门开展工作。五是建立督促提示制度。法官及其他工作人员均应当在规定的时间内完成相关诉讼服务工作。六是建立文明接待制度。诉讼服务中心工作人员应当统一着装上岗，做到精神饱满、仪表端庄，举止得体，服务周到、用语文明，工作高效、方法适当。

第二，关于进一步拓展司法为民的广度和深度。一是完善诉讼服务大厅建设。诉讼服务大厅应当有明显标志，方便群众出入，并建有无障碍通道；面积要满足功能发挥的实际需要。信访接待场所和其他诉讼服务场所分开设置，做到布局合理、庄重大方、宽敞明亮、整洁卫生；在保障安全有序的前提下，采用“柜台式”“窗口式”等开放办公方式；根据条件和实际需要，可以为残疾人等弱势群体开辟绿色通道，提供优先服务。二是完善诉讼服务网建设。完善法院公开信息、案件流程信息、诉讼电子档案等数据库，作为诉讼服务网的支撑。实现诉讼服务网与审判流程公开平台、裁判文书公开平台、执行信息公开平台的相互链接、资源共享。完善案件流程管理系统、网上办公系统，实现与诉讼服务网、通讯服务系统数据的及时交换。三是开通 12368 诉讼服务热线，设置专门的接听场所，配置必要的工作设施，实现与案件流程管理系统、网上办公系统、诉讼服务网、通讯服务系统的有效衔接，共享基础数据库。开展信息查询、诉讼咨询、联系法官、预约服务等诉讼服务。四是要充分利用信息技术，建立网上预约立案、送达、公告、申诉等工作机制。推动远程调解、信访等视频应用。

地·方·探·索

江苏法院启用统一诉讼服务平台

2015 年元旦，江苏三级法院统一的 12368 诉讼服务平台正式启动运行。这是集诉讼服务、立案登记、涉诉信访等多项功能于一体的综合服务平台，是江苏法院诉讼服务中心向“一体化、信息化、智能化”转型升级的重要标志。

“一条热线、一个网站、一个团队”是江苏法院统一诉讼服务平台的特色。这个平台可以为当事人和社会公众提供“线下大厅、线上网站、热线电话”等服务，无论是亲临法院诉讼服务大厅，还是登录诉讼服务网、拨打12368诉讼热线，都可以“一站式”办理各类诉讼事务。在江苏省高级人民法院诉讼服务中心设立总平台，各中级人民法院和基层人民法院设置分平台和子平台，实行“一号对外、集中受理、分类处置、统一协调、限时办理”。整合后的12368诉讼服务热线，分为自动语音服务和人工服务两种方式，具有案件查询、联系法官、法律咨询、投诉举报、意见建议等五大功能。

同时，整合后的诉讼服务网设置了网上立案、网上缴费、递交材料、案件查询、联系法官、网上投诉、网上信访、网上阅卷、录像预约等工作模块，实现与案件信息管理系统的数据互通互联，即时更新。当事人和代理人登录一个网站，通过身份认证后，就能查询在全省三级法院的案件信息。

为实现平台的互联互通，提升服务的针对性和有效性，江苏省高级人民法院通过优化法院内部职权配置，对立案工作、信访接待、诉讼服务等进行有效整合，职能合并，建立二十多人的“服务团队”，形成了诉讼服务的合力。江苏省高级人民法院各部门主要负责人作为所在部门的第一责任人，负责办理诉讼服务平台交办的事项。对于没有及时回复的，系统自动通过短信提醒，延期办理的，相关信息报至分管院领导直至院长。

为更好地发挥诉讼服务平台的作用，江苏省高级人民法院要求借鉴淘宝网的差评系统，对诉讼服务平台服务质量进行评价，把全省各级法院诉讼事务办理结果，通过诉讼服务网等载体予以公示。

上海法院12368诉讼服务移动客户端正式启用

为进一步完善上海法院12368全媒体综合诉讼服务平台，充分运用移动互联网技术，为人民群众提供全天候、全方位的诉讼服务，上海市高级人民法院正式启用上海法院12368诉讼服务移动客户端APP。该诉讼服务APP包含安卓版与苹果版两种，可在上海法院互联网站通过二维码扫描下载，安卓用户可从百度手机助手、360手机助手等移动客户端市场下载，苹果用户可从APP store中下载。上海法院12368诉讼服务APP开设了“我的案件”“我的关注”“我的意见”“我的咨询”“我要立案”等五大栏目共24项服务，开通联系法官、案件查询、材料递交、诉讼咨询、网上立案等功能。通过上海法院12368诉讼服务平台在移动载体上的广泛应用，实现与12368热线、网站、微博、微信、短信等多种媒体内容同步、信息共享，为当事人提供了触手可及的诉讼服务，有效降低当事人诉讼成本，减轻诉累，保障当事人诉权。

东莞市第二人民法院的诉讼服务中心

近年来，东莞市第二人民法院借助科技力量，打造优良立案服务。一方面，加强实体诉讼服务建设。东莞市第二人民法院在立案大厅及下辖五个法庭均设立了导诉窗口，由导诉员为当事人提供现场指引，并开通导诉热线，回答群众来电咨询。同时，当事人也可在立案大厅的自助查询平台进行查询，立案流程、诉讼费用标准、诉讼风险提示等诉讼指引清清楚楚。另一方面，加强在线立案服务建设。东莞市第二人民法院政务网站网页正中设“在线诉讼服务中心”区，包含“网上立案”“案件查询”“诉讼费计算”“院长信箱”等21个模块。当事人只要在“网上立案”栏目按要求填写，并自行设定查询密码，就可以在线提交立案申请，以后凭密码查询立案及审判流程进度。如果立案申请提交的电子起诉状及有关证据材料存在程序上的瑕疵，立案工作人员会一次性告知申请人修改。立案申请被审核通过后，立案工作人员将主动联系申请人，预约现场办理确认手续。

域·外·参·考

香港特别行政区的诉讼服务机构

香港特别行政区法院的诉讼服务机构包括法庭登记及询问处、无律师代表诉讼人资源中心。各法院均设有法庭登记及询问处，负责文件存档，排期审讯案件，并且为法官及司法人员提供协助，也负责案件登记、发送法庭命令以及民众诉讼查询。主要承担导诉责任的是无律师代表诉讼人资源中心，负责向民事法律的各方无律师代表诉讼人或准备展开民事法律程序的各方无律师代表诉讼人提供协助，但有关民事法律程序并不包括涉及婚姻、土地、雇员补偿和遗产的事宜。资源中心所提供的协助只限于程序方面的事项。主要职责是：为需要提交非宗教式誓词、宗教式誓词的无律师代表诉讼人提供宣誓服务；指导填写法庭表格和呈交法庭文件册方面的事项；提供电脑供诉讼人查阅诉讼常见问题；提供方便诉讼的小册子及录音带，包括简介高等法院及区域法院民事法律程序的小册子、法庭表格样本、介绍法庭程序的录影带等。中心的工作人员不会提供法律意见，亦不会就案件的是非曲直作出评论。香港案件登记及询问处共有三个窗口：案件登记、案件查询和会计处，摆放两部电视播放诉讼流程指引宣传片，宣传小册栏、复印机、四部电脑、投诉信箱，旁边设有无律师代理诉讼人资源中心。

香港特别行政区诉讼机构放置的宣传资源包括三类：法院机构及职能介绍、诉讼指引、调解。法院机构及职能介绍包括法院的设置、各个法院的管辖范围、法院的地址及人员配置等。诉讼指引（民事）包括：提出诉讼前应考虑的事项、民事诉讼程序须知、民事诉讼中的各个阶段、如何准备聆讯或审讯、法庭附记或审讯如何进行、属实申述、如何缩短法律程序、如何申请司法复核、如何进行上诉、诉费的评定等。调解包括什么是调解、调解使你如何获益、调解资讯中心简介、调解统筹主任办事处联系方式、各调解机构的名单及联系方式。

各个法院根据各自管辖情况均制作诉前须知，告知准备诉讼人诉讼前应当考虑的风险及权利义务，以小额钱债审裁处的资料为例，告知提出申索前应考虑的事项包括：是否有通过不提出诉讼而解决纠纷的途径；诉讼并不代表一定能够成功收回应收的款项；诉讼要付什么费用；是否有时间应付诉讼；就程序性的问题可以向裁判处的职员寻求帮助；可以通过某些民政事务处的当值律师免费获得法律意见；审讯程序是对抗性的。香港特别行政区诉讼服务中心设立司法机构网站，网站包括全港司法机构简介、法庭服务及设施介绍、审讯案件表、陪审团介绍、法庭服务。利用电视平台宣传新措施，利用电视播放宣传录像、诉讼指引等等。

文·件·链·接

1.《最高人民法院关于全面推进人民法院诉讼服务中心建设的指导意见》（法发〔2014〕23 号）

2.《最高人民法院关于进一步做好司法便民利民工作的意见》（法〔2014〕293 号）

3.《最高人民法院关于推进司法公开三大平台建设的若干意见》（法发〔2013〕13 号）

4.《最高人民法院关于深入整治“六难三案”问题　加强司法为民公正司法的通知》（法〔2014〕140 号）

44. 完善人民法庭制度。优化人民法庭的区域布局和人员比例。积极推进以中心法庭为主、社区法庭和巡回审判点为辅的法庭布局形式。根据辖区实际情况，完善人民法庭便民立案机制。优化人民法庭人员构成。有序推进人民法庭之间、人民法庭和基层人民法院其他庭室之间的人员交流。

条·文·解·读

人民法庭作为基层人民法院的派出机构，是人民法院的最基层单位，是深化司法体制改革、全面推进依法治国的重要环节，在国家和社会治理特别是县域治理中责任重大、任务艰巨。人民法庭工作开展得成功与否，直接关系到人民法院工作全局。人民法庭要充分发挥审判职能作用，积极参与基层社会治理，创新落实便民利民举措，因地制宜做好巡回审判工作，将依法独立行使审判权与扩大司法民主相结合，努力搭建阳光司法“窗口”，增进人民司法的社会认同。为此，《纲要》针对“完善人民法庭制度”提出了一系列改革举措。

第一，关于优化人民法庭的区域布局和人员比例。一是优化区域布局。严格按照《最高人民法院关于全面加强人民法庭工作的决定》，坚持“面向农村、面向基层、面向群众”和“便于当事人诉讼，便于人民法院依法独立、公正和高效行使审判权的”原则，以“职能明确、布局合理、审判公正、管理规范、队伍过硬、保障有力”为基本要求，综合案件数量、区域面积、人口数量、交通条件、经济社会发展状况，优化人民法庭的区域布局和人员比例。积极推进以中心法庭为主、社区法庭和巡回审判点为辅的法庭布局形式，戒除脱离实际贪大求多的错误观念，避免司法资源浪费和法庭建设、管理、维护困难。二是规范法庭增设条件。根据《最高人民法院关于进一步加强新形势下人民法庭工作的若干意见》（以下简称《意见》），基层人民法院按照城市规划调整以及城乡发展一体化进程的逐步推进，慎重稳妥提出人民法庭设置调整方案，逐级上报高级人民法院批准。诉讼案件数量多，派驻人员有编制，建设用地能落实，建设资金有保障的，经高级人民法院批准，可增设人民法庭。增设规模较大、影响范围较广、资金人员需求较多的人民法庭，应层报最高人民法院审查备案。经济社会发达、案件较多的地区，可以结合自身情况，探索专业化审判法庭的设置。

第二，完善人民法庭便民立案机制。一是完善立案机制。基层人民法院要根据辖区实际情况，科学构建人民法庭直接立案工作机制，加强对人民法庭立案工作的指导和管理；对于经济发达、交通便利地区的人民法庭，可以通过基层人民法院统一立案的方式，加强案件流程管理；对于山区、牧区、林区、边远地区等交通不便地区的人民法庭，要加强和完善人民法庭直接立案工作机制，并通过远程立案等技术手段，着力解决当事人立案难问题；人民法庭具体受案范围由所属基层人民法院确定后，通过一定方式向社会公布；对依法应当受理的案件，要做到有案必立、有诉必理，对确实不应受理的，要向当事人说明理由。二是加强诉讼服务。要加强人民法庭窗口建设，努力为当事人的诉讼活动提供集成式、一站式服务；加强对诉讼当事人的诉讼指导，对诉讼能力不高的当事人提供必要的程序性引导；对当事人举证确实困难或案件审理确实需要的重要证据，应根据当事人申请或依职权，适时主动调查取证；依法选择并适用更为经济的诉讼程序和程序性措施，切实降低当事人的诉讼负担；推动完善法律援助制度，加强司法救助工作力度，切实保证人民群众及时有效获取法律帮助。三是做好巡回审判。合理设置巡回办案点与诉讼服务点，提高巡回审判的针对性和实效性；对于边远民族地区以及其他群众诉讼不便地区，应当确立巡回审判为主的工作机制，推广车载法庭等巡回审判模式，形成以人民法庭为点、车载流动法庭为线、基层人民法院为面，“点线面”相结合、全覆盖的司法服务网络；对于经济发达交通便利地区，应将巡回审判的重点放在对社会和谐稳定影响较大，对提高人民群众法治意识、维护社会主义法治秩序和弘扬社会主义道德风尚有重要作用的案件上。

第三，优化人民法庭的人员构成。一是建立编制增补和动态管理机制，探索根据审判工作量，组建以主审法官为中心的审判团队，配备必要数量的法官助理、书记员等审判辅助人员，以购买服务等方式配强审判辅助力量，解决一些地方因审判人员不足而出现的“一人庭”“二人庭”问题。二是健全人民法庭的定期轮岗和挂职锻炼制度，有序推进人民法庭之间、人民法庭和基层人民法院其他庭室之间的人员交流。基层人民法院新招录人员一般应先安排在人民法庭接受锻炼一年以上。按照四中全会《决定》要求，今后初任法官统一招录后，要安排在基层人民法院任职，而《意见》要求基层人民法院将新招录人员首先安排到人民法庭接受锻炼，既能一定程度上缓解人民法庭人员相对不足的压力，也能使人民法庭成为人民法院人才培养锻炼的摇篮和基地。三是配强法庭庭长，选派政治坚定、业务精通、清正廉洁、纪律严明、作风优良的法官担任庭长；要优先从具有人民法庭庭长任职经历的人员中选拔基层人民法院领导，让扎根基层的法官有舞台、有干劲、有奔头。

第四，积极参与基层治理。一是为其他机构组织化解纠纷提供司法保障。人民法庭要主动加强与公安、司法、劳动争议仲裁、农村土地承包仲裁、人民调解委员会等其他基层国家机关、群众自治组织、行业调解组织等的沟通与协作，尊重和支持其依法调处社会矛盾纠纷，积极做好司法确认等诉讼与非诉讼矛盾纠纷解决机制的衔接工作。二是对各类调解组织给予引导。人民法庭应以审判职能的有效发挥，为人民调解、行政调解和群众自治组织调处化解矛盾纠纷提供法治样本和导向指引。特别注意加强和规范与居民委员会、村民委员会等基层群众组织在化解矛盾纠纷中的联系和沟通，共同维护良好的基层社会秩序。三是立足审判职能参与地方治理。人民法庭要灵活运用公众开放日、观摩庭审、以案释法、判后答疑等多种形式，积极开展法治宣传，引导人民群众自觉履行法定义务、社会责任、家庭责任。要通过及时向地方党委、人大报送涉诉矛盾纠纷专项报告，向政府及其他相关部门提出司法建议的方式，参与地方社会治理。不得超越审判职能参与地方行政、经济事务，以及其他与审判职责无关的会议、接访、宣传等事务。

文·件·链·接

1.《最高人民法院关于进一步加强新形势下人民法庭工作的若干意见》（法发〔2014〕21号）

2.《最高人民法院关于全面加强人民法庭工作的决定》（法发〔2005〕16号）

45. 推动送达制度改革。推动建立当事人确认送达地址并承担相应法律后果的约束机制，探索推广信息化条件下的电子送达方式，提高送达效率。

条·文·解·读

法院送达是人民法院依法定程序和方式向当事人送达诉讼文书并引起诉讼法律关系产生、变更和消灭的行为，对当事人程序和实体权益的维护影响巨大。但是，由于种种原因，司法实践中“送达难”已经成为影响诉讼效率、制约诉讼公正、阻碍当事人实体权益及时有效实现的重要因素。为解决“送达难”，立法和司法实践均对此作出了许多有益的探索，2005 年 1 月 1 日起实施的《最高人民法院关于以法院专递方式邮寄送达民事诉讼文书的若干规定》以司法解释的形式专门对邮寄送达以及当事人确认送达地址制度进行了规范，2012 年修订的民事诉讼法首次以立法形式对电子送达问题作出了规定，这些规范对缓解“送达难”起到了重要作用。为进一步完善送达制度，《纲要》针对“推动送达制度改革”提出了一系列改革举措。

第一，关于推动建立当事人确认送达地址并承担相应法律后果的约束机制。一是推动建立当事人确认送达地址的机制。2003 年发布的《最高人民法院关于适用简易程序审理民事案件的若干规定》明确要求适用简易程序的案件当事人应当提供准确的送达地址；2005 年实施的《最高人民法院关于以法院专递方式邮寄送达民事诉讼文书的若干规定》专门对送达地址确认制度作出了较为完整的规定。原告起诉或者被告答辩时，应当向法院提供或者确认自己准确的送达地址，并填写送达地址确认书；当事人在一审、二审和执行终结前变更送达地址的，应当及时以书面方式告知法院。为确保诉讼文书及时有效送达给当事人，送达地址确认书的内容应当包括送达地址的邮政编码、详细地址以及受送达人的联系电话等内容。如果当事人拒绝提供送达地址，法院应当告知其拒不提供送达地址的不利后果，并记入笔录；根据有关规定，经法院告知后仍不提供自己送达地址的，自然人以其户籍登记中的住所地或者经常居住地为送达地址，法人或者其他组织以其工商登记或者其他依法登记、备案中的住所地为送达地址。如果当事人要求对送达地址确认书中的内容保密的，法院应当为其保密。

二是建立当事人承担相应法律后果的约束机制。当事人提供自己的送达地址并填写送达地址确认书后，就应承担相应的法律后果，这既是对当事人诉讼权益的维护，也是提高审判效率、确保诉讼程序顺利进行的重要保障。受送达人自己提供或者确认的送达地址不准确、受送达人拒不提供送达地址、受送达人的送达地址变更未及时告知法院、受送达人本人或者受送达人指定的代收人拒绝签收，因为前述情形导致诉讼文书未能被受送达人实际接收。前述情形下，受送达人虽没有实际收到诉讼文书，但也应视为送达；并且法律文书退回之日视为送达之日，不影响后续诉讼程序的正常开展。由于这种约束机制蕴含的基本价值观是当事人对自己确认送达地址的行为负责，因此如果受送达人能够证明自己在诉讼文书送达的过程中没有过错的，无需承担前述法律后果。

第二，关于探索推广信息化条件下电子送达方式，提高送达效率。2012 年修订的民事诉讼法新增了电子送达的规定，这是信息化时代背景下探索解决“送达难”、提高送达效率的重要突破。

一是关于电子送达的前提条件。电子送达方式的目的在于方便当事人接收送达文书信息，方便法院及时完成送达，因此法院采用电子送达方式应当征得当事人同意，只有当事人能够并愿意接受和使用电子送达方式并且进行了书面确认，法院才可以采用这一新的送达方式。同时，法院应当保障当事人对电子送达方式的知情权，由于软、硬件可能出现错误，因此采用电子送达方式存在风险，所以法院应当向受送达人进行充分的说明和提示，保证受送达人对送达中可能存在的技术性问题等有所了解并愿意承担这种风险。

二是电子送达的具体媒介。民事诉讼法列举了传真和电子邮件两种电子送达的主要途径。民事诉讼法并未将电子送达方式限于传真和电子邮件，还设置了兜底条款，即“能够确认其收悉的方式”，电子科技发展日新月异，未来还可能出现更为先进有效的传播媒介，兜底条款为未来电子送达方式的扩展预留了空间。《最高人民法院关于适用〈中华人民共和国民事诉讼法〉的解释》进一步明确，电子送达可以采用传真、电子邮件、移动通信等即时收悉的特定系统作为送达媒介。受送达人同意采用电子方式送达的，应当在送达地址确认书中予以确认。

三是电子送达的适用范围。民事诉讼法规定，电子送达的对象为诉讼文书，但判决书、裁定书、调解书例外。诉讼文书是指诉讼程序中由当事人提交或人民法院制作，能够推动诉讼程序或作为诉讼结果的诉讼文书。需要送达的诉讼文书包括两种，一种为当事人提交的文书，一种为人民法院制作的文书（如案件受理通知书、开庭通知书、判决书、裁定书和调解书等）。由于判决书、裁定书和调解书（统称为裁判文书）是法院经过案件审理后，对案件实体法律关系和权利义务进行的终局认定，直接确定当事人之间的利益分配，关系重大；作为国家公权力对公民间法律关系的最终确定，裁判文书具有极高的权威性，只有加盖法院印章的正式原件文本，才能发生相应的法律效力。因此，裁判文书不宜采用电子送达方式。

四是电子送达日期的确定。根据民事诉讼法的规定，采用电子送达方式的，以传真、电子邮件等到达受送达人特定系统的日期为送达日期。该“到达受送达人特定系统的日期”是指人民法院对应系统显示发送成功的日期，但受送达人证明到达其特定系统的日期与人民法院对应系统显示发送成功的日期不一致的，以受送达人证明到达其特定系统的日期为准。

地·方·探·索

广东法院统一推行诉讼文书电子送达

为破解“送达难”，方便群众诉讼，广东省高级人民法院与网易公司合作开发了全省统一的电子送达系统，无偿为当事人及诉讼代理人提供专用邮箱。创建邮箱后即刻送达，当事人足不出户，马上接收。邮件可附多份文书，包括受理通知、答辩状、起诉书副本、开庭传票及各种证据材料。该邮箱在广东三级法院所有案件及所有程序均可持续使用，就像是当事人和代理人的诉讼文书“电子档案柜”。广东省高级人民法院于2015年1月起正式推行全省法院统一的电子送达方式，不管当事人身在何处，或打开手机，或轻点鼠标就能收到诉讼文书。试运行一个月以来已有4261宗案件的5541名当事人确认使用电子送达，成功为1047宗案件发送邮件1327次。电子送达是广东法院用信息化手段推动司法便民、利民的具体措施，也是大数据时代加强诉讼服务的积极探索。下一步，广东法院还将尝试网上立案、网上查询、网上阅卷、法官在线审查、视频接访等多项服务措施，全面推进诉讼服务中心建设，努力满足群众司法需求。

文·件·链·接

《最高人民法院关于以法院专递方式邮寄送达民事诉讼文书的若干规定》（法释〔2004〕13号）

46. 健全多元化纠纷解决机制。继续推进调解、仲裁、行政裁决、行政复议等纠纷解决机制与诉讼的有机衔接、相互协调，引导当事人选择适当的纠纷解决方式。推动在征地拆迁、环境保护、劳动保障、医疗卫生、交通事故、物业管理、保险纠纷等领域加强行业性、专业性纠纷解决组织建设，推动仲裁制度和行政裁决制度的完善。建立人民调解、行政调解、行业调解、商事调解、司法调解联动工作体系。推动多元化纠纷解决机制立法进程，构建系统、科学的多元化纠纷解决体系。

条·文·解·读

预防和化解社会矛盾纠纷是法治社会建设的重要内容和任务。我国目前正处于社会转型期，矛盾纠纷多发，案件数量激增，缠访数量增多，四中全会《决定》提出要“健全社会矛盾纠纷预防化解机制，完善调解、仲裁、行政裁决、行政复议、诉讼等有机衔接、相互协调的多元化纠纷解决机制。加强行业性、专业性人民调解组织建设，完善人民调解、行政调解、司法调解联动工作体系。”《纲要》对人民法院推动多元化纠纷解决机制发展提出了具体要求：

第一，关于非诉纠纷解决机制与诉讼的有机衔接、相互协调。一是强化法院多元化纠纷解决平台建设，中级或基层人民法院建立诉调对接平台，强化与诉讼外纠纷解决机制的有机衔接，对起诉到法院的纠纷进行过滤、分流和引导，充分运用非诉讼方式解决纠纷。二是探索人民调解组织参与法院工作的新方式，完善相关管理制度，充分发挥人民调解组织化解基层矛盾，维护基层稳定的职能优势。

第二，关于加强行业性、专业性纠纷解决组织建设。一是加强与公安、司法行政、工商、卫生、交通、劳动保障等行政机关的衔接关系，协调指导相关调解工作，并与有关行政机关建立定期沟通联络机制。二是积极推动建立行政裁决制度和行政调解制度。在纠纷较多的行政机关设立巡回法庭或工作站，及时化解纠纷。三是积极推动行业性、专业性纠纷解决组织建设和程序制度的完善，加强和完善与商事、保险、证券、医患、消费、知识产权、电子商务等专门领域的纠纷解决机制的衔接，促进其向专业性、职业性的方向健康发展。四是加强与商事仲裁、劳动人事争议仲裁、农村土地承包仲裁等仲裁机构的沟通联系。对当事人申请执行仲裁裁决的，人民法院应当按照法律规定进行审查，符合法律规定的情形应当执行。对在仲裁过程中申请证据保全、财产保全的，人民法院应当依法及时办理。五是发挥公证机构预防纠纷、维护法制、巩固法律秩序的作用，支持公证机关在发生民事争议之前，对法律行为和有法律意义的文书、事实的真实性和合法性依法给予认可和证明，支持公证机关出具公证债权文书后的强制执行。

第三，关于推动多元化纠纷解决机制立法进程。近年来，多元化纠纷解决机制改革取得了丰硕成果，为多元化纠纷解决机制立法提供了实践基础。而且，民事诉讼法、人民调解法的修改或制定已经吸收了一些改革成果，但多元化纠纷解决机制的全面、协调发展还有赖于多元纠纷解决机制综合立法和单项立法的推进。人民法院可以向立法部门提出制定多元纠纷解决机制促进法、商事调解法等的立法建议，推动相关立法的健全与完善。

地·方·探·索

四川省眉山市法院创新“诉非衔接”机制促进矛盾纠纷化解

2009年以来，四川省眉山市两级法院在党委领导和上级法院指导下，抓住“诉非衔接”改革的契机，以“枫桥经验”为引领，充分调动有助于纠纷解决的各类资源，着力完善衔接配合互动机制，不断促进矛盾纠纷的系统治理、源头治理、综合治理和依法治理，在改进社会治理方式、维护社会和谐稳定中发挥了积极作用，受到高度肯定。该院从以下几个方面入手，推动多元化纠纷解决机制的发展。

一是由党委政府主导推动，鼓励和支持社会各方面积极参与。眉山市委常委会先后五次专题研究“诉非衔接”改革试点工作，以市委名义下发试点工作方案，成立市委政法委书记为组长，市人大、市政府、市政协分管领导及政法部门“一把手”为副组长、32个市级部门为成员单位的试点工作领导小组，三次召开试点工作推进会，增编设立两级法院诉调对接中心，给予充足的试点工作经费保障。

二是眉山市中级人民法院设立有效应用诉讼辅导机制。增编设立诉讼辅导室，全面推行诉讼辅导工作，对当事人特别是那些没有律师代理的当事人，提供纠纷解决方法、司法认知、诉讼常识、理性参与诉讼等必要指导与帮助。

三是眉山市中级人民法院有效应用“二培三接”衔接方法。“二培”，即培育调解组织和培训调解队伍。在原有调解组织的基础上，重点培育行业调解组织。全市共建立律师调解组织、保险调解组织、旅游调解组织、客运商会调解组织、枇杷协会调解组织、物业调解组织等行业调解组织168个。全市法院共组织开展调解员职业培训77次，培训各类调解员3000多人次，其中培训人民调解员2000多人次，为“诉非衔接”机制的推广奠定了坚实基础。“三接”，首先是接组织，全市法院“走出去”指导调解，设立法官联络站点和巡回法庭193个。将人民调解组织、行政调解组织和行业调解组织“请进来”，设立调解工作室42个，常驻法院调解员59名。建立调解员名册制度、调解组织名册制度，入册特邀调解员641名、特邀调解组织527个、律师调解员167名，与156个行政机关、538个有调解职能的组织建立相对固定的诉调对接关系，确保纠纷解决的互补、互动。其次是接机制，着力完善诉前委派调解、诉中委托调解、行政案件协调和解、刑事和解、执行联动、民商事纠纷中立评估、无异议调解方案认可、无争议事实记载等工作机制，最大限度动员非诉解纷力量。再次是接效力，受理赋予调解协议效力案件62件，受理调解协议申请司法确认案件785件，支持和确认率均在95%以上，确保了诉与非诉能相互“接得起”。

眉山市中级人民法院将诉讼服务、诉讼辅导、司法公开、诉调对接、专职调解、案件速裁、人民法庭等确立为法院工作的“前台”，在合法自愿前提下尽可能分流化解纠纷。将民事、刑事、行政、执行、审监等各业务庭确立为实现裁判功能的“平台”，确保进入审判程序的每一个案件尺度统一、公正权威。将人力资源、审判管理、审判研究、司法行政、司法技术、科技支撑等确立为法院工作的“后台”，对前台、平台工作全面保障。在现有条件下，眉山法院将更具亲和力、善于调解的法官配置在“前台”，将精通审判业务的法官配置在“平台”，将其他专业技术人员配置在“后台”，“三台”之间职能清晰、相互配合、有机统一，实现案结事了。

文·件·链·接

1.《最高人民法院关于审理涉及人民调解协议的民事案件的若干规定》（法释〔2002〕29号）

2.《最高人民法院关于人民法院民事调解工作若干问题的规定》（法释〔2004〕12号）

3.《最高人民法院关于人民调解协议司法确认程序的若干规定》（法释〔2011〕5号）

4.《关于深入推进矛盾纠纷大调解工作的指导意见》（综治委〔2011〕10号）

5.《最高人民法院关于扩大诉讼与非诉讼相衔接的矛盾纠纷解决机制改革试点总体方案》（法〔2012〕116号）

6.《最高人民法院、中国保险监督管理委员会关于在全国部分地区开展建立保险纠纷诉讼与调解对接机制试点工作的通知》（法〔2012〕307号）

47. 推动实行普法责任制。强化法院普法意识，充分发挥庭审公开、文书说理、案例发布的普法功能，推动人民法院行使审判职能与履行普法责任的高度统一。

条·文·解·读

全民守法是依法治国的一项基础性工作，各类国家机关在实现全民普法上发挥着不同的作用。立法机关通过公布法律草案征求意见、立法听证等多种形式，动员社会各方面广泛参与立法，把立法过程变为宣传法律的过程；执法、司法机关充分利用公开庭审、裁判文书公开、发布典型案例等机会，以案释法，教育民众，推动全社会树立法治意识；同时，立法、执法、司法机关在普法过程中，应尊重新闻传播规律，充分发挥宣传、文化、教育部门和人民团体在普法教育中的职能作用，有条件的还可以设立专门的媒体记者席，为媒体进行舆论监督、传播司法信息、进行普法宣传创造条件。

四中全会《决定》提出“实行国家机关‘谁执法谁普法’的普法责任制，建立法官、检察官、行政执法人员、律师等以案释法制度，加强普法讲师团、普法志愿者队伍建设”。为进一步落实人民法院普法责任制，《纲要》针对“推动实行普法责任制”提出要强化法院普法意识，推动人民法院立足本职工作，实现行使审判职能与履行普法责任的高度统一。

*第一，充分发挥庭审公开的普法功能。*公开开庭审理案件，是全面落实宪法关于审判公开的重要内容。通过庭审公开，接受社会监督，让人民群众近距离感受审判的公平正义、了解法律规范、明确行为预期。要进一步完善庭审公开制度，切实增强庭审公开对落实普法责任制的作用。创新庭审公开形式，依托现代信息科技，规范视频直播庭审，让更多的人通过直播视频了解司法、熟悉司法、参与司法，推进普法工作。

第二，充分发挥裁判文书说理的普法功能。裁判文书是审判活动的最终产品，一份说理充分的裁判文书既能完整反映当事人主张、举证和质证的客观过程，还能全面阐述裁判结果形成的法律依据、事实证据和推理过程。因此，加强裁判文书说理是当事人息诉服判的重要途径，也是彰显现代司法文明的必然要求。网上公开裁判文书，使社会成员对自己行为进行预期和判断的成本不断下降，那么全民学法、遵法、守法、用法的积极性就会不断提高。

第三，充分发挥案例发布的普法功能。发布案例能有效引导社会公众的言行，是法院普法的重要形式。要充分利用现有的案例发布机制，包括发布指导性案例和《最高人民法院公报》案例，在发挥统一法律适用功能的同时，加大面向公众的公开力度，强化这些案例的法律教育作用。针对社会关注度高、对引领社会风尚有重大意义的案例，适应信息加工传播形势的新变化，积极运用新媒体等信息技术，深入研发和开拓案例载体形式和传播方式，不断增强其影响力，实现普法教育。通过传统媒体进行以案说法，探索建立推荐案件承办法官通过电视、报纸专栏以案说法机制，实现法官审判与法官普法的高度统一。

地·方·探·索

四川武侯法院基于审判职能开展普法工作

四川省成都市武侯区人民法院立足审判职能发挥，通过庭审公开、巡回审判、法治宣传等途径开展普法工作，在推进“依法治区”工作中，率先垂范，取得良好成效。一是借公开宣传法治。如通过组织邀请社区、学校、企业群众走进法院来旁听庭审，借助一个个生动鲜活的案例，感染、教育广大干部群众。二是通过巡回审判进行普法。法官进社区或企业巡回审判，以真实的案例现场说法，普法的效果更直接。三是通过司法建议促进依法行政。武侯区人民法院就审理的政府信息公开、征地拆迁案件中涉及的法律问题，向区委、区政府提出了法律分析建议，这些都是法院围绕审判中心工作，服务大局的体现。“依法治区”

的一个重要工作是依法行政，武侯区人民法院每年会分析行政案件、提出行政案件司法审查报告，送给相关职能部门参考，促进依法行政。四是发送法院编辑的《身边的法律》案例丛书。该丛书已经发送5000多册，选编的案件都比较典型，贴近民生，如房屋租赁、劳动争议、离婚财产、民间借贷、非法侵入住宅等案例，法官说法简单清楚、一看就懂，还包含案件的警示信息和提醒读者注意的内容等。通过案例选编把资源有效地传递给群众，并做了详细的法律解读和知识普及，让群众在潜移默化中接近司法、感受公正，培养法治意识，提升法院的公信力。

（六）推进法院人员的正规化、专业化、职业化建设

48. 推动法院人员分类管理制度改革。建立符合职业特点的法官单独职务序列。健全法官助理、书记员、执行员等审判辅助人员管理制度。科学确定法官与审判辅助人员的数量比例，建立审判辅助人员的正常增补机制，切实减轻法官事务性工作负担。拓宽审判辅助人员的来源渠道，探索以购买社会化服务的方式，优化审判辅助人员结构。探索推动司法警察管理体制改革。完善司法行政人员管理制度。

条·文·解·读

根据中共中央组织部、最高人民法院2013年3月1日发布的《人民法院工作人员分类管理制度改革意见》（中组发〔2013〕12号），人民法院工作人员是指各级人民法院中纳入中央政法专项编制，依法履行审判、审判辅助、司法行政职能，由国家财政负担工资福利，在编在职的除工勤人员以外的人员。

习近平总书记指出，建立符合职业特点的司法人员管理制度，在深化司法体制改革中居于基础性地位，是必须牵住的牛鼻子。长期以来，我国把法官作为普通公务员管理，实行与公务员基本相同的管理模式，带来不少弊端。具体表现为：一是法官任职门槛低，未能体现职业特点；二是基层法官发展空间有限，职级低待遇差；三是审判辅助人员不足，法官工作负担过重。

针对上述问题，三中全会《决定》提出要“建立符合职业特点的司法人员管理制度，……完善司法人员交流管理制度”，四中全会《决定》进一步提出要“加快建立符合职业特点的法治工作人员管理制度，……建立法官、检察官、人民警察专业职务序列及工资制度”。为贯彻

落实党的十八届三中、四中全会会议精神，《纲要》针对“推动法院人员分类管理制度改革”提出了一系列改革举措。

第一，关于建立符合职业特点的法官专业职务序列。法官是依法行使国家审判权的审判人员，包括各级人民法院院长、副院长、审判委员会委员、庭长、副庭长、审判员和助理审判员，主要职责是依法参加合议庭审判或独任审判案件，也承担法律规定的其他职责。由于法官的入职条件、职业特点、职业要求不同于普通公务员，需要在职务序列等方面实行单独管理和保障。总体来看，就是要依托法官等级制度，逐步建立法官专业职务序列，推动实现法官等级与行政职级脱钩，建立定期晋升和择优晋升相结合的法官等级晋升制度，使基层一线办案法官即使不担任行政领导职务，也能晋升至较高的法官等级、享受较高的待遇。

第二，关于健全审判辅助人员管理制度。审判辅助人员是协助法官履行审判职责的工作人员，包括执行员、法官助理、书记员、司法警察、司法技术人员、技术调查官等。执行员办理民事案件判决和裁定的执行事项，办理刑事案件判决和裁定中关于财产部分的执行事项，以及法律规定的其他事项。法官助理在法官指导下履行审查诉讼材料、组织庭前证据交换、接待案件诉讼参与人、准备与案件审理相关的参考资料、协助法官进行调解、草拟法律文书等职责。书记员承担案件审理过程中的记录工作，负责整理、装订、归档案卷材料以及法官交办的其他事项。司法技术人员负责在诉讼活动中对鉴定文书、检验报告、勘验检查笔录、医疗会计资料等技术性证据提出咨询意见，对外委托鉴定、检验、评估、审计、拍卖等工作，以及为审判执行活动提供技术支持与保障。需要指出的是，尽管最高人民法院先后发布过《关于在部分地方人民法院开展法官助理试点工作的意见》（法〔2004〕208 号）和《关于在西部地区部分基层人民法院开展法官助理制度试点、缓解法官短缺问题的意见》（法〔2007〕335 号），在部分地区开展了法官助理工作试点，但法官助理制度目前尚未普遍设立。各级人民法院应当在最高人民法院的统一指导下，探索完善法官助理制度，明确法官助理的来源、条件和职责。

目前，我国法院案多人少矛盾突出。一方面，法官承担了大量事务性与程序性工作；另一方面，审判辅助人员数量严重不足、专业化程度不高，平均每3.8名法官才能配备1名辅助人员，而在一些国家，1名法官能配备3到5名助手。省级以下地方人民法院省级统管后，审判辅助人员的编制管理、来源渠道和经费保障，也应当纳入相关改革规划一并考虑。

针对上述问题，《纲要》提出了健全审判辅助人员制度的递进思路：一是科学确定法官与审判辅助人员的数量比例，建立审判辅助人员的正常增补机制。二是拓宽审判辅助人员的来源渠道，探索以购买社会化服务的方式，优化审判辅助人员结构。在具体实施过程中，可考虑招录部分纳入中央政法专项编制的法官助理，作为未来的法官培养，建立相应的管理制度和激励机制。经过法官遴选程序，符合条件的法官助理未来可选任为基层法院法官。另外，在落实经费、完善管理的前提下，有条件的法院可以结合省级人员统管改革，以核定雇员的方式增补部分法官助理和书记员。

第三，关于健全司法警察管理制度。司法警察承担值庭、押解、看管等审判警务保障工作，执行死刑，配合民事、行政等案件的执行事项，协助维护机关安全和办公秩序以及法律规定的其他职责。司法警察应当参照公安机关，实行单独警察职务序列，警官、警员职数按照有关规定执行。

第四，关于健全司法行政人员管理制度。司法行政人员是从事行政管理事务的工作人员。基本职责是负责各级人民法院政工党务、行政事务、后勤管理等工作。按照中央的改革要求，司法行政人员今后不得再任命为法官，不再占用法官员额。司法行政人员的职务序列和职务，应当按照综合管理类公务员的有关规定执行。

最后，各级人民法院对于仍占用政法专项编制的工勤人员，今后应当通过后期服务社会化、自然减员等方式逐步消化解决，也可结合实际采取其他积极稳妥的措施，将其占用的政法专项编制置换出来，充实一线办案部门。人民法院的服务性、事务性、保障性工作岗位所需人员，未来可采取购买社会服务等方式解决，明确具体适用岗位、购买服务方式、经费保障渠道、规范管理制度，具体办法可以由各高级人民法院商省级组织、编制、财政、人力资源社会保障部门研究制定。

地·方·探·索

广东省深圳市启动法院工作人员分类管理改革

2014 年 1 月 21 日，深圳市委常委会审议通过《深圳市法院工作人员分类管理和法官职业化改革方案》。改革的主要内容是：

一、围绕法官职业化目标，明确改革任务要求。一是坚持以人员科学分类为前提，对法官实行单独职务序列管理。对法院工作人员实行分类管理，明确各类人员不同的工作职责，对各类人员采取不同的管理方式。突出法官职业特性，建立符合职业特点的法官管理体制。二是坚持以去行政化为突破口，建立健全符合司法规律的法官职业保障机制。实施法官单独职务序列，实行法官待遇与行政级别脱钩、与法官等级挂钩的薪级工资制度，以法官等级定待遇。已评定法官等级的，按照规定进行套转。实施套转时，现任职司法行政岗位的法官须作出选择，选择担任法官的，免去司法行政职务。法官交流到法院审判辅助岗位和司法行政岗位及其他单位综合管理类岗位的，按照法官等级确定其职务。三是坚持以加强法官职业保障为重点，吸引和留住优秀法律人才。实行独立的法官薪酬体系，加强法官工资福利待遇保障。参照深圳行政执法类公务员的薪级工资表制定法官薪级表，每一个法官等级对应若干薪级，每一薪级确定一个工资标准。建立法官等级晋升制度，法官晋升等级必须具备法律法规和政策制度要求的思想政治素质、审判业务能力以及一定的任职年限条件，按照规定的程序晋升，优化资源配置，充实审判业务力量。四是坚持以促进司法公正为目的，建立健全符合法官职业特点的管理制度。建立法官员额、薪酬、选拔、考核、晋升、监督、培训等制度，严格法官职业准入条件，强化职业责任，规范职业行为，强化业绩考核。逐步加大从基层法院遴选法官的力度，探索从符合法官任职条件的检察官、律师、法律研究人员和其他法律工作者中选任法官，拓宽法官选任渠道。设立法官选任委员会，进一步增强法官选任的公正性。

二、实行人员分类管理，科学核定法官员额。这次改革将法院工作人员划分为法官、审判辅助人员和司法行政人员三类，审判辅助人员分为法官助理、书记员、司法警察，明确各类人员不同工作职责，按照工作性质和岗位特点，对各类人员实行不同的管理制度。法官按照法官职务序列进行管理，司法警察按照警察职务序列进行管理，司法行政人员、法官助理、书记员按照综合管理类公务员进行管理。根据改革方案以满足审判工作需要为出发点，科学核定法官员额。深圳中院法官员额不超过本单位政法专项编制的60%，设一级高级法官1名，三级高级法官和四级高级法官职数总和不超过法官总数的35%。各区法院法官员额不超过本单位政法专项编制的65%，设二级高级法官1名，三级高级法官和四级高级法官职数总和不超过法官总数的28%。

三、改革方案分步实施，不断完善配套管理制度。改革按照“先区法院后市法院、先法官后司法警察”的步骤分步实施，争取一年内完成。一是套转法官薪级。2014年6月前，完成对区法院法官的薪酬体系套转工作；9月前，完成对中院法官的套转工作。二是核定司法行政岗位的机构、编制、职数，并完成司法警察套转工作。10月前，完成对全市法院司法警察的套转工作。三是建立健全法官配套管理制度。年底前出台法官选任、等级评定、晋升、考核、监督、惩戒以及交流等配套管理制度，争取用两到三年的时间，初步建立一套法官管理的制度体系。

文·件·链·接

1.《最高人民法院关于在部分地方人民法院开展法官助理试点工作

的意见》（法〔2004〕208号）

2.《最高人民法院关于在西部地区部分基层人民法院开展法官助理制度试点、缓解法官短缺问题的意见》（法〔2007〕335号）

3.《法官职务序列设置暂行规定》（中组发〔2011〕18号）

4.《人民法院工作人员分类管理制度改革意见》（中组发〔2013〕12号）

49. 建立法官员额制度。根据法院辖区经济社会发展状况、人口数量（含暂住人口）、案件数量、案件类型等基础数据，结合法院审级职能、法官工作量、审判辅助人员配置、办案保障条件等因素，科学确定四级法院的法官员额。根据案件数量、人员结构的变化情况，完善法官员额的动态调节机制。科学设置法官员额制改革过渡方案，综合考虑审判业绩、业务能力、理论水平和法律工作经历等因素，确保优秀法官留在审判一线。

条·文·解·读

推进法官员额制改革，是新一轮深化司法体制改革的重点任务。改革的基本要求是：坚持以法官为中心、以服务审判工作为重心，稳妥有序推进改革，推动建立分类科学、结构合理、分工明确的法院人员管理制度，为加强法院人员职业化建设打下良好基础。

之所以推进法官员额制改革，一是要确保法官数量与案件数量相匹配，改变目前案多人少、忙闲不均的状况。二是要确保审判辅助人员数量与法官数量相匹配，优化审判资源配置，切实减少法官事务性工作负担。三是要确保优秀法官集中在审判一线，压缩"不办案的法官"数量。四是要确保法官职业保障有效落实，使一线办案法官即使不担任行政领导职务，也可以晋升至较高的法官等级、享受较高的待遇。归根结底，就是要推动建立以法官为中心、以服务审判工作为重心的法院人员配置模式。

这里要澄清的一个认识误区是，"以法官为中心"并不意味着搞"添油战术"，一味靠扩充人员编制、增加法官数量来解决人案失衡矛盾，而是要通过优化人员结构、科学分类管理和精确划分职能，使广大法官从繁冗、琐碎的程序性事务或非审判事务中解脱出来，专心致志行使判断权。

第一，关于测算法官员额比例。按照中央有关部门要求，法官员额应当控制在中央政法专项编制的39%以下。但是，在确定不同法院的法官员额时，不能搞“一刀切”，既要考虑地区差异，也要兼顾法院层级差异。我国80%的案件在基层，因此，基层法院法官的比例应适当高于上级法院。同时，对于不同地区的基层法院，也应当综合考虑案件数量、司法环境和人员结构等因素，科学调配法官员额。

考虑到目前各级人民法院如果拘泥于目前的审判辅助人员配置情况和审判权力运行机制测算法官员额，得出的员额比例一定较高。因此，法官员额比例测算工作应当统筹考虑各项改革的推进情况，既要立足司法实际，又要做好合理假设。在增量上，要考虑立案登记制改革后法院工作量增加情况；在减量上，要综合考虑主审法官、合议庭责任制、审判辅助人员配备和多元化纠纷解决机制改革的推进情况。如果增补审判辅助人员等配套措施无法及时到位，改革也不宜操之过急，避免单兵突进、加剧人案矛盾。

第二，关于科学配置法官员额。实施法官员额制后，计入法官员额的人员原则上应当配置在行使审判权的审判业务部门。担任院、庭长等领导职务的法官，办案要达到一定数量。研究室、审管办等综合审判部门，可以配备一定比例的法官员额和审判辅助人员员额，但数量应当严格控制，员额根据法院职能定位自上而下逐级递减。例如，按照《上海法院工作人员分类管理办法（试行)》，法官岗位范围包括：（1）审判委员会委员岗位；（2）刑事、民事、行政审判庭，审判监督庭、申诉审查庭、诉调对接中心、立案庭、执行局（庭）等主要承担办案任务的审判业务部门行使裁判职责，承担司法责任的岗位。（3）审判管理办公室、研究室等审判业务部门可设1~2个法官岗位。（4）政治部、办公室、行装处（科)、监察室等综合管理部门不设法官岗位。

第三，关于建立动态调节机制。高级法院应当统筹管理辖区内法官员额，建立法官员额动态调节机制，根据案件增减和法官工作量变化情况，定期调整法官员额。

第四，关于合理设置改革过渡方案。高级法院应当以实证研究为基础，以编制合理化为前提，科学设置改革过渡方案。过渡方案应当立足实际、盘活存量、做好增量，确保人心不散、队伍不乱、工作不断。在过渡期的设置上，各高级法院可以组织辖区内法院，对三级法院法官的年龄结构、岗位分布、工作意向、候任人数、编制状况进行摸底，综合考虑到龄退休法官数量、转岗分流人员意愿、已完成入职培训审判辅助人员数量和编制调整情况，科学设定3~5年的改革过渡期。

过渡期间，试点地区实施“双轨制”方案，具体可以考虑以下要点：一是将本院现有审判员、助理审判员放在同一个平台上参加考核，严格标准、宁缺毋滥、逐步增补，择优进入新的法官员额。考核可以区分不同情况，采取业绩审核和业务考试相结合的方式进行。不能简单采取将助理审判员直接转化为法官助理的方式推进改革，也不能纯粹按照年龄、资历划线，变相搞“一刀切”。过渡方案应当预留一定法官员额比例，为暂时未能进入员额的人员和优秀的审判辅助人员留下一定入额空间。二是各级法院可以以本人自愿和组织安排相结合的方式，通过强化审判责任、明确办案任务、严格考核条件、给予政策优惠、提高职级待遇等方式，鼓励不能胜任或不愿从事审判工作的审判人员转岗分流。三是对入额法官强化审判责任制、增配辅助人员、提升岗位待遇、延迟退休年龄。入额前是助理审判员的，入额时应当同步任命为审判员。四是“老人老办法”，暂未入额、但在审判业务部门工作的审判员、助理审判员，法官职务和相应待遇不变，通过进入员额、转岗分流或到龄退休，实现平稳过渡。

地·方·探·索

上海法院启动法官员额制改革

2015年1月，上海市高级人民法院根据中央政法委《关于司法体制改革试点若干问题的框架意见》和《上海市司法改革试点工作方案》，研究制定了《上海法院工作人员分类管理办法（试行）》《上海法院人员分类定岗工作实施方案》《上海法院法官入额考核（考试）工作实施办法（试行）》和《上海法院法官助理分类定岗选任工作实施办法（试行）》。

按照《上海法院工作人员分类管理办法（试行）》，上海将以人员编制总数（人员编制数加核定文职人员数）为测算基数，按照向审判工作倾斜的原则，设定法官33%、审判辅助人员52%、司法行政人员15%的比例。其中，审判辅助人员按照法官助理16%、书记员26%和司法警察10%的比例设定。

根据实施方案，上海法院将设置5年过渡期，制定过渡期政策，分期分批有序推进分类定岗，实现各类人员平稳进入各自职务序列，确保队伍不散、工作不断、秩序不乱。其中，审判员入额以业绩考核为主，能力考试为辅，择优确认入额（现任审判员中在综合部门工作且5年内未在一线办案的也需要参加入额考试）。助理审判员以业绩考核和能力考试相结合的方式（符合条件的助理审判员，能力考试以审判员遴选考试的方式进行），择优遴选入额。过渡期内，具有法官身份人员未入额的，身份、等级予以保留，可协助员额内的法官办案。从综合行政岗位转岗入额的法官，入额后原行政职务不予保留。

2015年1月31日下午，上海举行司法改革试点启动后的第一次法官选拔考试，来自4家试点法院的196人参加了当天的“入额”考试。“入额”考试是法院人员分类管理制度改革的一项重要举措，也是遴选法官严格标准、择优录取的重要体现。考试主要为综合考察参考人员的法律基础知识、法律适用能力和裁判文书制作能力等，因此设置了单选、多选、判断、案例分析、裁判文书撰写等题型，其中案例分析和裁判文书撰写区分专业方向作答。考试结束后，将根据试点方案所确定的员额比例择优入围，此后还将进行审委会面试等程序，最终产生首批入额人选并报请上海市法官、检察官遴选（惩戒）委员会。

50. 改革法官选任制度。针对不同层级的法院，设置不同的法官任职条件。在国家和省一级分别设立由法官代表和社会有关人员参与的法官遴选委员会，制定公开、公平、公正的选任程序，确保品行端正、经验丰富、专业水平较高的优秀法律人才成为法官人选，实现法官遴选机制与法定任免机制的有效衔接。健全初任法官由高级人民法院统一招录，一律在基层人民法院任职机制。配合法律职业人员统一职前培训制度改革，健全预备法官训练制度。适当提高初任法官的任职年龄。建立上级法院法官原则上从下一级法院遴选产生的工作机制。完善将优秀律师、法律学者，以及在立法、检察、执法等部门任职的专业法律人才选任为法官的制度。健全法院和法学院校、法学研究机构人员双向交流机制，实施高校和法院人员互聘计划。

条·文·解·读

建立符合职业特点的司法人员管理制度，必须改革法官选任制度。我国法官法明确了法官的任职条件、任免程序，但在推动法官群体的正规化、专业化、职业化方面，仍有进一步修改完善的空间。例如，四级法院法官的入职通道都面向法学院应届毕业生敞开，法官任职条件趋同，部分上级法院法官的审判经验和司法阅历很难让下级法院法官信服。又比如，省级以下地方法院人事统管后，如何在省一级遴选出优秀法官，也需要依托一定的制度平台。因此，最高人民法院根据党的十八届三中、四中全会精神，拟配合法官法的修改工作，推动法官选任制度的改革。

第一，关于设置不同的法官任职条件。法官法第九条第一款第六项明确了不同层级法院法官的任职条件："高等院校法律专业本科毕业或者高等院校非法律专业本科毕业具有法律专业知识，从事法律工作满二年，其中担任高级人民法院、最高人民法院法官，应当从事法律工作满三年；获得法律专业硕士学位、博士学位或者非法律专业硕士学位、博士学位具有法律专业知识，从事法律工作满一年，其中担任高级人民法院、最高人民法院法官，应当从事法律工作满二年。”这一规定适应了当时的审判需要，但是，按照司法体制改革整体推进的要求，未来四级法院的职能定位将进一步调整，初任法官任职门槛将提高，绝大多数上级法院法官将从基层法院逐级遴选产生，因此，有必要结合司法改革的推进情况，推动相关法律修改，提高各级法院法官的任职条件。

第二，关于设立法官遴选委员会。中央政法委《关于司法体制改革试点若干问题的框架意见》提出要在省一级设立法官遴选委员会，作为省级以下地方法院人员统管之后的法官遴选机构。对于这一机构的人员组成与运作方式，中央司改办负责人的解读是：“遴选委员会的组成，应当具有广泛代表性，既有经验丰富的法官代表，又有律师和法学学者等社会人士代表。”遴选委员会“从专业角度提出法官人选，由组织人事、纪检监察部门在政治素养、廉洁自律等方面考察把关，人大依照法律程序任免”。从上述解读可以看出，法官遴选委员会应当定位为专业把关机构，而非包揽所有选任事宜。目前，上海市已经设立法官、检察官遴选（惩戒）委员会，并通过《上海市法官、检察官遴选（惩戒）委员会章程》，但上海毕竟是直辖市，考虑到法官、检察官的职业特点、职责要求和评价标准有所不同，法官遴选委员会与检察官遴选委员会也可以分设。

法官遴选委员会的组成方式：一是组成人员。在省一级设立法官遴选委员会，组成人员应当包括三级法院法官代表，以及来自省级人大、政协、法学专家、律师群体的代表。法官遴选委员会主任可以由资深法官担任，也可以由德高望重的专业人士担任。二是遴选范围。法官遴选委员会的遴选范围包括初任法官遴选、上级法院法官遴选和高级法官择优选升。其中初任法官遴选包括：基层法院从本院法官助理或上级法院法官助理中遴选法官；三级法院从律师、法律学者或其他符合条件的法律工作者中公开遴选法官。三是办事机构。法官遴选委员会在高级人民法院设立办公室，承担法官遴选的日常工作。

法官遴选委员会的遴选程序：一是确定年度遴选计划。高级人民法院综合考虑辖区三级法院的员额空缺、编制变化、人员更替情况，确定年度法官遴选计划。二是组织报名与资格审查。法官遴选委员会办公室组织报名工作，并对报名人员进行资格审查，确定通过资格审查人员，向社会公示。三是专业资质考察。法官遴选委员会可以委托资深法官组成专业资质审查小组，通过业绩审查、专业笔试和综合面试等方式，考察法官候选人的专业能力。四是审议提出建议人选。法官遴选委员会召开全体委员会议，审议确定任用建议名单，并提交给高级人民法院会同组织部门选任。五是预备法官训练。经法官遴选委员会、组织人事部门和纪检监察部门审查把关提出的初任法官人选，应当经过一段时间的预备法官训练期，考核合格后才能履行法定任命程序。

第三，关于适当提高初任法官的任职年龄。人民法院组织法第三十四条规定了法官必须是有选举权和被选举权的年满二十三岁的公民。客观地讲，法官的职业特点要求法官应当具有较为丰富的法律知识、社会阅历、人生经验，以及处理各种复杂问题的能力。如果法官过于年轻，胜任审判工作可能有困难。因此，未来修改法院组织法和法官法时，应当适当提高初任法官的年龄。事实上，从目前法院系统对法官提请任命的情况看，刚满二十三岁即被任命为法官的情况也很少。

第四，关于健全上级法院法官遴选机制。四中全会《决定》提出："初任法官由高级人民法院统一招录，一律在基层法院任职，上级人民法院的法官一般从下一级人民法院的优秀法官中遴选。"因此，《纲要》要求健全初任法官由高级人民法院统一招录，一律到基层人民法院任职机制，建立上级法院法官原则上从下一级法院遴选产生的工作机制。这就意味着，今后法学院应届毕业生仍可经过统一招录，到各级法院从事审判辅助或司法行政工作，但符合法官任职条件的，只能在经过法官遴选委员会把关后，到基层人民法院任职。满足一定任职年限，审判业绩特别优秀的，也必须经过法官遴选委员会遴选后，才能到上一级法院担任法官。

第五，关于完善将专业法律人才遴选为法官的制度。人民法院向来重视从专业法律人才中遴选法官。最高人民法院曾于2012年7月18日印发《关于建立人民法院与法学院校双向交流机制的指导意见》，要求努力创造便利条件，将具有较高学术水平和影响力，符合法官法和《党政领导干部选拔任用工作条例》相关职务任命条件的优秀专家、学者吸引到人民法院挂职锻炼。2013年1月，6名法学专家学者到最高人民法院开始为期2年的挂职锻炼。2014年2月，最高人民法院又从优秀律师、检察官和专家学者中公开选拔了5名高层次审判人才。下一步，最高人民法院将按照《纲要》要求，进一步完善将优秀律师、法律学者，以及在立法、检察、执法等部门任职的专业法律人才遴选为法官的制度。总体考虑：一是完善相关工作机制，确保四级法院法官岗位都能够吸收不同层次的优秀法律人才。二是通过完善审判权力运行机制，强化司法责任制，提高司法职业保障，使法官岗位，而非法院领导职位，成为优秀法律人才的职业追求。

域·外·参·考

主要国家和地区法官遴选委员会情况概览

一、法官遴选委员会的职能

法官遴选委员会的设置有两种模式：一是专门性的法官遴选委员会。其职能分为两种：(1) 决定型，即对法官的任免与晋升有决定权；(2) 推荐型，即就法官的任命与晋升向有权机关（如总统、议会、最高法院等）提供建议，包括提出候选人名单，对候选人的适格作出评估，就候选人的相关问题回答其他有权机关的咨询，在实践中，基于委员会本身的专业性与权威性，其推荐意见基本会被有权机关采纳，仅在极少数的情况下会被推翻（较为常见的例证是在多党制的国家，有权机关因为党派分歧对候选人不满）。二是综合性的司法委员会。在法官遴选的职能之外，其还负责综合性的法院预算方案制作、司法经费分配等管理职能，等同于一个独立的司法管理机关。

二、法官遴选委员会的组成人员

（一）模式

各国的法官遴选委员会（司法委员会）人员构成分成三种：一是法官型，完全由法官组成。二是混合型，由包括法官在内的多群体组成，可能包括立法机关、行政机关、律师、检察官、非法律从业人员的市民等。三是排除法官型，由除法官之外的多群体组成。

（二）特点

通过对样本的分析，可以发现人员构成有以下特点：一是混合型占了绝大多数。二是完全排除法官型的目前仅存在于欧洲国家，主要取决于国家结构（如德国联邦法官的任命）以及国家规模（如列支敦士登）。三是实行法官型的国家，基本都有各级法院的法官代表共同参与。

样本	混合型	法官型	排除法官型
欧洲（48 个国家）	38（79%）	4（8%）	6（13%）
各国（104 个国家）	86（83%）	12（12%）	6（5%）

（三）法官比例情况分析

法官的遴选是一项较为专业的工作，因此在大多数情况下需要由法官参与，通过对有精确数据的 67 个国家的混合型委员会的构成进行分析，可以进一步区分为以下几种情形：一是法官主导型（法官比例超过 70% 但不是 100%），7 个国家（10%）；二是法官多数型（法官比例介于 50% -70% 之间），28 个国家（42%）；三是法官少数型（法官比例介于 20% -50% 之间），25 个国家（38%），需要注意的是，其中有 7 个国家的比例是 33%，即由法官占了三分之一委员席位；四是非法官多数型（法官比例少于 20% 但不是 0%），7 个国家（10%）。

三、法官遴选委员会的主席人选

根据现有资料（有 72 个国家的资料有明确规定），担任各国的法官遴选委员会（司法委员会）的主席有以下五种：一是国家元首（总统/国王），15 个国家（21%）；二是首席大法官/最高法院院长/宪法法院院长，48 个国家（67%）；三是最高法院资深法官，2 个国家（3%）；四是由委员会成员民主选举，3 个国家（4%）；四是司法部长，3 个国家（4%）；五是公民代表，1 个国家（1%）。

文·件·链·接

1.《中共中央组织部、最高人民法院、最高人民检察院关于进一步加强地方各级人民法院、人民检察院考试录用工作的通知》（组通字〔2004〕50 号）

2.《公开选拔初任法官、检察官任职人选暂行办法》（中组发〔2008〕25 号）

3.《关于建立人民法院与法学院校双向交流机制的指导意见》（法发〔2012〕14 号）

51. 完善法官业绩评价体系。建立科学合理、客观公正、符合规律的法官业绩评价机制，完善评价标准，将评价结果作为法官等级晋升、择优遴选的重要依据。建立不适任法官的退出机制，完善相关配套措施。

条·文·解·读

一套科学的法官制度，包括法官选任、培训、考核、奖惩等各个方面。对于是否需要对法官进行业绩考评，有完全不同的两种意见：一种意见认为，司法活动具有中立性、独立性、客观性、专业性，必须维护司法权威，不应对法官进行考核评价。另一种意见认为，任何职业都会存在绩效考核，法官也不能例外。我们认为，科学考核评价法官，既是落实法官法有关规定的必然要求，也是我们推进法院队伍正规化、专业化、职业化建设的现实需要。科学评价和考核法官业绩，能够全面、深入地了解法官的素质、能力与贡献，为法官的奖惩、培训、辞退以及调整职务、级别和工资等管理工作提供准确可靠的依据；有利于增强法官的责任感，促使法官尽职尽责，注重自己的工作实绩，并且能看到自己的不足，督促他们学习，改正缺点，从而提高自身的素质；有利于发现和培养人才，做到人尽其职，人尽其用，不断提高审判业务水平；有利于对法官进行有效监督，防止发生司法腐败。

最高人民法院一直以来高度重视对法官的考评工作，按照法官法确定的客观公正、领导与群众相结合、平时考核与年度考核相结合的原则，完善法官考评制度，重点考评法官的审判工作实绩、思想品德、审判业务和法学理论水平、工作态度和审判作风。根据法官法，对法官的考评由所在人民法院组织实施。具体由法官考评委员会组织实施。各级人民法院结合自身工作实际，建立健全法官业绩考评制度，组织实施对法官的业绩考评。

科学的法官业绩评价体系是对法官进行考核的前提，应具有对法官的评价、导向、激励和约束功能。“二五改革纲要”提出“改革法官考核制度和人民法院其他工作人员考核制度，发挥法官考评委员会的作用。根据法官职业特点和不同审判业务岗位的具体要求，科学设计考核项目，完善考核方法，统一法官绩效考核的标准和程序，并对法官考核结果进行合理利用”。“三五改革纲要”提出“建立健全以案件审判质量和效率考核为主要内容的审判质量效率监督控制体系，以法官、法官助理、书记员和其他行政人员的绩效和分类管理为主要内容的岗位目标考核管理体系”。经过几年来的努力，科学的、客观的、职业化的法官业绩考评机制改革得以在全国推开。许多地方探索量化的法官业绩考评体系，比如上海法院通过建立法官业绩档案计算机管理系统，自动提取法官审判工作实效的有关数据，成为评判法官业绩、管理法官工作的重要依据。

由于目前最高人民法院没有统一的规范性文件要求，对法官业绩考评各地做法不同，也暴露出一些问题：一是评价方法不够科学。有的简单采用民主测评方法，以得票数作为衡量法官业绩的主要依据，法官业绩考评在一些地区演化为被测评法官人际关系的比拼；有的过分强调指标数据量化，简单把各类考核指标得分相加，但简单相加未必能反映整体工作特性（比如案件难易程度不同，办一个简易程序案件和一个重大复杂案件的工作量显然不能等同）；有的评价没有体现不同法院层级、不同审判岗位等各种情况，评价标准单一。二是评价内容不尽合理。许多地方法官业绩考评完全套用公务员考核内容，行政化色彩较浓，没有体现司法规律和法官工作特点；有的将调解率、上诉率等案件质量评估体系中的指标简单对应到法官考评中，个人工作绩效指标与案件质量评估指标没有合理区分。目前对法官的业绩考评内容也不够全面，对法官思想品德、工作态度、审判作风、专业素养等的考评比较虚化。三是评价程序不够规范。有的地区法官业绩考评程序随意，操作不够规范。虽然法官法确定法官考核工作由法官考评委员会实施。但实践中许多地区没有把这一制度落实到位。四是评价结果没有充分运用。目前许多地区法官业绩考评结果与评先评优、晋级晋职、培训奖励等脱节，使得考核的激励功能被弱化。针对目前法官业绩评价和考核存在的问题，《纲要》在前两个五年改革纲要基础上，提出了以下几项改革举措：

第一，关于建立健全法官业绩评价机制。《纲要》明确提出要建立科学合理、客观公正、符合规律的法官业绩评价机制。评价内容上，应当涵盖法官政治思想、道德品性、工作业绩、职业能力各个方面，重点评估审判工作实绩。评估审判工作实绩，应当综合考虑所办理的案件数量、质量、效率、效果等。对案件质量的评估应当坚持实体与程序并重，不能简单以二审改判或发回重审来评价。要增加对庭审驾驭能力、裁判文书制作能力、司法调研能力、解决问题实际能力的考察。业绩评价要充分体现法官职业特点和司法规律，避免简单等同于普通公务员的业绩考核评价。不宜简单套用结案率、调解率等案件质量评估指标对法官个人业绩进行考核，可以保留审限内结案率等若干约束性指标进行硬性考核评价。评价方法上，应当采取主观性和客观性评价相结合、量化考核和组织测评相结合的方法。特别是对于法官职业道德等评价也往往需要通过组织测评方法进行，比如通过廉政监督卡制度、民主测评等。对审判工作实绩和审判能力的考核可以采取数据分析、文书评比、庭审评查、业务测评等多种方式相结合。需要注意的是，对法官业绩评价的方法既要有量化考核，但又不能完全依赖指标数值的评价。评价结果的表述要探索多元化的表达方式，例如采取数字表示、文字表述等相结合方式。评价程序上，应当尽可能公平、公开、透明，保障法官异议和申请复议的权利。最高人民法院将研究制定关于开展法官业绩评估工作的相关指导意见，综合考虑不同层级法院的职能定位和不同审判执行岗位法官的职责特点，体现评价标准的共性和个性相统一，允许不同地区不同法院在最高人民法院指导意见基础上根据各自实际情况制定科学的业绩评价制度。

第二，关于法官业绩评价机制的运用。建立科学的法官业绩评价机制，必须要注重运用评价结果，否则业绩评价的效果就会大打折扣。要使法官业绩评价结果能够充分调动法官工作积极性，成为塑造优秀法官的关键举措。《纲要》明确提出要将评价结果作为法官等级晋升、择优遴选的重要依据。这也是与法官统一选任和逐级遴选改革、法官单独职务序列改革等相配套的措施。只有把法官业绩评价结果用足用好，才能建立符合审判规律的科学的法官晋升机制，才能实现法官员额制和法官遴选制度改革的目标，才能全面提高法院队伍素质，推动法院队伍职业化建设。

第三，关于建立不适任法官的退出机制。根据法官法第十三条，“经考核确定为不称职的”是免除法官职务的法定情形之一。但是长期以来法官“能进不能出”，法官队伍素质参差不齐，这不利于法官队伍的职业化建设。完善法官业绩评价机制，运用好法官业绩评价结果，必然要求建立不适任法官的退出机制，真正使能够胜任审判工作的人才留在法官队伍中。同时，推行法官员额制改革，也要求对法官员额进行动态调整。通过科学考评法官业绩，淘汰不称职的法官，也是法官员额动态调整的一条重要路径。建立不适任法官退出机制，还必须完善相关配套措施，完善不适任法官的免职、转岗、辞退等相应配套机制，确保改革稳妥有序推进。

地·方·探·索

重庆市渝中区法院创新审判绩效考评方式

在全面总结近年来审判管理经验基础上，重庆市渝中区法院于2014年6月出台《审判绩效考评办法》及7个考评细则，推行法官业绩考评管理新办法，促进提升了审判管理水平。一是业绩评价制度全面创新。将业绩评价对象从部门扩大至合议庭、法官，建立部门、合议庭、法官三级业绩考评体系，并依托审判管理信息系统，建立法官业绩档案。二是业绩激励作用得到充分发挥。建立“财政工资＋业绩津贴”的法官薪酬模式，一线干警的办案积极性得到提高，7名行政管理部门干警主动申请到一线办案，一线办案法官个人业绩逐月提升。三是审判质效有效提高。2014 年 7 ~ 11 月，该院新收各类案件 7203 件，审执结 7475 件，月度结案数量持续增加，审判质效综合评估居于重庆市主城区基层法院前列，各项指标呈良性发展态势。

域·外·参·考

部分国家法官考评制度

法官考评制度在西方国家甚至是采取法官终身制的国家也存在。

（1）美国。根据《美国律师协会法官行为评估指南》，法官评估目的是改进法官个人和法官这个整体的工作。制定和执行法官评估项目的机构是辖区内享有最高司法权的法院或机构。日常工作则是由独立的法院、律师界和非律师的司法系统的成员组成代理机构或委员会负责。评价标准包括廉正、法官的法律知识和对法律的理解、法官的交流技巧、法官的准备情况、专心程度和对开庭的掌握、严守时间、为其职业和公众作出贡献、法官与其同事法官合作的效果等，每项又有评价标准细则。评价方法包括数据收集、综合、分析和应用，评估周期一般每 4 年一次。但是对法官评估项目的结果，除非有特殊要求，一般不公开，也不得用于法官之间的比较和排序。

（2）德国。德国各邦都有严格的法官考评制度，考核内容包括专业知识、理解能力、口头表达能力、文字表达能力、处理能力、待人接物、沟通技巧等。上级要根据法官的知识和业绩定期对法官进行评定。法官将因此获得一个“职务鉴定书”，当法官申请其他职位，包括更高一级法院职位时，需要一份这样的鉴定书。德国法官晋升主要依据工作成绩和资历，法官委员会的评价是重要的参考意见。

（3）日本。日本法院对法官职务评定包括审判处理能力、法律知识、解释和理解能力、对法院其他职员的指导能力等项目，原则上评定工作在所属法院内部进行，由院长组织实施。职务评定内容会记载在“考核调查书”上，并对职务升迁等有很大影响。

52. 完善法官在职培训机制。严格以实际需求为导向，坚持分类、分级、全员培训，着力提升法官的庭审驾驭能力、法律适用能力和裁判文书写作能力。改进法官教育培训的计划生成、组织调训、跟踪管理和质量评估机制，健全教学师资库、案例库、精品课件库。加强法官培训机构和现场教学基地建设。建立中国法官教育培训网，依托信息化手段，大力推广网络教学，实现精品教学课件由法院人员免费在线共享。大力加强基层人民法院法官和少数民族双语法官的培训工作。

条·文·解·读

法官在职培训是法官职业化建设的重要环节。近年来，在最高人民法院的组织和指导下，全国法院法官在职培训工作做到“四个坚持”，取得良好成效。一是坚持以实际需求为导向，强化司法能力培训；二是坚持以促进培训工作平衡发展为原则，加大对基层和西部地区法官培训支援力度；三是坚持以积极推进全员培训格局为出发点，突出抓好培训重点；四是坚持以提高培训质量为要务，加强培训基础建设。但是，随着人民法院审判执行工作的新发展，当前法官在职培训机制尚不能完全适应新形势新要求：一些地方法院培训能力不足，难以满足实际培训需要；培训管理不够规范，分类分级培训尚未落实到位；培训针对性、实效性不强，没有做到按需施教；基层法院和西部地区法院的培训经费短缺，边远民族地区基层法官、双语法官培训资金缺口大；有的地区培训师资、教材、基地建设较为落后，亟需大力扶持等。为此，最高人民法院提出新形势下人民法院要适应全面深化改革的需要，大力推进法院队伍的正规化、专业化、职业化建设，加强法官教育培训工作，着力提升法官司法能力。《纲要》针对“完善法官在职培训机制”提出了一系列改革举措。

第一，关于坚持分类、分级、全员培训。分类分级、全员培训、突出重点是培训工作的一个重要要求。《纲要》提出要“严格以实际需求为导向，坚持分类、分级、全员培训，着力提升法官的庭审驾驭能力、法律适用能力和裁判文书写作能力”。一是紧紧围绕审判职能需求开展培训，以问题为导向、以服务审判工作为中心，确保培训工作契合法院工作需要和法官成长需求。二是在法官培训全覆盖的基础上，紧扣不同审级、不同类别、不同岗位法官的差异化需求分类分级开展培训。一方面发挥最高人民法院组织高层次培训的带动作用，领导干部等重点培训对象主要由最高人民法院进行培训；另一方面发挥高中级法院及其培训机构的主阵地作用，要认真组织各种日常培训，力求实现培训的全覆盖。三是着力提升法官的庭审驾驭能力、法律适用能力和裁判文书写作能力。重点围绕新法律法规、司法解释以及审判执行各业务领域的新型、疑难、复杂问题开展培训，帮助法官准确理解法律、正确适用法律，提高解决实际问题的能力；加强庭审驾驭能力、裁判文书制作能力等业务培训，提高司法水平。

第二，关于健全教学师资库、案例库、精品课件库。加强全国法院法官教学师资库、案例库和精品课件库的建设、管理和使用，是做好法官在职培训工作的重要保障。一是最高人民法院按照择优入库、结构合理、动态管理的原则，进一步充实、完善全国法院法官教学师资库，发挥他们在法官培训中的主力军作用；要建立健全对教师授课情况的考核评估机制，定期对教师参与培训教学的数量、质量等进行考核，并以此为基础定期对师资库进行更新调整。二是根据专业需求及时充实案例库，进一步提高案例教学比重；在培训中积极开展互动式教学、研讨式教学、课后答疑等，丰富教学手段，强化培训效果。三是完善精品课件推荐入库机制，同时建立中国法官教育培训网，依托信息化手段，大力推广网络教学，实现精品教学课件由法院人员免费在线共享。

第三，加强法官培训机构和现场教学基地建设。一是积极推进国家法官学院和省级法官培训机构建设，努力提高培训能力和办学条件；各级法官培训机构应互通有无、交流沟通，促进优质培训资源的整合共享；加强对各级法官培训机构的监督管理，杜绝违规建设、奢侈浪费、违规经营等现象。二是按照择优入选、布局合理、特色突出、便捷实用的原则，继续更新、完善全国法院法官培训现场教学基地，并加强对现场教学基地的动态管理，适时组织对现场教学基地工作情况进行检查评估，定期组织工作交流，总结推广现场教学的成功经验。

第四，关于西部地区法官和少数民族双语法官的培训工作。由于自然条件、经费等因素的制约，西部地区法官和双语法官培训一直是法官在职培训工作的薄弱环节。一是充分利用最高人民法院在相关地区批准建立的民族法官培训基地，采取委托培训、送教上门的形式，继续举办少数民族法官培训班和双语法官培训班，同时进一步扩大培训规模。二是最高人民法院继续采取开展讲师团巡回授课活动、实施双语法官培训项目、建立双语法官培训师资库和培训基地、组织对口支援等措施，进一步加大培训支援力度。

地·方·探·索

甘肃法院的实用型双语法律人才养成机制

甘肃是一个多民族聚居的省份，全省有54个少数民族。甘肃少数民族地区群众主要以本民族语言文字交流，案件审理和执行的各个环节要有能够熟练运用民族语言的法官或翻译人员。甘肃民族地区共有法院26个，干警1300多人，但能够承担一般性双语工作的仅有34人，能够承担开庭口译和法律文书翻译的不到10人。特别在藏族地区，这一矛盾更为突出。甘肃高院党组在广泛调研的基础上，充分考虑语言环境、基础教育、师资力量、培训费用等因素，同意在少数民族群众相对聚居、地理位置特殊、双语法官力量薄弱的甘南州设立民族语言人才培训中心，就近培养甘南州兼顾全省的双语法官及审判辅助人员。2011年12月12日，甘南州政府批复在舟曲县建设甘南少数民族法院干警双语人才培训中心，培训中心后更名为甘肃省法官培训学院甘南分院、甘南藏族自治州法官培训学院。2013年11月2日，国家法官学院舟曲民族法官培训基地正式揭牌启用，翻开了甘肃乃至全国民族法官教育培训的新篇章。培训基地将重点承担对民族地区现职法官和辅助人员进行藏、维吾尔、蒙古、哈萨克等民族语言文字的双语培训工作，承担甘南州法官队伍教育培训和省内其他民族地区法官的续职、任职、晋职资格培训、预备法官培训、审判执行业务培训、学历教育培训等任务。

天津市高级人民法院探索实施“个案全过程教学”，切实加强预备法官培训

天津高院牢牢把握推进法院队伍正规化、专业化、职业化建设的目标，针对预备法官培训实际，积极探索实施“个案全过程教学”，精选典型案例，复制案件卷宗副卷全部诉讼材料作为教材发给学生，全面强化实践技能训练。经教学评估，学员对培训内容、教学效果的满意率分别为96%和94%。一是细化技能训练环节。根据案件审理流程，将个案教学过程分解为8个环节，即明确收案后需要审查的主要内容，审查和梳理证据材料，寻找案件所适用的法律，组织庭前交换证据，拟制庭审提纲，归纳各方争议焦点，组织庭审以及制作裁判文书。结合典型案例，指导学员研究和学习从收案到结案的整个审判程序中各环节要“做什么”“怎么做”和“为什么这样做”，使学员得到全方位的训练。二是启发学员独立思考。采取学员预习、小组讨论与大会讨论相结合的方法，启发学员独立思考能力。要求学员对所选案例涉及的法律、理论和实践问题进行研习，像案件承办法官一样独立思考办案过程中的每个细节和行为，并在小组讨论中围绕8个环节的内容发表意见，然后由小组推荐若干名学员在全体学员大会上交流发言，其他学员可以自由提问，最后由指导老师点评，强化了培训的针对性和实效性。三是多角度实践审判过程。按小组组织学员开展模拟庭审，由学员担任合议庭成员、书记员、当事人及诉讼代理人、证人等不同角色，努力实现角色想要达到的培训目标，促进学员从不同角度对案件审理进行思考，提高实践中处理问题的能力。庭审先由全体观摩学员点评，再由指导老师进行点评，肯定正确做法，指出不规范行为，传授办案经验。教学活动结束时，每名学员独立制作案件裁判文书，由指导老师集中点评，并予以评分。

域·外·参·考

德国的法官教育培训制度简介

德国法官教育培训分为四个阶段，不同阶段培训目的及方式均有不同。第一阶段为大学教育，一般为5年，学生原则上可自由选择学校。目标是为了让学生按自己的意愿学习有关民法、刑法等基础知识，使其在未来的法律生活中有能力理解任何新的法律领域或新立法；另一个目的是训练学生分析案情、适用法律和寻找公正解决途径的能力。第二阶段为实习（普通法学教育的一部分），目标是通过两年的实习让参与者了解不同的法律职业，这是对所有成为法律专职人员的学生的共同要求。实习过程中，实习生们需要逐渐熟悉刑庭、行政庭和其他庭室法官的专业职责。第三阶段为见习法官。该阶段培训为“工作中的培训”，目标是使新手适应法官的具体工作。与实习生不同，见习法官必须履行与正式法官相同的职责并发挥同样的作用。因此，常将见习法官和其他法官分在一组，通过学习审判长和其他陪审法官的司法实践，迅速提高司法能力。除了这种工作中的培训，见习法官必须参加由司法部或法院组织的课程学习研讨班。第四阶段为针对所有法官（检察官）的继续教育，目的是让法官跟上时代步伐，了解立法新发展，旁听与法官工作有关领域（例如政治学、社会学、经济学、自然科学领域）专家的讲课。法官可自由选择教育方式：一方面，法官可以通过阅读上级法院的判决和专业法律期刊来完成；每个法院都有法学图书馆和常见的法学杂志；法官是否阅读无人检查。另一方面，法官也可通过参加德国法官学院培训中心以及各州政府特别为法官举办的继续教育活动。继续教育中所采用的方法仍然是授课与讨论，也进行分组讨论。

文·件·链·接

1. 《最高人民法院关于新形势下进一步加强人民法院队伍建设的若

干意见》（法发〔2013〕10 号）

2. 《全国法院法官培训现场教学基地管理办法》（法发〔2014〕17 号）

3. 《全国法院法官教学师资库管理办法（试行）》（法〔2013〕219 号）

4. 《最高人民法院关于进一步加强和改进人民法院教育培训工作的意见》（法发〔2009〕7 号）

53. 完善法官工资制度。落实法官法规定，研究建立与法官单独职务序列配套的工资制度。

条·文·解·读

法官法第三十六条规定："法官的工资制度和工资标准，根据审判工作特点，由国家规定。"第三十七条规定："法官实行定期增资制度。经考核确定为优秀、称职的，可以按照规定晋升工资；有特殊贡献的，可以按照规定提前晋升工资。"按照立法机关的释义，"法官实行定期增资制度"，是指法官的工资在规定的期限内，按照规定定期增加工资的一项工资基本制度。原则上讲，在法官任职期间，只要符合基本条件，就应当得到定期增加工资的待遇。至于"定期"为多长时间，每个级别增加多少工资，等等，应当由国家有关部门根据法官法的规定精神和原则，作出具体详细的规定办法。但是，法官法实施以来，对法官仍然执行与普通公务员一样的工资制度，法官法确定的"定期增资"制度也未能得到很好的落实。

三中全会《决定》提出要"建立符合职业特点的司法人员管理制度"，四中全会《决定》进一步提出要"加快建立符合职业特点的法治工作人员管理制度，……建立法官、检察官、人民警察专业职务序列及工资制度"。为贯彻落实党的十八届三中、四中全会会议精神，《纲要》针对"完善法官工资制度"提出，要"落实法官法规定，推动建立与法官专业职务序列配套的工资制度"。

但是，法官工资制度既然要与法官专业职务序列配套，就得依托后者推进实施。在深化司法体制改革试点阶段，各地可先采取"现行工资收入 + 办案补贴或岗位津贴"的方式确定薪酬，具体办法由试点地方探索提出方案，报中央政法委、人力资源社会保障部、财政部同意后在试点地区实施。待符合司法职业特点的法官专业职务序列正式确立后，再配套建立相应的法官薪酬制度，确保一线法官即使不担任行政领导职务，也可以定期晋升至较高的法官等级，据此实现法官法关于“定期增资”的要求。

（七）确保人民法院依法独立公正行使审判权

54. 推动省级以下法院人员统一管理改革。配合中央有关部门，推动建立省级以下地方法院人员编制统一管理制度。推动建立省级以下地方法院法官统一由省级提名、管理并按法定程序任免的机制。

条·文·解·读

从现行法院管理体制来看，我国3500多个地方法院中，绝大多数都对应或依附于相应的行政区划。各级法院的编制、人事和经费保障都依赖和受制于地方。既然我国是单一制国家，司法权是中央事权，具有国家权力属性，地方法院就不是地方的法院，而是国家设在地方代表国家行使审判权的司法机关。为了最大限度解决诉讼“主客场”问题，所有法院人财物都应当由中央统一管理和保障。世界上几乎所有单一制国家，乃至部分像奥地利这样的联邦制国家，都是实行法院人财物由中央统管。考虑到我国法官有近20万人，数量比较庞大，统一收归中央一级管理和保障，实践中难以做到，因此，三中全会《决定》提出，要“改革司法管理体制，推动省以下地方法院、检察院人财物统一管理”。四中全会《决定》在此基础上，提出要进一步改革司法机关人财物管理体制。

本着循序渐进的原则，改革司法管理体制的重点是推动建立省级以下地方法院人财物的统一管理，要在“统”字上下功夫。需要注意的是：首先，统管不是垂直管理。上下级人民法院在审判业务上是监督关系，将统管简单等同于垂直管理，是一种司法行政化思维，是对三中全会《决定》的错误理解。其次，统管应当坚持公开透明。统管要以公开透明民主的方式展开，在省一级设立法官遴选委员会，目的就是通过公开、公平、公正的程序机制推进统管工作，充分吸收各方意见，切实维护各方权益。再次，统管不是简单的权力交接，也不是权力的再分配，要坚决抵制利用统管扩张部门权力的做法。最后，省级统管涉及体制改革问题，不能一蹴而就，必须在中央统一部署下循序渐进。所谓省级以下地方法院人员统管，包括编制统管、干部统管、法官统管和其他人员统管四个层次。

第一，关于编制统一管理。关键是遵循精简统一效能原则，明晰机构编制部门和法院的职责关系，推动建立省级以下地方法院编制统一管理体制。省级以下地方法院机构编制由省级机构编制部门统一管理，高级人民法院协调省级机构编制部门开展法院系统内机构编制管理工作，市县两级机构编制部门不再承担法院机构编制管理工作。

第二，关于干部统一管理。干部管理体制改革是省级人员统管改革的难点问题。目前法院干部实行双重管理体制，但更侧重分级管理，省以下地方法院干部管理方式主要是以地方党委为主，上一级法院党组协管。我们认为，改革的基本思路应立足于“统”。因此，总体考虑是坚持党管干部原则与尊重司法规律相结合，保持目前法院干部双重管理体制不变，但应充分发挥高级人民法院党组熟悉审判工作、了解法院干部的优势，加大高级人民法院党组的干部管理权限。

第三，关于法官统一管理。实现省级以下地方法院法官的统一管理，有利于保障法官依法履行职责、敢于抵制不当干预，保障人民法院依法独立公正行使审判权。要配合中央有关部门，推动建立省级以下地方法院法官统一由省级提名、管理并按法定程序任免的机制。今后法院工作人员由高级人民法院统一招录。预备法官应当接受统一培训，由省一级法官遴选委员会在专业上进行把关，统一由省级提名并按法定程序任免。

需要指出的是，推动省级以下法院人员统一管理改革，是一项重大、复杂的改革任务，需要根据不同地区的经济社会发展情况以及法院工作情况，在先行试点基础上，逐步积累经验后，再稳妥有序推进。

55. 建立防止干预司法活动的工作机制。配合中央有关部门，推动建立领导干部干预审判执行活动、插手具体案件处理的记录、通报和责任追究制度。按照案件全程留痕要求，明确审判组织的记录义务和责任，对于领导干部干预司法活动、插手具体案件的批示、函文、记录等信息，建立依法提取、介质存储、专库录入、入卷存查机制，相关信息均应当存入案件正卷，供当事人及其代理人查询。

条·文·解·读

司法机关依法独立公正行使司法权，是维护广大人民群众合法权益、保证司法公正、全面实现依法治国的重要基础。但是，近年来，由于相关制度不健全和个别领导干部法律意识淡薄等原因，有的领导干部存在非法干预司法机关依法独立公正行使司法权的现象，引起了当事人和社会的强烈反响。习近平总书记指出："一些党政领导干部出于个人利益，打招呼、批条子、递材料，或者以其他明示、暗示方式插手干预个案，甚至让司法机关做违反法定职责的事。在中国共产党领导的社会主义国家里，这是绝对不允许的！"

四中全会《决定》明确指出："各级党政机关和领导干部要支持法院、检察院依法独立公正行使职权。建立领导干部干预司法活动、插手具体案件处理的记录、通报和责任追究制度。任何党政机关和领导干部都不得让司法机关做违反法定职责、有碍司法公正的事情，任何司法机关都不得执行党政机关和领导干部违法干预司法活动的要求。对干预司法机关办案的，给予党纪政纪处分；造成冤假错案或者其他严重后果的，依法追究刑事责任。"2015 年 2 月 27 日召开的中央全面深化改革领导小组第十次会议审议通过了《关于领导干部干预司法活动、插手具体案件处理的记录、通报和责任追究规定》。为了贯彻落实四中全会精神，《纲要》对建立防止领导干部非法干预司法活动的工作机制进行了部署。

第一，关于正确区分党的领导与领导干部干预司法的界限。应当指出的是，建立防止领导干部非法干预司法活动制度，并不是否定和削弱党对政法工作的正确领导，而是为了加强和改进党对司法工作的领导方式。党的领导是全面推进依法治国、加快建设社会主义法治国家最根本的保证，也是司法机关依法独立公正行使司法权的政治保障。它与党政机关和领导干部非法干预司法活动、插手具体案件处理有着本质区别。为此，应当正确区分党政机关和领导干部正当的领导、监督行为与干预司法活动、插手具体案件处理的界限。党政机关和领导干部对司法活动的领导和监督是按照宪法法律规定的权限，依照法定程序进行的。党对司法工作的领导，重点在于把握政治方向、协调各方职能、统筹司法工作、建设司法队伍、督促依法履职、创造公正司法环境等方面。对于党政机关和领导干部正当的领导、监督行为，司法机关应当强化政治意识，自觉接受党的领导和人大、政府及政协的监督。

党政机关和领导干部对司法工作的领导和监督，不能代行司法机关的职能，原则上不得对司法机关正在处理的案件作出具体决定。司法机关应当独立公正行使司法职权，不得执行党政机关和领导干部违法干预司法活动的要求。因此，建立党政机关和领导干部干预司法活动的记录、通报和责任追究制度，并不是要排除党政机关和领导干部对司法活动的正当领导和监督，而是从思想上、政治上、组织上加强对司法活动的领导和监督，为司法机关依法履职创造更为优良的司法环境。

第二，关于明确领导干部干预司法的具体情形。领导干部，是指在各级党的机关、人大机关、行政机关、政协机关、审判机关、检察机关、军事机关以及公司、企业、事业单位、社会团体中具有国家工作人员身份的领导干部。建立领导干部干预审判执行活动、插手具体案件处理的记录、通报和责任追究制度，应当明确领导干部非法干预司法活动的具体情形和表现方式。实践中，领导干部非法干预司法活动有种种不同的表现形式。具体包括：（1）在线索核查、立案、侦查、审查起诉、审判、执行等环节为案件当事人请托说情的；（2）要求办案人员或办案单位负责人私下会见案件当事人或其辩护人、诉讼代理人、近亲属以及其他与案件有利害关系的人的；（3）授意、纵容身边工作人员或者亲属为案件当事人请托说情的；（4）为了地方利益或者部门利益，以听取汇报、开协调会、发文件等形式，超越职权对案件处理提出倾向性意见或者具体要求的；（5）其他违法干预司法活动、妨碍司法公正的行为。这些行为都对人民法院依法独立公正行使审判权、执行权造成干扰和破坏，是领导干部干预审判执行活动、插手具体案件处理的典型表现。

需要强调的是，对司法工作负有领导职责的机关，为履行职责需要，可以依照工作程序了解案件情况，组织研究司法政策，统筹协调依法处理工作，督促司法机关依法履行职责，为司法机关创造公正司法的环境，但不得对案件的证据采信、事实认定、司法裁判等作出具体决定。

第三，关于建立领导干部干预审判执行活动的记录制度。记录制度是通报和责任追究的基础。四中全会《决定》明确提出，任何司法机关都不得执行党政机关和领导干部违法干预司法活动的要求。因此，对于党政机关和领导干部干预审判执行活动、插手具体案件处理的要求，人民法院有义务将其记录下来。

在党政机关及其领导干部干预审判执行活动、插手具体案件处理的记录范围方面，应当做到全程留痕，为今后对干预司法活动、插手具体案件处理的通报和责任追究提供依据。凡是领导干部干预审判执行活动、插手具体案件处理的要求，司法工作人员都应当如实地、完整地记录下来。对于领导干部干预司法活动、插手具体案件的批示、函文、记录等信息，司法工作人员要依法提取、介质存储、专库录入、入卷存查，相关信息均应当存入案件正卷，供当事人及其代理人查询。记录的内容应当全面、完整、客观，主要包括领导干部的姓名、职务、干预时间、干预方式和干预内容等。

以组织名义向司法机关发文发函对案件处理提出要求的，或者领导干部身边工作人员、亲属干预司法活动、插手具体案件处理的，司法人员均应当记录，并留存相关材料。司法人员不记录或者不如实记录领导干部干预司法活动、插手具体案件处理情况的，予以警告、通报批评；有两次以上不记录或者不如实记录情形的，依照《中国共产党纪律处分条例》《行政机关公务员处分条例》《检察人员纪律处分条例（试行）》《人民法院工作人员处分条例》《中国人民解放军纪律条令》等规定给予纪律处分。主管领导授意不记录或者不如实记录的，依法依纪追究主管领导责任。

实践中，有的司法工作人员对记录领导干部干预司法存在后顾之忧，担心记录领导干部干预司法会给自己工作和生活带来不利影响，不敢或者不愿将领导干部干预司法的情形记录下来。为了防止出现这种现象，人民法院有必要建立健全对司法人员记录领导干部干预司法的保护和奖励机制，明确规定记录领导干部干预司法是司法工作人员的一项基本职权；司法工作人员对领导干部干预司法活动、插手具体案件处理进行记录、报告的，不得受到党纪政纪处理和法律追究，不得因司法工作人员记录领导干部违法干预司法而将其调离、辞退或者作出免职、降级处分。对于严格依法办事、如实记录领导干部干预司法、敢于捍卫司法尊严的司法工作人员，应当以适当方式予以表彰和宣传。

第四，关于建立领导干部干预审判执行活动的通报制度。四中全会《决定》明确指出，要建立领导干部干预司法活动、插手具体案件处理的通报制度。司法机关应当每季度对领导干部干预司法活动、插手具体案件处理情况进行汇总分析，报送同级党委政法委和上级司法机关。必要时，可以立即报告。党委政法委应当及时研究领导干部干预司法活动、插手具体案件处理的情况，报告当地党委，同时抄送纪检监察机关、党委组织部门。干预司法活动、插手具体案件处理的领导干部属于上级党委或者其他党组织管理的，应当向上级党委报告或者向其他党组织通报情况。

第五，关于建立领导干部干预审判执行活动的责任追究制度。建立领导干部干预审判执行活动的责任追究制度，是防止和排除领导干部干预司法活动的可靠保障。领导干部有干预司法活动行为，造成不良后果或者恶劣影响的，依照《中国共产党纪律处分条例》《行政机关公务员处分条例》《检察人员纪律处分条例（试行）》《人民法院工作人员处分条例》《中国人民解放军纪律条令》等规定给予纪律处分；造成冤假错案或者其他严重后果，构成犯罪的，依法追究刑事责任。

领导干部对司法人员进行打击报复的，依照《中国共产党纪律处分条例》《行政机关公务员处分条例》《检察人员纪律处分条例（试行）》《人民法院工作人员处分条例》《中国人民解放军纪律条令》等规定给予纪律处分；构成犯罪的，依法追究刑事责任。领导干部干预司法活动、插手具体案件处理的情况，应当纳入党风廉政建设责任制和政绩考核体系，作为考核干部是否遵守法律、依法办事、廉洁自律的重要依据。

最后应当指出的是，建立防止党政机关和领导干部干预司法活动制度，不仅是为了保障司法机关依法公正履行司法职权，而且是实现国家治理体系和治理能力现代化的基本要求。我们应当从全面实现依法治国，建设社会主义法治国家的战略高度，来看待建立防止党政机关和领导干部干预司法活动制度的重要意义。四中全会《决定》明确提出，“依法执政是依法治国的关键。各级党组织和领导干部要深刻认识到，维护宪法法律权威就是维护党和人民共同意志的权威，捍卫宪法法律尊严就是捍卫党和人民共同意志的尊严，保证宪法法律实施就是保证党和人民共同意志的实现。各级领导干部要对法律怀有敬畏之心，牢记法律红线不可逾越、法律底线不可触碰，带头遵守法律，带头依法办事，不得违法行使权力，更不能以言代法、以权压法、徇私枉法。”我们相信，在党政机关和领导干部以及社会各界的共同努力下，我们一定能够建立内容科学、体系严谨、运行有效地防止党政机关和领导干部干预司法活动制度。

地·方·探·索

贵州省委出台文件要求确保法院依法独立行使审判权

2015年1月，贵州省委出台《中共贵州省委关于进一步支持人民法院依法独立公正行使审判权的意见》(以下简称《意见》)，强调要不断加强和改善党对人民法院的领导，为人民法院依法独立公正行使审判权提供坚强的政治保障。《意见》指出，各级党委要牢牢把握对人民法院工作的政治、思想和组织领导，确保党的路线方针政策和宪法法律在审判工作中得到贯彻执行。党员干部要牢固树立法治观念，率先垂范，以上率下，对法律怀有敬畏之心，各级党委政法委要维护法治权威，把工作着力点放在把握政治方向、协调各方职能上，政法委原则上不协调具体个案，即使对重大敏感案件的协调，也要依法律按程序处理。

《意见》要求，全省各级人大、政协要依照宪法和法律对人民法院行使监督，各级人大组织和代表、政协组织和政协委员不得以履行职责为名影响、干预具体案件，不得以个人名义或联名方式过问个案，影响案件办理。党政机关和领导干部依法办事、遵守法律的情况要纳入政绩考核指标体系，优先提拔使用法治素养较好、依法办事能力强的干部。

《意见》强调，全省各级人民政府要为人民法院依法独立公正行使审判权创造环境。要提高依法行政水平，自觉接受人民法院的司法监督；在行政诉讼活动中，行政机关要支持人民法院依法受理行政案件，行政机关负责人要依法出庭应诉，努力实现行政争议的实质性解决。各级人民政府要坚持法定职责必须为、法无授权不可为，不得为了地方和部门利益要求人民法院开展不符合平等保护原则的法律活动，坚决克服地方保护主义和部门本位主义。

《意见》指出，各地区各部门不得以安排经费为条件干预人民法院依法办案，不得向人民法院下达或变相下达罚没收入指标，不得将人民法院的经费支出与其行政事业性收费和罚没收入挂钩。同时，各级党政机关和领导干部要把握人民法院工作的职能，不得安排人民法院从事业外活动，不得长期占用、借用人民法院的编制、人员和固定资产。各级党政机关和领导干部不得干预人民法院依法办案，不得对正在审判执行的案件、涉诉信访案件提出倾向性的具体处理意见，影响案件的办理。

《意见》要求，各级人民法院要切实履行好审判职责，严禁法官私下接触当事人及其代理人、泄露或者为其打探案情、接受吃请或者收受其财物等违法违纪行为。要严格实行错案责任追究，建立办案质量终身责任制和错案责任追究制。各级人民法院通过建立台账、全程留痕、列入案卷、归档备查，从而建立起登记备案制度。领导干部个人违反法定程序，对具体案件进行私人请托、摊派业外工作等行为的，人民法院要敢于抵制，向同级党委报告并层报贵州省高级人民法院。

《意见》强调，对徇私情谋私利阻挠影响执法办案，拒不履行生效判决的单位和人员予以通报，必要时向社会公开曝光。造成冤假错案或其他严重后果的，要追究有关人员的纪律责任，涉嫌犯罪的，移送司法机关依法处理。

甘肃明确领导干部干预司法一律追责处分

党的十八届四中全会后，甘肃省研究制定了《省委政法委、省纪委、省委组织部关于党政机关及其领导干部支持司法机关依法独立公正行使职权的规定》(以下简称《规定》)。《规定》要求，各级党政机关及其领导干部应当带头尊重法律、维护司法权威，不得为了地方、部门利益和个人私利，通过打招呼、批条子、递材料或者其他明示、暗示方式，干预司法案件受理、侦查、批捕、起诉、裁判、执行等活动。涉法涉诉信访，应直接转交政法机关处理；对反映司法人员纪律作风、执法办案等问题的控告、检举，可转有权处理机关处理。《规定》还明确，各级党委政府及有关部门应当为司法机关履行职责提供必要的人财物保障，不得向司法机关下达罚没、收费指标，不得要求司法机关超越法定职权参与招商引资、土地征用、房屋拆迁等活动。《规定》要求，各级司法机关应当建立健全并严格执行党政机关及其领导干部干预司法活动、插手具体案件处理的记录、报告制度，明确细化记录、报告内容和程序。一经发现干预问题，一律记录在案，并报同级党委政法委和纪检监察机关。各级纪检监察机关建立责任追究制度。对司法机关报告的此类问题要认真调查核实；对领导干部干预司法机关办案的，一律给予党纪政纪处分；对造成冤假错案或者其他严重后果，构成犯罪的，一律移交司法机关依法追究刑事责任。

56. 健全法官履行法定职责保护机制。合理确定法官、审判辅助人员的工作职责、工作流程和工作标准。明确不同主体、不同类型过错的甄别标准和免责事由，确保法官依法履职行为不受追究。非因法定事由，未经法定程序，不得将法官调离、辞退或者作出免职、降级等处分。完善法官申诉控告制度，建立法官合法权益因依法履职受到侵害的救济机制，健全不实举报澄清机制。在国家和省一级分别设立由法官代表和社会有关人员参与的法官惩戒委员会，制定公开、公正的法官惩戒程序，既确保法官的违纪违法行为及时得到应有惩戒，又保障其辩解、举证、申请复议和申诉的权利。

条·文·解·读

司法活动事关当事人的权利义务和利益归属，甚至关系到公民的人身自由和生命安全。法官总是处于各种矛盾和利害关系的风口浪尖，时时面对各种干扰、压力和私情。法官必须公正司法、忠于法律、敢于担当、不徇私情，为了解除司法者的后顾之忧，培养法官公正司法的职业品格，许多国家建立了完善的法官履行法定职责保护机制。法官法第八条也明确规定：法官非因法定事由，非经法定程序，不被免职、降职、辞退或者处分。但这一规定目前执行状况并不理想。一些领导干部利用职务之便干预司法活动，甚至把法院作为推行地方保护、贯彻领导个人意志的工具，有的将所谓“不听招呼”的法官随意免职或调离法院，甚至违反法定程序给予处分。这也使得许多法官不敢有效抵制干预，难以切实担当起依法忠实履行法律职责的重任。

为此，四中全会《决定》提出要“明确各类司法人员工作职责、工作流程、工作标准”，“建立健全司法人员履行法定职责保护机制。非因法定事由，非经法定程序，不得将法官、检察官调离、辞退或者作出免职、降级等处分”。《纲要》对四中全会《决定》的这两项举措进行了落实和细化。

第一，关于合理确定法官、审判辅助人员的工作职责、工作流程和工作标准。明确不同主体、不同类型过错的甄别标准和免责事由，确保法官依法履职行为不受追究，是对法官进行错案责任倒查问责的前置条件。对法官和司法辅助人员等进行追责，必须明确法官及其辅助人员是否依法履行了应当履行的工作职责，是否按照诉讼程序和工作流程履行了职责，法官行使的自由裁量权是否超越了法律限定的范围，司法辅助人员的行为是否在其合理性和正当性之列等。如果前置条件没有搞清楚，工作职责、工作流程、工作标准不清，既不利于法官及司法辅助人员依法履职，也不利于对他们依法履职行为进行保护。对法官责任的追究必须明确法官的过错原因、程度、责任及是否具备免责事由等。非因法官法确定的事由，未经法定程序，不得将法官调离、辞退或者作出免职、降级等处分。

第二，关于完善法官申诉控告制度，建立法官合法权益因依法履职受到侵害的救济机制，健全不实举报澄清机制。对于法官因依法履职行为合法权益受到侵害的，必须赋予法官申诉控告的权利，并建立健全相关救济机制，对损害法官职业声誉、损害法官人格权的不实举报应及时澄清，正面回应，以正视听。

第三，关于法官惩戒委员会。法官惩戒制度改革应当坚持依法及时惩戒与强化职业保障相统一，推动对法院内部监督与外部监督的有机结合，强化法官惩戒程序的公正、公平和公开。《纲要》提出，要在国家和省一级分别设立由法官代表和社会有关人员参与的法官惩戒委员会，制定公开、公正的法官惩戒程序。设立法官惩戒委员会，要体现法官自治原则，委员会组成人员以法官为主，吸收社会有关人员参加。法官惩戒委员会下设办公室，分别设在最高人民法院和高级人民法院。法官惩戒委员会主任可以由高级人民法院院长或其他资深高级法官担任，负责召集和主持委员会工作。法官惩戒委员会审议的惩戒事由，包括法官违反法律法规和审判纪律，故意枉法裁判，因重大过失造成错案，以及严重违反法官职业道德和行为规范等违纪违法行为。法官依法履行职务的行为受法律保护，非经法定事由和法定程序不受惩戒。法官违纪违法涉嫌犯罪的，应当移送司法机关处理。

第四，关于法官惩戒委员会与纪检监察部门的关系。法院监察部门按照《人民法院监察工作条例》负责受理、调查、审理法官违纪违法行为并提请法官惩戒委员会审议决定。不具有审判职务的审判辅助人员、司法行政人员的纪律处分程序按照《人民法院监察工作条例》《人民法院工作人员处分条例》等规定执行。具有党员身份的法官违反党的纪律，需要给予党纪处分的，按照有关规定由党的纪律检查部门处理。同时违反党纪政纪，法官惩戒委员会先行处理的，可以在作出惩戒决议后，建议党的纪律检查部门给予党纪处分。

第五，关于法官惩戒程序。法官惩戒程序必须符合司法职业的特点，切实保障法官陈述、辩解、举证、申请复议、申诉等权利，提升惩戒工作透明度，充分体现公正性。设计法官惩戒程序时，应当注重以下要素：(1) 监察部门按照《人民法院监察工作条例》进行立案调查和审理；(2) 监察部门经调查审理，初步认定被调查法官有应受惩戒行为，应当给予惩戒的，结束审理后形成审理报告将报告及案件材料送交法官惩戒委员会办公室；(3) 法官惩戒委员会办公室在接到审理报告及案件材料后报惩戒委员会主任批准，组织法官惩戒委员会全体会议；(4) 法官惩戒委员会召开全体会议进行审议，并作出决议；(5) 决议免除法官职务的，根据被惩戒法官所属法院层级，按照法定程序提请权力机关免除法官职务。法官惩戒委员会审议可以采取公开听证的方式进行。当事法官有权进行陈述、辩解、举证，应当如实回答委员提问。当事法官不服法官惩戒委员会作出的惩戒处分决议的，可以申请复议。惩戒委员会可以作出无责、免责或给予惩戒的决议，并决定具体惩戒方式。惩戒方式暂时按法官法和《人民法院工作人员处分条例》执行，未来可制定符合法官职业特点的惩戒方式。

地·方·探·索

江苏滨海法院建立失实投诉举报正名制

为克服失实投诉举报给法官带来的负面影响，维护法官的合法权益，江苏省滨海县人民法院建立了失实投诉举报正名制。失实投诉举报正名制规定，对于网络实名的失实举报，调查核实后及时约见举报人，由该举报人发帖澄清。对当事人来信来访并造成一定影响的失实投诉举报，以在全院公开通报澄清的方式正名。对向上级领导和上级机关的失实投诉举报，及时将核查的材料反馈。为确保正名制的公信力，法院自身查证认为是失实的投诉举报，在县人大、县政协、县委政法委的支持下，引入第三方参与，邀请人大代表、政协委员、政法委执法监督工作人员和法院行风监督员，组成专门工作组，由法院纪检监察部门提供初次核查的相关资料，包括监控视频、走访调查当事人笔录、被举报法官情况说明等，严格接受工作组的再次核查，工作组通过调阅监控视频、约见相关当事人核查举报线索。2014 年以来，正名制共认定 5 起投诉举报中的 3 起失实，并反馈举报人。

域·外·参·考

世界主要国家和地区法官惩戒制度概况

一、关于惩戒机构

1. 设置模式。各国设置的惩戒机构主要有四种模式：一是由法院直接负责惩戒，如日本最高法院和高等法院；二是设立专门的审判组织，如德国联邦惩戒法庭、我国台湾地区的职务法庭；三是司法系统内的管理机构负责惩戒，如美国联邦司法理事会、加拿大司法委员会、我国台湾地区司法人事争议委员会等；四是法院之外的专门性机构，如美国州法官行为委员会、法国司法官高等委员会下设的惩戒委员会等。

2. 办事机构。设置方式主要有三种：一是惩戒机构本身就是审判组织，不设办事机构，直接由职务法庭审理后做出惩戒决定，如日本、德国；二是在法院设置办事机构，如加拿大、我国台湾地区；三是外部设办事机构，如法国、美国纽约州。办事机构主要承担日常事务性工作，有的承担前置性审查工作。

3. 人员构成。惩戒机构的主席一般由法院院长（首席法官）或资深法官担任（美国、加拿大、法国、我国台湾地区均为首席法官或院长；日本、奥地利可由首席法官或资深法官担任惩戒合议庭审判长）。人员构成主要有三种模式：一是惩戒机构本身为审判组织，相关人员全部为法官，并组成合议庭审理案件，如日本、德国、奥地利、我国台湾地区的职务法庭；二是委员会人员均由法官组成，如美国联邦司法理事会、加拿大司法委员会；三是以法官为主，有少部分外部人士（法学教授、律师等），如法国司法官高等委员会、我国台湾地区司法人事审议委员会等。

二、关于惩戒程序

1. 前置程序。各国惩戒程序启动前，大都设前置审查程序，以决定是否正式进入惩戒程序。一是由常设机构或者固定人员进行前置审查，例如美国纽约州、德国、法国、奥地利、我国台湾地区等；二是针对惩戒个案设置特别机构进行前置审查，例如美国联邦巡回区、加拿大。

2. 调查程序。正式的惩戒程序一般分调查和审理两部分，经前置审查认为需要惩戒的，进入调查程序。与前置程序相同，调查程序有的由常设机构或专门机构负责，有的由特设机构负责。调查过程中，一般允许当事法官提交证据材料、聘请律师等，当庭调查（职务法庭、惩戒法庭或法院）的还允许当事法官陈述意见，进行辩论。调查结束后，有两种处理方式：一种是由调查机构形成报告，报惩戒机构决定是否继续；一种是由调查机构根据调查情况决定是否继续。

3. 审理程序。主要有两种模式：一是开庭审理，庭审中贯穿辩论原则，进行举证质证等程序，如日本、德国、奥地利、我国台湾地区等。二是听证审理，保障当事法官的程序权利，遵循辩论程序，如美国纽约州、法国、加拿大等。有的还规定，如果当事法官认可投诉意见或就被诉事实与起诉方达成一致，则可以采取简易程序结案，无需开庭或听证，如美国纽约州。起诉方有的由常设机构或固定人员承担，如美国纽约州、法国；有的由特设调查机构或特派人员担任，如美国联邦巡回区、德国、日本等。

4. 救济程序。大多数国家都规定了救济程序，在一定期间内可通过法定程序予以救济，主要种类：一是上诉程序，例如对美国部分州、德国联邦惩戒法庭、日本高等法院作出的惩处结果可上诉；二是向上级机构申请复审，如对美国联邦巡回区司法理事会的处理结果可向司法会议申请复议；另外，少数国家规定惩处结果不能救济，如法国司法官高等委员会、日本最高法院作出的惩处结果具有终局性。

三、关于惩戒事由

综观各国惩戒事由，主要有三大类：一是严重损害司法公正、司法公信力与司法权威的行为。如美国联邦法官的叛国、贿赂或其他严重犯罪及不法行为，德国法官的违宪行为与故意犯罪行为，日本法官明显违反职务上义务和严重丧失法官威信的行为。法官存在这类行为的，一般通过法定程序（如弹劾）予以罢免。二是一般性损害司法公正的违法、违纪或不当、不良行为。如美国联邦和州法官违反司法行为准则的不当行为，德国法官的一般性违法违纪行为，日本法官违反职务上义务或有辱法官品行的行为等。三是法官行使审判权有故意或重大过失的行为，这类规定相对较少，我国台湾地区有类似规定。一般而言，法官依其法定自由裁量权认定事实、适用法律的司法行为原则上不得成为惩戒依据，如德国法官法、美国《联邦司法理事会改革和司法行为与资格丧失法案》等有类似规定。

四、关于惩戒措施

比较各国惩戒措施，共同点是：惩戒措施基本类似，警告、经济处罚和罢免是各国均采取的措施；惩戒措施处罚力度逐层递进，呈多元化。惩戒措施主要有：一是警告性惩戒，如训诫或劝告、谴责或申诉等；二是经济性惩罚，如罚款、降薪、减发或取消退休金；三是职务变动，如停职、调职、降职降级等；四是职务剥夺，如罢免、强制辞职或退休。有的惩戒措施只能由惩戒机构提出惩戒建议，依法由有权机关作出决定，如美国联邦惩戒机构可建议联邦司法会议向国会提出弹劾案，我国台湾地区也有类似规定；有的惩戒措施可直接由惩戒机构作出，例如警告、罚款等。

57. 完善司法权威保障机制。推动完善拒不执行判决、裁定、藐视法庭权威等犯罪行为的追诉机制。推动相关法律修改，依法惩治当庭损毁证据材料、庭审记录、法律文书和法庭设施等严重藐视法庭权威的行为，以及在法庭之外威胁、侮辱、跟踪、骚扰法院人员或其近亲属等违法犯罪行为。

条·文·解·读

司法实践中，极端藐视法庭，严重扰乱法庭秩序，法庭内外殴打、伤害甚至杀害法官、诉讼参与人、拒不履行法院判决和裁定等事件时有发生，已经成为干扰诉讼活动正常进行、危害司法职业保障、侵犯诉讼当事人合法权益、损害人民法院和国家审判权威的突出问题，必须采取包括立法手段在内的各种措施来加以有效解决。据不完全统计，2006年以来，全国法院先后发生了75起当事人自伤自残、伤害法院干警和诉讼参与人等突发事件，导致32人死亡、104人受伤，其中法院干警及地方干部死亡12人、受伤82人。为此，四中全会《决定》提出要“完善惩戒妨碍司法机关依法行使职权、拒不执行生效裁判和决定、藐视法庭权威等违法犯罪行为的法律规定”。为落实四中全会《决定》上述改革举措，《纲要》提出推动相关法律修改和完善相关犯罪行为的追诉机制来完善司法权威保障机制。

我国刑法规定了扰乱法庭秩序罪、拒不执行判决、裁定罪。根据刑事诉讼法，自诉案件仅包括下列案件：（1）告诉才处理的案件；（2）被害人有证据证明的轻微刑事案件；（3）被害人有证据证明对被告人侵犯自己人身、财产权利的行为应当依法追究刑事责任，而公安机关或者人民检察院不予追究被告人刑事责任的案件。依照刑法和刑事诉讼法的前述规定，拒不执行判决、裁定、藐视法庭权威等犯罪行为的追诉机制只能走公诉程序。从目前司法实践来看，单纯地依赖公诉追诉机制，既不能及时、有效地惩治这些犯罪行为，也不能周全、有效地保护胜诉当事人的合法权益、维护法庭权威和审判权威。显然，有必要推动立法机关从立法层面完善追诉机制，加大惩治相关犯罪力度，在科学研究论证的基础上：

一是推动修改刑法，将某些罪名或者具体罪名的某些情形规定为亲告罪，即“告诉才处理”的犯罪。

二是推动修改刑事诉讼法，适当扩大自诉案件的范围，从而充分发挥公诉为主、自诉为辅的追诉机制的效能，更好地保护法益。

三是通过完善相关司法解释，依法惩治当庭损毁证据材料、庭审记录、法律文书和法庭设施等严重藐视法庭权威的行为，以及在法庭之外威胁、侮辱、跟踪、骚扰法院人员或其近亲属等违法犯罪行为。

四是落实好现行法律和司法解释中关于维护法庭纪律和司法权威的规定。如《最高人民法院关于适用〈中华人民共和国刑事诉讼法〉的解释》指出：“聚众哄闹、冲击法庭或者侮辱、诽谤、威胁、殴打司法工作人员或者诉讼参与人，严重扰乱法庭秩序，构成犯罪的，应当依法追究刑事责任。”民事诉讼法第一百一十一条列举了几类可以采取强制措施的妨害诉讼行为，《最高人民法院关于适用〈中华人民共和国民事诉讼法〉的解释》对其中几类情形进行了细化。实践中，诉讼参与人或者其他人有这类行为的，人民法院可以根据情节轻重予以罚款、拘留；构成犯罪的，依法追究刑事责任。

第一类是“以暴力、威胁或者其他方法阻碍司法工作人员执行职务的行为”，包括：（1）在人民法院哄闹、滞留，不听从司法工作人员劝阻的；（2）故意毁损、抢夺人民法院法律文书、查封标志的；（3）哄闹、冲击执行公务现场，围困、扣押执行或者协助执行公务人员的；（4）毁损、抢夺、扣留案件材料、执行公务车辆、其他执行公务器械、执行公务人员服装和执行公务证件的；（5）以暴力、威胁或者其他方法阻碍司法工作人员查询、查封、扣押、冻结、划拨、拍卖、变卖财产的；（6）以暴力、威胁或者其他方法阻碍司法工作人员执行职务的其他行为。

第二类是“拒不履行人民法院已经发生法律效力的判决、裁定的行为”，包括：（1）在法律文书发生法律效力后隐藏、转移、变卖、毁损财产或者无偿转让财产、以明显不合理的价格交易财产、放弃到期债权、无偿为他人提供担保等，致使人民法院无法执行的；（2）隐藏、转移、毁损或者未经人民法院允许处分已向人民法院提供担保的财产的；（3）违反人民法院限制高消费令进行消费的；（4）有履行能力而拒不按照人民法院执行通知履行生效法律文书确定的义务的；（5）有义务协助执行的个人接到人民法院协助执行通知书后，拒不协助执行的。

第三类包括：（1）冒充他人提起诉讼或者参加诉讼的；（2）证人签署保证书后作虚假证言，妨碍人民法院审理案件的；（3）伪造、隐藏、毁灭或者拒绝交出有关被执行人履行能力的重要证据，妨碍人民法院查明被执行人财产状况的；（4）擅自解冻已被人民法院冻结的财产的；（5）接到人民法院协助执行通知书后，给当事人通风报信，协助其转移、隐匿财产的。

域·外·参·考

藐视法庭罪源于英国古代习惯法，现今除遍及普通法系国家和地区之外，某些大陆法系国家也将其移植于刑法之中。依照侵害法益的方式，分为直接藐视法庭罪和间接藐视法庭罪。前者是指在法庭上或者离法庭足够近的地方扰乱法庭的行为；后者是指不发生在法庭当场以及法庭本身不知道的所有足以影响、贬低法官威望的行为。依照诉讼目的的不同进行分类，分为民事藐视法庭罪和刑事藐视法庭罪。前者主要指因拒绝遵从法院的禁令而构成的犯罪；后者是指“一切容易阻碍、干扰或妨害对某一特定案件（刑事或者民事）或一般案件的审判管理的行为”，具体包括八种主要类型的犯罪：（1）当面藐视法庭；（2）诽谤中伤法庭；（3）对陪审员或证人进行报复；（4）阻碍法庭官员执行公务；

(5) 影响未决案件的公正审判的行为；(6) 在出版物中预先对未决民事案件进行评断；(7) 对于有关不公开进行的诉讼活动的情况加以公布；(8) 公布匿名证人的身份。

民事藐视法庭罪必须适用普通程序审理，刑事藐视法庭罪既可适用普查程序审理，也可适用简易程序即席判决，实践中更多地采用简易程序。在简易程序中，不需要公诉人起诉，而是由法官签发传票或逮捕令，直接将有藐视行为的人传唤或押解到庭（假如该人不是当庭藐视）加以审判。若被告人认罪，则不必经听证程序，法庭即可径行判决；被告人若不认罪，法庭需向其出示证据，并听取被告人或其律师的陈词和辩白，然后再做出判决。为防止法官滥用此种权力，英国采取了若干限权性措施，包括：取消刑事藐视法庭罪简易程序中一审终审，赋予被告人上诉权；对不同审级法院的权力做出不同规定，例如，郡法院处以监禁不得超过一个月，治安法院没有直接处以刑罚的权力。

我国香港在系列立法例中对藐视法庭行为做了规定，具体包括：(1)《刑事诉讼程序条例》第 36 条规定：不服从传召作证或出庭的传票或命令的行为；在须作证或宣誓时而拒绝作的行为。(2)《裁判司条例》第 49 条规定：向正在执行裁判司工作的裁判司或在裁判司之前作侮辱性举动或发出恐吓性表示的行为；作有关裁判司法的此种举动或表示的行为。(3)《地方法院条例》第 20 条规定：有意侮辱法官或证人或出庭的法庭人员或前往或离开法庭人士的行为；有意阻碍诉讼程序，触犯其他藐视法庭罪名或其他在法庭行为不检罪名的行为。(4)《陪审员条例》第 32 条规定：陪审员不到庭的行为；擅离陪审工作的行为。(5)《劳工审裁处条例》第 42 条规定：在聆讯时，向劳工审裁处的主席或在该主席之前作恐吓或侮辱性的表示的行为；举止带侮辱性或有意阻碍诉讼程序的行为。(6)《小额钱债审裁处条例》第 35 条规定：无故拒绝出庭或提交指定文件的行为；拒绝宣誓或作证供的行为。(7)《土地审裁处条例》第 10 条规定：在执行与……有关的民事审辖权时，具备原讼庭的权力去惩罚犯上藐视罪的行为。(8)《调查委员会条例》

第8条、第9条、第11条规定：在与调查委员会有关的事件中，被传召作证人而不出庭作证的行为；拒绝宣誓的行为；拒绝回答合法的问题的行为；有意阻碍诉讼程序进行或其他形式的行为不检的行为；有意妨碍或阻止他人出庭、作证或提交物件、文件的行为；对该委员会主席恐吓、侮辱或令其蒙受损失的行为；印行或以其他方法发表委员会内廷所收到的资料或委员会禁止印行或发表的资料的行为。

58. 强化诉讼诚信保障机制。建立诉讼诚信记录和惩戒制度。依法惩治虚假诉讼、恶意诉讼、无理缠诉行为，将上述三类行为信息纳入社会征信系统。探索建立虚假诉讼、恶意诉讼受害人损害赔偿之诉。

条·文·解·读

随着我国经济社会的发展转型，各种利益关系错综复杂，社会诚信问题日益突出，诚信缺失现象大量发生。社会中的种种非诚信行为在司法领域中也有所体现。在司法实践中，当事人滥用诉讼权利时有发生，恶意诉讼、虚假诉讼、诉讼中的虚假陈述、拖延诉讼、伪造证据等情况屡禁不止。诉讼活动中出现的越来越多的失信行为，不仅严重影响了当事人合法权益的法律保护，而且干扰了正当的司法秩序，影响了诉讼制度功能的实现。因此，应当建立和强化诉讼诚信保障机制，既充分保护当事人的诉权，同时又防止和处罚虚假诉讼、恶意诉讼、无理缠诉的行为。诉讼诚信保障机制对于依法维护人民法院正常的诉讼秩序，营造良好的社会诚信氛围，具有重要的现实意义。

党的十八大明确提出，推进公民道德建设工程，弘扬真善美、贬斥假恶丑，深入开展道德领域突出问题专项教育和治理，加强社会诚信建设。这为建立诉讼诚信保障机制提供了良好的社会环境。三中全会《决定》提出，要“建立健全社会征信系统，褒扬诚信，惩戒失信”。这对建立诉讼诚信保障机制提出了更高的要求。四中全会《决定》在此基础上更加明确指出，要“加大对虚假诉讼、恶意诉讼、无理缠诉行为的惩治力度”。为了保证党的十八大和十八届三中、四中全会关于社会诉讼诚信建设和司法诚信保障制度建设任务的落实，《纲要》对强化诉讼诚信保障机制改革的内容提出了具体要求。

第一，关于建立诉讼诚信记录制度。我国民事诉讼法规定，民事诉讼应当遵循诚实信用原则。但是，在司法实践中，当事人和其他诉讼参与人基于各种原因，有时会进行一些非诚信的诉讼行为。诉讼失信行为多种多样，形态各异，概括起来，主要有以下类型：一是形成有利于己的诉讼状态。当事人一方采取不正当手段，使本来不符合诉讼要件的自己的行为符合法律规定，使本来符合诉讼要件的对方当事人的行为不符合法律规定，形成有利于自己、不利于对方的诉讼状态。如以不正当手段取得有利于己的诉讼管辖。二是自相矛盾的言行。一方当事人在诉讼外或诉讼中的言行已使对方产生某种合理期待，当对方当事人按此期待行动时，一方当事人却做出与此前自己言行相反或者相矛盾的言行，从而侵害对方当事人的利益。三是滥用诉讼权利的行为。当事人借行使诉讼权利之名，行危害他人、增加法院负担、违反诉讼目的之实。当事人滥用诉讼程序权利的目的，是为了妨碍诉讼的正常进行，损害对方当事人的合法权益，影响法院正常裁判。如当事人滥用管辖权、起诉权、反诉权、回避申请权、异议权、申请抗诉权、规避执行等。四是怠于行使诉讼权利。当事人一方有诉讼能力，但是长时间不行使诉讼权利，致使对方当事人因确信该权利不再行使而为一定诉讼行为时，一方当事人开始主张权利并由此导致对方利益受损。

其他诉讼参与人从事的诉讼失信行为，其主要表现有：代理人越权代理，鉴定人拒绝出庭接受质证，证人提供虚假证言，代理律师作伪证，协助执行义务人帮助被执行人转移财产等。

诉讼诚信记录制度是建立健全诉讼诚信保障制度的基础。对于上述种种诉讼失信行为，人民法院都应当及时全面地记录下来，把当事人和其他诉讼参与人诉讼失信行为发生的时间和具体内容完整地予以保存，从而为将这些诉讼失信行为纳入社会征信系统奠定基础，同时也为依法惩治诉讼失信行为提供事实依据。

第二，关于建立诉讼诚信惩戒制度。为了保证诉讼秩序顺利进行，保护当事人的合法权益，维护司法权威，应当建立诉讼诚信惩戒制度。具体说来，如果当事人使用不正当的手段制造或形成能够适用有利于自己的诉讼法规，或者规避适用不利于自己的诉讼法规这种状态，法院应当否定不当形成的诉讼状态的法律效果。如果一方当事人在诉讼外或诉讼中的言行已使对方当事人产生某种合理的期待，当对方当事人按照此期待行动时，一方当事人却作出与此前自己的言行相反或者相矛盾的言行，侵害了对方当事人的合法利益，法院可以否定这种言行的法律效果。如果当事人滥用诉讼权利，法院可以依法对其采取处罚措施。如果一方当事人在行使自己的诉讼权利，对方当事人对此产生合理的期待和信赖，并据此对自己的生活作出了安排，法律应当保护这种期待和信赖，禁止一方当事人再行使自己的诉讼权利。

司法实践中经常发生的诉讼失信行为主要是虚假诉讼、恶意诉讼和无理缠诉等。因此，建立诉讼诚信保障机制，应当重点对这三类行为进行惩治。

虚假诉讼就是当事人通过虚构和伪造事实，骗取法院的裁判文书，以达到其不法目的。如伪造代理手续，冒充他人名义提起或者参加诉讼等。虚假诉讼的形式有：一是案件当事人双方相互串通，虚构民事法律关系、捏造案件事实，达成虚假协议，骗取法院调解书，侵害他人合法权益；二是双方当事人相互串通，在诉讼中对相关事实作出虚假自认，骗取法院判决书，侵害他人合法权益；三是夫妻假离婚，利用离婚诉讼转移财产，逃避债务，侵害债权人利益；四是离婚诉讼过程中，一方当事人与亲友串通，以假借条等形式虚构夫妻关系存续期间的共同债务，侵害对方利益；五是当事人利用现有证据，虚构法律事实和法律关系提起诉讼或者重复诉讼。应当注意的是，虚假诉讼不同于当事人举证上的失信行为，前者是当事人利用不存在的事实，虚构纠纷，骗取法院作出裁判文书，从而实现自己的不法目的；后者是在真实的诉讼案件中，当事人虚假陈述，隐瞒事实真相，故意提出虚假的事实主张，伪造证据，恶意毁灭、损害案件有关证据的行为。

恶意诉讼是指为了达到不法目的，恶意地实施诉讼行为，侵害他人合法权益的诉讼。如规避法律、故意拆分请求金额、恶意阻碍送达等。恶意诉讼通常也是虚假的诉讼，但不限于虚假诉讼，也存在以真实的法律关系为基础，恶意地提起不应当提起的诉讼或者实施不应当实施的诉讼行为。

无理缠诉通常是指当事人明知自己的诉讼请求或者事实主张没有道理，但仍然反复不停地要求法院进行处理和解决的行为。

虚假诉讼、恶意诉讼、无理缠诉行为，严重干扰了案件审判秩序，影响了法院正常工作的开展，应当依法对其进行惩治，并将上述三类行为信息纳入社会征信系统，对诉讼失信人形成强大的社会压力。

我国民事诉讼法规定了诉讼失信行为的处罚措施。当事人之间恶意串通，企图通过诉讼、调解等方式侵害他人合法权益的，法院应当驳回其请求，并根据情节轻重予以罚款、拘留；构成犯罪的，依法追究刑事责任。被执行人与他人恶意串通，通过诉讼、仲裁、调解方式逃避履行法律文书确定的义务的，法院应当根据情节轻重予以罚款、拘留；构成犯罪的，依法追究刑事责任。根据虚假诉讼的目的和手段不同，可能涉及多项罪名，如为提起虚假诉讼或者在虚假诉讼过程中，指示他人提供虚假的物证、书证、陈述、证言、鉴定意见等伪证，或者指使参与伪造证据的，可以按照妨害作证罪、帮助伪造证据罪处理；当事人以非法占有为目的，进行虚假诉讼，骗取公私财物的，可以按照诈骗罪处理；公司、企业或者其他单位人员利用职务便利，进行虚假诉讼，侵吞本公司财物的，可以根据单位的不同性质，分别按照职务侵占罪、贪污罪处理等。

第三，关于建立诉讼诚信救济制度。诉讼失信行为不仅严重扰乱了正常的诉讼秩序，而且会给受害人带来损害。司法实践中，违背诚实信用，虚构事实提起民事诉讼诈骗钱财或者逃避债务的案件时有发生。为了充分发挥诉讼诚信的功能和作用，有必要设立诉讼诚信的受害人救济制度，探索建立虚假诉讼、恶意诉讼受害人损害赔偿之诉，诉讼失信人对受害人造成的损害应当给予赔偿。

我国现行民事实体法未明确规定虚假诉讼和恶意诉讼等违反诚实信用原则的诉讼行为的侵权责任。民事诉讼法对违反诚实信用原则的行为和妨害民事诉讼的行为规定了处罚措施。但是，民事诉讼法没有就违反诚实信用原则的行为赋予受害人损害赔偿的权利。这显然不利于充分发挥诉讼诚信制度的功能和作用。实际上，无论是法学理论界还是司法实务部门，对违反诉讼诚实信用的行为应当承担民事责任已经达成共识。因为虚假诉讼和恶意诉讼等违反诚实信用原则的诉讼行为直接侵害了他人的合法权益，符合侵权行为一般特征和构成要件，应当按侵权行为处理。为了充分保护受害人的合法权益，应当建立虚假诉讼和恶意诉讼等违反诚实信用原则的诉讼行为的受害人损害赔偿之诉。如果当事人或者其他诉讼参与人从事虚假诉讼和恶意诉讼等违反诚实信用原则的诉讼行为，给受害人造成经济损失的，受害人可以依法向法院提起损害赔偿诉讼，要求诉讼失信人承担民事赔偿责任。法院应当及时受理，并按照公平责任原则依法进行处理。

地·方·探·索

江西省九江市中级人民法院建立严防虚假诉讼工作机制

为防止出现虚假诉讼案件，江西省九江市中级人民法院于2013年6月建立了立、审、执全程严防虚假诉讼工作机制。该机制推行以来，共预防和查处虚假民事诉讼行为25件，涉案标的近1000万元，对涉嫌虚假诉讼的3人处以罚款，5人予以训诫，取得了较好效果。

一是严把立案环节。在立案窗口设立禁止虚假诉讼的警示牌，并以书面形式告知当事人进行虚假诉讼将承担的法律责任，引导当事人诚信诉讼。严格审核原被告身份、委托代理关系的真实性、诉讼请求依据是否符合常理，对怀疑存在虚假诉讼的案件，向原告或诉讼代理人询问相关问题，判明是否存在虚假诉讼行为，对确定是虚假诉讼的案件，不予立案；无法判明的，要求当事人填写保证书，并在案件移送审判业务部门时予以注明。

二是严把审理环节。对在立案阶段标注警示的案件以及在审理中怀疑存在虚假诉讼行为的案件，庭审全部安排在数字法庭进行，全程同步录音录像；对委托他人进行诉讼的可疑虚假诉讼案件，认为确须当事人本人到庭的，通知当事人到庭参加诉讼，原告无正当理由拒不到庭或未经允许中途退庭的，按撤诉处理；对疑似虚假诉讼案件可能侵害案外人合法权益的，及时通知利害关系人到庭、旁听或告知案件涉及其利益；对存在虚假诉讼嫌疑的案件，在未穷尽其他送达方法之前，不采用公告送达方式送达法律文书。2013 年到 2014 年 5 月，该院共对 79 件存疑的虚假诉讼案件进行了全程录像，邀请案件相关当事人参加庭审 96 人次，对 6 件当事人无故不到庭的该类案件按撤诉处理，对 4 起该类案件中不适当的调解协议不予确认，主动通过审判监督程序对 6 起虚假诉讼案件进行再审，切实维护当事人的合法权益。

三是严把执行环节。对当事人利用虚假仲裁裁决、虚假公证文书申请执行的案件，举行听证会查明事实，邀请仲裁员、公证员列席并听取意见，同时通知利害关系人参与听证。对执行标的真实性和合法性存疑的，则预先公示设立案外人异议期，并及时对案外人提出的异议进行严格审查。2013 年 6 月至 2014 年 5 月，该院共对存疑的 45 件执行案件采取了听证、预先公示等预防措施，并清理虚假执行案件 13 件。

山东潍坊两级法院探索建立诉讼诚信体系

2010 年以来，潍坊两级法院依托诉讼信用信息资源，在全国率先建立起“信用信息共享、社会各方联动、诚信褒奖失信惩戒”的诉讼诚信体系，有效提升了社会信用管理水平。他们着力推进诉讼诚信信息采集评定、对接共享和应用服务“三项机制”建设，逐步构建起“信用评定规范化、运行平台信息化、流程管理制度化、信息服务社会化”的诉讼诚信体系。截至 2012 年 6 月，全市诉讼诚信信息库已储存涉及 28822 个自然人、2555 个法人和其他组织的信用信息，重点在金融、房管、企业登记等领域明确了信用信息交互利用的具体措施。

上海市虹口区法院审前三举措甄别防范虚假诉讼

2014 年以来，上海市虹口区法院在立案及诉前调解阶段共排查出涉嫌虚假诉讼案件 20 余起，主要集中于离婚、破产、房屋买卖、民间借贷、涉拆迁分家析产五类案件，涉案标的累计达2000余万。针对此类案件，该院采取以下措施予以防范：一是诉前释明，重点排摸。在立案接待窗口设立禁止虚假诉讼告示，并在立案与诉前调解过程中明确向当事人告知虚假诉讼风险及所应承担法律责任，引导当事人诚信诉讼。定期排摸易引发“虚假诉讼”的案件，将其作为“高危”案件纳入重点审查范围，切实发挥立案接待窗口作为立案风险评估的第一道防线功能。二是严格审查，仔细甄别。对“高危”案件启动特别审查程序，重点审查当事人身份，查清原被告之间是否存在亲属关系、单位之间是否存在关联关系等。仔细甄别诉讼证据，对恶意串通、虚构伪造的证据予以排除，对虚假诉讼不予立案，对可能涉及虚假诉讼的，将疑点记载附卷，以提示承办法官。三是加大惩戒，联动防范。经查证属实的虚假诉讼，严格依照法律规定对涉案当事人采取警告、训诫等措施，对虚假诉讼当事人及代理人进行内部备案，并通报各庭室。对律师参与造假行为的，及时向司法行政部门、律师协会通报并建议采取必要惩处措施。

域·外·参·考

域外法律关于诉讼诚信行为的规定

德国民事诉讼法规定，当事人负有真实义务，故意迟延提出的攻击和防御方法，法院应当予以驳回。

法国民事诉讼法规定，当事人以拖延诉讼方式，或者以滥诉方式进行诉讼的，应当处以100法郎至1000法郎的民事罚款，且不影响可能对其要求的损害赔偿。

日本民事诉讼法规定，法院应当为民事诉讼公正迅速地进行而努力；当事人进行民事诉讼，应以诚实信用为之。当事人应当适时提出攻击和防御方法，对于迟延提出的攻击防御方法，法院应当作出裁定驳回。在裁定驳回的情况下，如果控诉人提起控诉，仅以拖延诉讼终结为目的时，法院可以命令其缴纳提起控诉手续费10倍以下的罚款。

韩国民事诉讼法规定，法院应努力让诉讼公正、迅速和经济地进行，当事人和诉讼关系人应当根据信用，诚实地进行诉讼。禁止以迟延诉讼为目的申请回避，禁止显著迟延程序的变更请求，禁止迟延本诉的反诉。

文·件·链·接

国务院《社会信用体系建设规划纲要（2014－2020年）》（国发〔2014〕21号）

59. 优化行政审判外部环境。健全行政机关负责人依法出庭应诉制度，引导、规范行政机关参加诉讼活动。规范司法建议的制作和发送，促进依法行政水平提升。

条·文·解·读

行政诉讼是“民告官”的诉讼，但在审判实践中行政机关负责人常常以工作繁忙为理由，不出庭参加诉讼，而是由行政机关一般工作人员或者委托律师出庭应诉，被称为“告官不见官”。2004 年，国务院在《全面推进依法行政实施纲要》中首次提倡行政首长积极出庭应诉的做法。2007 年，最高人民法院印发《关于加强和改进行政审判工作的意见》，进一步部署和推动这项工作。2010 年，国务院发布的《关于加强法治政府建设的意见》明确规定，完善行政应诉制度……对重大行政诉讼案件，行政机关负责人要主动出庭应诉。自此，部分地区开始建立行政机关负责人出庭应诉制度。例如，河北省出台《关于建立行政机关负责人行政诉讼出庭应诉制度的通知》，要求各行政机关负责人要充分认识到建立行政机关负责人行政诉讼出庭应诉制度的重要意义，并将出庭应诉工作纳入依法行政考核指标体系，要进行责任追究。目前，全国还有北京、广东等 10 余个地方政府制定了行政机关负责人出庭应诉制度。

行政机关负责人出庭应诉制度具有重要意义：一是有利于解决行政争议。行政机关负责人在法庭上直接面对相对人，陈述其主张行政行为合法的事实和理由，使行政相对人感受到相互尊重和化解纠纷的诚意，可以缓和双方的对立情绪，促进纠纷的协商解决。二是有利于增强行政机关负责人依法行政的意识。行政机关负责人出庭，听取行政相对人的意见，可以及时、客观地发现本部门工作中存在的问题和不足，形成倒逼机制，促使行政机关有效提高行政能力和水平。同时，行政机关负责人出庭应诉还体现了对行政审判机关工作的重视、支持和尊重，有利于改善行政审判的外部环境，确保人民法院依法独立审判。

四中全会《决定》提出，“健全行政机关依法出庭应诉、支持法院受理行政案件、尊重并执行法院生效裁判的制度。”为贯彻落实四中全会会议精神，《纲要》针对“优化行政审判外部环境”进一步细化改革举措。

第一，关于健全行政机关负责人依法出庭应诉制度。2014 年修正的行政诉讼法第三条规定，“被诉行政机关负责人应当出庭应诉。不能出庭的，应当委托行政机关相应的工作人员出庭。”为行政机关负责人设定了出庭应诉的法定义务。为了确保该制度落到实处，应当明确：一是“行政机关负责人”有别于行政机关主要负责人、行政机关一把手、行政机关首长、行政机关领导等，其范围应当包括被诉行政机关的法定代表人、主持工作的负责人、分管负责人，不仅指正职，也包括副职。二是行政机关负责人出庭应诉为一般原则，只有在其确实存在不能出庭应诉的情形时，才能委托相应的工作人员出庭应诉，后者应当是例外，且其适用需要满足一定的条件。否则，该制度将会被虚置，无法实现立法目的。对于何为“相应的工作人员”，通常是指熟悉该行政机关有关执法情况，并对该纠纷有比较深入了解的负责人以外的行政机关工作人员。

第二，关于引导、规范行政机关参加诉讼活动。行政机关负责人参加庭审往往并不了解诉讼程序，这是推进行政机关负责人出庭应诉制度需要解决的实际操作问题。一是应当在诉讼中注意引导、规范行政机关负责人依法应诉、举证、相互质证，进行反驳答辩、法庭辩论。二是依法确定行政机关不支持、不尊重人民法院审判、执行工作的相应不利后果。对于行政机关负责人经传票传唤，无正当理由拒不到庭，或者未经法庭许可中途退庭的，人民法院可以缺席判决；对于行政机关不能提供证据、或者提供证据未能充分证明其行政行为合法的，要明确其承担举证不能的法律责任；对于行政机关对人民法院调查决定、执行通知书，无故推诿、拒绝和妨碍调查、执行，构成妨害行政诉讼的，人民法院可以采取对其主要负责人或者直接责任人予以罚款、拘留的强制措施。

第三，关于规范司法建议的制作和发送。司法建议是人民法院依法延伸审判职能的重要途径。对于审判执行工作中发现有关单位普遍存在的工作疏漏、制度缺失和隐患风险等问题，人民法院应当及时提出司法建议。一是在建议的内容上，要坚持必要性、针对性、规范性和实效性原则，做到把握问题准确，分析问题透彻，依据充足，说理充分，建议客观合理，方案切实可行。二是在文书的制作上，应当按照统一的格式，行文严谨规范，确保建议质量，符合保密规定。三是在建议的发出上，个案司法建议书一般应当在所涉案件裁判文书生效后或者执行、涉诉信访案件办结后，及时发送。并且应当以人民法院的名义发送，不得以法院内设机构或者个人名义发送。拟向上级党委、人大、政府及其部门提出的司法建议书，必要时可以提请上级人民法院发送。

地·方·探·索

宁夏出台行政机关负责人行政诉讼出庭应诉工作规定

2015年2月，宁夏回族自治区人民政府发布《宁夏回族自治区行政机关负责人行政诉讼出庭应诉工作规定》（以下简称《规定》），要求自2015年3月1日起，宁夏行政机关负责人或者直接责任人无正当理由拒不到庭或者有其他妨碍人民法院依法行使职权行为的，将依法追究相关法律责任。

《规定》指出，行政机关作为行政诉讼被告时，涉及共同诉讼、集团诉讼的案件，就自然资源权属争议作出处理决定的案件，涉及面较广的农村集体土地或国有土地上房屋征收补偿案件，造成公民死亡或者全部丧失劳动能力的行政赔偿案件，因撤销、吊销行政许可导致企业停产停业或者公民丧失生活主要经济来源而引发的案件，涉外行政诉讼案件等7种情形，行政机关法定代表人、主持工作的负责人和分管负责人应当出庭应诉。行政机关负责人不能出庭应诉的，应当委托行政机关工作人员出庭。

《规定》强调，县级以上人民政府应当建立行政机关负责人行政诉讼案件出庭应诉工作年度考核机制，健全完善行政诉讼案件协调机制，自觉执行人民法院作出的法律文书，及时处理人民法院提出的司法建议，定期选择典型案件，组织相关行政机关负责人和工作人员观摩、旁听。人民法院对作为被告的行政机关经传票传唤无正当理由拒不到庭，或者未经法庭许可中途退庭的，可以予以公告，并可以向监察机关或者被告的上级行政机关提出依法给予其主要负责人或者直接责任人处分的司法建议。

北京法院多措并举优化行政审判环境

北京市高级人民法院探索通过庭审直播、邀请包括行政执法人员在内的各界人士旁听等方式，提高全社会法治意识，积极参与法治政府建设。2013 年 6 月北京市成立依法行政法制宣传教育基地暨依法行政讲师团，在全市 20 个法院建立北京市依法行政法制宣传教育基地，50 余名行政法官被聘为讲师团成员，为行政机关举办法制讲座 100 余次，听课人数达 8000 余人次，有力促进行政执法水平。充分发挥司法建议作用，三年来共向行政机关发出司法建议 200 余件，对规范行政执法提出建议和意见，行政机关反馈率在 85% 以上。2014 年 8 月、9 月还首次通过新闻发布会向社会公开发布行政审判年度报告，并全面推行行政机关负责人出庭应诉工作。

文·件·链·接

《最高人民法院关于加强司法建议工作的意见》（法〔2012〕74 号）

60. 完善法官宣誓制度。完善法官宣誓制度，经各级人大及其常委会选举或任命的法官，正式就职时应当公开向宪法宣誓。

条·文·解·读

党的十八届四中全会提出建立宪法宣誓制度。四中全会《决定》明确指出："将每年十二月四日定为国家宪法日。在全社会普遍开展宪法教育。弘扬宪法精神。建立宪法宣誓制度，凡经人大及其常委会选举或者决定任命的国家工作人员正式就职时公开向宪法宣誓。"

法官宣誓是审判机关一项重要的司法礼仪，既是初任法官"入职"的必经程序，也是一次庄严而生动的法治理念教育活动，对于提升法官的职业荣誉感、使命感、责任感，促进法官公正廉洁司法，进一步加强人民法院队伍建设具有重要意义。近些年来，各级人民法院先后开展了形式多样、内容丰富的法官授职典礼与法官宣誓活动，在社会上产生了良好影响与积极评价。

针对全国各级法院在宣誓主体、誓词内容、仪式程序和具体要求等方面尚不统一规范的情况，为确保法官宣誓制度的严肃性和权威性，最高人民法院于2012年12月印发了《中华人民共和国法官宣誓规定（试行）》（法发〔2012〕27号）。该规定对法官宣誓的人员范围、实施主体、誓词内容、会场布置、宣誓程序等主要内容均作出了明确规定，具体包括：

一是宣誓主体。"初次担任或重新担任法官职务的人员"，其他法官也可在重要活动时重温誓词。二是实施主体。"本级或上级人民法院"，根据法院工作实际可由办公室或组织人事部门具体组织实施。三是誓词内容。"我是中华人民共和国法官，我宣誓：忠于祖国，忠于人民，忠于宪法和法律，忠实履行法官职责，恪守法官职业道德，遵守法官行为规范，公正司法，廉洁司法，为民司法，为维护社会公平正义而奋斗！”誓词内容主要根据人民法院工作实际，突出法官的职业特点和审判工作的本质要求，同时参考了检察官、人民警察以及律师誓词的相关表述。四是会场布置。“宣誓场地须悬挂国旗”，“领誓人、宣誓人统一着法袍或其他法官制式服装”。考虑到各地情况不一，宣誓场地和着装要求在统一规范的基础上，也保留了一定的灵活性。五是领誓人。“由各级人民法院院长或其委托的资深法官担任”。实践中，既可以由院长或副院长担任领誓人，也可由具有法官职务的其他党组成员或有关负责人担任领誓人，便于各级人民法院根据实际情况组织实施。六是宣誓程序。“宣誓开始时奏（唱）《中华人民共和国国歌》；宣誓人面向国旗，立正站姿，举起右手，握拳过肩；领誓人持相同站姿位于宣誓人前方，逐句领读誓词，宣誓人齐声复诵；誓词宣读完毕，在领誓人读出‘宣誓人’后，报出自己姓名”。下一步，最高人民法院将围绕“公开向宪法宣誓”的要求，对会场布置和宣誓程序进行进一步规范。

域·外·参·考

部分国家和地区法官宪法宣誓制度

在142个有成文宪法的国家中，规定国家公职人员必须宣誓拥护或效忠宪法的有97个。关于宪法宣誓的主体、内容、程序，各国做法不尽相同，一般都在有关人员开始履行职务之前或就职时举行宣誓。司法向来注重仪式感，因而比一般的政治宣誓更在乎形式。在大陆法系国家，法官被视为“特殊的公务员”，就职宣誓程序与其他公务员大同小异。而在英美法系国家和地区，法官宣誓往往适用单独的程序，如印度宪法就单独规定了不同层级法官的宣誓程序，英国、芬兰、加拿大、爱尔兰、马来西亚和我国香港地区，法官宣誓也有一定的特殊性。法官宣誓往往被视为就职的必经程序，未经这一程序的就职会失去正当性。在英美法系国家，如果拟任法官确有正当理由无法参加宣誓仪式，可以以在宣誓的确认书上签名的方式代替宣誓。不过，按照爱尔兰宪法，任何拒绝或忽略宣誓的法官均被视为业已辞去其职务。

法官宣誓的内容和形式往往比较简单，多是向国家元首或全体国民保证其将尽心履行职责。在部分信奉天主教或基督教的国家，法官还要向上帝宣誓。法官誓词是相对固定的，以下是几个国家和地区的法官誓词：

【比利时】本人忠诚地向国王宣誓，将会遵守宪法、法律以及比利时人民的意志。

【爱尔兰】在全能的上帝面前，本人，×××，庄严并诚挚地承诺，将充分、忠实地以自己的智识与力量，履行职责，对任何人无所畏惧、不偏不倚，维护宪法和法律。愿上帝给予我指导与支持。

【卢森堡】本人宣誓，效忠于大公，遵循本国宪法和法律。本人承诺正直、准确、不偏不倚地履行职责。

【中国香港】我谨此宣誓：本人就任中华人民共和国香港特别行政区法院法官，定当拥护《中华人民共和国香港特别行政区基本法》，效忠中华人民共和国香港特别行政区，尽忠职守，奉公守法，公正廉洁，以无惧、无偏、无私、无欺之精神，维护法制，主持正义，为香港特别行政区服务。

【中国澳门】我谨此宣誓：本人就任中华人民共和国澳门特别行政区法院法官，必当拥护并执行《中华人民共和国澳门特别行政区基本法》，效忠中华人民共和国澳门特别行政区，尽忠职守，遵守法律，公正廉洁，维护法制，为澳门特别行政区服务。

文·件·链·接

《中华人民共和国法官宣誓规定（试行）》（法发〔2012〕27号）

61. 完善司法荣誉制度。明确授予法官、审判辅助人员不同类别荣誉的标准、条件和程序，提升法院人员的司法职业尊荣感和归属感。

条·文·解·读

第一，关于司法荣誉。与普通公务员所受表彰奖励相比，司法荣誉具有一定的职业属性，有利于提升职业尊荣感，强化职业归属感。为表彰长期在人民法院工作并做出突出贡献的法官、离任法官和退（离）休法官，根据法官法的相关规定，最高人民法院决定设立“天平奖章”，并于2007年11月9日公布了《关于颁发天平奖章的办法》。“天平奖章”以最高人民法院名义授予，分为“功勋天平奖章”“英模天平奖章”和“荣誉天平奖章”。“功勋天平奖章”授予在人民法院工作累计满30年，为人民司法事业作出历史性重大贡献的离任法官和退（离）休法官。“英模天平奖章”授予在审判工作中取得杰出成就，被树为全国重大先进典型，在社会各界和人民群众中享有崇高声誉的法官。“荣誉天平奖章”授予在人民法院工作累计满30年，为人民法院工作长期作出贡献的离任法官和退休法官。为促进中外法院交流与合作作出重大贡献的国（境）外大法官，可以授予“荣誉天平奖章”。其中“功勋天平奖章”和“英模天平奖章”每5年颁发一次，“荣誉天平奖章”每年颁发一次。

需要指出的是，上述司法荣誉主要针对的是法官群体，为配合法院人员分类管理改革，《纲要》提出“明确授予法官、审判辅助人员不同类别荣誉的标准、条件和程序，提升法院人员的司法职业尊荣感和归属感”。未来，人民法院可以针对法官、审判辅助人员等不同的群体，设置不同类别的荣誉，充分提高不同岗位人员的工作积极性。

第二，关于表彰奖励。目前，法院系统表彰奖励工作的主要依据是《人民法院奖励暂行规定》。由于公务员法明确将法官纳入公务员范畴，法院表彰奖励工作也一并纳入公务员管理。根据《中共中央办公厅关于进一步清理规范党委、人大、政协和法院、检察院系统评比达标表彰活动的通知》，法院系统的表彰奖励项目大幅压缩，从原来的55项变为4项，即“全国模范法院和法官”“全国优秀法院和法官”“全国法院先进集体和个人”“全国法院办案标兵”。2013年5月，最高人民法院下发了《关于及时奖励工作的规定》，对可给予及时奖励的情形、及时奖励对象、奖励比例、奖励等级、报批程序、考察工作、公示等作出了详细规定，进一步规范了及时奖励工作。

近年来，在各级法院的共同努力下，表彰奖励工作在法院系统队伍建设中发挥了越来越重要的示范、激励和引导作用。据统计，从2005年到2014年11月，最高人民法院共表彰集体794个，其中，最高人民法院机关31个，地方各级法院763个；个人1659人，最高人民法院机关334人，地方各级法院1323人。从奖励种类上看，有全国模范法院82个，全国优秀法院270个，全国法院先进集体398个，集体一等功23个，三等功3个，嘉奖18个；全国模范法官169人，全国优秀法官338人，全国法院先进个人400人，全国法院办案标兵399人，个人一等功38人，二等功31人，三等功63人，嘉奖222人。

与此同时，法院系统的表彰奖励工作仍存在着一些问题：一是表彰奖励工作尚待规范化制度化。目前，最高人民法院开展表彰工作的主要依据是中组部、人事部颁布的《公务员奖励规定（试行）》，以及最高人民法院《人民法院奖励暂行规定》和《关于及时奖励工作的规定》。上述文件虽然对表彰奖励的范围、条件、程序等做出规定，但对表彰对象的培养、管理、监督、后续保障等问题尚未涉及。且在表彰权限上，《人民法院奖励暂行规定》与《公务员奖励规定（试行）》还存在一定差异。此外，党的十八届三中、四中全会以及《纲要》对法院人事管理，尤其是建立符合职业特点的法院人员管理制度等提出了一系列改革举措，这对法院表彰奖励工作也将产生不小影响。因此，有必要对新形势下加强和改进人民法院表彰奖励工作提出新的规范性意见。二是表彰奖励工作规范意识不强。个别高院对表彰奖励工作的目的、意义认识不足，弱化了表彰先进的激励导向作用，影响了法院系统表彰工作的统一性和严肃性。此外，对现有表彰制度的宣介不够，加之各地法院负责表彰工作的同志更替频繁，导致各地法院对表彰工作的理解分歧较大。三是表彰对象的总体分布不够均衡。加大对不同审判领域法官以及各层级法官的宣传力度，是当前亟待解决的一个问题。

针对存在的问题，今后的表彰奖励工作应努力做到建立、完善表彰工作相关制度，使表彰奖励工作具有导向性、科学性和持续性。对于现有的制度，要严格执行并大力宣传。对于现有制度没有涉及的内容，要加大调研力度，尽快制定出合理制度。在现有《人民法院奖励暂行规定》的基础上，针对法院系统表彰奖励工作中的突出问题，结合当前司法改革形势要求，制定发布《关于加强和改进表彰奖励工作的意见》。

地·方·探·索

吉林长春、山东即墨的“法官荣誉日”

2014年6月19日，吉林省长春市朝阳区法院全体法官迎来首个“法官荣誉日”。2013年6月19日在同一会场，朝阳法院首次举办法官退休仪式，12名老法官身着法袍、手执纪念法徽，告别职业生涯。此后朝阳法院将6月19日定为“法官荣誉日”，并于2014年首次举办纪念活动，续写“传承法官精神　增强职业认同”的主题。朝阳法院还设立“金法槌奖”表彰在审判一线做出突出贡献的法官。

自2013年起，山东省即墨市法院将每年12月份第三个星期三设为“法官荣誉日”。即墨市法院设立“法官荣誉日”的目的是借此向那些将青春岁月奉献于司法事业的法官表示敬意，并通过座谈会的形式向大家汇报工作，对现在的工作提意见。同时，勉励在职法官以老法官为榜样，进一步传承和发扬勤勉务实、敬业奉献、清正廉洁的优良传统和工作作风，端正价值理念，切实为老百姓办实事。

62. 理顺法院司法行政事务管理关系。科学设置人民法院的司法行政事务管理机构，规范和统一管理职责，探索实行法院司法行政事务管理权和审判权的相对分离。改进上下级法院司法行政事务管理机制，明确上级法院司法行政事务管理部门对下级法院司法行政事务的监管职能。

条·文·解·读

1949年以来，我国司法行政事务管理权与审判权的配置模式经历了复杂的演变，大致可以分为四个阶段：

1. 完全分立阶段。建国初期，司法审判权与司法行政事务管理权采取“分立制”。1954年9月，第一届全国人民代表大会第一次会议审议通过的法院组织法明确规定，各级人民法院的司法行政工作由各级司法行政管理机构负责。司法部下设普通法院管理司和专门法院管理司，负责审判机关的设置、编制、内部机构和制度建设，审判人员的选拔和训练，司法经费的筹集和发放等工作。

2. 合并统一阶段。随着国内政治形势的变化，1959年4月第二届全国人民代表大会第一次会议以“司法改革已经基本完成，各级人民法院已经健全，人民法院的干部已经充实和加强，司法部已无单设必要”为理由，决定撤销司法部，人民法院的司法行政事务管理工作改由法院自行管理后，地方各级司法行政部门亦被撤销。最高人民法院设立司法行政厅，各高级人民法院设司法行政处，负责司法行政事务管理工作。

3. 恢复合并阶段。1979年，中央决定恢复司法部。1979年7月第五届全国人民代表大会第二次会议通过的法院组织法规定，各级人民法院的司法行政工作由各级司法行政机构管理，各级人民法院的设置、人员编制和办公机构由司法行政机关另行规定。

4. 重新分立阶段。1982年，在国务院机构改革的大背景下，中央决定将人民法院的司法行政事务管理权交由法院自行管理。1982 年 8 月 6 日，司法部会同最高人民法院发布《关于司法厅（局）主管的部分任务移交给高级人民法院主管的通知》，明确将“司法部主管的审批地方各级人民法院、各类专门人民法院的设置、变更、撤销、拟定人民法院的办公机构、人员编制，协同法院建立各项审判制度，任免助理审判员以及管理人民法院的物资装备（如囚车、枪支、司法人员服装等）、司法业务经费等有关事项，移交给最高人民法院管理。各省市（区）司法厅局管理的同类工作移交给各省市（区）高级人民法院管理”。至此，我国各级人民法院的司法行政工作由其自行管理。

由人民法院自行管理法院司法行政事务，有利于发挥人民法院了解审判执行工作、及时满足各项工作需求的优势。同时也应看到，人民法院的司法行政事务管理工作尚存在管理与服务的界限不明、上下级之间的关系不清、法官与行政管理人员的身份混同等问题。下一步改革法院人财物管理体制，要推动实现以服务审判工作为重心的内设机构设置模式，探索进一步实现司法行政事务管理权与审判权相分离的体制模式，既充分发挥司法行政事务管理权的行政权属性，提高管理效率，又可以有效防止通过司法行政事务管理权干预审判，确保审级独立。因此，四中全会《决定》明确指出，“改革司法机关人财物管理体制，探索实行法院、检察院司法行政事务管理权和审判权、检察权相分离”。

这项改革举措事关重大，应当配合省级以下地方法院财物统管改革，在中央统一部署下有序推进。一是科学设置人民法院的司法行政事务管理机构。建立以服务审判工作为重心的机构设置模式和人员配置方式，规范和统一各机构的管理职责。二是改进上下级法院司法行政事务管理机制。完善上下级法院司法行政事务管理机构和机制，明确上级法院司法行政事务管理部门对下级法院司法行政事务的监管职能。

域·外·参·考

主要国家和地区司法行政事务管理权配置模式

总体来看，世界主要国家和地区的司法行政事务管理，主要包括三种模式，即司法自治型管理模式、行政型管理模式、委员会型管理模式。换言之，即将司法行政事务管理权分别交给法院内设机构、政府行政部门、司法委员会行使。

第一，司法自治型管理模式。该模式分为两种类型：一种是法院内部专设的、相对独立于审判组织的司法行政机构管理司法行政事务，主要代表是美国联邦法院和州法院系统、俄罗斯等。另一种是由最高法院兼掌司法行政事务管理权，典型代表是日本、我国台湾地区等。该模式的主要特点：一是内设机构相对独立于审判组织，强调附属性与服务性。二是内设机构的行政事务管理权包括决策权和执行权，决策权主要由法官行使，强调司法自治，执行权由专门处理司法行政事务的行政人员行使。三是内设机构与审判组织之间设立制度“防火墙”，不得干预审判事务。该模式的主要考虑：一是防止行政机关干预审判，实现法院依法独立公正行使审判权。二是法官更了解法院事务，行使决策权更有利于保障审判权独立公正行使。三是内设机构实行半垂直管理，并与审判组织相对分离，可以防止内部行政化。

第二，行政型管理模式。该模式的主要特点：一是由中央行政部门（如司法部）统一行使全国法院系统的司法行政事务管理权，司法审判权和司法行政权分别由法院和行政部门行使。二是这类模式下，法院行政管理长官由行政部门（如司法部）任命，其他职员也隶属于该部门。三是法院院长和法官对本院行政事务管理没有或较少有发言权，法院财政、物资基本由行政部门掌控。该模式下：一方面，各级法院的司法行政事务均由中央司法行政部门统一管理，地方政权不能通过经费、物资等干预司法审判，从而保障司法权的“中央化”；另一方面，法院司法行政事务由行政机关管理控制，难免产生行政机关对审判事务进行干预和控制的现象，不利于司法权的“去行政化”。

第三，司法委员会型事务管理模式。这一模式主要适用于欧洲大陆的部分国家，一般有浓厚的司法独立氛围和传统。其主要特点：一是司法行政权由独立的行政组织行使，该组织既非法院机构，也不是狭义的行政机关，多数情形下这类机构都明定于宪法，被界定为“宪法保障机关”，如意大利、西班牙、葡萄牙等。二是一般采取委员会制，多数国家的委员会组成中，法官成员占比超过50%，多数委员会成员也包含政府机构代表，其政治上的分权制衡意义非常明显。三是由于适用这一模式的国家其司法行政机构长期建制于行政部门的传统，行政部门（如司法部）在行政事务管理中仍发挥着一定的作用，委员会和司法部在行政事务管理权上往往保持此消彼长的关系。一般而言，由于司法部对议会负责，因此司法部都还保留了提出法律案和预算案的职能，但委员会在此仍会发挥某种咨询功能。这一模式主要适用于荷兰、西班牙、葡萄牙等国家。

63. 推动人民法院财物管理体制改革。配合中央有关部门，推动省级以下地方法院经费统一管理机制改革。完善人民法院预算保障体系、国库收付体系和财务管理体系，推动人民法院经费管理与保障的长效机制建设。严格“收支两条线”管理，地方各级人民法院收取的诉讼费、罚金、没收的财物，以及追缴的赃款赃物等，统一上缴省级国库。加强“两庭”等场所建设。建立人民法院装备标准体系。

条·文·解·读

人民法院的经费保障状况主要取决于国家经济发展水平、财政体制的变化以及司法体制改革的进程等因素。随着我国政治、经济、社会变革的不断推进以及财政体制和司法体制改革的不断深化，人民法院经费保障体制也经历了一个不断改革、逐步完善的过程。改革开放以来，人民法院经费保障体制大致可以分为四个发展阶段。

第一阶段：1978 年至 1997 年。在这一阶段，人民法院的经费保障与其他党政机关基本相同，没有体现出人民法院工作的特殊性。经费保障实行“统一政策、分级管理”的基本原则，即：同级财政保障人员经费到位，防止拖欠工资；按照定额核定公用经费，维持机关运转和一般性支出需求；业务经费缺口由诉讼费、罚没收入等预算外收入补充。这一阶段，尤其是 1984 年之前是人民法院经费最困难的时期。

第二阶段：1998 年至 2000 年。在这一阶段，以中共中央办公厅、国务院办公厅转发《财政部关于政法机关不再从事经商活动和实行“收支两条线”管理后财政经费保障的若干意见》为标志，在人员、公用、专项经费的安排上，体现了有别于一般党政机关的特殊政策。该意见在“分级管理、分级负担”的基础上提出了政法经费保障新机制的体制框架，要求政法机关从“吃杂粮”到“吃皇粮”，强调了省级财政解决贫困地区政法经费困难的责任。该意见要求在人员经费的安排上，充分体现“从优待警”政策；在公用经费安排上，按照高于当地一般行政机关一倍以上的标准予以安排；在专项经费方面，根据工作任务和财力状况予以适当安排，主要补助贫困地区；在基础设施建设经费安排上，要求纳入当地社会发展计划。各地结合实际，分别制定下发了实施意见，进一步规范政法经费来源渠道，提高政法机关经费保障水平，形成了以地方负担为主、中央和省级财政对贫困地区予以适当补助的格局。1998 年，财政部经过调研，提出对地方政法部门的中央政法补助专款从原 2.3 亿元增加至 1999 年的 9.5 亿元，2001 年增加至 15 亿元，其中对地方人民法院的专款从 3150 万元增加至 1999 年的 2.2 亿元和 2001 年的 3 亿元。

第三阶段：2001 年至 2008 年。在这一阶段，以中央财政大幅度增加中央政法补助专款、实行专款项目管理、加大审判法庭和人民法庭（以下简称“两庭”）建设投资以及设立中央补助人民法院办案专款制度为基础，形成了以地方负担为主、中央和省级补助为辅的人民法院经费保障新格局。2006 年，中共中央下发了《关于进一步加强人民法院、人民检察院工作的决定》，要求做好人民法院的经费保障工作，各级党委、政府开始专题研究解决人民法院经费保障问题。中央财政进一步加大了对人民法院经费补助和国债投资“两庭”建设的力度。在大幅度增加资金投入的基础上，分配经费不单纯考虑贫困因素，而是综合考虑工作绩效、对经费保障的努力程度等因素；补助范围不仅仅局限于中西部贫困地区，还包括了东部相对贫困地区以及维稳特殊地区；资金管理方式实行了项目管理，跟踪问效。从 2004 年开始，以制定、落实县级公用经费保障标准为重点，各级政府着力规范基层人民法院经费保障工作，进一步提高基层人民法院经费保障水平。为解决《诉讼费用交纳办法》实施后人民法院经费保障工作中出现的特殊困难，确保人民法院依法履行审判职能的经费需要，中央财政从 2007 年起设立中央补助人民法院办案专款，对地方人民法院办案经费给予一定补助。全国法院经费来源中，中央补助所占比例从 2001 年的 2% 增加至 2008 年的 12%。

第四阶段：2009年至今。在这一阶段，实行“明确责任、分类负担、收支脱钩、全额保障”的新体制。2009年初，为了贯彻落实中央政法委员会关于开展深化司法体制改革专题调研的部署，财政部、国家发展和改革委员会和中央政法各部门联合组成“深化司法保障体制改革专题组”，在广泛开展系统调研的基础上，提出了多项改革方案。2009年7月，中共中央办公厅、国务院办公厅下发了《关于加强政法经费保障工作的意见》，将政法机关的经费保障体制从“分级管理、分级负担”改革为“明确责任、分类负担、收支脱钩、全额保障”的体制，财政部相应制定了《政法经费分类保障办法（试行）》，标志着人民法院经费保障迈进了新的发展阶段。为实施新的经费保障体制，中央财政大幅度增加了对地方人民法院的转移资金支付力度，推动了全国法院经费保障水平的提高。全国法院经费2011年与2008年相比增长了31.88%，中央财政补助地方人民法院经费增长了91.08%。

从全国法院的经费保障情况来看，仍然存在以下几个问题：

一是地方财政保障总体水平不高。人民法院经费依赖地方财政，地方财政支持力度决定了人民法院经费的保障水平。由于地方人民法院的经费保障水平取决于本地区的经济状况，在经济发达的东部沿海地区，地方财力充裕，基层人民法院经费能够得到充足保障。但大部分地区，基层人民法院经费都比较紧张，特别是中西部经济欠发达地区，由于工商业发展水平低，税种比较单一，税源比较薄弱，财政收入增长不明显，对用诉讼费和罚没收入来填补财政收入不足的依赖性强。有些地方财政捉襟见肘，大部分财政预算主要是保人员工资，保政府机关正常运转，有的地方甚至保政府机关正常运转也十分困难，人民法院经费预算只能按照一般的行政机关标准安排。诉讼费实行专户管理并全额上缴国库后，人民法院工作受到较大影响。

二是人民法院办案和公用经费保障不足。由于地方各级人民法院的经费保障水平取决于本地区的经济状况，地区之间保障水平差异大，有的基层人民法院全年财政拨款还不够半年的开销，一些地方甚至连人员工资也经常不能到位，当地政府在财政预算时往往把应当拨而无力拨的那部分缺口以下发“罚没指标”的形式进行弥补。

三是人民法院业务经费缺口难以解决。长期以来，对解决人民法院负债问题缺乏有效对策，人民法院在继续争取财政支持的同时，还需依靠自己的力量逐年消化历史债务。实现“收支脱钩”后，也未将人民法院债务列入还款预算，人民法院自行筹措资金还债的能力不足，债务多年未见明显减少。近年来，人民法院物质装备的需求增加，而投入来源有限，导致法院旧债未还又添新债。迫于实际情况，部分人民法院解决自身债务的主要方法是选择挤占公用经费。但是，由于人民法院编制不足，“案多人少”矛盾更为突出。为缓解人员短缺的问题，基层人民法院只能通过聘用书记员和法警等辅助审判人员办案。由于财政一般不保障临时聘用人员的工资和办公经费，这部分人员的人头经费无法纳入预算管理，只得挤占在编人员有限的预算经费。此外，由于国家赔偿金、司法救助金、人民陪审员经费未得到有效保障，也在一定程度上挤占了公用经费。

为破除地方因素对法院财物管理工作的影响，建立符合我国国情的法院财物管理体制，确保人民法院依法独立公正行使审判权，三中全会《决定》提出，要“改革司法管理体制，推动省以下地方法院、检察院人财物统一管理”。这项改革事关重大，应当在中央统一部署下，依托司法改革试点工作有序推进。

第一，关于财物统管权限。改革法院财物管理体制，就是要建立省级以下地方法院“统一管理、两级保障”的体制，即省级以下地方法院财物统一由省级以上管理，加强中央和省级的管理责任。省以下地方法院所需经费由中央和省级按照经费分类保障的责任列入预算予以全额保障。高级人民法院经费仍由省级财政保障。计划单列市比照省级，对辖区中、基层法院进行管理和保障。

第二，关于财物统管模式。推进省级以下地方法院的财物统管，关键是要体现财政管理特点，发挥高级人民法院了解下级法院情况的优势。省级财政部门管理省级以下地方法院经费，省（自治区、直辖市）、市、县（区）三级法院均为省级政府财政部门的一级预算单位，向省级政府财政部门编报预算，预算资金通过国库集中支付系统拨付。省级财政部门在地方法院预算编制、大要案办案经费、特殊专项经费安排等方面听取高级人民法院的意见建议。预算执行监督、专项检查考核等工作由省级财政部门会同高级人民法院共同组织开展。

第三，关于合理的经费保障水平。一是确定合理的基础和参数。省以下地方法院经费基数以上一年度支出数为基础，参考近三年平均实际支出情况合理确定。二是确立“改革不降低原有标准”的原则，即中央和省级政府对于省以下地方法院预算安排的经常性支出，不得低于改革前的实际支出水平，并应随着经济发展、法院案件数增长、保障政策调整及物价上涨水平等因素正常增长，预算执行监督、专项检查考核等工作会同高级人民法院共同组织开展。三是足额保障原则。中央和省级财政、发展改革等部门要根据省以下地方法院审判业务工作的特点，在保证法院人员经费和正常办公、办案经费的基础上，及时、合理安排法院办理大要案件、维护稳定、装备配备及基础设施建设等方面所需资金，切实满足法院履行审判职能的经费需要。

域·外·参·考

域外主要国家和地区司法经费保障模式

1. 英国。英国属于中央集权型单一制国家，司法系统由中央一级管理，其法院（仅指英格兰和威尔士地区）包括刑事法院和民事法院系统。刑事法院系统按照审级由低到高分别为治安法院、巡回法院、高等法院、上诉法院刑事法庭和上议院；民事法院系统包括郡法院、高等法院、上诉法院民事庭和上议院四个审级。全国法院系统的事务由宪政事务部中的法院服务部统一管理。

英国有中央、郡和区三级政府和三级财政，但对司法经费实行的是由中央政府一级保障的体制。法院的经费主要由中央政府承担，其中刑事法院经费由法院服务部通过其在各司法行政区设立的专门管理机构拨付；民事法院的经费主要来源于自身审理案件收取的诉讼费，中央财政基本不拨付经费。虽然民事法院主要以收费来保障支出，但每年仍然需要编制收费预算，年初财政部根据民事法院的收费预算垫付支出，法院取得收入后再归还财政部。

2. 美国。美国属于联邦制国家，各司法机构普遍存在联邦与州两套系统。法院包括联邦法院、哥伦比亚特区法院和50个州法院等三个独立的司法系统。联邦法院分为普通法院（包括上诉法院和最高法院)、专门法院（包括权利申诉法院、关税和专利权申诉法院、税务法院、军事上诉法院)、弹劾法院。美国各州法院差异较大，其设置由各州法律自行规定，因此在名称、组成、管辖权等方面均不统一。

与实行分级管理的司法体制相适应，美国的司法经费实行按司法部门隶属关系分别由联邦、州和地方分级保障的体制。美国设立了联邦法院司法行政管理局，专门负责联邦司法系统的行政管理、财务和预算管理职责，由它制定并向国会提出联邦法院预算，审核并分配各联邦法院的经费。美国联邦各级法院的经费都由联邦政府拨付，由联邦最高法院统一分配使用，各州法院的经费保障体制不尽相同，但多数采取了由州财政统一保障的模式。例如，美国加州法院经费实行垂直领导的财务管理制度，由最高法院按年度统一编制财政预算，经州司法会议批准后实施，由州财政全额负担。虽然美国原则上对联邦和各州司法经费实行严格划分，但根据实际需要，联邦政府也会对州以及地方司法部门的执行活动给予一定的经费补助。

3. 日本。日本属于单一制国家，法院系统由最高法院、高级法院、地方法院、家庭法院以及简易法院组成，采用三审审级制度。日本全国各级法院的经费由最高法院根据全国各个法院的办案运行需要、人员薪金数额等编制预算，向国会直接提出，国会按照最高法院的预算决定拨付经费，从最高法院到简易法院，其法官工资、法院建设、辅助人员费用等都由中央政府支付。《日本裁判所法》第七章“法院的经费”下的

第83条第1款规定："法院的经费独立核算，必须纳入国家预算。"第2款接着规定："有必要对前款所规定的法院经费设置预备金。"在日本，法院事权是国家的司法权力，每一级法院的设立与经费来源均由最高法院决定，与设立的地方政府没有任何关系。

4. 德国。德国属于大陆法系国家，联邦和州的司法系统相互独立，但在各州范围内，上下司法机关之间实行垂直管理体制。德国法院分为普通法院和专门法院。普通法院包括联邦最高普通法院、州高等法院、州法院和初级法院四级。具有明确管辖权的专门法院包括宪法法院、普通法院、行政法院、财政法院、劳工法院和社会福利法院，这类法院的设置级次和数量不尽相同。

德国联邦、州和市镇三级财政相对独立、自求平衡，但对司法部门的经费实行由联邦和州两级保障的体制。为充分保障和体现各州司法的独立性，各州除了通过统一的财政平衡政策得到联邦给予州财政的转移支付资金外，联邦各部门均不能给州司法部门安排任何经费，联邦司法部负责管理联邦法院的经费。每年年初，联邦各法院提出的经费预算送司法部，由司法部审查，商财政部综合平衡后，报请联邦议会批准；各州司法部管理各法院经费；劳工法院、社会法院等专门法院的经费则由劳工部、社会福利部等专门机构负责。

64. 推动人民法院内设机构改革。按照科学、精简、高效的工作要求，推进扁平化管理，逐步建立以服务审判工作为重心的法院内设机构设置模式。

条·文·解·读

人民法院的内设机构是人民法院组织运行的基本单位，其设置是否科学合理、能否实现审判部门和行政部门的有效协作，直接关系到人民法院能否高质量、高效率地履行好审判职能。

当前，人民法院内设机构存在如下问题：一是内设机构过多。人民法院组织法规定了人民法院的内设机构。但是，四级法院内部除了法律规定的“审判庭”外，又因担负过多的“非审判”职能而增设了其他部门。这些部门人数大都超过了审判庭人员数量，且各地设置情况不统一、不规范。以基层法院为例，大部分基层法院内设机构为15个左右，有的高达20多个，职能上重复交叉，设置上叠床架屋。二是管理模式不符合司法职业特点。目前行政审批式的法院管理模式不能及时满足审判业务部门的工作需求，存在主次颠倒、脑体倒挂现象，导致工作效率低下、运行机制不畅。三是审判资源分配不合理。许多法院的内设机构虽然不行使审判和调研职能，但也配置了许多法官员额。不少法院在一线从事审判工作的人员仅占全院人数的一半左右，加剧了人案矛盾。针对上述问题，《纲要》提出要进一步推动人民法院内设机构改革。

第一，关于扁平化管理。在深化司法体制改革过程中，人民法院结合审判权力运行机制改革和法官员额制改革，在内设机构改革上进行了许多探索和创新，引入了扁平化管理等改革创新举措。所谓扁平化管理，是指通过减少管理层次、压缩职能部门、精简内设机构等方式，尽量减少中间层级，提高整体工作效率。其典型特点是：围绕工作流程而非部门职能来建立组织结构；纵向管理层次简化；以实际需求为导向；

所有资源侧重向基层倾斜。法院内部的扁平化管理包括审判业务部门和司法行政机构两个层次。

审判庭改革方面，有的法院探索撤销和合并业务庭，组建法官团队或综合审判庭，不再设置副庭长职务；有的法院探索将一个合议庭作为一个审判庭；有的法院探索不设固定合议庭，主审法官随机组合成为合议庭，承办法官担任审判长。

综合机构改革方面。新设立的知识产权法院、跨行政区划人民法院和最高人民法院巡回法庭等，均按照精简原则设置内设机构。如知识产权法院仅设1个综合办公室和2个司法辅助机构（技术调查室和法警队）；跨行政区划人民法院仅设1个综合办公室，统管行政事务、案件管理、机关党建和后勤等事务，设2个司法辅助机构（司法服务办公室和法警队）；最高人民法院第一、第二巡回法庭均仅设1个综合办公室。

第二，关于内设机构改革的原则。人民法院推进内设机构改革，应当秉持以下原则：一是科学、精简、高效，以服务审判工作为重心。二是应当注重改革的整体性，相关改革必须与审判运行机制改革、人员分类管理改革、法官员额制改革统筹规划，相互配合。推进法官员额制改革困难较大的法院，应当慎重撤销或合并内设机构，充分发挥内设机构岗位分流人员的作用。三是应当注重改革的差异性，与四级法院的职能定位相对。下级法院的内设机构设置应当突出服务审判、贴近基层、解决纠纷等职能，上级法院的内设机构设置要兼顾审判指导、政务管理等职能。

地·方·探·索

北京知识产权法院的内设机构设置

按照精简机构、优化效能的原则，在减少管理层级、提高管理效率的基础上，北京知识产权法院设立立案庭、审判第一庭、审判第二庭、审判第三庭、审判监督庭共5个审判庭，设立技术调查室和司法警察支队2个司法辅助机构，设立综合办公室1个综合行政机构。立案庭负责对本院受理的各类案件进行审查立案。审判第一庭、审判第二庭、审判第三庭负责审理知识产权相关民事和行政案件。审判监督庭负责各类知识产权再审案件的审理。技术调查室负责对案件审理中涉及的技术问题协助调查、询问、分析、判断，为合议庭裁判案件提供技术意见。司法警察支队负责司法警察警务工作、警卫法庭、送达有关法律文书以及院内保卫等工作。综合办公室主要承担审判管理、综合调研、政治工作、纪检监察、后勤服务等日常保障职能。

深圳前海合作区人民法院的内设机构设置

2015 年 1 月 28 日，深圳前海合作区人民法院正式揭牌。这是根据中央要求和深圳前海“中国特色社会主义法治建设示范区”功能定位打造的新型法院。前海法院以审判为中心，实行扁平化管理。前海法院不设审判业务庭，按照 1 名主审法官配备 2 名法官助理和 1 名书记员的形式直接设立主审法官审判团队。前海法院只设两个综合管理部门，即司法政务处和审判事务处，司法政务处负责人事党务监察、行政事务、司法警务等；审判事务处负责诉讼服务、审判管理、司法辅助事务等。

65. 推动人民法院信息化建设。加快“天平工程”建设，着力整合现有资源，推动以服务法院工作和公众需求的各类信息化应用。最高人民法院和高级人民法院主要业务信息化覆盖率达到100%，中级人民法院和基层人民法院分别达到95%和85%以上。

条·文·解·读

加强人民法院信息化工作，是服务党和国家工作大局、实施国家信息化发展战略的必然要求，是服务人民群众、促进司法公开的迫切需要，是服务审判执行、保障司法公正廉洁高效的重要途径。加快推进信息技术在司法领域的全面应用，满足审判工作和人民群众的多元化需要，是新时期人民法院的一项重要任务。最高人民法院高度重视法院信息化建设工作，2013年，专门成立人民法院信息技术服务中心，研究制定《人民法院信息化建设五年发展规划（2013－2017）》，召开人民法院信息化工作会议进行专题部署，大力推进“天平工程”，建成信息集控管理中心，有效整合全国法院信息化建设资源，基本形成覆盖四级法院的业务网络。但是，人民法院信息化建设目前还存在整体规划不够、基础设施落后、资源整合不够、信息共享和使用不够科学有效、人才培养滞后等现实问题。

2013年，最高人民法院制定了《人民法院信息化建设五年发展规划（2013－2017）》。按照上述规划与《纲要》的要求，人民法院应当以“天平工程”建设为基本载体，努力建设审判流程公开、裁判文书公开、执行信息公开三大平台，着力在设施建设、深化应用、资源整合、安全保障四个方面实现新发展，全面提升人民法院信息化水平。

第一，关于加快“天平工程”建设。根据国家信息化发展战略和电子政务建设有关精神，“天平工程”按照统筹规划、资源共享、突出重点、分期建设的原则，由中央及地方两级政府投资，各级法院协同建设。2012年6月，国家发展和改革委员会正式批复最高人民法院，批准“天平工程”项目。目前，最高人民法院负责的需求分析和项目建设工作已经完成，下步将由各省分别进行可行性研究和初步设计工作。今后，凡涉审判执行及司法审判管理等内容的信息化建设，均应纳入“天平工程”，统筹规划、统一管理，各高级人民法院可在规划设计中结合实际，突出重点，形成特色。在建设过程中，应当严把工程质量关，科学确定建设规模，硬件建设注重集约化、软件应用注重平台化，防止片面追求高性能配置、分散化重复建设。最高人民法院将按照国家有关规定，对各地项目建设进行监督指导，适时开展工程效能评价，并将评价结果作为后续项目立项的参考依据。

第二，关于强化主要业务信息化覆盖率。一是加快推进审判管理系统建设，构建业务应用信息体系，满足司法审判管理、司法人事管理、司法政务管理的工作需求。二是进一步健全应用支持环境，整合完善或选用成熟的案件流程管理和行政办公软件。三是积极推进跨层级、跨部门、跨区域的业务应用，实现案件移送和行政办公信息的电子收发以及与其他部门的业务协同。四是充分利用人口库和法人库等国家基础信息资源，发挥审判执行信息在社会征信体系中的重要作用。五是进一步推进数据集中管理工作，确保各高院辖区全部案件数据实时传输汇总。《纲要》提出了强制性目标，最高人民法院和高级人民法院主要业务信息化覆盖率达到100%，中级人民法院和基层人民法院分别达到95%和85%以上，切实提升数据汇总的准确性、完整性和及时性，努力实现四级法院案件数据自动生成、实时更新、动态分析的工作目标。

第三，关于推动信息化资源服务。人民法院的信息化工作，应当强化服务意识，着力满足审判执行需要和人民群众需求。

一是为执法办案服务。为执法办案提供全业务、全流程、全互联、全共享服务。以提高司法效率为重点，支撑和优化立、审、执、监等审判工作环节的业务流程，实现流程规范、监督实时和信息共享；以服务法官为重点，加工整理案例等信息资源，为法官提供分享审判经验、开展学术研究的环境和手段，提供各类审判支持，增强法官对自由裁量权的把握能力；以落实司法改革任务为重点，积极为量刑规范化、小额速裁制度、执行联动机制和司法评估拍卖制度等各项改革成果提供信息化支撑。

二是为法院管理服务。以创新和加强司法审判管理为重点，服务于审判流程管理，强化对立案、分案、开庭等各个流程节点的管理和监控。服务于审判质量评估，为审判执行工作实施动态“体检”。以创新和加强司法行政管理为重点，服务于行政办公，提高上传下达等行政事务效率。以创新和加强司法人事管理为重点，服务于绩效考评，科学衡量审判执行等各项工作水平，促进干部选拔、评先评优和晋职晋级等工作的公开公正。以创新和加强司法人事管理为重点，服务于司法人力资源配置，为构建不同法院之间人力资源调配使用的动态机制提供准确、有效的基础数据。

三是为科学决策服务。以司法改革为重点，通过对不同层级、不同地区法院各项工作的动态专题分析，为领导决策提供准确、及时的数据支持，为科学调度审判工作、理顺部门职能关系、调配司法资源提供依据和思路。服务于调研工作，利用信息技术提高调研覆盖范围，使“先调研后决策”的决策制度得以高效实施；以推进法制建设为重点，利用司法信息资源，分析一定时期内社会生活中的各种矛盾纠纷发生的概率和趋势，分析我国立法、执法和司法实践中存在的问题，为国家立法、执法和司法提供依据；以保障社会经济发展为重点，分析一定时期内哪类经济活动需要国家在经济政策方面进行调整，哪些经济主体参与市场经济的行为需要规范，为净化市场环境，开展宏观经济调控提供司法信息支持。

四是为司法公开服务。充分利用信息化深化司法公开。以审判过程公开为重点，将立案、庭审、听证、审务等各个环节的审判流程信息和庭审过程公之于众，将司法活动置于当事人和社会公众的监督之下，以公开促进程序上的公正；以执行公开为重点，将案件执行过程、执行程序和执行结果公之于众，增加执行工作的透明度，规范执行行为，保障当事人和社会公众的知情权和监督权，以公开破解执行难问题；以裁判文书公开为重点，将案件争议焦点、举证、质证和认证的过程、审理过程、认定的事实、判决理由、法律依据等内容公之于众，增强对同类型案件的指引作用，引导群众作出理性的价值判断，以公开促进审判结果的公正。

五是为社会公众服务。以落实司法为民为重点，创新和强化司法便民、利民、惠民措施，拓宽网上办事渠道，优化办事流程，降低诉讼成本，减轻群众诉累；以推进互动服务为重点，建立健全公众意见和建议处理反馈机制，积极回应人民群众的关切和期待，保证公众的知情权、参与权、表达权、监督权的充分行使。

地·方·探·索

天津、上海、江苏、安徽、广东等高级人民法院的信息化建设工作

天津、上海、江苏、安徽、广东等高级人民法院，认真落实“科技强院”的要求，坚持高起点谋划，高水平建设，全面推进辖区法院信息化建设与应用，取得良好成效。

一是切实加强统筹谋划。各地高院进一步加强对信息化工作的组织领导水平，坚持统一规划、实施、管理，避免各自为政、各搞一套，有效保障信息化建设规划科学、推进有序、发展平衡。天津市高级人民法院成立信息化建设领导小组与专家委员会、高院信息化建设办公室，迅速在全市法院建立起了较为完整的信息化工作和组织体系。出台《天津市高级人民法院关于全面加强信息化工作的实施意见》《天津市法院信息化发展“十二五”规划》，确立了“建成以管理指挥中心为核心、一个门户网站、五个基础平台、多个应用系统”的综合应用管理体系的总体规划目标。安徽省高级人民法院出台《安徽省法院信息化建设规划(2013－2015)》，确定信息化建设的总体框架，包括信息化硬件和网络基础平台、法院信息化基础数据库、统一的数据交换平台、软件应用体系、信息数据安全体系、标准规范体系建设等六个方面。省高院、各中院和有条件的基层法院设立专门的信息化工作机构，实现对信息化工作的统一归口管理。强化信息化建设的经费保障，省高院每年集中调控40%左右的中央和省级政法专项转移支付资金，各级法院积极争取当地财政支持，将法院信息化经费列入经常性预算。广东省高级人民法院提出“统一规划、统一规范、统一设计、统一实施、统一管理”五个统一建设原则，统筹全省法院信息化建设。

二是夯实硬件建设基础。各高院狠抓信息化工作硬件建设，依托现代科技加强基础设施配套的建设和管理，为信息化系统安全、稳定运行提供可靠环境。天津市高级人民法院依托天津市电子政务外网，完成全市法院二级专网扩容工作，铺设了48芯的全市法院专用光缆，带宽由两兆升至百兆，完成全市法院电子政务内网建设和局域网建设，开展全市法院72条三级专网建设（至派出法庭）。启动管理指挥中心建设，高、中院管理指挥中心均已建成使用，在建设理念和应用功能上处于全国法院领先地位。完成全市法院高清视频会议系统建设，为全市法院的囚车安装3G系统，可实时查看人犯押解全过程的音视频信息。完成远程提讯系统的高院自身建设和各中院的基础建设，实现高、中院与市看守所间的远程提讯。广东省高级人民法院以高院机房为载体建立了数据中心，成为全省三级法院的信息交换枢纽，将高院、中院及基层法院的数据实时汇总到数据中心，并可通过接口衔接与最高人民法院信息集控管理中心共享司法数据。制定了统一的IP地址（Internet Protocol Address，互联网协议地址）规划和全省网络迁移指导方案，要求全省各中院将所有的内部局域网全网接入法院专网，基层法院参照指导方案将内部局域网接入中院的内部局域网，实现了全省三级法院数据信息的互联互通。统一建设身份认证系统，实现了对全省2万多个业务系统用户的统一安全管理，以USB key（一种USB接口的硬件设备，存储用户的私钥以及数字证书）认证的形式登陆系统，保证了信息系统身份的唯一性，避免了以账号密码方式登陆系统容易泄密和冒用盗用的弊端。建成统一的IT综合运维管理系统，实现了对全省法院系统和网络的远程运维管理，全天24小时监控，全面、及时掌握全省各级法院信息系统运行状况。

三是积极开发软件平台。各高院结合辖区工作实际，按照统一、规范、高效、实用的原则，积极开发信息化软件平台。上海市高级人民法院依托坚实的信息化应用基础，开通运行“上海法院12368诉讼服务平台”。总平台设在上海市高级人民法院，下设22个分平台，并配备57个坐席。该平台集电话、短信、传真、微信、邮件、APP（Application，应用程序）、网站等于一体，并与辖区各法院诉讼服务中心、执行事务中心实时对接，当事人通过这一平台可以联系法官、查询已公开的案件信息、咨询常见的程序性法律问题、信访投诉、建言献策、接受资深法官或心理咨询师心理疏导等。为确保效果，上海市高级人民法院先后出台《12368诉讼服务平台管理暂行规定》《12368诉讼服务平台热线工作实施细则》等配套文件，对来电、来信、留言明确规定了处理回复期限。江苏省高级人民法院全面部署推进“一个门户、九大平台”建设，着力提升信息化工作水平。一个门户即系统集成门户，九大平台包括司法办案、办案辅助、执行工作、信访管理、审判管理、决策分析、诉讼服务、移动办公办案、综合政务等九个平台。司法办案平台包括文书管理系统、网上文书审批、数字审委会、远程提讯（开庭）等12个子系统，重点实现审判工作和审判管理网上留痕，文书辅助生成及自动纠错，流程节点控制，文书电子送达等。办案辅助平台包括审判信息资源库和办案辅助工具，主要实现法律法规、类案、优秀文书、典型案例等内容多元检索以及诉讼费、利息、刑期折抵、违约金等辅助计算功能。执行工作平台包括执行查控管理、分权制约管理、程序终结案件管理、关联案件查询等功能。信访管理平台将实现信访管理、信访主题分析和视频接访功能。审判管理平台将在现有基础上进一步完善司法统计、质量评估、绩效考评、案件评查等功能，并开发人民来信、案件督办、批量案件监督管理、长期未结案件、发改案件管理以及司法建议管理系统。决策分析平台主要实现自定义分析主题和数据智能多维分析研判功能。诉讼服务平台包括12368统一诉讼服务平台、网上诉讼服务中心和手机端APP诉讼服务平台，主要实现人工语音短信服务双向互动、网上立案进展查询、文书送达、证据交换、文书公开、执行公开等功能。移动办案平台包括移动查询、移动办公和移动办案三个子平台。综合政务平台将梳理完善各条线政务管理平台，突出信息共享功能。

文·件·链·接

《人民法院信息化建设五年发展规划（2013－2017）》（法〔2013〕235号）

附录

十八届三中全会后出台的部分司法改革重要文件

一、全国人大常委会决定

全国人民代表大会常务委员会
关于在北京、上海、广州设立知识产权法院的决定

（2014 年 8 月 31 日第十二届全国人民代表大会常务委员会
第十次会议通过）

为推动实施国家创新驱动发展战略，进一步加强知识产权司法保护，切实依法保护权利人合法权益，维护社会公共利益，根据宪法和人民法院组织法，特作如下决定：

一、在北京、上海、广州设立知识产权法院。

知识产权法院审判庭的设置，由最高人民法院根据知识产权案件的类型和数量确定。

二、知识产权法院管辖有关专利、植物新品种、集成电路布图设计、技术秘密等专业技术性较强的第一审知识产权民事和行政案件。

不服国务院行政部门裁定或者决定而提起的第一审知识产权授权确权行政案件，由北京知识产权法院管辖。

知识产权法院对第一款规定的案件实行跨区域管辖。在知识产权法院设立的三年内，可以先在所在省（直辖市）实行跨区域管辖。

三、知识产权法院所在市的基层人民法院第一审著作权、商标等知识产权民事和行政判决、裁定的上诉案件，由知识产权法院审理。

四、知识产权法院第一审判决、裁定的上诉案件，由知识产权法院所在地的高级人民法院审理。

五、知识产权法院审判工作受最高人民法院和所在地的高级人民法院监督。知识产权法院依法接受人民检察院法律监督。

六、知识产权法院院长由所在地的市人民代表大会常务委员会主任会议提请本级人民代表大会常务委员会任免。

知识产权法院副院长、庭长、审判员和审判委员会委员，由知识产权法院院长提请所在地的市人民代表大会常务委员会任免。

知识产权法院对所在地的市人民代表大会常务委员会负责并报告工作。

七、本决定施行满三年，最高人民法院应当向全国人民代表大会常务委员会报告本决定的实施情况。

八、本决定自公布之日起施行。

全国人民代表大会常务委员会
关于授权最高人民法院、最高人民检察院在部分地区开展刑事案件速裁程序试点工作的决定

（2014 年 6 月 27 日第十二届全国人民代表大会常务委员会第九次会议通过）

为进一步完善刑事诉讼程序，合理配置司法资源，提高审理刑事案件的质量与效率，维护当事人的合法权益，第十二届全国人民代表大会常务委员会第九次会议决定：授权最高人民法院、最高人民检察院在北京、天津、上海、重庆、沈阳、大连、南京、杭州、福州、厦门、济南、青岛、郑州、武汉、长沙、广州、深圳、西安开展刑事案件速裁程序试点工作。对事实清楚，证据充分，被告人自愿认罪，当事人对适用法律没有争议的危险驾驶、交通肇事、盗窃、诈骗、抢夺、伤害、寻衅滋事等情节较轻，依法可能判处一年以下有期徒刑、拘役、管制的案件，或者依法单处罚金的案件，进一步简化刑事诉讼法规定的相关诉讼程序。试点刑事案件速裁程序，应当遵循刑事诉讼法的基本原则，充分保障当事人的诉讼权利，确保司法公正。试点办法由最高人民法院、最高人民检察院制定，报全国人民代表大会常务委员会备案。试点期限为二年，自试点办法印发之日起算。

最高人民法院、最高人民检察院应当加强对试点工作的组织指导和监督检查。试点进行中，最高人民法院、最高人民检察院应当就试点情况向全国人民

代表大会常务委员会作出中期报告。试点期满后，对实践证明可行的，应当修改完善有关法律；对实践证明不宜调整的，恢复施行有关法律规定。

本决定自公布之日起施行。

二、司法解释

最高人民法院

关于民事审判监督程序严格依法适用指令再审和发回重审若干问题的规定

法释〔2015〕7号

（2015年2月2日最高人民法院审判委员会第1643次会议通过
2015年2月16日最高人民法院公告公布　自2015年3月15日起施行）

为了及时有效维护各方当事人的合法权益，维护司法公正，进一步规范民事案件指令再审和再审发回重审，提高审判监督质量和效率，根据《中华人民共和国民事诉讼法》，结合审判实际，制定本规定。

第一条　上级人民法院应当严格依照民事诉讼法第二百条等规定审查当事人的再审申请，符合法定条件的，裁定再审。不得因指令再审而降低再审启动标准，也不得因当事人反复申诉将依法不应当再审的案件指令下级人民法院再审。

第二条　因当事人申请裁定再审的案件一般应当由裁定再审的人民法院审理。有下列情形之一的，最高人民法院、高级人民法院可以指令原审人民法院再审：

（一）依据民事诉讼法第二百条第（四）项、第（五）项或者第（九）项裁定再审的；

（二）发生法律效力的判决、裁定、调解书是由第一审法院作出的；

（三）当事人一方人数众多或者当事人双方为公民的；

（四）经审判委员会讨论决定的其他情形。

人民检察院提出抗诉的案件，由接受抗诉的人民法院审理，具有民事诉讼法第二百条第（一）至第（五）项规定情形之一的，可以指令原审人民法院再审。

人民法院依据民事诉讼法第一百九十八条第二款裁定再审的，应当提审。

第三条 虽然符合本规定第二条可以指令再审的条件，但有下列情形之一的，应当提审：

（一）原判决、裁定系经原审人民法院再审审理后作出的；

（二）原判决、裁定系经原审人民法院审判委员会讨论作出的；

（三）原审审判人员在审理该案件时有贪污受贿，徇私舞弊，枉法裁判行为的；

（四）原审人民法院对该案无再审管辖权的；

（五）需要统一法律适用或裁量权行使标准的；

（六）其他不宜指令原审人民法院再审的情形。

第四条 人民法院按照第二审程序审理再审案件，发现原判决认定基本事实不清的，一般应当通过庭审认定事实后依法作出判决。但原审人民法院未对基本事实进行过审理的，可以裁定撤销原判决，发回重审。原判决认定事实错误的，上级人民法院不得以基本事实不清为由裁定发回重审。

第五条 人民法院按照第二审程序审理再审案件，发现第一审人民法院有下列严重违反法定程序情形之一的，可以依照民事诉讼法第一百七十条第一款第（四）项的规定，裁定撤销原判决，发回第一审人民法院重审：

（一）原判决遗漏必须参加诉讼的当事人的；

（二）无诉讼行为能力人未经法定代理人代为诉讼，或者应当参加诉讼的当事人，因不能归责于本人或者其诉讼代理人的事由，未参加诉讼的；

（三）未经合法传唤缺席判决，或者违反法律规定剥夺当事人辩论权利的；

（四）审判组织的组成不合法或者依法应当回避的审判人员没有回避的；

（五）原判决、裁定遗漏诉讼请求的。

第六条 上级人民法院裁定指令再审、发回重审的，应当在裁定书中阐明指令再审或者发回重审的具体理由。

第七条 再审案件应当围绕申请人的再审请求进行审理和裁判。对方当事人在再审庭审辩论终结前也提出再审请求的，应一并审理和裁判。当事人的再审请求超出原审诉讼请求的不予审理，构成另案诉讼的应告知当事人可以提起新的诉讼。

第八条 再审发回重审的案件，应当围绕当事人原诉讼请求进行审理。当事人申请变更、增加诉讼请求和提出反诉的，按照《最高人民法院关于适用〈中华人民共和国民事诉讼法〉的解释》第二百五十二条的规定审查决定是否准许。当事人变更其在原审中的诉讼主张、质证及辩论意见的，应说明理由并提交相应的证据，理由不成立或证据不充分的，人民法院不予支持。

第九条 各级人民法院对民事案件指令再审和再审发回重审的审判行为，应当严格遵守本规定。违反本规定的，应当依照相关规定追究有关人员的责任。

第十条 最高人民法院以前发布的司法解释与本规定不一致的，不再适用。

最高人民法院
关于巡回法庭审理案件若干问题的规定

法释〔2015〕3号

（2015年1月5日最高人民法院审判委员会第1640次会议通过
2015年1月28日最高人民法院公告公布　自2015年2月1日起施行）

为依法及时公正审理跨行政区域重大行政和民商事等案件，推动审判工作重心下移、就地解决纠纷、方便当事人诉讼，根据《中华人民共和国人民法院组织法》《中华人民共和国行政诉讼法》《中华人民共和国民事诉讼法》《中华人民共和国刑事诉讼法》等法律以及有关司法解释，结合最高人民法院审判工作实际，就最高人民法院巡回法庭（简称巡回法庭）审理案件等问题规定如下。

第一条 最高人民法院设立巡回法庭，受理巡回区内相关案件。第一巡回法庭设在广东省深圳市，巡回区为广东、广西、海南三省区。第二巡回法庭设在辽宁省沈阳市，巡回区为辽宁、吉林、黑龙江三省。

最高人民法院根据有关规定和审判工作需要，可以增设巡回法庭，并调整巡回法庭的巡回区和案件受理范围。

第二条 巡回法庭是最高人民法院派出的常设审判机构。巡回法庭作出的判决、裁定和决定，是最高人民法院的判决、裁定和决定。

第三条 巡回法庭审理或者办理巡回区内应当由最高人民法院受理的以下案件：

（一）全国范围内重大、复杂的第一审行政案件；

（二）在全国有重大影响的第一审民商事案件；

（三）不服高级人民法院作出的第一审行政或者民商事判决、裁定提起上诉的案件；

（四）对高级人民法院作出的已经发生法律效力的行政或者民商事判决、裁定、调解书申请再审的案件；

（五）刑事申诉案件；

（六）依法定职权提起再审的案件；

（七）不服高级人民法院作出的罚款、拘留决定申请复议的案件；

（八）高级人民法院因管辖权问题报请最高人民法院裁定或者决定的案件；

（九）高级人民法院报请批准延长审限的案件；

（十）涉港澳台民商事案件和司法协助案件；

（十一）最高人民法院认为应当由巡回法庭审理或者办理的其他案件。

巡回法庭依法办理巡回区内向最高人民法院提出的来信来访事项。

第四条 知识产权、涉外商事、海事海商、死刑复核、国家赔偿、执行案件和最高人民检察院抗诉的案件暂由最高人民法院本部审理或者办理。

第五条 巡回法庭设立诉讼服务中心，接受并登记属于巡回法庭受案范围的案件材料，为当事人提供诉讼服务。对于依照本规定应当由最高人民法院本部受理案件的材料，当事人要求巡回法庭转交的，巡回法庭应当转交。

巡回法庭对于符合立案条件的案件，应当在最高人民法院办案信息平台统一编号立案。

第六条 当事人不服巡回区内高级人民法院作出的第一审行政或者民商事判决、裁定提起上诉的，上诉状应当通过原审人民法院向巡回法庭提出。当事人直接向巡回法庭上诉的，巡回法庭应当在五日内将上诉状移交原审人民法院。原审人民法院收到上诉状、答辩状，应当在五日内连同全部案卷和证据，报送巡回法庭。

第七条 当事人对巡回区内高级人民法院作出的已经发生法律效力的判决、裁定申请再审或者申诉的，应当向巡回法庭提交再审申请书、申诉书等材料。

第八条 最高人民法院认为巡回法庭受理的案件对统一法律适用有重大指导意义的，可以决定由本部审理。

巡回法庭对于已经受理的案件，认为对统一法律适用有重大指导意义的，可以报请最高人民法院本部审理。

第九条 巡回法庭根据审判工作需要，可以在巡回区内巡回审理案件、接待来访。

第十条 巡回法庭按照让审理者裁判、由裁判者负责原则，实行主审法官、合议庭办案责任制。巡回法庭主审法官由最高人民法院从办案能力突出、审判经验丰富的审判人员中选派。巡回法庭的合议庭由主审法官组成。

第十一条 巡回法庭庭长、副庭长应当参加合议庭审理案件。合议庭审理案件时，由承办案件的主审法官担任审判长。庭长或者副庭长参加合议庭审理案件时，自己担任审判长。巡回法庭作出的判决、裁定，经合议庭成员签署后，由审判长签发。

第十二条 巡回法庭受理的案件，统一纳入最高人民法院审判信息综合管理平台进行管理，立案信息、审判流程、裁判文书面向当事人和社会依法公开。

第十三条 巡回法庭设廉政监察员，负责巡回法庭的日常廉政监督工作。

最高人民法院监察局通过受理举报投诉、查处违纪案件、开展司法巡查和审务督察等方式，对巡回法庭及其工作人员进行廉政监督。

最高人民法院
关于审理环境民事公益诉讼案件适用法律若干问题的解释

法释〔2015〕1号

（2014年12月8日最高人民法院审判委员会第1631次会议通过
2015年1月6日最高人民法院公告公布　自2015年1月7日起施行）

为正确审理环境民事公益诉讼案件，根据《中华人民共和国民事诉讼法》《中华人民共和国侵权责任法》《中华人民共和国环境保护法》等法律的规定，结合审判实践，制定本解释。

第一条 法律规定的机关和有关组织依据民事诉讼法第五十五条、环境保护法第五十八条等法律的规定，对已经损害社会公共利益或者具有损害社会公共利益重大风险的污染环境、破坏生态的行为提起诉讼，符合民事诉讼法第一百一十九条第二项、第三项、第四项规定的，人民法院应予受理。

第二条 依照法律、法规的规定，在设区的市级以上人民政府民政部门登记的社会团体、民办非企业单位以及基金会等，可以认定为环境保护法第五十八条规定的社会组织。

第三条 设区的市，自治州、盟、地区，不设区的地级市，直辖市的区以上人民政府民政部门，可以认定为环境保护法第五十八条规定的“设区的市级以上人民政府民政部门”。

第四条 社会组织章程确定的宗旨和主要业务范围是维护社会公共利益，且从事环境保护公益活动的，可以认定为环境保护法第五十八条规定的“专门从事环境保护公益活动”。

社会组织提起的诉讼所涉及的社会公共利益，应与其宗旨和业务范围具有关联性。

第五条 社会组织在提起诉讼前五年内未因从事业务活动违反法律、法规的规定受过行政、刑事处罚的，可以认定为环境保护法第五十八条规定的“无违法记录”。

第六条 第一审环境民事公益诉讼案件由污染环境、破坏生态行为发生地、损害结果地或者被告住所地的中级以上人民法院管辖。

中级人民法院认为确有必要的，可以在报请高级人民法院批准后，裁定将本院管辖的第一审环境民事公益诉讼案件交由基层人民法院审理。

同一原告或者不同原告对同一污染环境、破坏生态行为分别向两个以上有管辖权的人民法院提起环境民事公益诉讼的，由最先立案的人民法院管辖，必要时由共同上级人民法院指定管辖。

第七条 经最高人民法院批准，高级人民法院可以根据本辖区环境和生态保护的实际情况，在辖区内确定部分中级人民法院受理第一审环境民事公益诉讼案件。

中级人民法院管辖环境民事公益诉讼案件的区域由高级人民法院确定。

第八条 提起环境民事公益诉讼应当提交下列材料：

（一）符合民事诉讼法第一百二十一条规定的起诉状，并按照被告人数提出副本；

（二）被告的行为已经损害社会公共利益或者具有损害社会公共利益重大风险的初步证明材料；

（三）社会组织提起诉讼的，应当提交社会组织登记证书、章程、起诉前连续五年的年度工作报告书或者年检报告书，以及由其法定代表人或者负责人签字并加盖公章的无违法记录的声明。

第九条 人民法院认为原告提出的诉讼请求不足以保护社会公共利益的，可以向其释明变更或者增加停止侵害、恢复原状等诉讼请求。

第十条 人民法院受理环境民事公益诉讼后，应当在立案之日起五日内将起诉状副本发送被告，并公告案件受理情况。

有权提起诉讼的其他机关和社会组织在公告之日起三十日内申请参加诉讼，经审查符合法定条件的，人民法院应当将其列为共同原告；逾期申请的，不予准许。

公民、法人和其他组织以人身、财产受到损害为由申请参加诉讼的，告知其另行起诉。

第十一条 检察机关、负有环境保护监督管理职责的部门及其他机关、社会组织、企业事业单位依据民事诉讼法第十五条的规定，可以通过提供法律咨询、提交书面意见、协助调查取证等方式支持社会组织依法提起环境民事公益诉讼。

第十二条 人民法院受理环境民事公益诉讼后，应当在十日内告知对被告行为负有环境保护监督管理职责的部门。

第十三条 原告请求被告提供其排放的主要污染物名称、排放方式、排放浓度和总量、超标排放情况以及防治污染设施的建设和运行情况等环境信息，法律、法规、规章规定被告应当持有或者有证据证明被告持有而拒不提供，如果原告主张相关事实不利于被告的，人民法院可以推定该主张成立。

第十四条 对于审理环境民事公益诉讼案件需要的证据，人民法院认为必要的，应当调查收集。

对于应当由原告承担举证责任且为维护社会公共利益所必要的专门性问题，人民法院可以委托具备资格的鉴定人进行鉴定。

第十五条 当事人申请通知有专门知识的人出庭，就鉴定人作出的鉴定意见或者就因果关系、生态环境修复方式、生态环境修复费用以及生态环境受到损害至恢复原状期间服务功能的损失等专门性问题提出意见的，人民法院可以准许。

前款规定的专家意见经质证，可以作为认定事实的根据。

第十六条 原告在诉讼过程中承认的对己方不利的事实和认可的证据，人民法院认为损害社会公共利益的，应当不予确认。

第十七条 环境民事公益诉讼案件审理过程中，被告以反诉方式提出诉讼请求的，人民法院不予受理。

第十八条 对污染环境、破坏生态，已经损害社会公共利益或者具有损害社会公共利益重大风险的行为，原告可以请求被告承担停止侵害、排除妨碍、消除危险、恢复原状、赔偿损失、赔礼道歉等民事责任。

第十九条 原告为防止生态环境损害的发生和扩大，请求被告停止侵害、排除妨碍、消除危险的，人民法院可以依法予以支持。

原告为停止侵害、排除妨碍、消除危险采取合理预防、处置措施而发生的费用，请求被告承担的，人民法院可以依法予以支持。

第二十条 原告请求恢复原状的，人民法院可以依法判决被告将生态环境修复到损害发生之前的状态和功能。无法完全修复的，可以准许采用替代性修复方式。

人民法院可以在判决被告修复生态环境的同时，确定被告不履行修复义务时应承担的生态环境修复费用；也可以直接判决被告承担生态环境修复费用。

生态环境修复费用包括制定、实施修复方案的费用和监测、监管等费用。

第二十一条 原告请求被告赔偿生态环境受到损害至恢复原状期间服务功能损失的，人民法院可以依法予以支持。

第二十二条 原告请求被告承担检验、鉴定费用，合理的律师费以及为诉讼支出的其他合理费用的，人民法院可以依法予以支持。

第二十三条 生态环境修复费用难以确定或者确定具体数额所需鉴定费用明显过高的，人民法院可以结合污染环境、破坏生态的范围和程度、生态环境的稀缺性、生态环境恢复的难易程度、防治污染设备的运行成本、被告因侵害行为所获得的利益以及过错程度等因素，并可以参考负有环境保护监督管理职责的部门的意见、专家意见等，予以合理确定。

第二十四条 人民法院判决被告承担的生态环境修复费用、生态环境受到损害至恢复原状期间服务功能损失等款项，应当用于修复被损害的生态环境。

其他环境民事公益诉讼中败诉原告所需承担的调查取证、专家咨询、检验、鉴定等必要费用，可以酌情从上述款项中支付。

第二十五条 环境民事公益诉讼当事人达成调解协议或者自行达成和解协议后，人民法院应当将协议内容公告，公告期间不少于三十日。

公告期满后，人民法院审查认为调解协议或者和解协议的内容不损害社会公共利益的，应当出具调解书。当事人以达成和解协议为由申请撤诉的，不予准许。

调解书应当写明诉讼请求、案件的基本事实和协议内容，并应当公开。

第二十六条 负有环境保护监督管理职责的部门依法履行监管职责而使原告诉讼请求全部实现，原告申请撤诉的，人民法院应予准许。

第二十七条 法庭辩论终结后，原告申请撤诉的，人民法院不予准许，但本解释第二十六条规定的情形除外。

第二十八条 环境民事公益诉讼案件的裁判生效后，有权提起诉讼的其他机关和社会组织就同一污染环境、破坏生态行为另行起诉，有下列情形之一的，人民法院应予受理：

（一）前案原告的起诉被裁定驳回的；

（二）前案原告申请撤诉被裁定准许的，但本解释第二十六条规定的情形除外。

环境民事公益诉讼案件的裁判生效后，有证据证明存在前案审理时未发现的损害，有权提起诉讼的机关和社会组织另行起诉的，人民法院应予受理。

第二十九条 法律规定的机关和社会组织提起环境民事公益诉讼的，不影响因同一污染环境、破坏生态行为受到人身、财产损害的公民、法人和其他组织依据民事诉讼法第一百一十九条的规定提起诉讼。

第三十条 已为环境民事公益诉讼生效裁判认定的事实，因同一污染环境、破坏生态行为依据民事诉讼法第一百一十九条规定提起诉讼的原告、被告均无需举证证明，但原告对该事实有异议并有相反证据足以推翻的除外。

对于环境民事公益诉讼生效裁判就被告是否存在法律规定的不承担责任或者减轻责任的情形、行为与损害之间是否存在因果关系、被告承担责任的大小等所作的认定，因同一污染环境、破坏生态行为依据民事诉讼法第一百一十九条规定提起诉讼的原告主张适用的，人民法院应予支持，但被告有相反证据足以推翻的除外。被告主张直接适用对其有利的认定的，人民法院不予支持，被告仍应举证证明。

第三十一条 被告因污染环境、破坏生态在环境民事公益诉讼和其他民事诉讼中均承担责任，其财产不足以履行全部义务的，应当先履行其他民事诉讼生效裁判所确定的义务，但法律另有规定的除外。

第三十二条 发生法律效力的环境民事公益诉讼案件的裁判，需要采取强制执行措施的，应当移送执行。

第三十三条 原告交纳诉讼费用确有困难，依法申请缓交的，人民法院应予准许。

败诉或者部分败诉的原告申请减交或者免交诉讼费用的，人民法院应当依照《诉讼费用交纳办法》的规定，视原告的经济状况和案件的审理情况决定是否准许。

第三十四条 社会组织有通过诉讼违法收受财物等牟取经济利益行为的，人民法院可以根据情节轻重依法收缴其非法所得、予以罚款；涉嫌犯罪的，依法移送有关机关处理。

社会组织通过诉讼牟取经济利益的，人民法院应当向登记管理机关或者有关机关发送司法建议，由其依法处理。

第三十五条 本解释施行前最高人民法院发布的司法解释和规范性文件，与本解释不一致的，以本解释为准。

最高人民法院
关于北京、上海、广州知识产权法院案件管辖的规定

法释〔2014〕12号

（2014年10月27日最高人民法院审判委员会第1628次会议通过
2014年10月31日最高人民法院公告公布　自2014年11月3日起施行）

为进一步明确北京、上海、广州知识产权法院的案件管辖，根据《中华人民共和国民事诉讼法》《中华人民共和国行政诉讼法》《全国人民代表大会常务委员会关于在北京、上海、广州设立知识产权法院的决定》等规定，制定本规定。

第一条 知识产权法院管辖所在市辖区内的下列第一审案件：

（一）专利、植物新品种、集成电路布图设计、技术秘密、计算机软件民事和行政案件；

（二）对国务院部门或者县级以上地方人民政府所作的涉及著作权、商标、不正当竞争等行政行为提起诉讼的行政案件；

（三）涉及驰名商标认定的民事案件。

第二条 广州知识产权法院对广东省内本规定第一条第（一）项和第（三）项规定的案件实行跨区域管辖。

第三条 北京市、上海市各中级人民法院和广州市中级人民法院不再受理知识产权民事和行政案件。

广东省其他中级人民法院不再受理本规定第一条第（一）项和第（三）项规定的案件。

北京市、上海市、广东省各基层人民法院不再受理本规定第一条第（一）项和第（三）项规定的案件。

第四条 案件标的既包含本规定第一条第（一）项和第（三）项规定的内容，又包含其他内容的，按本规定第一条和第二条的规定确定管辖。

第五条 下列第一审行政案件由北京知识产权法院管辖：

（一）不服国务院部门作出的有关专利、商标、植物新品种、集成电路布图设计等知识产权的授权确权裁定或者决定的；

（二）不服国务院部门作出的有关专利、植物新品种、集成电路布图设计的强制许可决定以及强制许可使用费或者报酬的裁决的；

（三）不服国务院部门作出的涉及知识产权授权确权的其他行政行为的。

第六条 当事人对知识产权法院所在市的基层人民法院作出的第一审著作权、商标、技术合同、不正当竞争等知识产权民事和行政判决、裁定提起的上诉案件，由知识产权法院审理。

第七条 当事人对知识产权法院作出的第一审判决、裁定提起的上诉案件和依法申请上一级法院复议的案件，由知识产权法院所在地的高级人民法院知识产权审判庭审理。

第八条 知识产权法院所在省（直辖市）的基层人民法院在知识产权法院成立前已经受理但尚未审结的本规定第一条第（一）项和第（三）项规定的案件，由该基层人民法院继续审理。

除广州市中级人民法院以外，广东省其他中级人民法院在广州知识产权法院成立前已经受理但尚未审结的本规定第一条第（一）项和第（三）项规定的案件，由该中级人民法院继续审理。

最高人民法院
关于刑事裁判涉财产部分执行的若干规定

法释〔2014〕13号

（2014年9月1日最高人民法院审判委员会第1625次会议通过
2014年10月30日最高人民法院公告公布　自2014年11月6日起施行）

为进一步规范刑事裁判涉财产部分的执行，维护当事人合法权益，根据《中华人民共和国刑法》《中华人民共和国刑事诉讼法》等法律规定，结合人民法院执行工作实际，制定本规定。

第一条　本规定所称刑事裁判涉财产部分的执行，是指发生法律效力的刑事裁判主文确定的下列事项的执行：

（一）罚金、没收财产；

（二）责令退赔；

（三）处置随案移送的赃款赃物；

（四）没收随案移送的供犯罪所用本人财物；

（五）其他应当由人民法院执行的相关事项。

刑事附带民事裁判的执行，适用民事执行的有关规定。

第二条　刑事裁判涉财产部分，由第一审人民法院执行。第一审人民法院可以委托财产所在地的同级人民法院执行。

第三条　人民法院办理刑事裁判涉财产部分执行案件的期限为六个月。有特殊情况需要延长的，经本院院长批准，可以延长。

第四条　人民法院刑事审判中可能判处被告人财产刑、责令退赔的，刑事审判部门应当依法对被告人的财产状况进行调查；发现可能隐匿、转移财产的，应当及时查封、扣押、冻结其相应财产。

第五条　刑事审判或者执行中，对于侦查机关已经采取的查封、扣押、冻结，人民法院应当在期限届满前及时续行查封、扣押、冻结。人民法院续行查封、扣押、冻结的顺位与侦查机关查封、扣押、冻结的顺位相同。

对侦查机关查封、扣押、冻结的财产，人民法院执行中可以直接裁定处置，无需侦查机关出具解除手续，但裁定中应当指明侦查机关查封、扣押、冻结的事实。

第六条 刑事裁判涉财产部分的裁判内容，应当明确、具体。涉案财物或者被害人人数较多，不宜在判决主文中详细列明的，可以概括叙明并另附清单。

判处没收部分财产的，应当明确没收的具体财物或者金额。

判处追缴或者责令退赔的，应当明确追缴或者退赔的金额或财物的名称、数量等相关情况。

第七条 由人民法院执行机构负责执行的刑事裁判涉财产部分，刑事审判部门应当及时移送立案部门审查立案。

移送立案应当提交生效裁判文书及其附件和其他相关材料，并填写《移送执行表》。《移送执行表》应当载明以下内容：

（一）被执行人、被害人的基本信息；

（二）已查明的财产状况或者财产线索；

（三）随案移送的财产和已经处置财产的情况；

（四）查封、扣押、冻结财产的情况；

（五）移送执行的时间；

（六）其他需要说明的情况。

人民法院立案部门经审查，认为属于移送范围且移送材料齐全的，应当在七日内立案，并移送执行机构。

第八条 人民法院可以向刑罚执行机关、社区矫正机构等有关单位调查被执行人的财产状况，并可以根据不同情形要求有关单位协助采取查封、扣押、冻结、划拨等执行措施。

第九条 判处没收财产的，应当执行刑事裁判生效时被执行人合法所有的财产。

执行没收财产或罚金刑，应当参照被扶养人住所地政府公布的上年度当地居民最低生活费标准，保留被执行人及其所扶养家属的生活必需费用。

第十条 对赃款赃物及其收益，人民法院应当一并追缴。

被执行人将赃款赃物投资或者置业，对因此形成的财产及其收益，人民法院应予追缴。

被执行人将赃款赃物与其他合法财产共同投资或者置业，对因此形成的财产中与赃款赃物对应的份额及其收益，人民法院应予追缴。

对于被害人的损失，应当按照刑事裁判认定的实际损失予以发还或者赔偿。

第十一条 被执行人将刑事裁判认定为赃款赃物的涉案财物用于清偿债务、转让或者设置其他权利负担，具有下列情形之一的，人民法院应予追缴：

（一）第三人明知是涉案财物而接受的；

（二）第三人无偿或者以明显低于市场的价格取得涉案财物的；

（三）第三人通过非法债务清偿或者违法犯罪活动取得涉案财物的；

（四）第三人通过其他恶意方式取得涉案财物的。

第三人善意取得涉案财物的，执行程序中不予追缴。作为原所有人的被害人对该涉案财物主张权利的，人民法院应当告知其通过诉讼程序处理。

第十二条 被执行财产需要变价的，人民法院执行机构应当依法采取拍卖、变卖等变价措施。

涉案财物最后一次拍卖未能成交，需要上缴国库的，人民法院应当通知有关财政机关以该次拍卖保留价予以接收；有关财政机关要求继续变价的，可以进行无保留价拍卖。需要退赔被害人的，以该次拍卖保留价以物退赔；被害人不同意以物退赔的，可以进行无保留价拍卖。

第十三条 被执行人在执行中同时承担刑事责任、民事责任，其财产不足以支付的，按照下列顺序执行：

（一）人身损害赔偿中的医疗费用；

（二）退赔被害人的损失；

（三）其他民事债务；

（四）罚金；

（五）没收财产。

债权人对执行标的依法享有优先受偿权，其主张优先受偿的，人民法院应当在前款第（一）项规定的医疗费用受偿后，予以支持。

第十四条 执行过程中，当事人、利害关系人认为执行行为违反法律规定，或者案外人对执行标的主张足以阻止执行的实体权利，向执行法院提出书面异议的，执行法院应当依照民事诉讼法第二百二十五条的规定处理。

人民法院审查案外人异议、复议，应当公开听证。

第十五条 执行过程中，案外人或被害人认为刑事裁判中对涉案财物是否属于赃款赃物认定错误或者应予认定而未认定，向执行法院提出书面异议，可以通过裁定补正的，执行机构应当将异议材料移送刑事审判部门处理；无法通过裁定补正的，应当告知异议人通过审判监督程序处理。

第十六条 人民法院办理刑事裁判涉财产部分执行案件，刑法、刑事诉讼法及有关司法解释没有相应规定的，参照适用民事执行的有关规定。

第十七条 最高人民法院此前发布的司法解释与本规定不一致的，以本规定为准。

最高人民法院
关于减刑、假释案件审理程序的规定

法释〔2014〕5号

（2014年4月10日最高人民法院审判委员会第1611次会议通过
2014年4月23日最高人民法院公告公布　自2014年6月1日起施行）

为进一步规范减刑、假释案件的审理程序，确保减刑、假释案件审理的合法、公正，根据《中华人民共和国刑法》《中华人民共和国刑事诉讼法》有关规定，结合减刑、假释案件审理工作实际，制定本规定。

第一条 对减刑、假释案件，应当按照下列情形分别处理：

（一）对被判处死刑缓期执行的罪犯的减刑，由罪犯服刑地的高级人民法院在收到同级监狱管理机关审核同意的减刑建议书后一个月内作出裁定；

（二）对被判处无期徒刑的罪犯的减刑、假释，由罪犯服刑地的高级人民法院在收到同级监狱管理机关审核同意的减刑、假释建议书后一个月内作出裁定，案情复杂或者情况特殊的，可以延长一个月；

（三）对被判处有期徒刑和被减为有期徒刑的罪犯的减刑、假释，由罪犯服刑地的中级人民法院在收到执行机关提出的减刑、假释建议书后一个月内作出裁定，案情复杂或者情况特殊的，可以延长一个月；

（四）对被判处拘役、管制的罪犯的减刑，由罪犯服刑地中级人民法院在收到同级执行机关审核同意的减刑、假释建议书后一个月内作出裁定。

对暂予监外执行罪犯的减刑，应当根据情况，分别适用前款的有关规定。

第二条 人民法院受理减刑、假释案件，应当审查执行机关移送的下列材料：

（一）减刑或者假释建议书；

（二）终审法院裁判文书、执行通知书、历次减刑裁定书的复印件；

（三）罪犯确有悔改或者立功、重大立功表现的具体事实的书面证明材料；

（四）罪犯评审鉴定表、奖惩审批表等；

（五）其他根据案件审理需要应予移送的材料。

报请假释的，应当附有社区矫正机构或者基层组织关于罪犯假释后对所居住社区影响的调查评估报告。

人民检察院对报请减刑、假释案件提出检察意见的，执行机关应当一并移送受理减刑、假释案件的人民法院。

经审查，材料齐备的，应当立案；材料不齐的，应当通知执行机关在三日内补送，逾期未补送的，不予立案。

第三条 人民法院审理减刑、假释案件，应当在立案后五日内将执行机关报请减刑、假释的建议书等材料依法向社会公示。

公示内容应当包括罪犯的个人情况、原判认定的罪名和刑期、罪犯历次减刑情况、执行机关的建议及依据。

公示应当写明公示期限和提出意见的方式。公示期限为五日。

第四条 人民法院审理减刑、假释案件，应当依法由审判员或者由审判员和人民陪审员组成合议庭进行。

第五条 人民法院审理减刑、假释案件，除应当审查罪犯在执行期间的一贯表现外，还应当综合考虑犯罪的具体情节、原判刑罚情况、财产刑执行情况、附带民事裁判履行情况、罪犯退赃退赔等情况。

人民法院审理假释案件，除应当审查第一款所列情形外，还应当综合考虑罪犯的年龄、身体状况、性格特征、假释后生活来源以及监管条件等影响再犯罪的因素。

执行机关以罪犯有立功表现或重大立功表现为由提出减刑的，应当审查立功或重大立功表现是否属实。涉及发明创造、技术革新或者其他贡献的，应当审查该成果是否系罪犯在执行期间独立完成，并经有关主管机关确认。

第六条 人民法院审理减刑、假释案件，可以采取开庭审理或者书面审理的方式。但下列减刑、假释案件，应当开庭审理：

（一）因罪犯有重大立功表现报请减刑的；

（二）报请减刑的起始时间、间隔时间或者减刑幅度不符合司法解释一般规定的；

（三）公示期间收到不同意见的；

（四）人民检察院有异议的；

（五）被报请减刑、假释罪犯系职务犯罪罪犯，组织（领导、参加、包庇、纵容）黑社会性质组织犯罪罪犯，破坏金融管理秩序和金融诈骗犯罪罪犯及其他在社会上有重大影响或社会关注度高的；

（六）人民法院认为其他应当开庭审理的。

第七条 人民法院开庭审理减刑、假释案件，应当通知人民检察院、执行机关及被报请减刑、假释罪犯参加庭审。

人民法院根据需要，可以通知证明罪犯确有悔改表现或者立功、重大立功表现的证人，公示期间提出不同意见的人，以及鉴定人、翻译人员等其他人员参加庭审。

第八条 开庭审理应当在罪犯刑罚执行场所或者人民法院确定的场所进行。有条件的人民法院可以采取视频开庭的方式进行。

在社区执行刑罚的罪犯因重大立功被报请减刑的，可以在罪犯服刑地或者居住地开庭审理。

第九条 人民法院对于决定开庭审理的减刑、假释案件，应当在开庭三日前将开庭的时间、地点通知人民检察院、执行机关、被报请减刑、假释罪犯和有必要参加庭审的其他人员，并于开庭三日前进行公告。

第十条 减刑、假释案件的开庭审理由审判长主持，应当按照以下程序进行：

（一）审判长宣布开庭，核实被报请减刑、假释罪犯的基本情况；

（二）审判长宣布合议庭组成人员、检察人员、执行机关代表及其他庭审参加人；

（三）执行机关代表宣读减刑、假释建议书，并说明主要理由；

（四）检察人员发表检察意见；

（五）法庭对被报请减刑、假释罪犯确有悔改表现或立功表现、重大立功表现的事实以及其他影响减刑、假释的情况进行调查核实；

（六）被报请减刑、假释罪犯作最后陈述；

（七）审判长对庭审情况进行总结并宣布休庭评议。

第十一条 庭审过程中，合议庭人员对报请理由有疑问的，可以向被报请减刑、假释罪犯、证人、执行机关代表、检察人员提问。

庭审过程中，检察人员对报请理由有疑问的，在经审判长许可后，可以出示证据，申请证人到庭，向被报请减刑、假释罪犯及证人提问并发表意见。被报请减刑、假释罪犯对报请理由有疑问的，在经审判长许可后，可以出示证据，申请证人到庭，向证人提问并发表意见。

第十二条 庭审过程中，合议庭对证据有疑问需要进行调查核实，或者检察人员、执行机关代表提出申请的，可以宣布休庭。

第十三条 人民法院开庭审理减刑、假释案件，能够当庭宣判的应当当庭宣判；不能当庭宣判的，可以择期宣判。

第十四条 人民法院书面审理减刑、假释案件，可以就被报请减刑、假释罪犯是否符合减刑、假释条件进行调查核实或听取有关方面意见。

第十五条 人民法院书面审理减刑案件，可以提讯被报请减刑罪犯；书面审理假释案件，应当提讯被报请假释罪犯。

第十六条 人民法院审理减刑、假释案件，应当按照下列情形分别处理：

（一）被报请减刑、假释罪犯符合法律规定的减刑、假释条件的，作出予以减刑、假释的裁定；

（二）被报请减刑的罪犯符合法律规定的减刑条件，但执行机关报请的减刑幅度不适当的，对减刑幅度作出相应调整后作出予以减刑的裁定；

（三）被报请减刑、假释罪犯不符合法律规定的减刑、假释条件的，作出不予减刑、假释的裁定。

在人民法院作出减刑、假释裁定前，执行机关书面申请撤回减刑、假释建议的，是否准许，由人民法院决定。

第十七条 减刑、假释裁定书应当写明罪犯原判和历次减刑情况，确有悔改表现或者立功、重大立功表现的事实和理由，以及减刑、假释的法律依据。

裁定减刑的，应当注明刑期的起止时间；裁定假释的，应当注明假释考验期的起止时间。

裁定调整减刑幅度或者不予减刑、假释的，应当在裁定书中说明理由。

第十八条 人民法院作出减刑、假释裁定后，应当在七日内送达报请减刑、假释的执行机关、同级人民检察院以及罪犯本人。作出假释裁定的，还应当送达社区矫正机构或者基层组织。

第十九条 减刑、假释裁定书应当通过互联网依法向社会公布。

第二十条 人民检察院认为人民法院减刑、假释裁定不当，在法定期限内提出书面纠正意见的，人民法院应当在收到纠正意见后另行组成合议庭审理，并在一个月内作出裁定。

第二十一条 人民法院发现本院已经生效的减刑、假释裁定确有错误的，应当依法重新组成合议庭进行审理并作出裁定；上级人民法院发现下级人民法院已经生效的减刑、假释裁定确有错误的，应当指令下级人民法院另行组成合议庭审理，也可以自行依法组成合议庭进行审理并作出裁定。

第二十二条 最高人民法院以前发布的司法解释和规范性文件，与本规定不一致的，以本规定为准。

最高人民法院
关于人民法院在互联网公布裁判文书的规定

法释〔2013〕26号

（2013年11月13日最高人民法院审判委员会第1595次会议通过
2013年11月21日最高人民法院公告公布　自2014年1月1日起施行）

为贯彻落实审判公开原则，规范人民法院在互联网公布裁判文书工作，促进司法公正，提升司法公信力，根据《中华人民共和国刑事诉讼法》《中华人民共和国民事诉讼法》《中华人民共和国行政诉讼法》等相关规定，结合人民法院工作实际，制定本规定。

第一条 人民法院在互联网公布裁判文书，应当遵循依法、及时、规范、真实的原则。

第二条 最高人民法院在互联网设立中国裁判文书网，统一公布各级人民法院的生效裁判文书。

各级人民法院对其在中国裁判文书网公布的裁判文书质量负责。

第三条 各级人民法院应当指定专门机构负责互联网公布裁判文书的管理工作。该机构履行以下职责：

（一）组织、上传裁判文书；

（二）发现公布的裁判文书存在笔误或者技术处理不当等问题的，协调有关部门及时处理；

（三）其他相关的指导、监督和考评工作。

第四条 人民法院的生效裁判文书应当在互联网公布，但有下列情形之一的除外：

（一）涉及国家秘密、个人隐私的；

（二）涉及未成年人违法犯罪的；

（三）以调解方式结案的；

（四）其他不宜在互联网公布的。

第五条 人民法院应当在受理案件通知书、应诉通知书中告知当事人在互联网公布裁判文书的范围，并通过政务网站、电子触摸屏、诉讼指南等多种方式，向公众告知人民法院在互联网公布裁判文书的相关规定。

第六条 人民法院在互联网公布裁判文书时，应当保留当事人的姓名或者名称等真实信息，但必须采取符号替代方式对下列当事人及诉讼参与人的姓名进行匿名处理：

（一）婚姻家庭、继承纠纷案件中的当事人及其法定代理人；

（二）刑事案件中被害人及其法定代理人、证人、鉴定人；

（三）被判处三年有期徒刑以下刑罚以及免予刑事处罚，且不属于累犯或者惯犯的被告人。

第七条 人民法院在互联网公布裁判文书时，应当删除下列信息：

（一）自然人的家庭住址、通讯方式、身份证号码、银行账号、健康状况等个人信息；

（二）未成年人的相关信息；

（三）法人以及其他组织的银行账号；

（四）商业秘密；

（五）其他不宜公开的内容。

第八条 承办法官或者人民法院指定的专门人员应当在裁判文书生效后七日内按照本规定第六条、第七条的要求完成技术处理，并提交本院负责互联网公布裁判文书的专门机构在中国裁判文书网公布。

第九条 独任法官或者合议庭认为裁判文书具有本规定第四条第四项不宜在互联网公布情形的，应当提出书面意见及理由，由部门负责人审查后报主管副院长审定。

第十条 在互联网公布的裁判文书，除依照本规定的要求进行技术处理的以外，应当与送达当事人的裁判文书一致。

人民法院对送达当事人的裁判文书进行补正的，应当及时在互联网公布补正裁定。

第十一条 人民法院在互联网公布的裁判文书，除因网络传输故障导致与送达当事人的裁判文书不一致的以外，不得修改或者更换；确因法定理由或者其他特殊原因需要撤回的，应当由高级人民法院以上负责互联网公布裁判文书的专门机构审查决定，并在中国裁判文书网办理撤回及登记备案手续。

第十二条 中国裁判文书网应当提供操作便捷的检索、查阅系统，方便公众检索、查阅裁判文书。

第十三条 最高人民法院负责监督和指导地方各级人民法院在互联网公布裁判文书的工作。

高级人民法院负责组织、指导、监督和检查辖区内各级人民法院在互联网公布裁判文书的工作。

第十四条 各高级人民法院在实施本规定的过程中，可以结合工作实际制定实施细则。中西部地区基层人民法院在互联网公布裁判文书的时间进度由高级人民法院决定，并报最高人民法院备案。

第十五条 本规定自 2014 年 1 月 1 日起实施。最高人民法院 2010 年 11 月 8 日制定的《关于人民法院在互联网公布裁判文书的规定》（法发〔2010〕48 号）同时废止。最高人民法院以前发布的司法解释和规范性文件与本规定不一致的，以本规定为准。

三、司法文件

最高人民法院　公安部

关于刑事被告人或上诉人出庭受审时着装问题的通知

2015年2月10日　　法〔2015〕45号

各省、自治区、直辖市高级人民法院、公安厅（局），解放军军事法院，新疆维吾尔自治区高级人民法院生产建设兵团分院、公安局：

为进一步加强刑事被告人人权保障，彰显现代司法文明，人民法院开庭时，刑事被告人或上诉人不再穿着看守所的识别服出庭受审。人民法院到看守所提解在押刑事被告人或上诉人的，看守所应当将穿着正装或便装的在押刑事被告人或上诉人移交人民法院。

特此通知，请遵照执行。

最高人民法院

关于严格执行司法解释工作规范切实加强司法解释工作的通知

2014年12月31日　　法〔2014〕361号

司法解释制度是中国特色社会主义司法制度的重要组成部分，司法解释是监督、指导全国法院正确适用法律的重要方式，是最高人民法院的一项重要审判职权。《中共中央关于全面推进依法治国若干重大问题的决定》提出要加强和规范司法解释工作，统一法律适用标准。为有效落实党的十八届四中全会提出的新要求和新任务，各部门要认真做好司法解释立项、起草、审核、征求意见和讨论发布等环节的工作，加强司法解释制定的科学化和规范化管理，不断提高司法解释工作水平。现就严格执行司法解释工作规范，切实加强司法解释工作，通知如下：

一、准确把握法律精神，依法审慎行使司法解释权。司法解释是保证宪法和法律统一实施，确保人民法院审判工作顺利进行的重要制度。各审判业务部门在起草司法解释过程中，要严格依照宪法和法律规定，遵循立法原意，正确解释法律。制定司法解释要切实解决审判工作中属于普遍的法律适用疑难问题，解决人民法院在审判过程中遇到的实际问题。要依法审慎行使司法解释权，审判工作实际需要且有司法解释权限的，制定司法解释；审判工作实际需要但没有司法解释权限的，不得制定司法解释，可以建议全国人大常委会作出立法解释。研究室要加强司法解释法核和文核工作，司法解释经审判委员会讨论通过后，应当对司法解释是否符合法律规定和立法本意以及用语是否规范等进行核查。

二、严格执行司法解释立项工作规范，确保立项的科学性、针对性以及可行性。司法解释立项计划应符合司法实践需要，根据审判形势与工作任务而制定。各审判业务部门应根据《最高人民法院关于司法解释工作的规定》（以下简称2007年《规定》），结合本部门职能，依据审判实际，统筹考虑，提出司法解释立项建议。研究室要严格落实2007年《规定》有关立项工作的规定，严格审查司法解释年度立项计划和临时司法解释立项计划，做好最高人民法院年度司法解释立项的总体统筹工作。

三、做好司法解释征求意见工作，确保广泛听取各方意见。起草部门要严格按照2007年《规定》做好司法解释调研工作，确保征求意见充分、深入、广泛。征求意见时要为被征求意见单位留出足够的时间。解释、规定类司法解释征求意见，应至少留出30个工作日。要做到及时与全国人大常委会法工委沟通，对司法解释稿征求意见后又做出重大修改的内容，应再次征求全国人大常委会法工委的意见。

四、严格执行司法解释审核工作规定，确保司法解释的合法性。司法解释审核工作，是确保司法解释合法性的重要措施。起草部门要重视司法解释送审前的审核工作，为审核工作预留充足时间。审核部门要认真依照2007年《规定》进行审查，严格把关。对于不符合法律规定，与其他司法解释存在冲突的内容或是重大疑难问题，应当召集起草部门及相关单位再行论证。审核部门要逐步统一司法解释用语技术规范，统一司法解释的发布标准。起草部门要认真研究审核意见。司法解释送审稿提交审判委员会讨论时应当汇报审核意见，并汇报采纳或者不予采纳的理由。

五、司法解释制定过程、发布要公开、透明，保障人民群众的参与。在司法解释制定过程中，要充分发扬民主，认真征求和听取全国人大代表、全国政协委员以及有关国家机关、社会团体或其他组织、公民对司法解释条文的意见和建议。要在改进和完善司法解释工作中保障人民群众对司法解释的参与权、知情权。对人民群众的来信要有反馈；涉及人民群众切身利益或者重大疑难问题的司法解释，可以向社会公开征求意见；司法解释发布时，不仅要在《最高人民法院公报》和《人民法院报》刊登，还要在最高人民法院官网同时发布。

六、开展司法解释实施效果评估工作，走出科学制定司法解释的新路子。司法解释制定得好不好，司法人员和人民群众最有发言权。新闻局和起草部门要做好司法解释公布前的风险评估、宣传报道和舆论引导工作。研究室、起草部门和新闻局要逐步开展司法解释实施效果的反馈和评估工作。认真听取有关方面意见，找出司法解释的问题、不足，及时改进司法解释工作。要定期对我院出台的司法解释进行跟踪检查，确保司法解释的各项规定落实到位，维护司法解释权威。

七、正确处理司法解释与其他规范性文件的关系，规范其他规范性文件的制定和适用。起草部门要正确处理司法解释与规范性文件的关系。涉及法律适用问题的，应当提请制定司法解释；涉及法院管理工作内容的，应当制定“意见”“通知”等规范性文件。要减少用其他规范性文件作为案件审理的依据指导审判工作，也要避免把法院管理工作内容写入司法解释。研究室要加强司法解释与其他规范性文件的性质、效力、适用问题等问题的研究，理清司法解释与其他规范性文件的区别，明确各自的适用范围。要加强其他规范性文件管理工作，完善司法指导性文件管理的规章制度，提高其他规范性文件的有效性及质量。

八、加强与最高人民检察院在司法解释工作方面的协调，搭建司法解释工作沟通平台。需要最高人民法院和最高人民检察院联合制定的司法解释，起草部门要携手合作，加强沟通。研究室要发挥统筹协调作用，搭建司法解释工作沟通协调平台，在联合发文工作机制、司法解释制定程序、司法解释语言技术规范以及司法解释形式等问题上共同研究，形成统一的制度规范，确保司法解释质量和效果。

最高人民法院

关于知识产权法院技术调查官参与诉讼活动若干问题的暂行规定

2014 年 12 月 31 日　　　　法〔2014〕360 号

为依法规范知识产权法院技术调查官参与诉讼活动，根据《中华人民共和国民事诉讼法》《中华人民共和国行政诉讼法》《全国人民代表大会常务委员会关于在北京、上海、广州设立知识产权法院的决定》以及《关于司法体制改革试点若干问题的框架意见》，结合审判实际，制定本规定。

一、知识产权法院配备技术调查官，技术调查官属于司法辅助人员。

知识产权法院设置技术调查室，负责技术调查官的日常管理。

二、知识产权法院审理有关专利、植物新品种、集成电路布图设计、技术秘密、计算机软件等专业技术性较强的民事和行政案件时，可以指派技术调查官参与诉讼活动。

三、法官根据案件审理需要，可以书面通知技术调查室指派技术调查官参与诉讼活动。

技术调查官参与诉讼活动的，应当在裁判文书首部的案件来源部分列明其身份和姓名。

四、知识产权法院确定技术调查官参与诉讼活动后，应当在三日内告知当事人。

五、当事人有权申请技术调查官回避。技术调查官的回避，参照适用民事诉讼法、行政诉讼法等有关审判人员回避的规定。

六、技术调查官根据法官的要求，就案件有关技术问题履行下列职责：

（一）通过查阅诉讼文书和证据材料，明确技术事实的争议焦点；

（二）对技术事实的调查范围、顺序、方法提出建议；

（三）参与调查取证、勘验、保全，并对其方法、步骤等提出建议；

（四）参与询问、听证、庭审活动；

（五）提出技术审查意见，列席合议庭评议；

（六）必要时，协助法官组织鉴定人、相关技术领域的专业人员提出鉴定意见、咨询意见；

（七）完成法官指派的其他相关工作。

七、技术调查官参与询问、听证、庭审活动时，经法官许可，可以就案件有关技术问题向当事人、诉讼代理人、证人、鉴定人、勘验人、有专门知识的人发问。

技术调查官的座位设在法官助理的左侧，书记员的座位设在法官助理的右侧。

八、技术调查官列席案件评议时，应当针对案件有关技术问题提出意见，接受法官对技术问题的询问。

技术调查官对案件裁判结果不具有表决权。

技术调查官提出的意见应当记入评议笔录，并由其签名。

九、技术调查官提出的技术审查意见可以作为法官认定技术事实的参考。

十、其他人民法院审理本规定第二条所列的案件时，可以参照适用本规定。

最高人民法院
关于全面推进人民法院诉讼服务中心建设的指导意见

2014 年 12 月 15 日　　　　　　法发〔2014〕23 号

为深入贯彻党的十八大、十八届三中、四中全会精神，巩固党的群众路线教育实践活动成果，牢牢把握司法为民、公正司法主线，进一步完善司法便民、利民措施，有效提升司法服务群众的能力和水平，努力实现让人民群众在每一个司法案件中都感受到公平正义的目标，现就全面推进人民法院诉讼服务中心建设提出以下意见：

一、总体目标和基本原则

1. 通过建设诉讼服务大厅、诉讼服务网、12368 诉讼服务热线，构建人民法院面向社会的多渠道、一站式、综合性诉讼服务中心，方便当事人受尊重地集中办理除庭审之外的其他诉讼事务，构建开放、动态、透明、便民的阳光司法机制，深化司法公开，扩大司法民主，努力实现司法为民公正司法，提升司法公信力。

2. 诉讼服务中心是为法院各部门搭建的对外服务平台。各部门根据各自的职能和诉讼服务中心整体运行要求承担诉讼服务工作，最大限度地方便群众诉讼。

3. 诉讼服务中心建设坚持“面向群众、面向基层、面向实际”的原则。根据便利当事人行使诉讼权利和保障人民群众知情权、监督权的实际需要确定功能设置、服务流程、服务标准。将基层人民法院诉讼服务中心建设作为重点，高度重视提升人民法庭诉讼服务水平。注重地区差别和层级差别，坚持从实际出发，因地制宜，分步推进诉讼服务中心建设。注重依托大数据、云计算等现代信息技术，积极拓展服务功能，丰富服务内容，创新服务手段。

二、诉讼服务大厅

（一）基础建设

1. 诉讼服务大厅应当有明显标志，方便群众出入，并建有无障碍通道；面积要满足功能发挥的实际需要。

2. 信访接待场所和其他诉讼服务场所分开设置，做到布局合理、庄重大方、宽敞明亮、整洁卫生；在保障安全有序的前提下，采用“柜台式”“窗口式”等开放办公方式；根据条件和实际需要，可以为残疾人等弱势群体开辟绿色通道，提供优先服务。建立远程视频接访系统，实现与上下级法院的互联互通。

3. 设置休息座椅、饮水器具和卫生服务设施；提供笔墨纸张、复印、打字、电话、传真、网络等服务，有条件的可以提供与诉讼有关的其他商品服务。

4. 为当事人提供来访须知、诉讼指南、风险告知书等诉讼指引资料，配备电子触摸屏等自助查询设备。

5. 在明显位置公布工作流程、管理制度、法院和大厅工作人员的相关信息。

6. 配备手持安检仪、液体检测仪、通道式 X 光物检仪及防爆桶、防火毯等安检设备。

（二）主要功能

1. 诉讼引导、法律宣传。由专人负责接待，根据来访人员的目的将其引导至相关区域，进行必要的诉讼指引和法律宣传。

2. 登记立案、先行调解。接收案件材料，办理登记立案手续、核算诉讼费；为当事人、代理人、辩护人提供用于查询案件信息、查阅案卷的验证密码；对符合条件的当事人提供司法救助，根据规定办理诉讼费的减、缓、免除。确有需要的，为当事人提供上门立案、节假日预约立案服务。有条件的可以设置金融机构现场服务窗口，实现诉讼费等费用的现场缴纳。

设立调解工作室，由法官、专职人民调解员等进行诉前调解或立案调解，开展诉调对接工作。

3. 受理申请、材料收转。接受当事人等提出的财产保全、证据保全、委托鉴定等申请，形式审查后转相关部门办理。特殊情况下，提供紧急办理申请事项的服务。

接收当事人、代理人、辩护人提交的诉讼材料，转交法官或合议庭。

4. 查询咨询、联系法官。通过窗口接待、触摸屏、网络等手段和形式，为当事人、代理人、辩护人提供承办法官、审判组织、流程信息等案件信息查询服务。为当事人等提供法律咨询，有条件的可以提供与诉讼相关的心理咨询。提供专门的阅卷室方便当事人、代理人、辩护人根据规定查阅卷宗，并提供扫描、复印等服务。当事人、代理人、辩护人需要联系法官的，及时帮助联系，有正当理由并得到法官同意的，安排与法官在专门的地点会见。

根据条件和实际需要，可以设置律师或志愿者服务窗口，由律师或具备专业知识的志愿者为当事人无偿提供诉讼咨询和帮助。积极争取将律师在诉讼服务大厅的无偿服务纳入法律援助范围。

5. 文书送达、判后答疑。在合议庭与当事人已有约定后，为当事人提供窗口送达诉讼文书服务。当事人对裁判提出疑问的，通知合议庭答疑。

6. 信访接待、投诉建议。接待处理申诉信访；开展远程视频接访。

设投诉信箱，接受举报投诉与意见建议，转相关部门处理。有条件的可以设置纪检监察窗口。

（三）岗位要求

1. 导诉人员可以由非审判人员担任，应当使用文明、规范的语言询问来访人员的目的，介绍办事程序，指引办事地点，开展法律宣传。

2. 立案法官发现当事人起诉的民事纠纷适宜调解并征得当事人同意的，及时移交调解。对不符合调解条件的，告知诉讼风险，及时办理登记立案手续。

对材料不齐全的，一次性指导当事人补齐；不能当即立案的，说明原因，并约定立案时间；不符合登记立案条件的，进行法律释明并作出指引。

先行调解人员应当根据合法、自愿的原则进行调解。当事人不愿意调解或不能达成调解协议的，及时转入立案、审判程序。

3. 受理申请岗位由民事、行政审判部门和执行部门轮流派驻法官、法官助理当值。应统一常见申请的形式要求。接收申请材料应当开具收据，认真审查；对材料不齐全的，一次性指导当事人补齐；符合形式要求的及时移交相关部门办理。

4. 材料收转、查询咨询、联系法官岗位可以由非审判人员担任。收转材料应当认真核对、登记，开具收据，保证及时交接。要验证查询人身份，及时帮助查询，或指引使用自助查询设备查询。应当认真听取来访人员的咨询，耐心回答问题，详细解释法律规定，提供诉讼指引。

5. 窗口文书送达岗位人员可以由非审判人员担任。送达文书要严格依照法律规定进行。当事人当场对裁判文书提出疑问的，应当即刻通知合议庭答疑，或由合议庭与当事人预约时间答疑。

6. 信访接待法官应当及时接待来访人，认真审查申诉材料、听取意见，完整记录来访信息。能够当场解答处理的当场解答处理，不能当场处理的，按规定约定期限处理。对集体访等非正常上访，及时报告，妥善处理，防止矛盾激化。

7. 设立纪检监察窗口的，投诉建议岗位由纪检监察部门派驻人员担任；未设立纪检监察窗口的，可以由其他非审判人员担任。应当及时依照相关规定办理、转办举报投诉，并严格遵守保密纪律；定期汇总意见建议转相关部门。

8. 安全保卫人员由法警担任，要严守岗位，文明执法，认真履行安检职责，确保场所安全与秩序。

三、诉讼服务网

（一）基础建设

1. 建立诉讼服务网，完善法院公开信息、案件流程信息、诉讼电子档案等数据库，作为诉讼服务网的支撑。实现诉讼服务网与审判流程公开平台、裁判文书公开平台、执行信息公开平台（司法公开三大平台）的相互链接、资源共享。

2. 建立通讯服务系统，实现与诉讼服务大厅、诉讼服务网、12368 诉讼服务热线信息共享、互联互通。

3. 完善案件流程管理系统、网上办公系统，实现与诉讼服务网、通讯服务系统数据的及时交换。

（二）主要功能

1. 信息查询、诉讼指引。自案件受理之日起，当事人、代理人、辩护人凭查询密码登录网页查询案件信息。公众直接登录网页查询法院机构、人员、工作流程、生效裁判文书、常用法律法规等公开信息和诉讼指引信息。提供常用的起诉状、答辩状、申请执行书、授权委托书等文书格式电子文档，供当事人等查看和下载使用。通过通讯服务系统，以短信、微信、微博、移动通讯应用客户端等方式主动向当事人、代理人、辩护人推送案件主要流程节点信息，或根据查询申请推送相关案件信息，以及主动向社会公众推送公开信息。

2. 预约立案、网上立案。当事人通过网络提交案件材料，经立案法官在线审查，符合登记立案条件的，预约当事人、代理人到诉讼服务大厅办理立案手续。

探索建立诉讼行为真实性识别机制，实现立案法官在线登记立案。探索建立网上缴费系统，为当事人提供诉讼费等费用的网上支付服务。

3. 受理申请、材料接收。当事人等通过网络提出财产保全、证据保全、委托鉴定等申请，法官在线审查，符合形式要求的，预约申请人到诉讼服务大厅提交书面申请。探索建立诉讼行为真实性识别机制，实现法官在线审查、处理相关申请。

当事人、代理人、辩护人通过网络上传案件材料，法官处理后回复。

4. 联系法官、网上阅卷。当事人、代理人、辩护人通过网络请求与法官通话、约见法官，或在特定案件公共交流平台上给法官留言，法官处理后回复。

在诉讼档案电子化的基础上，提供网上阅卷服务。当事人、代理人、辩护人经密码验证后，通过网络按照相关规定查阅卷宗或下载。

5. 网上信访、预约接访。当事人上传申诉材料，提出申诉请求，信访法官通过网上信访系统在线办理并答复当事人。当事人在网上提出预约接谈申请，信访法官审查后预约排期。

（三）岗位要求

1. 诉讼服务网由专门的机构、人员管理维护，确保正常运转；相关部门要负责及时更新公开信息，审判人员、辅助人员要及时录入案件信息，确保信息查询功能与诉讼指引功能的有效发挥。

2. 网上立案法官应当认真审查当事人提交的案件材料，符合登记立案条件的应当及时通知当事人、代理人到诉讼服务大厅办理立案手续或直接决定立案。对提交材料不齐全的，在网上一次性指导当事人补齐。不符合登记立案条件的，回复释明法律并作出指引。

3. 网上办公系统法官个人终端都是诉讼服务网的一部分。当事人等提交的申请和材料经数据交换到达法官个人终端，承办法官应当在规定时间内及时办理回复。

4. 网上信访法官应当认真审查申诉人提交的申诉材料，在规定的时间内作出处理，并完整的填写处理意见和理由，在网上答复当事人。

四、12368 诉讼服务热线

（一）基础建设

1. 开通 12368 诉讼服务热线，设置专门的接听场所，配置必要的工作设施，实现与案件流程管理系统、网上办公系统、诉讼服务网、通讯服务系统的有效衔接，共享基础数据库。

2. 有条件的可以实现信息语音化，建立自助语音应答系统。

（二）主要功能

1. 信息查询。自案件受理之日起，当事人、代理人、辩护人拨打热线通过自助语音查询案件信息；未建立自助语音应答系统的，由座席员接听后查询答复或通过通讯服务系统推送查询结果。

2. 诉讼咨询。提供常见程序性法律问题的咨询。

3. 联系法官。当事人、代理人、辩护人拨打热线要求联系法官的，帮助联系。

4. 预约服务。根据条件和实际需要，提供帮助预约节假日立案、上门立案等服务。

（三）岗位要求

1. 座席员可以由非审判人员担任，负责热线的接听、记录、相关事项的答复和转办。应当保证工作日热线畅通，耐心倾听来电并做好记录。对于查询咨询事项要全面准确地答复；要求联系法官的，应当及时帮助联系，不能及时联系上的，留言法官在规定的时间内回复来电人。应当准确记录举报投诉和意见建议，及时依照相关规定转办，并严格遵守保密纪律。

2. 服务热线应当有专门的管理维护人员，已建立自助语音应答系统的要保证24小时正常开通运行。

五、制度建设

各级人民法院要根据诉讼服务大厅、诉讼服务网、12368诉讼服务热线的功能，制定工作规则，规范运行程序，加强相互衔接，确保三大诉讼服务平台规范、高效运转。重点要建立以下制度：

1. 规范服务制度。三大诉讼服务平台均应当明确各项服务项目的办理时间、期限和要求，并严格落实，确保诉讼服务规范化。

2. 岗位责任制度。对三大诉讼服务平台的各个岗位实行定岗、定人、定责，做到职能清晰、任务明确、权责一致。接待来访、接听来电的首位工作人员是首问责任人，应认真负责地做好来访接待、电话接听与登记工作。对职责范围内的事项，及时办理；对职责范围外的事项，及时移交有关部门和人员，并将移交、转办情况及时回复来访、来电人员。

建立科学的考核机制，对诉讼服务中心工作人员进行单独考核。

3. 办事公开制度。各项诉讼服务工作的流程和结果应当留有记录并方便群众了解查询，自觉接受群众监督。三大诉讼服务平台均应当建立群众满意度评价系统。

4. 庭长值班制度。审判业务部门轮流安排负责同志在诉讼服务中心值班，指导处理疑难事项，协调各部门开展工作。

5. 督促提示制度。法官及其他工作人员均应当在规定的时间内完成相关诉讼服务工作。在规定时间内未完成的，审判管理系统应当以一定的方式逐级提示其上级管理者进行督促。

6. 文明接待制度。诉讼服务中心工作人员应当统一着装上岗，做到精神饱满、仪表端庄，举止得体，服务周到、用语文明，工作高效、方法适当。

六、工作要求

1. 加强组织领导。各级人民法院要高度重视诉讼服务中心建设，坚持院长亲自抓，各部门通力配合。要根据最高人民法院总体要求和各地基础条件、实际需要，制定具体工作方案，明确建设时间进度，积极抓好落实。

2. 统一名称。人民法院诉讼服务场所统一使用“诉讼服务中心”名称。

3. 加强机构建设。各级人民法院可以依托立案庭也可以根据自身实际情况构建诉讼服务中心日常管理部门。要注重增强协调力度，重大事项由分管领导召集各部门参加的协调会研究处理，确保工作高效。

4. 加强队伍建设。按照“政治坚定、业务精通、纪律严明、作风优良、品德高尚”的要求，为诉讼服务中心配齐配强工作人员。加强业务培训，实行定期轮岗；初任法官和拟任中层领导的人员应当到诉讼服务中心锻炼，将中心作为培养锻炼干部的基地。可以根据岗位的不同实行人员分类配备。非审判岗位可以由退休法官、志愿者担任，并可以探索实行劳务外包。

5. 注重宣传。各级人民法院要充分利用各类社会媒体和法院系统自有媒体，加大对诉讼服务中心建设的宣传力度，增进人民群众的了解，争取社会各界对建设工作的广泛支持。

6. 强化监督考核。上级人民法院要强化措施，加强对下级法院诉讼服务中心建设的考核、验收，推动建设工作不断深入。

最高人民法院

关于进一步加强新形势下人民法庭工作的若干意见

2014 年 12 月 4 日　　　　　　　　法发〔2014〕21 号

为深入贯彻落实党的十八大、十八届三中全会、四中全会和《中共中央关于全面深化改革若干重大问题的决定》《中共中央关于全面推进依法治国若干重大问题的决定》精神，切实发挥人民法庭职能作用，推动人民法庭工作不断科学发展，现就进一步加强新形势下人民法庭工作提出如下意见。

一、深刻认识面临的新形势、新任务，准确把握人民法庭的职能定位

1. 正确认识新形势。落实全面深化改革任务要求，推进平安中国、法治中国建设，深化司法体制改革，满足人民群众多元司法需求，促进国家治理体系和治理能力现代化，是当前和今后一个时期人民法院工作面临的新形势。人民法庭作为人民法院“基层的基层”，是深化司法体制改革、全面推进依法治国的重要一环，必将面临更加严峻的考验，遇到更多复杂的问题，承担更加艰巨的任务。

2. 深刻理解新任务。人民法庭要继续充分发挥审判职能作用，积极参与基层社会治理，创新落实便民利民举措，因地制宜做好巡回审判工作，将依法独立行使审判权与扩大司法民主相结合，努力搭建阳光司法“窗口”，增进人民司法的社会认同，弘扬社会主义核心价值观。各级人民法院要切实优化人民法庭布局，积极稳妥在人民法庭推进司法改革，完善人民法庭的管理和保障机制，加强人民法庭队伍、装备和信息化建设。要不断提升人民法庭司法能力，为实现全面推进依法治国总目标，建设中国特色社会主义法治体系，建设社会主义法治国家，构建社会主义法治秩序，发挥人民法庭的重要作用。

3. 准确把握职能定位。牢牢把握司法为民公正司法工作主线，代表国家依法独立公正行使审判权，是人民法庭的核心职能。依法支持其他国家机关和群众自治组织调处社会矛盾纠纷，依法对人民调解委员会调解民间纠纷进行业务指导，积极参与基层社会治理，是人民法庭的重要职能。

二、始终坚持司法为民，切实发挥人民法庭的审判职能

4. 优化区域布局。认真贯彻落实《最高人民法院关于全面加强人民法庭工作的决定》，坚持“三个面向”和“两便”原则，以“职能明确、布局合理、审判公正、管理规范、队伍过硬、保障有力”为基本要求，综合案件数量、区域面积、人口数量、交通条件、经济社会发展状况，优化人民法庭的区域布局和人员比例。积极推进以中心法庭为主、社区法庭和巡回审判点为辅的法庭布局形式，戒除脱离实际贪大求多的错误观念，避免司法资源浪费和法庭建设、管理、维护困难。

5. 规范设置调整。基层人民法院要随着城市规划调整以及城乡发展一体化进程的逐步推进，慎重稳妥提出人民法庭设置调整方案，逐级上报高级人民法院批准。人民群众有需求，诉讼案件数量多，派驻人员有编制，建设用地能落实，建设资金有保障的，经高级人民法院批准，可增设人民法庭。增设规模较大、影响范围较广、资金人员需求较多的人民法庭设置调整方案，应当层报最高人民法院审查备案。经济社会发达、案件较多的地区，可以结合自身情况，探索专业化审判法庭的设置。

6. 完善立案机制。基层人民法院要根据辖区实际情况，科学构建人民法庭直接立案工作机制，加强对人民法庭立案工作的指导和管理。经济发达、交通便利地区的人民法庭，可以通过基层人民法院统一立案的方式，加强案件流程管理。山区、牧区、林区、边远地区等交通不便地区的人民法庭，要加强和完善人民法庭直接立案工作机制，并通过远程立案等技术手段，着力解决当事人立案难问题。人民法庭具体受案范围由所属基层人民法院确定后，通过一定方式向社会公布。对依法应当受理的案件，要做到有案必立、有诉必理，对确实不应受理的，要向当事人说明理由。

7. 抓好民生审判。按照落实集体所有权、稳定农户承包权、放活土地经营权的总要求，切实依法维护农村土地承包关系和农民土地承包经营权，强化对土地承包经营权的物权保护，依法保障农民对承包地占有、使用、收益、流转及经营权抵押、担保权利。依法妥善审理与民生息息相关领域的纠纷，维护农村留守儿童、留守妇女和留守老年人的合法权益。依法保护生态环境，推进人居环境整治，为科学推进社会主义新农村建设提供司法保障。

8. 加强诉讼服务。推进人民法庭窗口建设，努力为当事人的诉讼活动提供集成式、一站式服务。加强对诉讼当事人的诉讼指导，对诉讼能力不高的当事人提供必要的程序性引导。对当事人举证确实困难或案件审理确实需要的重要证据，应根据当事人申请或依职权，适时主动调查取证。依法选择并适用更为经济的诉讼程序和程序性措施，切实降低当事人的诉讼负担。推动完善法律援助制度，加强司法救助工作力度，切实保证人民群众及时有效获取法律帮助。

9. 做好巡回审判。正确处理坐堂问案和巡回审判之间的关系，认真落实《关于大力推广巡回审判方便人民群众诉讼的意见》，合理设置巡回办案点与诉讼服务点，提高巡回审判的针对性和实效性。边远民族地区以及其他群众诉讼不便地区，应当确立巡回审判为主的工作机制，继承和弘扬马锡五审判方式，推广车载法庭等巡回审判模式，形成以人民法庭为点、车载流动法庭为线、基层人民法院为面，“点线面”相结合、全覆盖的司法服务网络。经济发达交通便利地区，应将巡回审判的重点放在对社会和谐稳定影响较大，对提高人民群众法治意识、维护社会主义法治秩序和弘扬社会主义道德风尚有重要作用的案件上。

10. 处理好调判关系。充分发挥调解在化解基层民事纠纷中的独特作用，对适宜调解的民事纠纷要依法先行调解。积极总结不同类型案件的特点，在法律规定框架内，恰当借助乡规民约，尊重善良风俗和社情民意，创新调解工作方法，力求从根源上彻底化解矛盾。坚决纠正强迫调解、久调不决等损害当事人合法权益，以及下达强制性调撤指标等违背审判规律的错误做法。大力提高人民法庭裁判文书质量，注重通过正确适用法律、加强释法说理，发挥司法裁判的道德指引功能，彰显规则、维护秩序、弘扬美德。

11. 改进执行工作。对执行工作难度较大、基层人民法院执行不影响当事人合法权益及时实现，以及人员装备难以保障执行工作顺利开展的人民法庭审结案件，原则上由基层人民法院负责执行。对可以当庭执结以及由人民法庭执行更加方便诉讼群众的案件，应当由人民法庭负责执行。有条件的地方，可以探索由所在基层人民法院派驻执行组等方式构建直接执行机制，最大限度地方便群众诉讼，提高执行效率。

12. 完善人民陪审制度。落实人民陪审员倍增计划，结合人民法庭工作特点，扩大基层群众人选比例，扩大参审案件范围。规范人民陪审员参与审理案件的确定方式和流程，认真落实“随机抽取”原则，改变长期驻庭做法。强化人民陪审员岗前和任职培训，提高履职能力。积极探索实行人民陪审员仅参与审理事实认定问题的机制和办法。建立经费保障标准定期调整机制，及时足额发放人民陪审员的交通、误工等补助费用。

三、积极参与基层社会治理，切实发挥人民法庭桥梁纽带和司法保障作用

13. 为其他机构组织化解纠纷提供司法保障。充分发挥人民法庭在“四个治理”中的纽带作用和在多元纠纷解决机制中的示范、保障作用，为提高乡镇、

县域治理法治化水平作出积极贡献。主动加强与公安、司法、劳动争议仲裁、农村土地承包仲裁、人民调解委员会等其他基层国家机关、群众自治组织、行业调解组织等的沟通与协作，尊重和支持其依法调处社会矛盾纠纷，积极做好司法确认等诉讼与非诉讼矛盾纠纷解决机制的衔接工作。

14. 对各类调解组织给予引导。按照“不缺位、不越位、不错位”的原则，依法加强对人民调解委员会的业务指导。以审判职能的有效发挥，为人民调解、行政调解和群众自治组织调处化解矛盾纠纷提供法治样本和导向指引。特别注意加强和规范与居民委员会、村民委员会等基层群众组织在化解矛盾纠纷中的联系和沟通，共同维护良好的基层社会秩序。

15. 立足审判职能参与地方治理。人民法庭要灵活运用公众开放日、观摩庭审、以案释法、判后答疑等多种形式，积极开展法治宣传，引导人民群众自觉履行法定义务、社会责任、家庭责任。要通过及时向地方党委、人大报送涉诉矛盾纠纷专项报告，向政府及其他相关部门提出司法建议的方式，参与地方社会治理。不得超越审判职能参与地方行政、经济事务，以及其他与审判职责无关的会议、接访、宣传等事务。

四、积极稳妥推进司法体制改革，不断完善人民法庭工作机制

16. 开展改革试点。各级人民法院要把人民法庭作为司法改革的“试验田”，按照解放思想、积极推进、求真务实、慎重稳妥的原则，推进改革在人民法庭先行先试。辖区内设有人民法庭的中级人民法院，选择3－5个人民法庭，对适宜在人民法庭开展的改革进行试点，鼓励具备条件地区积极扩大试点范围。试点人民法庭应当至少每半年就试点工作情况向所在基层人民法院作出汇报，并逐级层报汇总至最高人民法院，为全面推进司法体制改革积累经验、创造条件。

17. 落实司法责任制。遵循司法规律，按照权责统一的原则，探索建立主审法官办案责任制，明确法官办案权力和责任，逐步实现裁判文书由主审法官签发。有条件的地方可以探索完善合议庭办案责任制，明确个人意见、履职行为在案件处理结果中的责任。规范人民法庭庭长对审判工作的监督管理权限，做到权责统一明晰、监督规范有序。

18. 优化人员构成。建立编制增补和动态管理机制，确保已增编制80%用

于基层和审判一线，根据工作需要及时补充人员。坚持内涵式队伍发展路径，探索根据审判工作量，组建以主审法官为中心的审判团队，配备必要数量的法官助理、书记员等审判辅助人员，以购买服务等方式配强审判辅助力量，解决一些地方因审判人员不足而出现的“一人庭”“二人庭”问题。完善司法人员分类管理制度，稳定审判队伍，提高审判质效。

19. 健全职业保障。推进法官专业职务序列及工资制度改革，逐步提高基层法官职级待遇，实现人民法庭法官职务、职级和法官等级上的适当高配，以及工资福利政策向基层法院和人民法庭的适度倾斜。人民法庭可以先行试行工资加办案补贴、岗位津贴等薪酬确定方式。加强职业风险保障，完善因公牺牲、意外伤害等抚恤救助制度。上级人民法院在探索和推动省以下地方法院人财物统一管理，以及法官延迟退休、返聘等改革时，要注意考虑人民法庭的特点和需求。

20. 完善审判管理。剔除不符合审判规律、不利于人民法庭工作开展和容易产生错误导向的管理考核指标。明确简易案件与疑难复杂案件的分类标准，合理配置审判资源，实现案件繁简分流。探索在小额诉讼和其他适宜的简易案件中，使用表格式、令状式、要素式等简易文书，加快审理进程。探索审判辅助性事务集中专门处理的工作制度，让法官专注于审判。

21. 强化司法公开。全面公开法庭人员信息、管理制度、行为规范、诉讼指南，依法及时公开案件信息、司法依据、诉讼流程、裁判结果，满足当事人知情权，杜绝暗箱操作。在推进“三个平台”建设过程中，注重考虑人民法庭工作特点。积极发挥人民法庭根植基层的特殊优势，在保障司法安全前提下，简化旁听手续，满足人民群众旁听需求；开展司法公开主题活动，主动邀请和组织社会各界代表旁听庭审、参观法庭工作；进一步发挥巡回审判在司法公开、法治宣传方面的独特作用，增强社会对法庭工作的认同。

五、切实加强队伍建设和组织领导，不断提升人民法庭队伍素质和物质装备保障水平

22. 加强党建工作。坚持“支部建在庭上”，实现党的组织和党的工作全覆盖。有 3 名以上党员的人民法庭应成立党支部，党员不足 3 名的人民法庭可成立联合党支部。人民法庭党支部的组织关系隶属所在基层人民法院。强化人民

法庭党支部的组织功能，严格党内生活，充分发挥党支部对干警的教育、管理、监督职能，注重运用信息网络、新媒体开展党建工作。

23. 选好法庭庭长。要积极落实人民法庭机构级别和人民法庭庭长职级，优先从具有法庭工作经历的人员中，选派科级以上法官担任人民法庭庭长，直辖市的人民法庭和案件多、任务重的人民法庭，可选派处级法官担任，根据工作需要人民法庭可设副庭长。要优先从具有人民法庭庭长任职经历的人员中选拔基层人民法院领导。

24. 健全定期轮岗和挂职锻炼制度。有序推进人民法庭之间、人民法庭和基层人民法院其他庭室之间的人员交流。人民法庭庭长一般应在任职后三至五年轮岗一次。基层人民法院新招录人员一般应先安排在人民法庭接受锻炼一年以上。基层人民法院选派法官到上级人民法院、发达地区法院学习锻炼，应优先选派人民法庭法官；上级人民法院选调法官，应接收一定比例具有法庭工作经历的法官；上级人民法院选派有培养前途的干部到基层，应优先安排到人民法庭挂职锻炼。

25. 落实党风廉政责任。基层人民法院党组要将人民法庭党风廉政建设纳入主体责任范围，对人民法庭发生的重大违法违纪案件，在对直接责任人进行责任追究的同时，要按照党风廉政建设责任制的规定，对有关法院领导干部进行问责。基层人民法院纪检监察部门，要切实履行监督职责，通过审务督查和专项检查等，及时发现和纠正人民法庭干警在纪律作风方面存在的问题，以“零容忍”态度严肃查办违法违纪案件。人民法庭庭长要认真履行“一岗双责”，在做好审判工作的同时，管好带好队伍，确保人民法庭公正廉洁司法。

26. 加强纪律作风建设。不断强化理想信念教育，引导人民法庭干警牢固树立群众观念，增进群众感情，切实解决群众反映强烈的“六难三案”问题。坚持从严教育、从严管理、从严监督，坚决整治人民法庭工作中的不正之风。依托信息化手段，全面构建符合人民法庭工作特点的廉政风险防控机制，切实加强对人民法庭审判权运行的监督制约，提高司法廉政制度的执行力。要将作风建设摆在突出位置、融入日常工作，以制度确保改进司法作风的规范化、常态化、长效化。

27. 改善法庭管理。健全法庭管理规章制度，注重经常性管理，注意以听取基层群众意见的方式完善考核评价机制。注重树立和宣传人民法庭先进典型，及时对人民法庭优秀干警给予表彰奖励。加强文化体育场所建设，落实休假、疗养制度，定期组织体检，加强对干警的人文关怀和心理疏导，帮助解决工作、学习和生活实际困难。

28. 改进教育培训。定期开展人民法庭庭长轮训，确保人民法庭法官每年接受业务培训时间不少于 7 天。坚持分级分类培训，充分发挥各级法官培训机构主导作用，积极利用其他培训机构和高等院校培训资源，通过多种方式促进优质教育培训资源向人民法庭延伸倾斜。坚持以需求为导向，紧扣审判实践的培训方向。进一步加大对西部和民族地区培训工作的扶持力度，加强双语法官培养。

29. 抓好基础设施建设。高级人民法院要按照人民法院基础设施建设“十二五”规划要求，合理安排年度建设计划，力争在“十二五”期间全面完成现有人民法庭基础设施建设任务。新建人民法庭应依据《人民法院法庭建设标准》，根据法庭编制人数、年受理案件数等因素合理确定建设规模，严格审核设计方案，并按照《人民法庭统一标识设置规范》要求，安装统一标识。

30. 增强经费保障能力。基层人民法院要根据人民法庭工作任务和装备配备、信息化建设需要，做好人民法庭预算编制工作，及时拨付资金。各高级人民法院要加强对人民法庭经费使用、管理的指导和监督检查。要有计划、分步骤地为人民法庭配备必需的办案办公装备，逐年提高装备配备水平，改善审判工作条件。到 2015 年，全国人民法庭装备配备均应达到《基层人民法院基本业务装备配备指导标准》要求的水平。

31. 推动信息化建设。高级人民法院要以“天平工程”建设为抓手，围绕人民法庭管理和便民、利民，合理确定人民法庭信息化建设内容和规模，加大投入和经费保障力度。按照最高人民法院《关于全面加强人民法院信息化工作的决定》和《人民法院信息化建设五年规划》要求，东部地区在 2014 年底前、中部地区在 2015 年底前、西部地区在 2016 年底前，人民法庭接入基层人民法院信息网络系统。要确保人民法院信息系统软件、硬件配置满足人民法庭诉讼服务工作的需要，为人民法庭配备必要的信息化办公、办案设备和软件，优化办事流程，提高办事效率和人性化水平。

32. 重视安全管理。要建立健全督查机制，增强安全防范意识，克服松懈麻痹思想和侥幸心理，扎实做好日常安全保卫工作。要按照“必要、充足、及时”要求，原则上为每个人民法庭配备至少一名司法警察，并根据工作需要配备若干名安保人员。完善安检、防爆、监控、液体危险品检测等各类安全防范设施和装备配备，优先改善人民法庭安全防危硬件条件，确保人民法庭“人防、物防、技防”落实到位，严密防范各类重大恶性安全责任事故。

33. 推动理论研究。各级人民法院要立足不同职能定位，为繁荣人民法庭理论研究创造条件，加强与法学教育研究机构进行多种形式交流与协作，凝聚多方力量，探索建立人民法庭理论研究工作机制，深入开展人民法庭理论研究工作。着重研究新形势下人民法庭在中国特色社会主义司法制度中的地位和作用，人民法庭的职能定位和在社会治理中的作用，以及人民法庭如何在推进司法改革进程中开展好司法为民、便民、利民工作等全局性、前瞻性重大课题。以问题为导向，从人民法庭的司法实践中总结提炼理论研究的素材和课题，形成理论研究成果，切实实现成果转化，指导和推动人民法庭工作科学发展。

34. 加强监督指导。各级人民法院党组要切实对人民法庭工作负起领导责任。中级人民法院以上的各级人民法院，应当成立专门的人民法庭指导工作办公室，坚持分类指导原则，增强指导的针对性和实效性。要将监督指导人民法庭工作，作为各级人民法院日常工作的重要内容，完善问题发现、反馈、分析和解决机制，建立重大敏感案件风险评估、预警和化解机制。

最高人民法院
关于进一步做好司法便民利民工作的意见

2014 年 11 月 20 日　　　　法〔2014〕293 号

为深入贯彻落实党的十八大、十八届三中、四中全会精神，进一步扎实推进党的群众路线教育实践活动，积极回应人民群众对司法工作的新要求和新期待，牢牢把握“司法为民、公正司法”工作主线，现就人民法院进一步做好司法便民利民工作，提出如下意见。

一、统一思想，提高认识，进一步增强做好司法便民利民工作的自觉性

1. 司法便民利民是人民法院努力实现“让人民群众在每一个司法案件中都

感受到公平正义”的必然要求，是全面推进依法治国，建设平安中国、法治中国的重要途径。各级人民法院要准确把握我国全面深化改革进程中出现的新情况、新特点，将方便人民群众诉讼作为做好各项工作的出发点和落脚点，扎扎实实为人民群众办实事，更好地满足新时期人民群众的多元司法需求。

2. 司法便民利民是人民法院深入贯彻执行党的群众路线，积极践行司法为民根本宗旨的重要内容。各级人民法院要自觉把做好司法便民利民工作与扎实推进党的群众路线教育实践活动紧密结合起来，时刻摆正与人民群众的关系，准确把握人民群众对法院工作的需求与期待，始终坚持人民司法为人民，切实加强人权司法保障，不断改进司法作风，通过一个个具体鲜活的司法便民利民举措，更好地维护最广大人民群众的根本利益。

3. 司法便民利民是深化司法改革，加快建设公正高效权威的社会主义司法制度的重要环节。各级人民法院要把人民群众是否满意作为衡量司法改革成败的根本标准，把完善和落实司法便民利民举措作为深化司法改革的重要切入点，不断健全保障人民群众参与司法的制度措施，着力构建开放、动态、透明、便民的阳光司法机制，让司法改革成果更多更公平地惠及全体人民群众，不断提高司法公信力。

二、求真务实，加强规范，切实做好司法便民利民工作

4. 积极探索建立健全司法便民利民工作的长效机制。人民法院要在狠抓执法办案第一要务的同时，进一步细化和完善立案、审判、执行和信访等环节的便民利民措施，为人民群众提供热情、便捷、高效的司法服务。

5. 建设好、管理好、运用好诉讼服务平台。深入推进诉讼服务中心的标准化、规范化建设，全面整合诉讼服务功能，优化诉讼服务窗口建设。认真做好诉调对接、立案登记、诉讼风险提示、诉讼材料接转、诉讼费用缴纳、财产保全、案件流程查询、信访接待等各方面的工作，努力为当事人提供“一站式”和“全方位”的诉讼服务。

6. 健全方便立案的新机制。根据人民群众的需求和审判工作的实际需要，积极推进立案登记工作，对人民法院依法应该受理的案件，做到有案必立、有诉必理，切实保障当事人诉权。做好预约立案工作，积极为行动不便的伤病患者、残疾人、老年人、未成年人等提供立案、送达、调解等方面的便民服务，

方便当事人诉讼。

7. 依法及时采取保全措施。人民法院应当根据案件具体情况依法合理确定保全的担保方式和担保数额。对保全实施工作归口管理，暂时没有实行归口管理的人民法院，应积极采取措施方便当事人申请和查询。

8. 健全案件繁简分流机制。充分发挥简易程序、小额诉讼程序、督促程序、刑事和解程序、轻微刑事案件快速审理机制等制度优势，在保证审判质量的前提下，努力降低当事人诉讼成本，减轻当事人诉累。

9. 依法为当事人举证提供帮助。当事人申请人民法院调查取证，符合法律规定条件的，或者人民法院认为有必要调查的证据，人民法院应当及时调查取证；积极探索委托律师调查取证，方便当事人举证。

10. 加强审判流程管理。树立科学均衡结案意识，正确理解、运用均衡结案指标，不能单纯追求均衡结案率而故意拖延结案或者突击结案。强化审判流程公开平台建设，整合各类审判流程信息，为当事人提供全面、全程、及时的审判流程公开服务。实行审限监督制度，严格扣除审限、延长审限的审批，完善案件审限通报制度，及时告知当事人扣除审限、延长审限的理由、期限。

11. 加强案卷移交工作。积极推进诉讼档案电子化工程，做好一审、二审、再审和执行案卷移交工作，明确移交期限，统一移交方式，落实移交责任，缩短移交时间，确保移交顺畅。

12. 依法保障各方诉讼权利。强化诉讼过程中当事人和其他诉讼参与人的知情权、陈述权、辩护辩论权、申请权、申诉权的制度保障。尊重和保障当事人庭审权利，让当事人依法充分表达诉求，完整陈述事实理由。对依法可以由当事人自主或者协商决定的程序事项，尽量让当事人自主或者协商确定。切实保障律师在审判过程中依法履行职责。在保证程序公正的前提下，注意为当事人特别是没有委托律师辩护、代理的当事人参与诉讼提供必要的程序性指导与帮助。

13. 完善案件庭审旁听制度。人民法院对于公开审理的案件，应当依法公告案件名称、开庭时间、法庭编号、旁听席位等开庭信息，方便人民群众旁听案件庭审。人民法院应当定期或者不定期邀请人大代表、政协委员旁听案件庭审。

14. 加强裁判文书释法说理。裁判文书要认真对待、全面回应当事人提出的主张和意见，具体说明法院采纳或者不采纳的理由和法律依据，做到认定事实清楚、适用法律正确。用语要力求规范、简洁、易懂，便于当事人明白理解。

15. 切实解决执行难。积极探索完善有利于保障民生的快速执行、主动执行等机制，以失信被执行人信用监督、威慑、惩戒法律制度和点对点网络查控联动机制为抓手，积极推进反规避执行和反消极执行，依法保障胜诉当事人及时实现权益。综合运用财产申报、限制高消费、限制出境、联合信用惩戒等措施，依法适用强制措施和刑罚威慑机制，促使被执行人主动履行债务，努力提高执行效率。

16. 完善交纳诉讼费用的便民措施。要根据实际情况，设立自动取款机、POS 机等设施，方便当事人交费、退费。当事人到基层人民法院办理诉讼费用的结算和退费确有困难的，有条件的人民法庭可以代为办理。

17. 做好司法救助工作。健全司法救助体系，完善诉讼费缓减免制度和特困群体执行救助制度，依法及时有效落实对加害人无力赔偿、被执行人无财产可供执行等案件的困难受害人以及其他涉诉困难群众的司法救助，不断拓宽司法救助的范围和方式。

18. 做好涉诉信访工作。完善“诉访分离”和案件终结机制，保障当事人依法行使申诉权利。积极开展网上信访、巡回接访、带案下访、远程视频接访等工作，建立健全律师等第三方参与化解涉诉信访的工作机制，及时就地解决涉诉信访问题。把信访纳入法治化轨道，保障合理合法诉求依照法律规定和程序就能得到合理合法的结果。

19. 健全人民法庭基层诉讼服务窗口的职能。坚持和发扬“枫桥经验”，发挥人民法庭在多元化纠纷解决机制中的纽带作用，努力实现矛盾纠纷的就地化解。推进以中心法庭为主、巡回审判点为辅的法庭布局形式，优化人民法庭布局，构建便捷高效的司法服务网络。人民法庭可以依法直接受理和执行案件，并将其直接受理和执行案件的范围通过适当方式在本辖区内公布。

20. 加强巡回审判工作。对于边远地区等交通不便地区，要以方便人民群众诉讼为出发点，尽可能就地立案、就地开庭、就地审理、就地执行；要以便于解决社会矛盾纠纷为出发点，深入到企业、社区等群众集中、纠纷集中的地区进行巡回审判。大力推广车载法庭等巡回审判模式，让“流动的人民法庭”最大限度满足人民群众诉讼的需求。

21. 建立健全特定类型案件的“快立、快调、快审、快执”机制。对于追索工资报酬、工伤赔偿等涉及广大职工和农民工切身利益的案件以及追索赡养费、抚育费、扶养费等案件，应当按照“快立、快调、快审、快执”的原则，尽快受理，适时调解，及时判决、执行。

22. 积极推进和规范调解工作。对双方当事人均有调解意愿且有调解可能的纠纷、家庭与邻里纠纷、法律规定不够明确以及简单处理可能失之公平的纠纷，应当在充分尊重双方当事人意愿的情况下，优先运用调解方式，快速化解矛盾。加强对调解协议的司法确认工作，实现诉讼调解与人民调解、行政调解、行业调解的有效对接，完善调解联动工作体系，健全调处化解矛盾的多元化纠纷解决机制。

23. 不断改进司法作风。要善于运用人民群众听得懂、易接受的语言和方式进行沟通交流，充分尊重公序良俗，坚决克服对诉讼参与人冷硬横推的现象，坚决消除门难进、脸难看、话难听、事难办等不良作风，坚决杜绝任何刁难诉讼参与人的现象。

三、加强领导，切实保障，确保司法便民利民工作取得实效

24. 加强组织领导。各级人民法院要高度重视司法便民利民工作，院党组要把做好司法便民利民工作摆上重要议事日程，主要领导亲自抓，分管领导具体抓，班子成员共同抓，做到措施到位、责任到位、工作到位，切实抓好各项制度、措施的落实。

25. 积极争取各方支持。各级人民法院要积极争取党委、人大、政府和政协对司法便民利民工作的支持，加强与有关部门的沟通协调，为司法便民利民工作在经费等方面提供切实保障。上级人民法院要加强对本辖区内人民法院司法便民利民工作的指导、支持和监督，做到一级抓一级，层层抓落实，使这一工作更加科学规范。

26. 全面加强信息化建设。各级人民法院要以“天平工程”建设为载体，加快审判流程公开、裁判文书公开、执行信息公开三大平台建设，充分发挥现代科技信息手段在司法便民利民方面的作用。因地制宜地推行远程立案、网上立案、网上办案、网上公告、预约办案、电子签章、电子送达、视频提讯等便民措施；通过12368诉讼服务热线、电子触摸屏、微博、微信、手机短信等载

体为当事人提供方便快捷的司法服务。

27. 加强便民利民的场所设施建设。各级人民法院要根据实际情况配备当事人、诉讼代理人等诉讼参与人的候审室或者休息室，在法庭所在区域配备必要的物品保管箱、饮水器具、复印机等便民设施；为行动不便的伤病患者、残疾人、老年人等参加庭审活动提供无障碍设施等便利。

28. 积极听取各方意见建议。各级人民法院要自觉接受同级人大、政协以及社会各界的监督，注重发挥人民陪审员与人民群众沟通的桥梁作用，多渠道收集人民群众的意见建议，畅通民意沟通和反馈机制，勇于纠正工作中的缺点，及时弥补工作中的不足，不断完善司法便民利民制度措施。

29. 大力加强法制宣传。各级人民法院要通过多种方式加强法制宣传，使人民群众在充分了解司法便民利民措施的同时，发挥司法裁判规范、指导、评价、引领社会价值的重要作用，大力弘扬社会主义法治精神，着力推动全民守法。

30. 及时总结先进经验。各地人民法院要加强调查研究，及时总结成熟的经验做法。最高人民法院和各高级人民法院在积极改进和完善自身司法便民利民工作的同时，应当及时总结下级人民法院的典型经验，推进司法便民利民工作不断取得新进展。

最高人民法院
知识产权法院法官选任工作指导意见（试行）

2014 年 10 月 28 日　　　　法〔2014〕267 号

根据《中华人民共和国人民法院组织法》、《中华人民共和国法官法》和全国人大常委会《关于在北京、上海、广州设立知识产权法院的决定》以及中央《关于司法体制改革试点若干问题的框架意见》有关规定，结合知识产权审判工作实际，制定知识产权法院法官选任工作指导意见如下：

一、知识产权法院法官选任工作应坚持党管干部原则、公开选任原则和注重实绩原则，并突出知识产权审判专业特点。

二、知识产权法院审判员应根据《中华人民共和国人民法院组织法》和《中华人民共和国法官法》规定公开选任。其中，院长、副院长、庭长的选任工作，按照《党政领导干部选拔任用工作条例》有关规定组织。

三、知识产权法院审判员应在从事知识产权及相关审判工作的优秀审判人员中选任，也可在具备同等资格和条件的从事知识产权法律实务、法学研究和法学教学的专业人员中选任。

四、审判人员担任知识产权法院审判员的，应符合《中华人民共和国法官法》规定的资格条件，并具备以下条件：

（一）具有四级高级法官任职资格；

（二）具有6年以上相关审判工作经验；

（三）具有普通高等院校法律专业本科或以上学历；

（四）具有较强的主持庭审及撰写裁判文书能力。

五、其他法律专业人员担任知识产权法院审判员的，任职资格和条件可由各地参照本意见设定。

六、法官遴选委员会对法官人选的专业能力进行评审，并根据评审情况提出差额人选。

七、知识产权法院院长、副院长、庭长、审判员人选考察工作，由组织人事部门与纪检监察部门共同负责。

八、知识产权法院院长人选确定后，由所在地的市人民代表大会常务委员会主任会议提请本级人民代表大会常务委员会任命。

其他审判职务人选确定后，由知识产权法院院长提请本级人民代表大会常务委员会任命。

九、知识产权法院法官选任工作在所在地高级人民法院领导下进行，重大问题应及时向最高人民法院、当地党委及政法委员会报告。

最高人民法院
关于人民法院执行流程公开的若干意见

2014年9月3日　　　　　　　　　　法发〔2014〕18号

为贯彻落实执行公开原则，规范人民法院执行流程公开工作，方便当事人及时了解案件执行进展情况，更好地保障当事人和社会公众对执行工作的知情权、参与权、表达权和监督权，进一步提高执行工作的透明度，以公开促公正、以公正立公信，根据《最高人民法院关于人民法院执行公开的若干规定》（法发〔2006〕35号）、《最高人民法院关于推进司法公开三大平台建设的若干意见》（法发〔2013〕13号）等规定，结合执行工作实际，制定本意见。

一、总体要求

第一条 人民法院执行流程信息以公开为原则、不公开为例外。对依法应当公开、可以公开的执行流程及其相关信息，一律予以公开，实现执行案件办理过程全公开、节点全告知、程序全对接、文书全上网，为当事人和社会公众提供全方位、多元化、实时性的执行公开服务，全面推进阳光执行。

第二条 人民法院执行流程公开工作，以各级人民法院互联网门户网站（政务网）为基础平台和主要公开渠道，辅以手机短信、电话语音系统、电子公告屏和触摸屏、手机应用客户端、法院微博、法院微信公众号等其他平台或渠道，将执行案件流程节点信息、案件进展状态及有关材料向案件当事人及委托代理人公开，将与法院执行工作有关的执行服务信息、执行公告信息等公共信息向社会公众公开。

各级人民法院应当在本院门户网站（政务网）下设的审判流程信息公开网上建立查询执行流程信息的功能模块。最高人民法院在政务网上建立“中国执行信息公开网”，开设“中国审判流程信息公开网”的入口，提供查询执行案件流程信息的功能以及全国各级人民法院执行流程信息公开平台的链接。各级人民法院应当建立电话语音系统，在立案大厅或信访接待等场所设立电子触摸屏，供案件当事人和委托代理人以及社会公众查阅有关执行公开事项。具备条件的法院，应当建立电子公告屏、在执行指挥系统建设中增加12368智能短信服务平台、法院微博以及法院微信公众号等公开渠道。

二、公开的渠道和内容

第三条 下列执行案件信息应当向当事人及委托代理人公开：

（一）当事人名称、案号、案由、立案日期等立案信息；

（二）执行法官以及书记员的姓名和办公电话；

（三）采取执行措施信息，包括被执行人财产查询、查封、冻结、扣划、扣押等信息；

（四）采取强制措施信息，包括司法拘留、罚款、拘传、搜查以及限制出境、限制高消费、纳入失信被执行人名单库等信息；

（五）执行财产处置信息，包括委托评估、拍卖、变卖、以物抵债等信息；

（六）债权分配和执行款收付信息，包括债权分配方案、债权分配方案异议、债权分配方案修改、执行款进入法院执行专用账户、执行款划付等信息；

（七）暂缓执行、中止执行、委托执行、指定执行、提级执行等信息；

（八）执行和解协议信息；

（九）执行实施案件结案信息，包括执行结案日期、执行标的到位情况、结案方式、终结本次执行程序征求申请执行人意见等信息；

（十）执行异议、执行复议、案外人异议、执行主体变更和追加等案件的立案时间、案件承办法官和合议庭其他组成人员以及书记员的姓名和办公电话、执行裁决、结案时间等信息；

（十一）执行申诉信访、执行督促、执行监督等案件的立案时间、案件承办法官和合议庭其他组成人员以及书记员的姓名和办公电话、案件处理意见、结案时间等信息；

（十二）执行听证、询问的时间、地点等信息；

（十三）案件的执行期限或审查期限，以及执行期限或审查期限扣除、延长等变更情况；

（十四）执行案件受理通知书、执行通知书、财产申报通知书、询问通知、听证通知、传票和询问笔录、调查取证笔录、执行听证笔录等材料；

（十五）执行裁定书、决定书等裁判文书；

（十六）执行裁判文书开始送达时间、完成送达时间、送达方式等送达信息；

（十七）执行裁判文书在执行法院执行流程信息公开模块、中国执行信息公开网及中国裁判文书网公布的情况，包括公布时间、查询方式等；

（十八）有关法律或司法解释要求公布的其他执行流程信息。

第四条 具备条件的法院，询问当事人、执行听证和开展重大执行活动时应当进行录音录像。询问、听证和执行活动结束后，该录音录像应当向当事人及委托代理人公开。当事人及委托代理人申请查阅录音录像的，执行法院经核对身份信息后，及时提供查阅。

第五条 各级人民法院通过网上办案，自动生成执行案件电子卷宗。电子卷宗正卷应当向当事人及委托代理人公开。当事人及委托代理人申请查阅电子卷宗的，执行法院经核对身份信息后，及时提供查阅。

第六条 对于执行裁定书、决定书以外的程序性执行文书，各级法院通过执行流程信息公开模块，向当事人及诉讼代理人提供电子送达服务。当事人及委托代理人同意人民法院采用电子方式送达执行文书的，应当在立案时提交签名或者盖章的确认书。

第七条 各级人民法院通过互联网门户网站（政务网）向社会公众公开本院下列信息：

（一）法院地址、交通图示、联系方式、管辖范围、下辖法院、内设部门及其职能、投诉渠道等机构信息；

（二）审判委员会组成人员、审判执行人员的姓名、职务等人员信息；

（三）执行流程、执行裁判文书和执行信息的公开范围和查询方法等执行公开指南信息；

（四）执行立案条件、执行流程、申请执行书等执行文书样式、收费标准、执行费缓减免交的条件和程序、申请强制执行风险提示等执行指南信息；

（五）听证公告、悬赏公告、拍卖公告；

（六）评估、拍卖及其他社会中介入选机构名册等名册信息；

（七）司法解释、指导性案例、执行业务文件等。

三、公开的流程

第八条 除执行请示、执行协调案件外，各级人民法院受理的各类执行案件，应当及时向案件当事人及委托代理人预留的手机号码，自动推送短信，提示案件流程进展情况，提醒案件当事人及委托代理人及时接受电子送达的执行文书。

立案部门、执行机构在向案件当事人及其委托代理人送达案件受理通知书、执行通知书时，应当告知案件流程进展查询、接受电子送达执行文书的方法，并做好宣传、咨询服务等工作。

在执行过程中，追加或变更当事人、委托代理人的，由执行机构在送达相关法律文书时告知前述事项。

第九条 在执行案件办理过程中，案件当事人及委托代理人可凭有效证件号码或组织机构代码、手机号码以及执行法院提供的查询码、密码，通过执行流程信息公开模块、电话语音系统、电子公告屏和触摸屏、手机应用客户端、法院微博、法院微信公众号等多种载体，查询、下载有关执行流程信息、材料等。

第十条 执行流程信息公开模块应具备双向互动功能。案件当事人及委托代理人登录执行流程信息公开模块后，可向案件承办人留言。留言内容应于次日自动导入网上办案平台，案件承办人可通过网上办案平台对留言进行回复。

第十一条 同意采用电子方式送达执行文书的当事人及委托代理人，可以通过执行流程信息公开模块签收执行法院以电子方式送达的各类执行文书。

当事人及委托代理人下载或者查阅以电子方式送达的执行文书时，自动生成送达回证，记录受送达人下载文书的名称、下载时间、IP 地址等。自动生成的送达回证归入电子卷宗。

执行机构书记员负责跟踪受送达人接受电子送达的情况，提醒、指导受送达人及时下载、查阅电子送达的执行文书。提醒短信发出后三日内受送达人未下载或者查阅电子送达的执行文书的，应当通过电子邮件、传真、邮寄等方式及时送达。

四、职责分工

第十二条 具备网上办案条件的法院，应当严格按照网上办案的相关要求，在网上办案系统中流转、审批执行案件，制作各类文书、笔录和报告，及时、准确、完整地扫描、录入案件材料和案件信息。

执行案件因特殊情形未能严格实行网上办案的，案件信息录入工作应当与实际操作同步完成。

因具有特殊情形不能及时录入信息的，应当详细说明原因，报执行机构负责人和分管院领导审批。

第十三条 案件承办人认为具体案件不宜按照本意见第三条、第四条和第五条公开全部或部分流程信息及材料的，应当填写《执行流程信息不予公开审批表》，详细说明原因，经执行机构负责人审核后，呈报分管院领导审批。

第十四条 各级人民法院网上办案系统生成的执行流程数据和执行过程中

生成的其他流程信息，应当存储在网上办案系统数据库中，作为执行信息公开的基础数据，通过数据摆渡的方式同步到互联网上的执行信息公开模块，并及时、全面、准确将执行案件流程数据录入全国法院执行案件信息管理系统数据库。

执行法院网上办案系统形成的执行裁判文书，通过数据摆渡的方式导出至执行法院互联网门户网站（政务网）下设的裁判文书公开网，并提供与中国裁判文书网和中国执行信息公开网链接的端口。

第十五条 案件承办人认为具体案件不宜按照本意见第二条和第三条公开全部或部分流程信息及材料的，应当填写《执行流程信息不予公开审批表》，详细说明原因，经执行机构负责人审核后，呈报分管院领导审批。

第十六条 已在执行流程信息公开平台上发布的信息，因故需要变更的，案件承办人应当呈报执行机构领导审批后，及时更正网上办案平台中的相关信息，并通知当事人及网管人员，由网管人员及时更新执行流程信息公开平台上的相关信息。

第十七条 各级人民法院立案部门、执行机构是执行流程信息公开平台具体执行案件进度信息公开工作的责任部门，负责确保案件信息的准确性、完整性和录入、公开的及时性。

第十八条 各级人民法院司法行政装备管理部门应当为执行信息公开工作提供物质保障。

信息技术部门负责网站建设、运行维护、技术支持，督促技术部门每日定时将网上办案平台中的有关信息数据，包括领导已经签发的各类执行文书等，导出至执行流程信息公开平台，并通过执行流程信息公开平台将收集的有关信息，包括自动生成的送达回证等，导入网上办案平台，实现网上办案平台与执行流程信息公开平台的数据安全传输和对接。

第十九条 审判管理部门负责组织实施执行流程公开工作，监管执行流程信息公开平台，适时组织检查，汇总工作信息，向院领导报告工作情况，编发通报，进行督促、督办等。

发现案件信息不完整、滞后公开或存在错误的，审判管理部门应当督促相关部门补正，并协调、指导信息技术部门及时做好信息更新等工作。

第二十条 向公众公开信息的发布和更新，由各级法院确定具体负责部门。

五、责任与考评

第二十一条 因过失导致公开的执行流程信息出现重大错漏，造成严重后果的，依据相关规定追究有关人员的责任。

第二十二条 执行流程信息公开工作纳入司法公开工作绩效考评范围，考评办法另行制定。

六、附则

第二十三条 本意见自下发之日起执行。

最高人民法院 最高人民检察院 公安部 司法部

关于在部分地区开展刑事案件速裁程序试点工作的办法

2014 年 8 月 22 日　　　　法〔2014〕220 号

根据刑事诉讼法和全国人民代表大会常务委员会《关于授权最高人民法院、最高人民检察院在部分地区开展刑事案件速裁程序试点工作的决定》，为确保试点工作依法有序开展，制定本办法。

第一条 对危险驾驶、交通肇事、盗窃、诈骗、抢夺、伤害、寻衅滋事、非法拘禁、毒品犯罪、行贿犯罪、在公共场所实施的扰乱公共秩序犯罪情节较轻、依法可能判处一年以下有期徒刑、拘役、管制的案件，或者依法单处罚金的案件，符合下列条件的，可以适用速裁程序：

（一）案件事实清楚、证据充分的；

（二）犯罪嫌疑人、被告人承认自己所犯罪行，对指控的犯罪事实没有异议的；

（三）当事人对适用法律没有争议，犯罪嫌疑人、被告人同意人民检察院提出的量刑建议的；

（四）犯罪嫌疑人、被告人同意适用速裁程序的。

第二条 具有下列情形之一的，不适用速裁程序：

（一）犯罪嫌疑人、被告人是未成年人，盲、聋、哑人，或者是尚未完全丧失辨认或者控制自己行为能力的精神病人的；

（二）共同犯罪案件中部分犯罪嫌疑人、被告人对指控事实、罪名、量刑建议有异议的；

（三）犯罪嫌疑人、被告人认罪但经审查认为可能不构成犯罪的，或者辩护人作无罪辩护的；

（四）被告人对量刑建议没有异议但经审查认为量刑建议不当的；

（五）犯罪嫌疑人、被告人与被害人或者其法定代理人、近亲属没有就赔偿损失、恢复原状、赔礼道歉等事项达成调解或者和解协议的；

（六）犯罪嫌疑人、被告人违反取保候审、监视居住规定，严重影响刑事诉讼活动正常进行的；

（七）犯罪嫌疑人、被告人具有累犯、教唆未成年人犯罪等法定从重情节的；

（八）其他不宜适用速裁程序的情形。

第三条 适用速裁程序的案件，对于符合取保候审、监视居住条件的犯罪嫌疑人、被告人，应当取保候审、监视居住。违反取保候审、监视居住规定，严重影响诉讼活动正常进行的，可以予以逮捕。

第四条 建立法律援助值班律师制度，法律援助机构在人民法院、看守所派驻法律援助值班律师。犯罪嫌疑人、被告人申请提供法律援助的，应当为其指派法律援助值班律师。

第五条 公安机关侦查终结移送审查起诉时，认为案件符合速裁程序适用条件的，可以建议人民检察院按速裁案件办理。

辩护人认为案件符合速裁程序适用条件的，经犯罪嫌疑人同意，可以建议人民检察院按速裁案件办理。

第六条 人民检察院经审查认为案件事实清楚、证据充分的，应当拟定量刑建议并讯问犯罪嫌疑人，了解其对指控的犯罪事实、量刑建议及适用速裁程序的意见，告知有关法律规定。犯罪嫌疑人承认自己所犯罪行，对量刑建议及适用速裁程序没有异议并签字具结的，人民检察院可以建议人民法院适用速裁程序审理。

第七条 人民检察院认为对犯罪嫌疑人可能宣告缓刑或者判处管制的，可以委托犯罪嫌疑人居住地所在的县级司法行政机关进行调查评估。司法行政机关一般应当在收到委托书后五个工作日内完成调查评估并出具评估意见，并及时向人民检察院和受理案件的人民法院反馈。

第八条 人民检察院一般应当在受理案件后八个工作日内作出是否提起公诉的决定。决定起诉并建议人民法院适用速裁程序的，应当在起诉书中提出量刑建议，并提供犯罪嫌疑人的具结书等材料。起诉书可以简化。

第九条 对于人民检察院建议适用速裁程序并且按照第八条规定提供相关材料的案件，人民法院经审查认为事实清楚、证据充分，人民检察院提出的量刑建议适当的，可以决定适用速裁程序，并通知人民检察院和辩护人。

第十条 人民法院适用速裁程序审理案件，由审判员一人独任审判，送达期限不受刑事诉讼法规定的限制。

第十一条 人民法院适用速裁程序审理案件，应当当庭询问被告人对被指控的犯罪事实、量刑建议及适用速裁程序的意见，听取公诉人、辩护人、被害人及其诉讼代理人的意见。被告人当庭认罪、同意量刑建议和使用速裁程序的，不再进行法庭调查、法庭辩论。但在判决宣告前应当听取被告人的最后陈述意见。

第十二条 人民法院适用速裁程序审理的案件，被告人以信息安全为由申请不公开审理，人民检察院、辩护人没有异议的，经本院院长批准，可以不公开审理。

第十三条 人民法院适用速裁程序审理案件，对被告人自愿认罪，退缴赃款赃物、积极赔偿损失、赔礼道歉，取得被害人或者近亲属谅解的，可以依法从宽处罚。

第十四条 人民法院在审理过程中，发现不符合速裁程序适用条件的，应当转为简易程序或者普通程序审理。

第十五条 人民法院适用速裁程序审理案件，一般应当在受理后七个工作日内审结。

第十六条 人民法院适用速裁程序审理的案件，应当当庭宣判，使用格式裁判文书。

第十七条 适用速裁程序办理案件，除本办法另有规定的以外，应当按照刑事诉讼法的规定进行。

第十八条 本办法自发布之日起试行二年。

最高人民法院
关于深入整治“六难三案”问题加强司法为民公正司法的通知

2014 年 6 月 9 日　　法〔2014〕140 号

当前，全国法院系统第一批党的群众路线教育实践活动整改工作在不断深化，第二批教育实践活动在扎实推进。从开展活动情况看，人民群众对司法作风反映强烈的问题，主要是“门难进、脸难看、事难办”问题、“立案难、诉讼难、执行难”问题和“人情案、关系案、金钱案”问题。“六难三案”问题是“四风”问题在法院工作中的集中表现，严重背离党的群众路线，伤害群众感情，损害人民利益，危害人民法院司法公信力，必须坚决进行整治。为进一步扎实推进全国法院系统教育实践活动，大力加强司法为民、公正司法，进一步提高诉讼服务水平，努力实现让人民群众在每一个司法案件中都感受到公平正义的目标，根据中央有关部署要求，现就深入整治“六难三案”问题通知如下。

一、进一步强化诉讼服务

1. 推进诉讼服务中心建设。增强诉讼服务意识，整合立案大厅、信访接待窗口、诉讼服务信息平台等功能，建立诉讼服务中心，为当事人提供“一站式”诉讼服务，集中办理各项诉讼服务事项，切实解决群众打官司“办事难”的问题。

2. 完善诉讼服务设施。诉讼服务大厅实行柜台式或窗口式办公，统一提供诉讼引导、立案审查、查询咨询、收转送达、约见法官、判后答疑等诉讼服务。设置无障碍通道、休息座椅、饮水器具和书写、复印、传真、网络等设备，提供诉讼指导资料。

3. 严格诉讼接待要求。完善诉讼服务流程，规范诉讼服务标准，公布诉讼服务制度。接待群众要文明礼貌，举止得体，态度热情，服务周到，高效快捷。坚决杜绝高高在上、盛气凌人等衙门习气，坚决杜绝冷硬横推、拖延扯皮等行为。

4. 增设网上诉讼服务。加强诉讼服务信息平台建设，及时主动推送、更新诉讼信息数据，提供案件信息查询、诉讼指引、网上立案、预约立案、提交申请、网上申诉信访、网上预约接访、投诉建议等服务。

5. 拓展12368热线服务功能。普遍开通12368诉讼服务热线，依托移动互联网延伸热线功能，构建与网上服务平台、诉讼服务大厅互联互通的移动通讯服务平台，为群众快捷便利地提供各类诉讼信息服务。

二、进一步加强立案受理

6. 方便群众诉讼立案。建立预约立案制度，积极做好特殊情况的节假日立案工作。因地制宜地推行远程立案、网上立案，为行动不便的伤病患者、残疾人、老年人等提供上门立案服务。在交通不便的偏远地区，可指定人民法庭审查立案。

7. 及时受理起诉和申请。严禁在法律规定之外另设受理条件，不得对符合立案条件的诉求拒绝立案、推诿立案、拖延立案。严格执行立案受理法定期限，及时告知当事人立案审查结果。依法规范诉前调解程序，杜绝久调不立。

8. 准确告知立案材料要求。向当事人提供诉状样本，耐心回答当事人的询问，全面准确告知立案材料有关要求。当事人立案材料不全或诉状内容、形式不符合规定的，一次讲清如何补齐或更正，避免当事人多次往返、反复修改。

9. 依法提供司法救助。对符合诉讼费缓、减、免条件的当事人，及时办理有关手续，确保有理无钱的人打得起官司。对不符合诉讼费缓、减、免条件的当事人，要耐心说明理由。

10. 加强诉讼风险告知。做好诉讼指引工作，全面告知诉讼权利和义务。善意提示诉讼风险，引导当事人理性对待诉讼，依法提出合理诉求。

11. 开展巡回接访、视频接访。在群众涉诉信访集中的地方开展巡回接访，促使涉诉信访问题就地化解。依托法院远程视频接访系统，让人民群众在当地就可以向上级法院反映诉求，由上级法院法官通过视频进行远程接访。

三、进一步改进案件审理

12. 保障当事人诉讼权利。切实保障当事人表达诉求、充分陈述理由的权利，尊重当事人依法自愿作出处分决定。对当事人提出的申请或疑问，应及时回应并说明理由。依法保障律师在诉讼活动中阅卷、举证、质证、辩护等权利，认真听取当事人及委托代理人诉讼意见。

13. 合理简化诉讼程序。实行案件繁简分流，加快案件审理进度。依法适用督促程序、简易程序和小额诉讼程序，提高案件审判效率。经过双方当事人同意的案件，可依法简化程序审理，减轻当事人诉讼负担。

14. 加强巡回审判。适当增设巡回法庭和巡回审判点，增配巡回审判车，积极开展巡回审判，及时就地立案、就地开庭、就地调解、就地结案。推行法律文书远程审批、电子签章，提高工作效率。

15. 建立追索案件“绿色通道”。对于劳动争议、追索工资报酬、追索工伤赔偿等涉及城镇职工、农民工切身利益的案件，以及当事人追索赡养费、抚育费、扶养费等案件，按照“快立、快调、快审、快执”的原则建立“绿色通道”，尽快受理，适时调解，及时判决，优先执行。

16. 提倡调解化解纠纷。健全诉讼与非诉讼相衔接的矛盾纠纷解决机制，积极推进诉讼调解与人民调解、行政调解、行业调解的衔接联动，努力把矛盾纠纷化解在基层和诉前，促进社会和谐。坚持依法、自愿原则，认真做好诉前调解和诉讼调解。加强对人民调解的指导，及时依法确认其调解协议司法效力。

17. 全面深化司法公开。依法公开审理各类案件，为群众旁听提供便利。利用司法公开三大平台，全面推进审判流程、裁判文书和执行信息公开。实行裁判文书全部上网公开，完善网上检索查询系统；扩大庭审网上直播，完善法院微博、微信和新闻客户端信息发布机制，充分保障群众知情权、监督权。

18. 强化审限内结案。加强审判流程管理，建立审限提示与预警机制，防止拖延办案、久拖不决。规范延长审限、中止诉讼的审批，切实提高审限内结案率。健全完善清理长期未结诉讼案件工作机制，防止边清边积。严格规范案卷移交要求，切实解决拖延迟缓问题。

19. 健全错案防范机制。恪守罪刑法定、证据裁判、疑罪从无等原则，强化证据审查机制，依法排除非法证据，切实保障无罪的人不受刑事追究。对冤假错案坚决予以纠正。

20. 防止恶意诉讼和虚假诉讼。坚决防止和纠正以规避法律为目的，以虚构事实提起诉讼或滥用诉讼权利，故意逃避法律义务、损害国家利益或他人合法权益的行为。

四、进一步强化案件执行

21. 有效运用强制执行措施。综合运用财产申报、失信被执行人黑名单、限制高消费、限制出境、联合信用惩戒等制度措施与威慑机制，促使被执行人主动履行债务。依法准确适用罚款、拘留等强制措施，以及拒不执行判决裁定罪、妨害公务罪等刑罚措施，坚决制裁暴力抗拒执行、规避执行、妨碍执行、消极协助执行等行为。

22. 加大执行监督力度。完善人民法院与其他部门执行工作联动查控机制，建立执行案件关键节点网络化管理系统，以信息化手段加大对各级法院执行案件的即时监控、全程监控力度，努力提高案件执结率。

23. 积极推广网上司法拍卖。坚持公开、便捷、效率原则，积极推进司法拍卖上网竞价，扩大司法拍卖社会参与度，防止暗箱操作，努力实现被执行财产最大价值，既保障申请执行人的权益充分实现，也防止侵害被执行人的合法权益。

24. 切实规范执行行为。制定执行案件操作规程，统一执行法律适用尺度，规范执行法官自由裁量权。完善对执行案件当事人和利害关系人的程序救济措施，实行被执行人变更追加情形法定化，切实保障当事人、利害关系人的异议、复议权。

25. 坚决治理消极执行。开展清理各种执行积案的专项活动，有效解决久执不结案件。强化执行期限预警机制。严格规范暂缓执行、中止执行、终结本次执行、终结执行、延长期限等情形适用条件及审批手续，及时纠正消极执行行为。坚决整治在执行工作中不作为、拖延执行、推诿扯皮等行为。

26. 严禁违规收取执行费用。严禁向申请执行人和被执行人违规收取办案费、报销差旅费，严禁向案件当事人摊派其他费用，坚决整治执行工作中的吃拿卡要行为。

27. 严格执行款管理和划付。严格遵守执行款管理制度，严禁截留或挪用。严格按规定期限办理执行款结算手续，无正当理由不得延期划付，确需延期划付的应按规定说明原因。

五、进一步加强廉政监督

28. 严格执行廉政纪律。认真落实“五个严禁”、任职回避、防止内部干扰、防止利益冲突等制度。在立案、审判、执行等环节，向当事人随案发放监督卡，主动接受当事人监督。开通举报信箱、举报电话，建立举报网站，认真受理、核查群众投诉和举报线索，及时反馈核查处理结果。

29. 从严监督领导干部。认真落实党组和审判委员会议事规则、决策程序。不断强化上级法院对下级法院领导班子进行协管监督的政治责任。充分运用司法巡查、谈话函询、举报核查、述职述廉等方式，加强对各级法院领导干部的管理和监督。

30. 加强审判岗位监督。完善内部监督机制，严格规范立案、审判、执行等环节的岗位管理和监督。严格执行涉诉材料集中收转、过问案件全程留痕、遇到干扰及时报告等规定。

31. 加强案件质量评查。健全评查制度，完善评查标准，实行案件质量评查常态化，定期考核案件质量情况，预防和纠正办案拖延、以案谋私、枉法裁判。

32. 建立健全问责机制。推进审判权运行机制改革，建立法官办案责任制，落实让审理者裁判、由裁判者负责，对造成冤假错案的责任人员实行终身问责。

33. 严查违纪违法行为。以“零容忍”的态度反对司法腐败，坚持有案必查、有腐必惩。坚决惩处以案谋私、徇私舞弊、贪赃枉法等行为。从严坚决查处法院工作人员接受请托、影响和干扰他人办案的行为。

六、整治工作要求

各级法院要认真贯彻落实中央关于深化“四风”突出问题专项整治的部署要求，把深入整治“六难三案”问题摆到重要位置来抓，坚持高标准、严要求，动真碰硬，集中攻坚，以“准狠韧”的劲头抓好整治工作。

整治“六难三案”问题是各级法院党组落实党风廉政建设主体责任的具体行动。各级法院党组要加强对此项工作的统筹领导，进行专题研究，狠抓工作落实。党组主要负责同志要亲自审定方案，加强督促指导，切实承担第一责任人的责任。各级法院教育实践活动领导小组要把整治“六难三案”问题作为指导教育实践活动的工作重点，明确专门力量负责整治工作，加强组织推进和协调指导，加大舆论宣传力度，总结推广好的经验，及时通报典型案例，充分发挥引导和警示作用。

各级法院要采取项目化推进的方法抓整治工作。从各自实际出发，因地制宜确定整治重点项目，制订具体方案，建立整改项目责任制，明确目标要求、牵头单位、责任主体和进度安排。要一项一项盯紧抓实，做到定一项改一项、改一项成一项，防止整治工作大而化之、华而不实。上级法院要采取专项检查、审务督察、案件评查等形式，加强对下级法院整治工作的督促指导和执纪检查。对开展整治重视不够、工作不力、措施不实的，要严肃指出、及时纠正。通过全国法院系统上下共同努力，确保整治“六难三案”问题取得群众看得见、感受得到的成效，进一步促进司法作风明显改进、审判质量不断提高、司法公信力有效提升。

最高人民法院
关于新时期进一步加强
人民法院审判管理工作的若干意见

2014 年 6 月 6 日　　　　　　　　　　法发〔2014〕8 号

为适应新时期人民法院面临的新形势新情况新要求，进一步推进人民法院审判管理工作，充分发挥审判管理“规范、保障、促进、服务”审判执行工作的作用，更加有效地促进审判工作的质量和效率，健全司法权力运行机制，保障人民法院切实践行司法为民公正司法、不断提升司法公信力，结合审判执行工作实际，提出如下意见：

一、承前启后，继往开来，坚定不移地全面推进审判管理工作科学发展

党的十八大提出，要进一步深化司法体制改革，坚持和完善中国特色社会主义司法制度，确保审判机关、检察机关依法独立公正行使审判权、检察权，全面推进依法治国。党的十八届三中全会进一步部署了健全司法权力运行机制的改革任务，提出深化司法体制改革，加快建设公正高效权威的社会主义司法制度，维护人民权益，让人民群众在每一个司法案件中都感受到公平正义。在新的历史时期，人民法院面临新的发展机遇和挑战，人民群众对司法为民公正司法的期待更加强烈，作为人民法院三大管理的核心，审判管理事关审判质效、

公平正义和司法公信力，肩负的责任更加重大、任务更加艰巨。各级人民法院要立足人民司法事业的发展，从国家法治建设的高度，充分认识审判管理所处的重要地位，以高度负责的态度，在新的历史起点上，大力加强和创新审判管理。

根据人民法院三个“五年改革纲要”的要求，审判管理适应审判执行工作需要，不断深化改革、深化实践，从分散走向集中，从无序走向规范，从自发走向自觉，成为人民法院新兴的工作领域。2010年8月召开的“全国大法官审判管理专题研讨班”，标志着人民法院审判管理新格局的基本理论框架初步形成。2010年11月召开的“全国法院审判管理工作座谈会”，从理论走向实践，形成了有组织、有系统的审判管理工作新格局。经过近几年的快速发展，审判管理的理念得到普遍认同，专门审判管理机构基本建成，职能逐步落实，制度渐成体系，成效初步显现，科学、完备、有效的审判管理体系正在逐步构建。然而作为新兴工作领域，审判管理发展的时间还很短，任务新、机构新、人员新，各地发展不平衡，尚不能完全适应审判执行工作的需要，整体上仍处于“大发展”时期，需要在不断巩固改革成果的基础上，继续扎扎实实全面向前推进。

审判管理是坚持和完善中国特色社会主义司法制度的重要组成部分，创新和加强审判管理既是中央进一步深化司法体制改革的内容，也是健全司法权力运行机制改革的保障，是一项具有基础性、关键性和长期性的重要工作。在新的历史时期，人民法院创新和加强审判管理必须努力适应、积极配合健全司法权力运行机制的改革任务，围绕审判权力的运行，努力构建起有权必有责、用权受监督、失职要问责、违法要追究的管理责任体系，真正把权力关进制度的笼子里。

各级人民法院要立足于新时期审判管理工作面临的新形势新情况新要求，全面把握审判管理工作开展的现状和面临的困难，充分认识深化审判管理改革的紧迫性和长期性，坚定不移地把这项工作抓实抓好。要对审判管理现状有清醒的认识，找准审判管理的功能定位，认真总结已经开展的各项审判管理工作是否切合实际、是否科学合理、是否符合审判工作规律，是否符合司法为民公正司法的要求，是否符合中央进一步深化司法体制改革的精神，深入思考如何进一步整合资源、完善职能，深化审判管理创新与改革。

二、把握原则，明确要求，准确有效地发挥审判管理工作的综合效能

人民法院开展审判管理的主体包括审判委员会、院长、庭长、审判长、审判人员以及专门审判管理机构。各审判管理主体，尤其是各级人民法院中层领导，要在充分履行审判职能、依法监督指导办案的同时，牢固树立抓审判就必须抓管理、向管理要质量、向管理要效率、向管理要形象、以管理保公正、以公正促公信的理念，切实承担起审判管理职责，促进案件质效的提升，确保依法独立公正行使审判权。

各级人民法院要全面准确把握审判管理“规范、保障、促进、服务”审判执行工作的功能定位。规范的对象是非正常的审判执行活动，重在对审判权的行使形成有效监督和制约。保障的对象是审判权的依法独立公正行使，重在有效防范和解决影响审判权正常行使的各种不利因素。规范和保障的目的在于建立健全科学合理、规范有序的审判权力运行机制。开展审判管理，就是要促进提升队伍素质，促进提升案件质效，促进提升司法公信力，这是检验审判管理工作成效的最终标准。服务审判是审判管理的基本定位。开展审判管理要坚持以人为本，要寓管理于服务之中，在服务中实现管理。要实行民主管理、科学管理和人性化管理，着力解决审判工作中的突出问题，切实为法官依法审判排忧解难，有效减轻一线法官的非审判事务性负担。

各级人民法院开展审判管理工作要充分尊重司法审判规律。审判管理必须依法管理，严格遵循程序法和实体法的规定，以科学的组织、管理、评价方法实现审判管理的职能定位；审判管理必须维护独立审判原则，依法排除来自外界的不当干扰，为法官严格司法程序和正确适用法律提供条件。审判管理必须促进公正司法，助力摒除审判活动“行政化”和保障审判组织内部独立的审判权运行机制改革，在保障法官依法履行职责行为不受追究的同时，严格法官在违反职业道德和违法违纪等方面的约束和监督。审判管理必须维护审判活动的程序正义，进一步提高庭审质量，避免在诉讼程序之外增加影响当事人权利的程序步骤，不得干扰审判活动的正常程序。审判管理必须促进提高审判活动的效率，通过繁简分流、完善流程、审限管理、信息化建设、优化诉讼服务等措施提升审判效率，维护当事人诉讼权利。审判管理必须保障司法活动和司法裁

判的严肃性，维护司法权威。

各级人民法院要注意理顺审判管理中的各种关系，努力做到全员管理、全程管理，争取构建权责明确、相互配合、相互制约、高效运转的审判管理工作机制。要处理好管理与服务的关系，在管理中做好服务，在服务中进行管理。要处理好管理与审判的关系，使审判管理到位而不越位，使审判权独立而不恣意。要处理好他律与自律的关系，管理是他律，要以有效的管理制度机制强化法官的自律意识，培育法官的责任意识和职业尊荣感，积极推动法官群体自我管理、自我评价机制形成，自觉依法独立公正行使审判权。要处理好管案与管人的关系，以管案促管人，以管人促管案，通过管案提高法官司法能力、改进法官司法作风，通过管人促进执法办案工作开展。要处理好局部与整体的关系，加强审判管理与其他各项管理之间的协调配合，形成整体合力。

各级人民法院要以专门审判管理机构为枢纽，切实在人民法院内部建立起审判委员会、院长、庭长、审判长、审判人员各负其责的层级管理体系。要进一步落实审判委员会审议审判工作中重大问题的法定职责，充分发挥审判委员会监督、管理、指导审判工作的作用。要充分认识审判业务庭的二级管理在整个审判管理体系中的关键作用，继续强化审判庭、合议庭的审判管理职责。主管审判业务的院长、庭长和审判长要落实好“一岗双责”，建立健全审判业务庭岗位管理制度，切实规范执法办案行为，做到履职有规、问责有据。专门审判管理机构要注重发挥参谋助手作用，有效服务各审判管理主体开展审判管理工作，努力促进层级管理、全员管理的有序顺畅运转。

各级人民法院要进一步创新和加强审级管理，在上级法院的指导下，切实建立起统一管理、统一协调、统一监督、统一指导的审判管理体系，做到上下一盘棋。各级人民法院的审判管理职能原则上应当归口管理、上下一致。上级人民法院可以根据本辖区的审判管理和审判执行工作实际情况，组织开展专项审判管理活动。要研究探索工作方法和制度措施，积极拓展上下级法院之间的业务联系面，推动上下联动、信息畅通、管理有序的全国法院审判管理新格局的形成。

各级人民法院要充分认识信息化建设对于创新和加强审判管理的基础性地位和重要意义。审判管理工作尤其离不开厚实的信息化基础，依托信息化实行科学精细而又简便易行的运行机制，避免管理方式僵化落后，使司法公开、司法为民的各项具体措施和审判管理理念制度，通过信息载体得以落实。各级人民法院要始终坚持“科技强院”方针，牢固树立大数据、大格局、大服务理念，配合“天平工程”建设，舍得投入精力，舍得投入人力和物力，力争早日实现审判管理信息的资源共享、互联互通。专门审判管理机构要注重案件审判信息的分析研究，做好数据的集成和有效应用，为审判决策服务。

推进司法公开是审判管理工作的重要组成部分，是专门审判管理机构义不容辞的职责。要通过创新和加强审判管理，更加有效地回应当事人的需求和社会公众的期盼。要将公众通过司法公开平台提出的意见建议作为人民法院改进和加强工作的重要依据，最大限度发挥司法公开三大平台的功能作用。要在尊重司法规律的前提下，努力提升司法活动的透明度，保障当事人的知情权，落实社会公众的监督权。

三、深化认识，完善职能，积极有序地构建新时期人民法院审判管理工作格局

司法为民公正司法、“努力让人民群众在每一个司法案件中都感受到公平正义”，是新时期党和国家对人民法院提出的更高要求，也是审判管理工作追求的终极目标。按照审判管理固有的属性，无论是规范司法行为、改进司法作风、统一裁判尺度、提升审判质效，还是科学配置审判资源、完善监督机制、促进司法公开、树立司法公信、推进司法为民，审判管理都责无旁贷。目前，人民法院审判管理资源的整合还未到位，管理职能体系尚未形成，审判管理效果与审判执行工作的现实需要和人民群众的司法需求还有较大差距。因此，为使审判管理工作切实有效地承担起新时期赋予的职责，有必要继续健全完善人民法院审判管理工作新格局。

案件信息管理、案件质量评估、案件质量评查、审判流程管理、审判运行态势分析、审判绩效考核、审判委员会事务管理七项审判管理基本职能，是根据一个时期人民法院审判管理的探索和实践，对审判管理现有职能进行的历史性概括总结。随着司法实践的发展变化，七项基本职能的内涵与外延将进一步演进与完善，人民法院审判管理的职能也将进一步整合与发展。各级人民法院要准确把握审判管理工作的发展需要和审判工作中存在的实际问题，依托七项基本职能，开拓创新，实事求是，结合本地工作实际，有针对性地开展工作，继续探索行之有效的审判管理方式方法，完善审判管理职能体系。

——进一步建设和完善案件信息管理系统。各级人民法院要充分认识案件信息管理系统在审判管理整体工作格局中的基础性地位，切实促进审判管理理念与信息技术的有机融合，避免出现“有系统、无管理”的现象。要始终坚持以办案和管理需求为主导的原则，通过案件信息管理系统的推广应用，推进司法公开，服务法官办案，实现审判数据采集自动化，提升审判管理集约化、精细化水平。要全面掌握本院及辖区法院的案件审判信息，做好数据采集、挖掘和分析工作，通过有效手段确保各类信息的真实、准确、全面。要根据不断变化的审判工作情况，结合审判管理工作实际需要，及时做好案件信息管理系统的维护与升级工作，以保障审判管理科学合理、切合实际。要做好案件信息管理系统与其他法院管理系统和软件的衔接工作，统筹兼顾，合理搭配，形成合力，切实发挥法院“三大管理”的综合效能。

——继续坚持和完善审判质量效率评估工作，进一步实现审判质量效率评估指标的科学性、规范性以及指标使用的合理性。要科学合理设定审判质效评估指标及指标权重，尤其要尊重审判执行工作规律，注重设定合理区间，防止简单、片面、人为地追求某些指标数值的高低，防止偏重利用指标排名排序、把质效评估混同于绩效考核、忽略利用指标研究解决实际问题，使审判质效评估指标体系真正实现科学评估各项审判工作的“体检表”作用，切实发挥好正面导向。

——结合审判工作实际，充分运用各种评查手段，努力推进案件评查的方式、范围以及结果的运用向审判工作深层发展，全面发挥评查工作的功能作用。要注重案件质量评查结果的实际应用，切实实现以评查促审判质量的作用。要结合一定时期内审判工作中的突出问题，加强案件质量的专项评查和重点评查工作，尤其要加大对长期未结诉讼案件、久押不决刑事案件、涉诉信访案件、社会公众关注案件等重点案件的评查力度，促进化解审判工作的难点、重点问题。

——完善审判流程管理制度，科学管控、有效提升审判效率。各级人民法院要建立和完善统一收案、统一立案、统一结案以及电脑随机分案、审限管理等在内的审判流程管理工作机制。要通过不断完善审判流程管理，发现和解决审判工作中的实际问题，建立健全案件繁简分流机制，切实有效管控案件审限，向当事人及其他主体提供优质诉讼服务，充分发挥审判流程管理在保障审判权运行、提升司法效率、推进司法公开、促进司法为民等方面所具有的重要功能作用。要通过对案件流程信息的动态跟踪、汇总、分析，及时总结提炼制约审判质效的深层次问题，为司法决策工作当好参谋助手，同时保障当事人及时知悉案件审理流程，切实保障当事人的诉讼参与权和知情权。

——做好审判运行态势分析工作，完善审判形势整体研判机制。要在广泛收集审判工作有关数据资料的基础上，深入分析、准确研判审判工作运行态势，提出有数据、有分析、有对策的决策建议，为院党组、审判委员会研判审判执行工作形势和科学决策服务。要不断完善审判运行态势分析工作的方式方法，丰富工作内涵，使审判运行态势分析既要涵盖制约审判效率的问题，也要涵盖影响审判质量的问题，做到对审判形势整体研判更全面、更深入，努力使审判运行态势分析这一管理职能发挥“智库”作用。

——坚持正确导向，依法科学设定审判绩效考核的内容、项目和标准，避免由于考核项目、指标、权重等设置不合理对办案工作产生负面影响，特别是防止为追求考核成绩而干扰法院办案工作的正常开展。要尊重审判规律，合理评价人民法院各项审判执行业务工作，不宜简单采取下指标、定任务、末位淘汰等方式进行考核。要坚持实事求是，避免设置难以准确掌握的考核项目，防止弄虚作假或流于形式。考核的程序和方式要简便易行，避免给基层造成不必要的负担。要强化考核结果运用，将审判绩效考核结果作为法官评先评优、晋职晋级的主要依据。各高级人民法院要结合本地的审判工作实际，构建适合本地情况的考评指标体系。要正确处理好上级法院对下考评与下级法院独立审判的关系，防止考评内容超出上级法院依法对下监督、指导的职责范围，避免干扰下级法院依法独立行使审判权。

——强化审判委员会事务管理，促进审判委员会制度改革。要落实党的十八届三中全会提出的“改革审判委员会制度，完善主审法官、合议庭办案责任制，让审理者裁判、由裁判者负责”的要求，研究探索建立适应我国社会主义司法制度的审判委员会工作机制。要紧紧抓住审判经验总结、审判委员会决议事项的督促检查以及对后续相关工作的跟踪督办等几项工作重点，进一步整合工作职能，加强审判委员会的专业化和信息化建设，规范和完善审判委员会议题的提交、审议、督办等工作程序，建立健全审判委员会工作机制。强化对审判委员会决定、决议落实情况的跟踪督办和监督检查，切实提高审判委员会工作质量与效率，充分发挥审判委员会在审理重大、疑难、复杂案件，总结审判经验，以及监督、管理、指导审判执行工作等方面的各项职能作用。

——要将卷宗移送、评估拍卖、鉴定审计、公告送达、专家证人等诉讼服务的管理，纳入审判管理工作格局之中，实现有效、系统、科学的管理。各项诉讼服务工作是审判流程管理的重要工作节点，事关审判执行工作的质量与效率，也是审判管理服务审判执行工作的重要载体。将诉讼服务的内容纳入审判管理，有助于集中管理和优化管理，促进诉讼服务工作的规范高效。

——扎实开展有关部门及社会广泛关注案件、审判委员会讨论案件、重大敏感案（事）件以及其他可能产生较大影响案件的督办工作，构建起反应迅速、协调有序、运转高效的处理应对机制。案件督办工作是审判管理的应有职能，从变被动为主动发现督办案件，到案件进入督办程序后编制案号，进行流程节点管理，加强部门间协同，阶段性报送报告，汇报结论性意见等诸项工作都需要审判管理的全面介入。将上述案件纳入审判管理进行督办，一是可以通过审判流程管理和案件质量评查等手段，对这些案件的质量和效率实现有效管控；二是可以通过建立健全大要案件的发现机制和部门间协调沟通机制，从案件进入法院起即对其实施有效管理，主动进行舆情应对，避免陷入被动应付的局面；三是通过公开信息应对各方关注，保障审判权依法独立行使，避免不正当干预的影响。

——有效推进审判流程公开、裁判文书公开、执行信息公开三大平台建设。司法公开是人民法院审判管理的重要抓手。各级人民法院要结合自身实际，以案件信息管理和审判流程管理为基础，深入贯彻落实最高人民法院关于司法公开的各项制度规定，稳妥有序地推进司法公开，逐步完善司法公开的制度机制。要充分运用新媒体扩大司法公开的影响力，尤其对于社会影响较大的案件，要适时公布审判活动信息，有针对性地回应社会公众的关切和疑虑，主动接受社会监督，不断完善司法为民举措，切实提高司法公信力。

——重视司法统计工作在审判管理工作格局之中的重要作用。各级人民法院要推动司法统计工作与审判运行态势分析及审判质效评估等审判管理工作进一步结合，有效促进司法信息资源的全面采集和系统整合，充分发挥司法统计对于强审判、促管理的重要价值。要想用好用活统计数据，真正实现以统计促进审判的目的，就必须通过审判管理在司法统计和案件审判之间建立有机联系。将司法统计纳入审判管理，既能够有效整合从各个渠道获取的审判信息，有效防止“数出多门”，又能够通过审判质效评估、审判运行态势分析、审判流程管理、审判绩效考核等职能的综合作用，深化司法统计数据的运用，使其服务领导决策、服务执法办案的作用落到实处。

——注重审判管理工作与人民法院政务、人事等各项管理工作的有机结合。要根据办案工作实际需要，通过审判管理各项工作成果的综合运用，有针对性地解决裁判尺度不统一、审判活动不规范、职能划分不科学、办案任务不均衡、人员及资源配置不合理等实际问题，实现审判资源的科学配置和有效利用，切实促进人员管理和政务管理工作，促进队伍素质和司法能力不断提升。要加强类型化案件法律适用的研究分析，完善案例指导工作，建立健全适用法律的规则体系，进一步促进司法尺度的统一和自由裁量权的规范行使。

各级人民法院要从工作实际出发，在遵循审判管理基本理念、基本原则、基本要求的前提下，积极丰富和拓展审判管理职能，更好地服务于审判执行工作。在落实和完善审判管理职能的过程中，既要着眼长远、明确方向，又要立足当前、脚踏实地，做到循序渐进，找准关键环节和切入点，有针对性地开展工作。

四、强基固本，严格要求，不断加强专门审判管理机构自身建设

在人民法院审判管理大格局中，审判管理办公室是各审判管理主体的参谋助手，是承上启下、连接各方的枢纽，是人民法院审判管理日常工作的平台。各级人民法院要提高认识，统一思想，进一步发挥审判管理办公室的职能作用，为构建人民法院审判管理新格局夯实基础。

——各级人民法院要为专门审判管理机构配齐配强专业审判管理工作人员。专门审判管理机构的工作人员应当具备过硬的政治素质、丰富的审判经验，以及相应的管理能力、组织协调能力和运用信息技术的能力，以适应工作要求。专门审判管理机构的工作人员必须加强思想政治学习，树立正确的司法政绩观，尊重审判规律，注重面向基层，不断提升审判管理工作水平。

——进一步加强和创新审判管理理论建设。要大力加强调查研究，采用多种形式和载体，总结交流审判管理工作经验，研究探讨理论与实践问题，不断

推进审判管理理论的创新与发展。所有时代、所有国家、所有社会性质的司法审判活动，结合自身实际都存在一套与之相适应的审判管理模式，要注意通过各种渠道研究学习其他国家和地区审判管理的有益经验，努力博采众长，做到为我所用。要根据新形势、新任务和新情况的要求，在充分吸收借鉴已有的审判管理成果的基础上，大胆尝试、勇于创新，积极探索既符合审判实际需要又能高效运行的新机制和新方法，全面提升审判管理水平。要鼓励审判管理人员开展调研，总结经验，研究问题，出理论，出成果，不断提高审判管理队伍的理论素养，为审判管理工作夯实理论基础。要在做好实务工作的同时，有意识地加强审判管理的理论研究工作，努力发现和把握审判管理的基本规律，促进审判管理工作更加规范化、制度化、科学化。

——大力加强审判管理队伍的培训工作。要加大审判管理队伍业务技能培训力度，切实提升审判管理队伍的整体专业素养、管理技能和运用信息技术的能力。要进一步提高审判管理人员的政治意识、法治意识、大局意识和责任意识，强化组织纪律，加强廉政建设，牢记职业操守，做到政治素质过硬、管理水平一流。

中共中央政法委员会　财政部　最高人民法院

最高人民检察院　公安部　司法部

关于建立完善国家司法救助制度的意见（试行）

2014 年 1 月 17 日　　　　中政委〔2014〕3 号

为贯彻落实党的十八大、十八届三中全会精神，切实做好司法过程中对困难群众的救助工作，有效维护当事人合法权益，保障社会公平正义，促进社会和谐稳定，现就建立完善国家司法救助制度，提出以下意见。

一、建立完善国家司法救助制度的意义和基本原则

开展国家司法救助是中国特色社会主义司法制度的内在要求，是改善民生、健全社会保障体系的重要组成部分。当前，我国正处于社会矛盾凸显期、刑事犯罪高发期。随着越来越多的矛盾以案件形式进入司法领域，一些刑事犯罪案件、民事侵权案件，因案件无法侦破、被告人没有赔偿能力或赔偿能力不足，

致使受害人及其近亲属依法得不到有效赔偿，生活陷入困境的情况不断增多。有的由此引发当事人反复申诉上访甚至酿成极端事件，损害了当事人合法权益，损害了司法权威，影响社会和谐稳定。近年来，各地积极探索开展刑事被害人救助、涉法涉诉信访救助等多种形式的救助工作，对解决困难群众燃眉之急，及时化解矛盾纠纷，收到了良好的效果。但是，司法救助工作总体上仍处于起步阶段，发展还不平衡，救助资金保障不到位、对象不明确、标准不统一、工作不规范等问题亟待解决。党的十八届三中全会通过《中共中央关于全面深化改革若干重大问题的决定》，要求完善人权司法保障制度，健全国家司法救助制度，为进一步加强和改进司法救助工作指明了方向。实现国家司法救助工作制度化、规范化，对受到侵害但无法获得有效赔偿的当事人，由国家给予适当经济资助，帮助他们摆脱生活困境，既彰显党和政府的民生关怀，又有利于实现社会公平正义，促进社会和谐稳定，维护司法的权威和公信。

国家司法救助，应当遵循以下基本原则：

——坚持辅助性救助。国家司法救助是对遭受犯罪侵害或民事侵权，无法通过诉讼获得有效赔偿的当事人，采取的辅助性救济措施。重点解决符合条件的特定案件当事人生活面临的急迫困难。对同一案件的同一当事人只进行一次性救助。对于能够通过诉讼获得赔偿、补偿的，一般应当通过诉讼渠道解决。

——坚持公正救助。严格把握救助标准和条件，兼顾当事人实际情况和同类案件救助数额，做到公平、公正、合理救助，防止因救助不公引发新的矛盾。

——坚持及时救助。对符合救助条件的当事人，办案机关应根据当事人申请或者依据职权及时提供救助，确保及早化解社会矛盾。

——坚持属地救助。对符合救助条件的当事人，不论其户籍在本地或外地，原则上都由案件管辖地负责救助。

二、国家司法救助的对象

对下列人员提出国家司法救助申请的，应当予以救助：

（一）刑事案件被害人受到犯罪侵害，致使重伤或严重残疾，因案件无法侦破造成生活困难的；或者因加害人死亡或没有赔偿能力，无法经过诉讼获得赔偿，造成生活困难的。

（二）刑事案件被害人受到犯罪侵害危及生命，急需救治，无力承担医疗救治费用的。

（三）刑事案件被害人受到犯罪侵害而死亡，因案件无法侦破造成依靠其收入为主要生活来源的近亲属生活困难的；或者因加害人死亡或没有赔偿能力，依靠被害人收入为主要生活来源的近亲属无法经过诉讼获得赔偿，造成生活困难的。

（四）刑事案件被害人受到犯罪侵害，致使财产遭受重大损失，因案件无法侦破造成生活困难的；或者因加害人死亡或没有赔偿能力，无法经过诉讼获得赔偿，造成生活困难的。

（五）举报人、证人、鉴定人因举报、作证、鉴定受到打击报复，致使人身受到伤害或财产受到重大损失，无法经过诉讼获得赔偿，造成生活困难的。

（六）追索赡养费、扶养费、抚育费等，因被执行人没有履行能力，造成申请执行人生活困难的。

（七）对于道路交通事故等民事侵权行为造成人身伤害，无法经过诉讼获得赔偿，造成生活困难的。

（八）党委政法委和政法各单位根据实际情况，认为需要救助的其他人员。

涉法涉诉信访人，其诉求具有一定合理性，但通过法律途径难以解决，且生活困难，愿意接受国家司法救助后息诉息访的，可参照执行。

申请国家司法救助人员，具有以下情形之一的，一般不予救助：对案件发生有重大过错的；无正当理由，拒绝配合查明犯罪事实的；故意作虚伪陈述或者伪造证据，妨害刑事诉讼的；在诉讼中主动放弃民事赔偿请求或拒绝加害责任人及其近亲属赔偿的；生活困难非案件原因所导致的；通过社会救助措施，已经得到合理补偿、救助的。对社会组织、法人，不予救助。

三、国家司法救助的方式和标准

（一）救助方式。国家司法救助以支付救助金为主要方式。同时，与思想疏导、宣传教育相结合，与法律援助、诉讼救济相配套，与其他社会救助相衔接。有条件的地方，积极探索建立刑事案件伤员急救“绿色通道”、对遭受严重心理创伤的被害人实施心理治疗、对行动不便的受害人提供社工帮助等多种救助方式，进一步增强救助效果。

（二）救助标准。各地应根据当地经济社会发展水平制定具体救助标准，以案件管辖地上一年度职工月平均工资为基准，一般在 36 个月的工资总额之内。损失特别重大、生活特别困难，需适当突破救助限额的，应严格审核控制，救助金额不得超过人民法院依法应当判决的赔偿数额。

（三）救助金额。确定救助金具体数额，要综合考虑救助对象实际遭受的损害后果、有无过错以及过错大小、个人及其家庭经济状况、维持当地基本生活水平所必需的最低支出以及赔偿义务人实际赔偿情况等。

四、国家司法救助程序

使用国家司法救助资金应当严格遵循以下程序：

（一）告知。人民法院、人民检察院、公安机关、司法行政机关在办理案件、处理涉法涉诉信访问题过程中，对符合救助条件的当事人，应当告知其有权提出救助申请。

（二）申请。救助申请由当事人向办案机关提出；刑事被害人死亡的，由符合条件的近亲属提出。申请一般采取书面形式。确有困难，不能提供书面申请的，可以采用口头方式。中请人应当如实提供本人真实身份、实际损害后果、生活困难、是否获得其他赔偿等相关证明材料。

（三）审批。办案机关应当认真核实申请人提供的申请材料，综合相关情况，在 10 个工作日内作出是否给予救助和具体救助余额的审批意见。决定不予救助的，及时将审批意见告知当事人，并做好解释说明工作。

（四）发放。对批准同意的，财政部门应及时将救助资金拨付办案机关，办案机关在收到拨付款后 2 个工作日内，通知申请人领取救助资金。对急需医疗救治等特殊情况，办案机关可以依据救助标准，先行垫付救助资金，救助后及时补办审批手续。

五、国家司法救助资金的筹集和管理

（一）国家司法救助资金的筹集。坚持政府主导、社会广泛参与的资金筹措方式。各地国家司法救助资金由地方各级政府财政部门列入预算，统筹安排，并建立动态调整机制。已经建立的刑事被害人救助资金、涉法涉诉信访救助资金等专项资金，统一合并为国家司法救助资金。中央财政通过政法转移支付，对地方所需国家司法救助资金予以适当补助。同时，各地要采取切实有效的政策措施，积极拓宽救助资金来源渠道，鼓励个人、企业和社会组织捐助国家司法救助资金。

（二）资金管理和监督。各级政府财政部门严格资金管理，确保管好、用好救助资金。政法各单位在年度终了1个月内，向救助领导小组报送当年发放救助资金的明细情况，接受纪检、监察和审计部门监督，确保专款专用。对个人、企业和社会组织捐助救助资金的，应当告知救助的具体对象，确保资金使用的透明度和公正性。

（三）责任追究。对截留、侵占、私分或者挪用国家司法救助资金的单位和个人，违反规定发放国家司法救助资金造成重大损失的单位和个人，骗取国家司法救助资金的相关人员，严格依纪依法追究责任，并追回救助资金。

六、国家司法救助工作的组织领导

（一）明确工作机构。各地成立由党委政法委牵头，财政和政法各单位等共同参加的国家司法救助领导小组，负责研究制定国家司法救助的制度规范和配套措施，测算资金需求，定期检查各单位工作落实情况。政法各单位应当指定专门机构或者人员负责救助工作。

（二）加强组织协调。各地各有关部门要在当地党委、政府统一领导下，各司其职、相互配合、形成合力。政法各单位按照职责范围和案件管辖分工，分别对救助申请进行审批。案件需移送下一办案环节或其他政法单位的，办案机关应将国家司法救助有关材料随案卷一并移送。

（三）建立衔接机制。对于符合司法救助条件的当事人就人身伤害或财产损失提起民事诉讼的，人民法院应当依法及时审查并减免相关诉讼费用，司法行政部门应当依法及时提供法律援助，保障困难群众充分行使诉讼权利。对于未纳入国家司法救助范围或者实施国家司法救助后仍然面临生活困难的当事人，符合社会救助条件的，办案机关协调其户籍所在地有关部门，纳入社会救助范围。

（四）制定实施办法。各地根据本意见精神，制定本地区国家司法救助制度实施办法，并在实践中不断总结完善，确保救助工作有章可循、有据可依，公开透明、公平公正，充分发挥救助效能。

各省、自治区、直辖市和新疆生产建设兵团的实施办法，在本意见下发3

个月之内，报中央政法委员会、财政部、最高人民法院、最高人民检察院、公安部、司法部备案。

各省、自治区、直辖市和新疆生产建设兵团党委政法委、财政厅（局）自2015年起，每年2月底前，将本地区上一年度执行司法救助情况，分别报中央政法委员会、财政部。

最高人民法院
关于推进司法公开三大平台建设的若干意见

2013年11月21日　　　　法发〔2013〕13号

为贯彻党的十八届三中全会精神，进一步深化司法公开，依托现代信息技术，打造阳光司法工程，全面推进审判流程公开、裁判文书公开、执行信息公开三大平台建设，增进公众对司法的了解、信赖和监督，现结合人民法院工作实际，提出如下意见。

一、推进司法公开三大平台建设的意义、目标和要求

1. 充分认识推进司法公开三大平台建设的重大意义。建设司法公开三大平台，是人民法院适应信息化时代新要求，满足人民群众对司法公开新期待的重要战略举措。人民法院应当以促进社会公平正义、增加人民福祉为出发点和落脚点，全面推进司法公开三大平台建设。

2. 努力实现推进司法公开三大平台建设的基本目标。人民法院应当通过建设与公众相互沟通、彼此互动的信息化平台，全面实现审判流程、裁判文书、执行信息的公开透明，使司法公开三大平台成为展示现代法治文明的重要窗口、保障当事人诉讼权利的重要手段、履行人民法院社会责任的重要途径。通过全面推进司法公开三大平台建设，切实让人民群众在每一个司法案件中都感受到公平正义。

3. 准确把握推进司法公开三大平台建设的总体要求。人民法院应当提高认识，转变观念，严格按照以下要求推进司法公开三大平台建设：

（1）统一规划，有序推进。人民法院应当在最高人民法院的统一指导下，在各高级人民法院的统筹规划下，立足实际，循序渐进，有计划、分批次地推

进司法公开三大平台建设。司法公开示范法院和信息化建设有一定基础的法院，应当率先完成建设任务。

（2）科技助推，便捷高效。人民法院应当依托现代信息技术，不断创新公开方式，拓宽公开渠道，通过建立网上办案系统与司法公开平台的安全输送、有效对接机制，实现各类信息一次录入、多种用途、资源共享，既方便公众和当事人查询，又避免重复劳动，最大限度地减少审判人员的工作负担。

（3）立足服务，逐步拓展。人民法院应当充分发挥司法公开三大平台在资讯提供、意见搜集和信息反馈方面的作用，逐步开发其在远程预约立案、公告、送达、庭审、听证、查控方面的辅助功能，提升互动服务效能。公众通过平台提出的意见和建议，应当成为人民法院审判管理、审判监督、纪检监察和改进工作的重要依据。

二、推进审判流程公开平台建设

4. 人民法院应当加强诉讼服务中心（立案大厅）的科技化与规范化建设，利用政务网站、12368 电话语音系统、手机短信平台、电子公告屏和触摸屏等现代信息技术，为公众提供全方位、多元化、高效率的审判流程公开服务。

5. 人民法院应当通过审判流程公开平台，向公众公开以下信息：（1）法院地址、交通图示、联系方式、管辖范围、下辖法院、内设部门及其职能、投诉渠道等机构信息；（2）审判委员会组成人员、审判人员的姓名、职务、法官等级等人员信息；（3）审判流程、裁判文书和执行信息的公开范围和查询方法等司法公开指南信息；（4）立案条件、申请再审、申诉条件及要求、诉讼流程、诉讼文书样式、诉讼费用标准、缓减免交诉讼费用的程序和条件、诉讼风险提示、可供选择的非诉讼纠纷解决方式等诉讼指南信息；（5）审判业务文件、指导性案例、参考性案例等审判指导文件信息；（6）开庭公告、听证公告等庭审信息；（7）人民陪审员名册、特邀调解组织和特邀调解员名册、评估、拍卖及其他社会中介入选机构名册等名册信息。

6. 人民法院应当整合各类审判流程信息，方便当事人自案件受理之日起，凭密码从审判流程公开平台获取以下信息：（1）案件名称、案号、案由、立案日期等立案信息；（2）合议庭组成人员的姓名、承办法官与书记员的姓名、办公电话；（3）送达、管辖权处理、财产保全和先予执行情况；（4）庭审时间、审理期限、审限变更、诉讼程序变更等审判流程节点信息。

7. 人民法院应当积极推进诉讼档案电子化工程，完善转化流程、传送机制和备份方式，充分发挥电子卷宗在提高效率、节约成本、便民利民方面的功能。

8. 人民法院应当积极创新庭审公开的方式，以视频、音频、图文、微博等方式适时公开庭审过程。人民法院的开庭公告、听证公告，至迟应当于开庭、听证三日前在审判流程公开平台公布。

9. 人民法院应当加强科技法庭建设，对庭审活动全程进行同步录音录像，做到“每庭必录”，并以数据形式集中存储、定期备份、长期保存。当事人申请查阅庭审音像记录的，人民法院可以提供查阅场所。

三、推进裁判文书公开平台建设

10. 最高人民法院建立中国裁判文书网，作为全国法院统一的裁判文书公开平台。地方各级人民法院应当在政务网站的醒目位置设置中国裁判文书网的网址链接，并严格按照《最高人民法院关于人民法院在互联网公布裁判文书的规定》，在裁判文书生效后七日内将其传送至中国裁判文书网公布。人民法院可以通过政务微博，以提供链接或长微博等形式，发布社会关注度高、具有法制教育、示范和指导意义的案件的裁判文书。

11. 在互联网公布裁判文书应当以公开为原则，不公开为例外，不得在法律和司法解释规定之外对这项工作设置任何障碍。各级人民法院对其上传至中国裁判文书网的裁判文书的质量负责。

12. 人民法院应当严格把握保障公众知情权与维护公民隐私权和个人信息安全之间的关系，结合案件类别，对不宜公开的个人信息进行技术处理。对于因网络传输故障或技术处理失误导致当事人信息被不当公开的，人民法院应当依照程序及时修改或者更换。

13. 中国裁判文书网应当提供便捷有效的查询检索系统，方便公众按照关键词对在该网公布的裁判文书进行检索，确保裁判文书的有效获取。

14. 最高人民法院率先推动本院裁判文书在互联网公布，并监督指导地方各级人民法院在互联网公布裁判文书的工作。各高级人民法院监督指导辖区内法院在互联网公布裁判文书的工作。各级人民法院应当指定专门机构，负责在互联网公布裁判文书的组织、管理、指导和监督工作，并完善工作流程，明确工作职责。

四、推进执行信息公开平台建设

15. 人民法院应当规范执行信息的收集、交换和使用行为，在确保信息安全的前提下，实现上下级法院之间、异地法院之间、同一法院的立案、审判与执行部门之间的执行信息共享。

16. 人民法院应当整合各类执行信息，方便当事人凭密码从执行信息公开平台获取以下信息：（1）执行立案信息；（2）执行人员信息；（3）执行程序变更信息；（4）执行措施信息；（5）执行财产处置信息；（6）执行裁决信息；（7）执行结案信息；（8）执行款项分配信息；（9）暂缓执行、中止执行、终结执行信息等。

17. 人民法院应当通过执行信息公开平台，向公众公开以下信息：（1）执行案件的立案标准、启动程序、执行收费标准和根据、执行费缓减免的条件和程序；（2）执行风险提示；（3）悬赏公告、拍卖公告等。

18. 人民法院应当对重大执行案件的听证、实施过程进行同步录音录像，并允许当事人依申请查阅。有条件的人民法院应当为执行工作人员配备与执行指挥中心系统对接的信息系统，将执行现场的视频、音频通过无线网络实时传输回执行指挥中心，并及时存档，实现执行案件的全程公开。

19. 人民法院应当充分发挥执行信息公开平台对失信被执行人的信用惩戒功能，向公众公开以下信息，并方便公众根据被执行人的姓名或名称、身份证号或组织机构代码进行查询：（1）未结执行实施案件的被执行人信息；（2）失信被执行人名单信息；（3）限制出境被执行人名单信息；（4）限制招投标被执行人名单信息；（5）限制高消费被执行人名单信息等。

20. 人民法院应当为各类征信系统提供科学、准确、全面的信息，实现执行信息公开平台与各类征信平台的有效对接。

五、工作机制

21. 加强组织领导，强化工作保障。最高人民法院统一指导全国法院的司法公开三大平台建设工作，制定推进规划，开发配套软件，确定评估标准，定期督促检查。各高级人民法院具体统筹辖区内法院的司法公开三大平台建设工作，完善实施细则，协调解决问题，总结推广经验。各级人民法院主要领导要把司法公开三大平台建设作为“一把手”工程，列入重要议事日程，积极主动争取党委、人大和政府的支持。要切实采取有效措施，不断完善硬件设施和技术条件，为司法公开三大平台建设提供强有力的物质保障。

22. 做好统筹协调，完善配套机制。各级人民法院要明确管理机构，专门负责推进司法公开三大平台建设工作。要建立有效的协调机制，加强司法公开管理部门与业务部门的沟通配合，提升一线人员在司法公开工作上的责任心、积极性。要加强上级法院对下级法院深化司法公开工作的指导责任，及时总结经验、纠正偏差。

23. 加强督促检查，狠抓工作落实。对司法公开三大平台建设工作的检查评估，要采取督查、抽查和自查相结合的方式，注重三大平台运行的系统性、顺畅性和有效性，不能只追求排名和指标，更不能搞形式主义。要扎实做好司法公开三大平台的宣传工作，确保人民法院深化司法公开的举措为公众知悉，受公众检验，被公众认可。

四、地方司法文件

北京市高级人民法院

关于北京市第四中级人民法院履职的公告

2014 年 12 月 30 日

根据中央机构编制委员会办公室和最高人民法院相关批复，设立北京市第四中级人民法院。现将有关事项公告如下：

一、北京市第四中级人民法院于 2014 年 12 月 30 日起履行法定职责。

二、北京市第四中级人民法院管辖下列第一审案件：

（1）以本市区（县）人民政府为被告的行政案件，但目前各区（县）人民法院受理的以区（县）人民政府名义办理不动产物权登记的案件，仍由各区（县）人民法院办理；

（2）按照级别管辖标准，应由本市中级人民法院管辖的金融借款合同纠纷案件、保险纠纷案件、涉外及涉港澳台的商事案件；

（3）跨地区的重大环境资源保护案件、重大食品药品安全案件；

（4）北京市人民检察院第四分院提起公诉的案件；

（5）北京市高级人民法院指定管辖的其他特殊案件；

（6）按照最高人民法院《关于铁路运输法院案件管辖范围的若干规定》、北京市高级人民法院《关于指定北京铁路运输中级法院和北京铁路运输法院受理案件范围的通知》，由北京铁路运输中级法院管辖的案件。

对北京铁路运输法院、天津铁路运输法院、石家庄铁路运输法院第一审裁判的上诉，由北京市第四中级人民法院受理。北京市第一、第二、第三中级人民法院及北京知识产权法院与各区（县）人民法院的审级关系维持不变。

三、北京市第一、第二、第三中级人民法院自 2014 年 12 月 30 日起，不再受理第二条第一款第（1）至（3）项规定的第一审案件。2014 年 12 月 29 日以前，当事人已经向北京市第一、第二、第三中级人民法院提交起诉材料但尚未立案或尚未审结的，由上述中级人民法院继续审查、立案、审理。

四、北京市第四中级人民法院办公地址为北京市丰台区三顷地甲 3 号。

特此公告。

上海市高级人民法院
关于上海市第三中级人民法院履职的公告

2014 年 12 月 28 日

依照《中华人民共和国人民法院组织法》和中央机构编制委员会办公室批复，经最高人民法院同意，上海市第三中级人民法院已经依法成立，现将有关事项公告如下：

一、上海市第三中级人民法院自 2015 年 1 月 1 日起履行法定职责。

二、根据《中华人民共和国民事诉讼法》《中华人民共和国行政诉讼法》《中华人民共和国刑事诉讼法》和《最高人民法院关于北京、上海跨行政区划人民法院组建工作指导意见》的规定，指定上海市第三中级人民法院目前依法管辖下列案件：

（一）以市级人民政府为被告的第一审行政案件，以市级行政机关为上诉人或者被上诉人的第二审行政案件（不包括知识产权行政案件）；

（二）上海市人民检察院第三分院提起公诉的案件；

（三）上级法院指定管辖的其他案件。

三、上海市第一、第二中级人民法院自 2015 年 1 月 1 日起不再立案受理上述案件。2015 年 1 月 1 日以前上海市第一、第二中级人民法院已经立案但尚未审结的上述案件，由原受理案件法院继续审理。

四、上海市第三中级人民法院的办公地址是上海市浦东新区张衡路 988 号。

特此公告。

后 记

为方便各级人民法院和社会公众正确理解《关于全面深化人民法院改革的意见》，最高人民法院司法改革领导小组办公室组织编写了本书。具体分工如下（按内容撰写顺序，有的改革举措的解读由多人合作完成）：

贺小荣：导言；

马渊杰：第1、2、8、17、23、51、56项；

何 帆：第2、48、49、50、53、54、63、65项；

金晓丹：第3、54、63、64项；

孙 茜：第4、5、6、9、14、19、20、59项；

刘淑丽：第7、15、45项；

罗 灿：第10、11、12、13、16、25、34、41项；

柴靖静：第17、18、31、43、46项；

危浪平：第21、22、38、40、42、44、47、62项；

邓 宇：第23、24、65项；

王 渊：第26、52、60、61项；

龙 飞：第27、28、29、30、32项；

胡夏冰：第33、35、36、55、58项；

杨建文：第37、38、39、42项；

付 育：第47、62项；

刘树德：第57项；

汪自洁：文字校对。

最高人民法院司法改革领导小组办公室副主任蒋惠岭、王会伟参与了部分章节的审核工作。

全书由最高人民法院司法改革领导小组办公室主任贺小荣审稿、统稿和定稿。

最高人民法院司法改革领导小组办公室

二〇一五年三月二十五日